本书是中国博士后科学基金面上资助研究（2016M591631）中期成果

华东政法大学

East China University of Political Science and Law

低碳城镇化
法律保障制度论纲

王云鹏 著

厦门大学出版社 国家一级出版社
XIAMEN UNIVERSITY PRESS 全国百佳图书出版单位

图书在版编目(CIP)数据

低碳城镇化法律保障制度论纲/王云鹏著. —厦门:厦门大学出版社,2017.5
ISBN 978-7-5615-6317-5

Ⅰ. ①低… Ⅱ. ①王… Ⅲ. ①生态城市－城市建设－节能法－研究－中国
Ⅳ. ①D922.674

中国版本图书馆 CIP 数据核字(2016)第 285758 号

出 版 人	蒋东明
责任编辑	邓 臻
封面设计	李嘉彬
责任印制	许克华

出版发行 厦门大学出版社

社　　址	厦门市软件园二期望海路 39 号
邮政编码	361008
总 编 办	0592-2182177　0592-2181406(传真)
营销中心	0592-2184458　0592-2181365
网　　址	http://www.xmupress.com
邮　　箱	xmup@xmupress.com
印　　刷	厦门市万美兴印刷设计有限公司

开本	720mm×1000mm　1/16
印张	18.5
字数	342 千字
插页	2
版次	2017 年 5 月第 1 版
印次	2017 年 5 月第 1 次印刷
定价	68.00 元

本书如有印装质量问题请直接寄承印厂调换

厦门大学出版社
微信二维码

厦门大学出版社
微博二维码

序

王云鹏博士近期完成著作《低碳城镇化法律保障制度论纲》，该本论著是他攻读博士学位以来持续多年潜心研究的又一成果。得到书稿，欣然作序。

自 2011 年回到对外经济贸易大学攻读博士学位起，云鹏很快将研究兴趣锁定在低碳经济与可持续发展、气候变化及环境保护的国际合作、城镇化路径比较与法治等新视点上，他曾在美国佩斯大学法学院进修一年，并在 2015 年完成博士论文并顺利通过答辩毕业。随后，他进入华东政法大学国际法学院开始博士后的研究工作，继续就气候变化的国际法与国内法规制方面夯实理论基础、扩展自己的研究工作。

在攻读博士论文期间，云鹏就已加入我的研究团队从事低碳城镇化、可持续发展与国际法的研究工作。我们对低碳城镇化的关注，肇端于党的十八大明确提出"新型城镇化"的概念，这和新型工业化、信息化、农业现代化一起成为我国推进未来发展的方向。正如云鹏在本书中所言，"新型城镇化是把生态文明理念和原则全面融入城镇化之全过程，走集约、智能、绿色、低碳的新型城镇化道路"。与此同时，国家还要实现"工业化与城镇化的良性互动、城镇化和农业现代化相互协调，促进工业化、信息化、城镇化、农业现代化同步发展"。新型城镇化的目标是"全面落实经济建设、政治建设、文化建设、社会建设、生态文明建设五位一体总体布局，促进现代化建设各方面相协调，促进生产关系与生产力、上层建筑与经济基础相协调，不断开拓生产发展、生活富裕、生态良好的文明发展道路"。

我国的新型城镇化的特色何在？正如习近平总书记在 2016 年 2 月指出的，"要坚持以创新、协调、绿色、开放、共享的发展理念为引领，以人的城镇化为核心，更加注重提高户籍人口城镇化率，更加注重城乡基本公共服务均等化，更加注重环境宜居和历史文脉传承，更加注重提升人民群众获得感和幸福感。要遵循科学规律，加强顶层设计，统筹推进相关配套改革，鼓励各地因地制宜、突出特色、大胆创新，积极引导社会资本参与，促进中国特色新型城镇化持续健康发展"。可见,我国有特色的新型城镇化的核心是以人为本,实现人的自由全面发展。新型城镇化的建设应当遵循"生态文明、绿色低碳"的基本原则。城镇化意涵"不是土地城镇化,而是人口城镇化",城镇化的进程"不要拔苗助长,而要水到渠成,不要急于求成,而要积极稳妥。"

我们认为,新型城镇化与低碳发展同义。对新型城镇化,即低碳城镇化的关注是基于我国经济发展进入的历史阶段,以及我们已经深刻意识到,经济、社会、环境、人的发展要协调,不同发展目标要统筹兼顾。对新型城镇化的发展目标和理念的坚持也体现在十八届三中全会的文件中,比如,十八届三中全会通过的《中共中央关于全面深化改革若干重大问题的决定》进一步提出,"坚持走中国特色新型城镇化道路……增强城市综合承载能力"。随后的中央城镇化工作会议精神、《中华人民共和国国民经济和社会发展第十二个五年规划纲要》和《全国主体功能区规划》均对新型城镇化建设提出了要求。最终国务院在上述文件的基础上编制《国家新型城镇化规划(2014—2020年)》。这些党和政府的纲领性文件所承载的目标、理念、原则、步骤和方法为云鹏的研究提供了政策基础和研究蓝本。

新型城镇化要走低碳发展的道路,新型城镇化的进程也是法治化的进程。在本书中,云鹏博士主要关注了构建新型城镇化的动态进程,即低碳城镇化的法律保障制度的三大内涵:低碳城镇化的规划、建设实施及评估调整,并为我国特色化的低碳城镇化法制保障提供了开放视野和国际经验。这也是云鹏博士未来研究的持续发力点。

新型城镇化,即低碳城镇化是我国深化改革、走向现代化的必由之路,也是我国"最大的内需潜力和发展动能所在"。新型城镇化呼唤法治保驾护航。此中研究大有可为。期待云鹏博士为我国特色的新型城镇化的法治之路继续贡献心血之作。

丁丁[①]
2017年5月

---

① 丁丁,对外经济贸易大学法学院教授,博士生导师。

目 录

绪　论

　　低碳城镇化并不是传统法律概念体系的既有存在,而是来自当下的政治表达,即"新型城镇化"建设国家方略。[①] "低碳"的概念来自 2003 年英国政府发布的题为"我们未来的能源：创建低碳经济"(Our Energy Future：Creating a Low Carbon Economy)的能源白皮书。"低碳经济"首次将经济发展与碳排放挂钩,将温室气体减排作为国民经济发展的目标构成。低碳概念的提出反映的是经济发展方式、能源消费方式、人类生活方式的一次新变革——它试图全方位地改造建立在化石燃料（能源）基础之上的近现代工业文明,转向生态经济和生态文明。因此,"低碳"的外在表征可以简单表述为人类经济社会活动中碳排放的减少。

　　低碳发展的核心是能源的低碳化。基于对能源的利用方式,人类社会可以被划分为三个阶段。第一个阶段是基于碳水化合物利用基础之上的农业社会。从政府间气候变化委员会(Intergovernmental Panel on Climate Change,以下简称"IPCC")1994 年的报告来看,农业社会是一个原始的低水平二氧化碳排放的社会,人类对自然生态系统的影响是有限的,大气中的二氧化碳含量一直稳定在 250ppm～280ppm 左右。第二个阶段是基于碳氢化合物使用基础之上的工业社会。碳氢化合物或其衍生物是自然界经历几百万年逐渐形成的化石燃料(能源)的物质基础,如煤炭、石油和天然气等。在化石能源体系的支撑下,人类形成了火电、石化、钢铁、建材、有色金属等工业,并由此衍生出汽

---

　　① 十八大明确提出"新型城镇化"的概念。所谓的新型城镇化,要把生态文明理念和原则全面融入城镇化全过程,走集约、智能、绿色、低碳的新型城镇化道路。十八届三中全会通过的《中共中央关于全面深化改革若干重大问题的决定》进一步提出,"坚持走中国特色新型城镇化道路……增强城市综合承载能力"。承载能力建设离不开对环境因素的考虑,气候变化下显然将成为一个重要的约束。之后的中央城镇化工作会议精神、《中华人民共和国国民经济和社会发展第十二个五年规划纲要》和《全国主体功能区规划》均对新型城镇化建设提出了要求。最终国务院在上述文件的基础上编制《国家新型城镇化规划(2014—2020 年)》。根据该规划,我国有特色的新型城镇化建设应当遵循"生态文明、绿色低碳"的基本原则。

车、船舶、航空、机械、电子、化工、建筑等行业,这些高能耗的工业都可称为高碳工业,即化石能源密集型产业。甚至连传统的低碳农业也演变成高碳农业,支撑现代农业发展的化肥和农药都是以化石能源为基础的。工业社会一方面变革了人类社会的发展方式,促进了现代文明和社会财富的积累,另一方面也造成了二氧化碳等温室气体的激增,影响地球自然生态系统的内在平衡性,导致全球温室效应,引发极端气候变化,激发人类社会对于可持续发展的反思。第三个阶段是未来社会,即基于化石能源高效清洁利用和开发可再生能源基础之上的低碳经济。未来社会是从高碳经济向低碳经济转变的社会历史过程,其动因主要在于因科学研究而形成的人类社会对于环境容量有限性的认知,特别是地球大气层对于二氧化碳等温室气体的环境容量有限性。科学研究表明,当温室气体(CO_2)浓度超过 550ppm 时,会导致全球气候变暖、冰川融化、海平面上升、病毒增加、物种减少、灾害气候频繁等负面影响。而且这些全球范围内的负面影响往往不可逆。基于气候变化这一全球性问题的挑战,温室气体减排已成为国际社会的共同责任;应对因全球变暖而导致的气候变化问题也因而成为全球治理的重大课题。"低碳"因而具有时间和地域两个层面的意义。一方面,强调工业社会向未来社会过渡过程上的二氧化碳减排,既是手段也是目标,即通过低碳约束工业社会经济生产活动,实现低碳生产方式和低碳消费方式的形成,进入未来低碳经济时代。另一方面,强调各主权国家领土区域范围内(国家边界)的碳排放减少,主要是通过主要减排责任国的制度构建来控制本国区域范围内的温室气体排放源予以实现的。

对于我国而言,首先,我国的经济社会发展仍处于工业化进程中,通过加快城镇化进程实现跨越式发展仍是当前的首要战略。其次,由于环境和资源的压力,我国亟待实现转型,改变"高污染、高排放"的粗放式发展,通过产业结构调整实现向"低污染、低排放"绿色发展方式的转变。再次,随着国际气候变化政治的博弈与发展,我国面临的碳排放压力日益趋紧,必须设定经济社会的低碳发展目标,实现"高碳经济"向"低碳经济"的战略转型。因此,新型城镇化作为中国经济社会发展的自然历史过程必然要与"低碳"挂钩,实现我国领土范围内、经济社会发展过程中的温室气体减排。

2010 年全国人大常委会副委员长、民建中央主席陈昌智在北京提出,加快转变经济发展方式,必须使低碳经济发展模式成为实现中国经济可持续发展的内在动力。因此,要结合"十二五"规划的编制,早日制定国家中长期低碳经济发展规划和路线图。在《国民经济和社会发展第十二个五年规划纲要》(以下简称"十二五规划")中,承诺"2020 年单位 GDP 碳排放强度在 2005 年的基础上削减 40%~45%";"坚持把建设资源节约型、环境友好型社会作为加快转变经济发展方式的重要着力点;深入贯彻节约资源和保护环境基本国策,节约能源,降低温室气体排放强度,发展循环经济,推广低碳技术,积极应对气候变化,促进经济社会发展与人口资源环境相协调,走可持续发展之路"。将气候变化因素纳入国民经济发展的全局角度予以考虑,已成为中央政府和地方政府"十二五"规划的重要内容。在此基础上,形成了一系列政策和规章,如《国务院"十二五"控制温室气体排放工作方案》、发改委《天然气发展"十二五"规划》、住建部《"十二五"绿色建筑和绿色生态城区发展规划》《工业领域应对气候变化行动方案(2012—2020 年)》《"十二五"国家应对气候变化科技发展专项规划》《能源发展"十二五"规划》《"十二五"节能环保产业发展规划》《关于加快发展节能环保产业的意见》《工业节能"十二五"规划》《2013 年工业节能与绿色发展专项行动实施方案》《绿色建筑行动方案》《全国生态保护"十二五"规划》等,应对气候变化政策体系得到进一步完善。可以说,低碳经济发展已成为中国国民经济发展的重要战略之一。如此才能在根本上转变对于化石能源的过度依赖,实质减少二氧化硫、氮氧化物以及温室气体排放,走出城镇化的低碳发展之路,建成绿色、生态、低碳的居住环境,实现低碳城镇化。也就是说,新型城镇化必然要走低碳发展之路。

低碳城镇化是在生态文明理念指引下建设"资源节约型、环境友好型"社会并最终实现经济与社会可持续发展的当然选择。在依法治国的基本方略下,低碳城镇化毋庸置疑必须有其相应的法律制度保障,用以限制高碳排放行为、激励低碳和"零碳排放"行为,平衡各方利益冲突,实现经济社会发展的利益最大化。

一、低碳城镇化是新型城镇化的必经之路

简言之,城镇化(urbanization)就是城镇生活人口的增加。城镇化是社会学、历史学、经济学、人类学、地理学以及哲学等学科普遍关注的一个概念[①],是一个人类社会发展的自然历史进程。该进程在人类生产力进入工业化时代

---

① 社会学家倾向于将城镇化定义为农村社区向城镇社区集聚与转化的过程;人口学家认为城镇化即农村人口向城镇人口转化并在城镇聚集的过程;经济学家从经济与产业发展的视角,提出城镇化是各种非农业经济要素向城镇聚集的过程;地理学家侧重于人口居住空间的转移,认为城镇化是生产力提升引发的农村人口向城镇人口、农村居民点向城镇居民点转移的过程,不仅涵盖城镇人口数量的增加,而且包括城镇用地的扩张、农村居民生活方式的转变等;历史学家提出狭义的城镇化是指在工业化过程中,城镇数量不断增加、城镇人口迅速集中、城镇功能不断完善、城镇在经济社会发展中的作用逐步强化的过程,广义的城镇化则是指落后的、传统的农村社会逐步向先进的、现代的城镇社会转变的过程。

才显著加速。据联合国经济与社会事务部(United Nations Department of Economics and Social Affairs,以下简称"UNDESA")的研究,全球视角下城镇化进程的加速自 1900 年左右才开始显现。从 2007 年起,世界人口的一半以上已集中于城市区域。① 因地区经济与社会发展的差异,城镇化的程度并不均衡。据联合国开发计划发布的《2013 年中国人类发展报告》预测,至 2030年,中国城镇化水平将达到 70%,中国城市总人口将超过 10 亿;并称亚洲2020 年城镇化率可达到 50%,而非洲到 2035 年才可能实现同样进程。② 与之相比,较早实现工业化的国家,如英国、美国、德国等,早已完成了这一进程。这表明城镇化与工业化有着直接的关联性。世界银行的研究也显示,城镇化与经济社会发展有着必然的联系。③ 当今世界很少有国家能够不通过相当程度的城镇化而实现国民经济收入水平的提高。因此,《国家新型城镇化规划(2014—2020 年)》提出,城镇化是现代化的必由之路,是保持经济持续健康发展的强大引擎,是加快产业结构转型升级的重要抓手,是解决"三农问题"的重要途径,是推动区域协调发展的有力支撑,是促进社会全面进步的必然要求。④

然而,对于中国而言,由于已经凸显出的市民化进程滞后、建设用地粗放低效、城镇空间分布和规模结构不合理、城市管理水平不高、体制机制不健全等问题,并且面临着日益严峻的外部挑战和更加紧迫的城镇化转型发展要求,城镇化要以新型城镇化为战略选择,走出"以人为本、四化同步、优化布局、生态文明、文化传承"的中国特色新型城镇化之路。⑤ 在城镇化中坚持生态文明发展,就是要"把生态文明理念全面融入城镇化进程,着力推进绿色发展、循环发展、低碳发展,节约集约利用土地、水、能源等资源,强化环境保护和生态修复,减少对自然的干扰和损害,推动形成绿色低碳的生产生活方式和城市建设

---

① United Nations. 2005 Revision of the World Urbanization Prospect. Department of Economic and Social Affairs. N.p., 2014. Print,Executive Summary, p. 3. 该研究报告认为人类在 20 世纪经历了快速的城镇化进程,城镇化程度从 1900 年的仅 13% 快速增至了1950 年的 29%,2005 年已达到 49%。

② 参见联合国开发计划署:《中国人类发展报告:可持续与移居城市》,中国对外翻译出版有限公司 2013 年版,第 2 页。另可参见 Nations U. World Population Prospects,the 2012 Revision,World population prospects:the 2012 revision:extended dataset. United Nations,2013.

③ Spence M,Annez P C,Buckley R M. Urbanization and growth,Commission on Growth and Development:Chapter 1,Urbanization and Growth:Setting the Context,2009,p. 2.

④ 国务院:《国家新型城镇化规划(2014—2020 年)》,人民出版社 2014 年版,第 3~6 页。

⑤ 国务院:《国家新型城镇化规划(2014—2020 年)》,人民出版社 2014 年版,第 16 页。

运营模式"①。

可见,低碳发展是新型城镇化的必要构成,②低碳城镇化是新型城镇化的必经之路。首先,中国面临着气候变化与城镇化并存的社会阶段,能源危机和碳减排约束并存。能源是经济增长的引擎,中国经济的快速增长随之而来的就是对能源的强劲需求和巨量消耗,加之中国以煤炭为主的消费结构,结果就是巨大的二氧化碳等温室气体排放量。据世界银行统计,2012 年全球能源消费总量为 12476.6 百万吨石油当量,碳排放为 34466.1 百万吨二氧化碳当量;而中国相应数字为 2735.2 百万吨石油当量和 9208.1 百万吨二氧化碳当量,所占比例分别为 21.92% 和 26.71%。③ 在当前严峻的气候变化事实和复杂的国际气候谈判环境下,中国政府提出到 2020 年单位国民生产总值的碳排放在 2005 年基础上下降 40%~45% 的目标,④使得城镇化进程面临着现实的减排压力。

其次,低碳城镇化成为必经之路,更根本的原因则在于城镇化与气候变化之间存在的关联性——城镇化是气候变化的成因或者影响因素;气候变化已造成诸多负面影响,城镇区域最明显;城镇化可以成为应对和适应气候变化的关键。

第一,城镇化影响或者导致了气候变化。城市排放了大量的温室气体(包括 CO_2、CH_4、N_2O、HFCs、PFCs、SF_6 等列举在《京都议定书》下而被《联合国气候变化框架公约》纳入管辖的六种温室气体,以下统称为"温室气体")。⑤ 斯特恩(Stern)在 2006 年就提出,城市集中的人口和经济活动,造成了全球 78% 的温室气体排放。⑥ 世界银行统计,城市温室气体占中国整体温室气体排放总量的 70%。⑦ 城镇化在某种程度上增加了人类社会的温室气体排放,因

---

① 国务院:《国家新型城镇化规划(2014—2020 年)》,人民出版社 2014 年版,第 54 页。

② 潘家华等:《低碳城镇化:中国应对气候变化的战略选择》,载王伟光、郑国光主编:《应对气候变化报告 2013:聚焦低碳城镇化》,社会科学文献出版社 2013 年版。

③ 能源消费占比和碳排放占比之间的差异,至少说明两个问题:第一,我国能源消费结构中的煤炭占比较高;第二,我国能源效率水平低下。相关数据转引自潘家华等:《低碳城镇化:中国应对气候变化的战略选择》,第 6 页。

④ 国务院:《关于印发"十二五"控制温室气体排放工作方案的通知》,国发〔2011〕41 号。

⑤ United Nations Framework Convention on Climate Change (Organization), Kyoto Protocol to the United Nations Framework Convention on Climate Change: Annex A.

⑥ Stern N. Stern Review: The Economics Of Climate Change, The economics of climate change, Routledge, 2006, pp. 1-37.

⑦ Baeumler A, Ijjaszvasquez E, Mehndiratta S, et al. Sustainable low-carbon city development in China: Overview, Sustainable low-carbon city development in China, World Bank, 2012, pp. 371-374. 另据统计自 2002 年至 2011 年,我国城镇化率以平均每年 1.35 个百分点的速度发展,城镇人口平均每年增长 2096 万人。2011 年,城镇人口比重达到 51.27%。快速城市化带来的是公共服务压力的增加,如水资源供应、能源消耗、交通设施压力和固体废物处理等,当然也包括温室气体的大量排放。

为城镇化总是伴随着工业化或者互为因果。从 IPCC 对于气候变化成因和驱动因子的分析来看,全球 CO_2 浓度的增加主要是由于化石燃料的使用,已观测到的 CH_4 浓度的增加主要是由于农业和化石燃料的使用。[1] IPCC 认为,造成气候变化最为重要的温室气体 CO_2 的浓度在 1970—2005 年的 36 年间增加了约 80%,从 210 亿吨增加到 380 亿吨。这主要来自能源供给、交通运输和工业。[2]

国内外学者的实证研究也证明城镇化与温室气体(以下简称温室气体)排放之间存在着正相关性。通过指数分解法,卡雅(Kaya)将与温室气体排放与人口("Population")、经济发展水平("GDP per capita","GDPP")、能源强度("Energy Intensity")和能源消费碳排放强度("Carbon Intensity")相对应。[3]即当前测算各国碳排放启动因子较为通行的"Kaya 恒等式":$CO_2 = POP \times (GDP/POP) \times (ENERGY/GDP) \times (CO_2/ENERGY)$。[4]

通过该等式可以很直观的分析人口数、人均 GDP、能源强度与碳排放强度对温室气体排放的影响。总体而言,中国城镇化进程正在加快,据国外研究报告预测,到 2025 年,在中国将有近 10 亿的人口集中在城市居住,城市将会占到国家 GDP 的 90% 以上。农村人口向城镇的转移将会带来生产方式、生活习惯、交通模式和消费偏好上的变迁。这些转变的直接结果就是能源消费总量的提高。据统计,城镇居民的人均能源消费量是农村居民的 3.5~4倍。[5] 经济学者们的实证研究结果发现,中国的碳排放与经济增长、收入增加(人均 GDP、家庭年收入)、城镇化水平、能源消费碳排放强度、能源强度、经济(产业)结构存在正相关性。[6] 未来 10 年,中国 GDP 年均增长率可能在 7% 左右,2020 年人均 GDP 预期将达到 1 万美元左右,届时相应的能源消费与二

---

① IPCC 的第三次评估报告得出结论认为,前工业化时期以来,人类活动增加了大气中温室气体和气溶胶的浓度。在 20 世纪 90 年代,大气中主要人为温室气体(如二氧化碳(CO_2)、甲烷(CH_4)、氧化氮(N_2O)和对流层臭氧(O_3)的浓度达到有记录以来的最高水平,这主要是由化石燃料燃烧、农业和土地利用的变化引起的。这一结论在第四次以及最近出版的第五次评估报告中被再次确认。See IPCC Assessment Report 2001、2007、2013.

② 引自 IPCC:《气候变化 2007:综合报告——决策者摘要》(中文版),第 5 页、第 36 页。

③ Kaya, Y., 1990. Impact of Carbon Dioxide emission control on GNP growth: Interpretation of proposed scenarios, Paper Presented to the IPCC Energy and Industry Subgroup, Response Strategies Working Group. Paris,(mimeo).

④ POP 指人口总数,ENERGY 指国内能源消费总量、ENERGY/GDP 即单位 GDP 能源消费系数、CO_2/ENERGY 指单位能源消费的碳排放量。

⑤ 何晓萍等:《中国城市化进程中的电力需求预测》,载《经济研究》2009 年第 1 期。

⑥ 林伯强、刘希颖:《中国城市化阶段的碳排放:影响因素和减排策略》,载《经济研究》2010 年第 8 期。

氧化碳排放还将持续增长。① 这也是中国政府对外承诺至 2030 年方实现碳
排放峰值的内在原因。

此外,对于中国而言,城镇化增加的能源刚性需求所导致的温室气体排放
问题可能更为严重,因为中国能源结构长期以来一直以煤炭、石油等传统高碳
排放化石能源为主,②并且这一趋势在完成城镇化和工业化之前(预计到 2020
年)还将长期维持。《中华人民共和国气候变化第二次国家信息通报》认为我
国目前仍处于工业化中期,第二产业的比重偏大。近年来重化工的快速发展
使工业内重工业的比重高达 70% 左右,重工业的平均能耗强度是轻工业能源
强度的 2 倍多,而第二产业的能耗强度要大大高于第三产业。未来 10 年,中
国人口还将缓慢持续增长,城镇化率还将进一步提高。人口规模的增长及城
镇化水平的提高,将带来大规模城市基础设施的建设,需要消耗大量的钢铁、
水泥等高耗能产品,从而增加相应的能源消费与二氧化碳排放。居民的消费
结构由"衣""食"为主向"住""行"为主转变。未来 10 年,随着经济的发展和居
民生活水平的提高,中国居民人均家电保有量、汽车拥有量、人均住宅面积将
进一步增长,也会带来碳排放的增加。③煤炭燃烧产生的温室气体明显要高于
天然气等相对清洁的能源形式。④ 这会导致我国能源消费碳排放强度高启,
并造成经济发展的高能源强度,加之城镇化会同时带来经济收入和国民收
入的增加以及能源消费总量的攀高,可以预见我国的碳排放在相当长的一
段时间里将会继续攀升。

研究数据也证实,在 1978—2008 年间,中国的碳排放总量与能源消费碳
强度、能源强度、人均 GDP 和城镇化水平之间存在着稳定的长期均衡关系;在
2010—2020 年间,碳排放总量仍将面临约为 2.2% 的年均增长,并且 CO_2 排

---

① 《中华人民共和国气候变化第二次国家信息通报》,第 86 页。
② 根据国家统计局统计,我国能源消费结构中,煤炭的比重远远高于其他国家。
1990 年我国煤炭消费在一次能源消费中所占比例为 76.2%,2002 年下降到 68.0%,但在
2002 年以后,煤炭所占比例又逐年上升,2005 年上升到 70.8%,但在 2010 年又小幅下降
到 68.0%。我国对煤炭依存度高。以煤为主的能源结构短期内难以改变,煤炭仍将是我
国的主要能源。
③ 参见《中华人民共和国气候变化第二次国家信息通报》,第 86~88 页。
④ 假定煤炭燃烧后二氧化碳(CO_2)、氮氧化物(NO_X)、氧化硫(SO_X)的排放量为
100,天然气燃烧后二氧化碳(CO_2)的排放为 60%、氮氧化物(NO_X)的排放为 20%~40%、
氧化硫(SO_X)的排放为 0。清洁能源排序为天然气、石油、煤,而我国的能源生产与消费排
序为煤炭、石油、天然气。

放总量将在 2020 年达到约 94 亿吨。[①]

城镇化进程中所采取的经济和技术路线对于中国未来的能源需求和温室气体排放具有重要的锁定效应。因此,如果在当前城镇化进程中,不能有效地通过顶层设计激励能源利用效率提高以及天然气以及清洁新能源在一次能源消费中的比例提升,我国的城镇化进程在未来将会面临着更为严峻的减缓和适应气候的挑战。

第二,气候变化已经造成诸多负面影响且城镇区域最为显著。从 IPCC 自1990 年以来发布的历次评估报告来看,这些负面影响大致可以分为全球性和地区性两个方面。全球性的负面影响包括以下几个方面:海平面上升以及海洋酸化,海岸线被侵蚀以致全球 30% 的海岸湿地消失,全球气温变暖导致极端天气事件的频率和强度增加,水资源供应紧张,生态系统破坏导致生物多样性丧失甚至物种大范围灭绝,粮食产量下降导致全球供应紧张,人类健康因热浪、洪水、干旱导致的疾病率和死亡率上升以及某些疾病传播媒介发生变化而受到更大的威胁等等。[②] 从区域角度来看,气候变化的负面影响表现各异,这主要取决于各区域特殊的地理特征和生态系统。比如对于亚洲则会导致大的江河流域淡水量的减少、大三角洲地球洪水的威胁加大以及水循环变化所导致的腹泻疾病等的发病率和死亡率增加;[③]对于非洲主要影响在于淡水供应、粮食产量以及干旱的进一步恶化;大洋洲的澳大利亚和新西兰则会导致生物多样性的丧失、水安全问题、农林业退化、海平面上升、风暴和海岸带洪水严重程度和频率的增大;对于欧洲而言,负面影响将包括内陆山洪的风险增大、更加频繁的海岸带洪水和海水侵蚀加重(由于风暴和海平面上升)、山区冰川退缩对物种和旅游业等经济发展造成消极影响;对于拉丁美洲则是亚马孙地区的森林退化,以及随之而来的生物多样性损失显著的风险和某些重要农作物生产力会下降和畜牧业生产力降低对于粮食安全带来的不利后果;北美洲的西部山区积雪由于气候变暖而减少,导致冬季洪水增加和夏季径流减少,加剧水资源的竞争,以及对于城市的热浪袭击和海岸带社区及其居住环境所遭遇的发展和污染相互作用的气候变化影响的压力;极地地区则主要表现为冰川和冰盖及海冰厚度和面积的减少,自然生态系统的变化对包括迁徙鸟类、哺乳类动物和高等食肉类动物在内的许多生物产生有害的影响;对于小岛屿的影响则更具灾难性,预计海平面上

---

① 林伯强、刘希颖:《中国城市化阶段的碳排放:影响因素和减排策略》,载《经济研究》2010 年第 8 期。

② 《IPCC 气候变化 2007:综合报告》,《IPCC 第四次评估报告第一、第二和第三工作组的报告》(核心撰写组、Pachauri,R.K 和 Reisinger,A.编辑),第 7~10 页。

③ 参见《IPCC 气候变化 2007:综合报告》,第 11~13 页。

升会加剧洪水、风暴潮、侵蚀以及其他海岸带灾害,进而危及那些支撑小岛屿社区生计的至关重要的基础设施、人居环境和设施。总的来说,人类活动所导致的全球变暖将导致陆地地区冷昼偏暖、热昼偏暖、暖期或者热浪增多、强降水事件大幅增加、易受干旱影响地区扩大、热带气旋活动增强、海平面增高,从而对全球或者区域范围内农业、林业、生态系统、水资源、人类健康、工业、人居环境和社会发展产生负面的影响。这些问题已经在恶化,除非温室气体能够被有效管制。[1] IPCC 在 2007 年就已指出,若沿用当前的气候变化减缓政策和相关的可持续发展做法,未来几十年全球温室气体排放量将继续增长。[2] 这可能会强化人为因素所导致的气候变化引发的上述突变和不可逆转的负面影响。

同样,气候变化也对中国造成了诸多负面影响。根据《中国应对气候变化国家方案》《气候变化第二次国家信息通报》《国家适应气候变化战略》以及中国科学院和中国气象局发布的研究报告《中国气候与环境演变:2012》等来看,这些负面影响主要表现为地区性干旱和洪涝灾害的增发,台风、低温冰雪和高温热浪等极端天气事件的频率增加,基础设施的建设和运行安全受到影响,农业生产的不稳定性和成本增加,水资源短缺日益严重,海平面不断上升,风暴潮、巨浪、海岸侵蚀、土壤盐渍化、咸潮等对海岸带和相关海域造成的损失更为明显,森林、湿地和草原等生态系统发生退化,生物多样性受到威胁,多种疾病特别是灾后传染性疾病发生和传播风险增大,对人体健康威胁加大,等等。[3]

气候变化影响最严重地区主要集中于中国东部沿海长江三角洲、珠江三角洲、京津冀等三个全国一级城市群以及山东半岛、辽中南两个次级城市群。[4] 这些负面影响极具普遍性和深远性,诸如台风、低温冰雪和高温热浪都会对城市的交通、供电、供热等基础设施产生负面的影响,增加设施和建筑的

---

[1] See IPCC, 2013: Summary for Policymakers. In: Climate Change 2013: The Physical Science Basis. Contribution of Working Group I to the Fifth Assessment Report of the Intergovernmental Panel on Climate Change [Stocker, T.F., D. Qin, G.-K. Plattner, M. Tignor, S.K. Allen, J. Boschung, A. Nauels, Y. Xia, V. Bex and P.M. Midgley (eds.)], PP Cambridge University Press, Cambridge, United Kingdom and New York, NY, USA.

[2] 《IPCC 气候变化 2007:综合报告》,第 44 页。

[3] 国家发展与改革委员会:《中国应对气候变化国家方案》,第 4~5 页;《国家适应气候变化战略》,第 3 页。当然,这些影响的地区差异较大,比如我国的降水量变化特征存在着较大的地区差异。近 50 年来,中国东北、黄淮海平原、黄土高原、山东半岛和四川盆地中西部等地区年降水量呈现下降趋势;中国西部、西南西部、长江中下游和江南地区年降水量呈现不同程度的增加趋势;参见《中华人民共和国气候变化第二次国家信息通报》,第 94~95 页。

[4] 董锁成:《气候变化对中国沿海地区城市群的影响》,载《气候变化研究进展》第 6 卷第 4 期。

耗能;干旱会导致区域内城镇生产用水与生活用水的紧张;海平面上升直接加剧海水倒灌的威胁,并增加适应成本。从城镇化程度较高的长江三角洲、珠江三角洲和京津冀地区所公布的地方"应对气候变化方案"来看,气候变化已经对我国的城镇居民生活造成了负面影响,社会也遭受了巨大的损失。比如,2010 年 9 月台风"凡亚比"所导致的特大暴雨导致广东省 30 多个县(市、区)186 个乡镇受灾。[①] 上海城区地面沉降趋势加速,极端高温、强对流、风暴潮也导致城市防灾救灾支出更高的成本。[②] 从学者的研究来看,京津冀、长三角和珠三角等三个城市群以及山东半岛、辽中南两个次级城市群,由于海平面上升、洪水、台风、海啸、风暴潮的发生频率和强度增加以及海岸侵蚀,海水入侵,土地盐碱化加剧等因素,城市区域的生态、环境、农业、供水、交通等甚至会遭受难以预测的灾难性影响。[③]

第三,城镇化可以成为应对和适应气候变化的关键。城市基于规模经济的优势所产生的能源利用效率的提高,可以直接带来碳排放强度的下降。从发达国家的经验来看,能源集中度的增加是经合组织(OECD)国家碳排放降低的重要因素。[④] 也有证据表明,人口增长最快的地区往往是能源利用效率最高的地区,人均碳排放强度也处于最低的水平。[⑤] 换言之,城市存在着可持续发展的潜力。当城镇化水平达到一定的水平,它对于碳排放就可能产生削减效应,能够降低人类活动对于环境的损害。[⑥] 学者以中国城市作为样本数据分析的结论也表明,与碳排放强度相比,能源消费总量和城镇化对于碳排放的影响系数要小于能源消费的碳排放强度和人均国民生产总值,而生产部门的效率、交通平均距离和居民能源消费效率将会对温室气体构成负面影响。[⑦] 毕竟相对于交通不便的农村地区而言,人口数量和密度较高的城镇区域有着更为先进的公共交通、更为智能的电网、能效标准更符合可持续发展目标的绿色建筑,也有能力提供更为廉价和更高能源效率的基础设施服务。

---

① 《广东省应对气候变化的方案》,粤府〔2011〕5 号。

② 《上海市节能和应对气候变化"十二五"规划》。

③ 董锁成:《气候变化对中国沿海地区城市群的影响》,载《气候变化研究进展》第 6 卷第 4 期。

④ Hamilton C, Turton H. Determinants of emissions growth in OECD countries, Energy Policy, pp. 63-71.

⑤ Satterthwaite D. The implications of population growth and urbanization for climate change, Environment and Urbanization, pp. 545-567.

⑥ Martínez-Zarzoso I, Maruotti A., The impact of urbanization on CO_2, emissions: Evidence from developing countries, Ecological Economics, pp. 1344-1353.

⑦ 王钦池:《基于非线性假设的人口和碳排放关系研究》,载《人口研究》2011 年第 1 期。

城市能够成为降低温室气体的关键还在于其制度软环境的相对优越。以中国为例,政府的结构形式赋予了城市以较高的自主权,在政策、金融和社会管理等方面的有序组织能够保证城市有效地贯彻国家发展战略,实现节能减排的既定目标。① 城镇区域更为集中的企业数量也更便利于环境法规的执行。② 从国家发展与改革委员会(以下简称"发改委")着力推动低碳省市和城市的试点工作来看,城市将成为中国未来低碳发展制度和规则的策源地和先行者,比如温室气体报告与核算制度、碳排放交易制度等等。以中央政府核心部门来主导低碳经济发展的节奏,事实上反映出中国在新经济形态的法律制度生成中所存在的路径依赖:政府主导和推动下的强制性制度变迁,市场机制的构建带有浓厚的行政化、政策化和管制化的特色,初期带有暂行性、试点性和地方性的特征,存在一个"试错"的过程。在这个过程中,被赋予一定立法权的地方政府,特别是国务院确定的能够制定政府规章的较大城市,将成为具体规则构建与实施的重要主体,从而影响顶层设计的基本框架。这在某种程度上,强化了处在城镇化进程中的地方政府和城镇当局③应对气候变化的责任。

总之,城镇化可以是低碳的、高效的、宜居的和可持续发展的。在城镇化过程中,通过诸如土地利用规划改革和空间发展的改变可以实现紧凑的城市性能和智能的空间发展,避免因城市的快速扩张而导致交通堵塞、污染和安全问题;通过采纳更为高效、现代化、大规模和更为清洁的中央系统来替代小型分散的燃煤设施,可以提高城市的能源利用,促进形成更为低碳的工业体系;通过更为高效的公共交通建设和机动车管理措施、绿色低碳建筑标准体系和高效的市政服务,可以获得经济社会发展与减缓气候变化效益上的一致性,④从而实现城镇化这一社会变迁过程的低碳发展,即低碳城镇化。

---

① Baeumler A, Ijjaszvasquez E, Mehndiratta S, et al. Sustainable low-carbon city development in China: Overview. Sustainable low-carbon city development in China, World Bank, pp. 371-374.

② Dodman D. Blaming cities for climate change? An analysis of urban greenhouse gas emissions inventories, Environment and Urbanization, pp. 185-201.下载日期:2017 年 3 月 14 日。

③ 本书中以"地方政府和城镇当局"指称中央政府下承担国家低碳发展规划具体任务的、已制定本区域低碳发展目标和应对气候变化地方方案或者虽未制定区域低碳发展目标但也需承担温室气体减排责任的、有权制定地方性法规、规章或者需要通过行政命令、具体行政行为贯彻执行国家应对气候变化和低碳发展相关国家法律、法规、部门规章、地方性法规和政府规章以及其他规范性文件的省级和省级以下地方政府及其构成部门。

④ Baeumler A, Ijjaszvasquez E, Mehndiratta S, et al. Sustainable low-carbon city development in China: Overview, Sustainable low-carbon city development in China, World Bank, pp. 371-374.

二、低碳城镇化需要制度保障

低碳城镇化是与"高污染、高排放"为特征的工业革命以来的传统城镇化相迥异的一个社会变迁过程,是以生态文明和可持续发展理念为指导来应对并适应气候变化从而在既有城镇和新建城镇等空间范围内实现或者促进低碳经济的独特社会发展过程。经济基础决定上层建筑。低碳城镇化这一经济社会变迁在上层建筑上的反映的内容之一就是政治法律制度对于气候变化问题的吸纳和调整,即从原有不调整温室气体排放的法律制度体系到纳入新的调整对象以应对气候变化这一新型全球化问题的法律变迁过程。低碳城镇化法律制度构建,就是传统的社会经济发展模式在全球变暖背景下,将气候变化问题纳入法律制度的调控而衍生的一种法律制度演进。上层建筑反作用于经济基础。完善的低碳城镇化法律保障制度也能够形成、巩固和发展低碳城镇化。

第一,完善的法律制度能够形成明确的制度化预期,引导各方利益主体作出顺应并促进低碳城镇化过程的行为;法律制度制定的规范化程序,也能够保证各方主体的参与,增加规则本身的正当性。在原有的不调控气候变化的既有法律制度下,各方利益主体的行为预期和行为决策中,并未考虑本身行为所导致的碳排放后果。当法律制度纳入气候变化这一新的调控对象并确定碳排放的法律后果后,作为主体的自然人、企业、社会团体和其他组织,即应当将其本身行为所可能导致的碳排放及其后果纳入个体决策的考量范围,以保证行为的合法性。此外,与工业革命以来传统的城镇化道路相比,低碳城镇化更加强调可持续发展与生态文明理念,强调人与自然生态的和谐共存。体现在低碳城镇化建设过程中的利益冲突,不仅仅表现于基于人本主义的人与法律制度之间,而是存在于对环境生态主体利益同等尊重的人际同构法律体系中。[①]利益主体更为多元,利益冲突更为复杂。各方主体需要通过一个公开、常态、规范化的渠道表达利益诉求,协商博弈后形成共同遵守的能够实现平衡利益的"社会契约"。

第二,作为一种重要的社会控制机制,法律控制可以为低碳城镇化这一社会变迁过程中社会福利的最大化提供保障机制。在全球气候变化的大背景

---

① 江山:《法律革命:从传统到超现代——兼论环境资源法的法理问题》,载《比较法研究》2000 年第 1 期。从对人类法律文明史反思的宏观视角出发,作者认为,以环境资源法为代表的超现代法律的出现,使得人类的法律文明从只关注人本身或者说只承认人的主体性的人域法律,发展到将主体扩展至非人的生命体、环境、自然、生态等的人际同构法。

下,在城镇化建设过程中实施低碳发展,是一个系统的社会工程,以低碳城镇化为目的的社会经济发展过程也会带来社会关系的剧烈变迁。这不同于气候变化所带来的诸如海平面上升、极端天气、海岸侵蚀,以及这些负面影响所导致的可观察、可计量的人员伤亡、财产损失等等有形的改变,更多的是根源于应对这一社会问题而采取的行动所导致的无形变迁,比如能源消费结构的改变、大众生活消费习惯、政府经济发展方式、社会道德习惯等经济、政治、文化因素的改变。就法社会学的基本观点而言,社会变迁会引发作为一种社会控制制度的法律也随之发生改变。社会变迁并不是无意识的,而是基于人的理性而趋向于人类社会福利的最大化。法律作为社会控制的重要工具,[①]能够保障社会变迁不会偏离这一目标,维护公共秩序、和平与安宁,解决个人争端与冲突以保证社会整体利益的实现。简而言之,低碳城镇化需要相应的法律制度体系来实现其进程中经济社会效益的最大化。

第三,法律可以消减低碳城镇化过程中"唯技术主义"和"唯经济效益论"所带来的负面效应。同样是在理性主义基础上构建的人类文明成果,法律本身总是与公平、秩序、正义相关的,强调的是对个人欲望的理性控制;而科学技术则更多的体现了人类欲望的扩张。从笛卡儿和牛顿以来的科学机械理性、二元化自然观,在提高人类科学技术水平的同时,也强化了人类中心主义,将人类赖以生存的自然生态客体化,只关注物对于人的最大经济利益,在经济决策和生产活动中完全无视人类行为对于自然生态的破坏,从而导致环境污染、生态破坏、气候变化,最后危及人的生存。[②] 技术发展总是存在两面性的,人类行为的决策如果仅仅是出于经济利益的考虑,可能会放大科学技术本身的负面性。比如在应对气候变化中,我们不能否认新能源技术所实现的能源效率提高对于降低温室气体排放的直接效应,但是基于供求规律,能效提高而降低的平均能源消费价格却有可能激励社会的能源消费总量,增加碳排放。单纯的以经济效益作为衡量的企业决策,会淡化对于环境负外部性的考量,无限制地从事增加碳排放的生产经营,除非以绿色和低碳为理念的生态文明法律制度所可以的相应责任带来的成本超过其生产的边际收益。

---

① [美]罗斯科·庞德:《通过法律的社会控制》,沈宗灵译,商务译书馆 2010 年版,第 120 页。有关庞德社会法学思想的介绍还可参见博登海默:《法理学、法律哲学与法律方法》,邓正来译,中国政法大学出版社 2004 年版,第 153～155 页。

② 比如伽达默尔认为:"20 世纪是第一个以技术起决定作用的方式重新确定的时代,并且开始使技术知识从掌握自然力量扩展为掌握社会生活,所有这一切都是成熟的标志,或者也可以说,是我们文明危机的标志。"

总之,低碳城镇化必然是生态文明与法治文明交互促进的过程。我国已经确立了依法治国的基本方略,并提出"要用最严格的法律制度保护环境,加快建立有效约束开发行为和促进绿色发展、循环发展和低碳发展的生态文明法律制度"①的治国主张。相关法律保障制度的完善,可以更好地维护低碳城镇化的进程,更好地统筹社会力量、平衡社会利益、调节社会关系、规范社会关系,实现社会在深刻变革过程中的经济发展与生态良好。②

本书研究的核心问题就是低碳城镇化法律保障制度的具体构成,即哪些制度可以在低碳城镇化这一社会变迁过程中起到社会控制的作用,保障中国新型城镇化建设的低碳实现。对这一问题的研究,除基于前述的社会背景和当前研究现状之外(绪论第三节),还将依据下述的各项理论学说(绪论第四节),更重要的是要借鉴国际气候变化法律制度、主要减排责任国促进城市低碳发展的具体制度措施以及我国已有的相关法律和政策成果(第一章第一节)。

三、研究现状

低碳城镇化需要顶层设计。作为一种新发展方式,低碳城镇化不能采取传统的经济发展形态。正如吴敬琏教授指出的,发展低碳经济的核心是推进节能减排,看似简单易行,但在实际操作中极为复杂。③ 节能减排涉及整个社会,不仅包括能源的生产和消费,还包括各种能源、各种技术的比较;不仅要关注碳排放的降低,还要比较应用降低碳排放技术时注入的成本;不仅要考虑短期利益,还要兼顾长期效益。为避免无序发展导致的资源浪费,低碳城镇化需要充分发挥国家的作用,"一是进行顶层规划设计,二是要在国家层面制定发展低碳经济的规范规则"④。

从政策层面来看,自 2007 年国家发布《应对气候国家方案》以来,在政府主导下,我国已进行了大范围的低碳城市工作试点。从 2010 年开始,发改委开始在广东、辽宁、湖北、陕西、云南五省和天津、重庆、深圳、厦门、杭州、南昌、贵阳、保定八市开展低碳城市的试点工作。试点工作后来推广至北京市、上海

---

① 《中共中央关于全面推进依法治国若干重大问题的决定》,人民出版社 2014 年版,第 14 页。

② 《中共中央关于全面推进依法治国若干重大问题的决定》,人民出版社 2014 年版,第 2 页。

③ 吴敬琏:《发展低碳经济要有国家规划》,载经济观察网 www.eeo.com.cn/2010/0420/168058.shtml. 下载日期:2010 年 4 月 20 日。

④ 吴敬琏:《低碳经济需进行顶层设计》,载《中国经济导报》2010 年 4 月 24 日。

市、海南省和石家庄市、秦皇岛市、晋城市、呼伦贝尔市、吉林市、大兴安岭地区、苏州市、淮安市、镇江市、宁波市、温州市、池州市、南平市、景德镇市、赣州市、青岛市、济源市、武汉市、广州市、桂林市、广元市、遵义市、昆明市、延安市、金昌市、乌鲁木齐市。低碳城市建设试点主要内容是，各试点省区、城市结合本地实际编制低碳发展规划，制定支持低碳绿色发展的配套政策，加快建立以低碳排放为特征的产业体系，建立温室气体排放数据统计与管理体系，并积极倡导低碳绿色生活方式和消费方式。为实现"十二五"温室气体控制的目标，即单位国民生产总值碳排放降低 17% 的目标，[①]国家发改委自 2012 年开始即着手推动碳排放交易试点工作，[②]并制定了全国范围的碳排放交易管理暂行办法，[③]以推进全国碳排放市场的建设。上海、天津、北京、重庆、湖北、广东和深圳等省市也已陆续开展试点并有相关制度实践。但是，总的来说，碳交易制度的建构仍缺乏配套的、系统的具体操作规则，且多以部门规章、政府规章和命令的形式发布，导致其立法层次不高。退一步讲，即使全国碳排放交易市场如期建立并自 2017 年开始运营，是否就能足以支撑低碳城镇化建设对于温室气体控制和低碳经济发展的所有制度需求？答案目前仍不可知。因为即便是运行已十分完善的欧盟碳交易市场也只能覆盖其国家边界内 40% 的温室气体排放，其余的部分需要通过其他的法律机制予以控制；况且欧盟碳市场由于配额过量供应而导致的碳价格走低严重损害了该机制对于低碳经济发展的激励效应（详见本书第三章第二节对于碳交易制度的讨论）。

1. 国外对于低碳城市或者低碳城镇的政策研究

主要表现为以下几个方面：第一，国际组织对于低碳经济和低碳城市的研究（报告），如世界银行 2012 年出版发行的《中国低碳可持续城市发展》（*Sustainable Low-Carbon City Development in China*），分七个部分对低碳城市在中国的发展进行了介绍，涉及低碳城市的定义、低碳城市的能源、低碳城市的交通、低碳城市的污染物控制等。联合国关于应对气候变化的各种出版物，包括国家行动、报告等，也能充分地反映主要减排责任国在发展低碳经

---

① 国务院：《关于印发"十二五"控制温室气体排放工作方案的通知》，国发〔2011〕41 号。

② 国家发展改革委员会：《温室气体自愿减排交易管理暂行办法》，国改气候〔2012〕1668 号。

③ 国家发展改革委员会：《碳排放权交易管理暂行办法》，国家发展和改革委员会令〔2014〕第 17 号。

济和低碳城市问题上的最新紧张和面临的基本问题。① 这些报告涵盖了发展低碳经济各方面的内容,包括发展低碳经济的技术、城市应对气候变化中遇到的问题、发展低碳城市的金融支持等。

第二,主要减排责任国政府、国内社会团体以及学者关于低碳经济和低碳城市的研究。前文提到,"低碳经济"最早就出现在英国政府发布的 2003 年能源白皮书中。② 英国能源与气候变化部所发布的各种研究报告代表了政府层面对于低碳经济、气候变化和能源的基本认知。③ 在关于低碳城市的制度设计上,学者们认为,设计和制度创新要与当地的特点相结合,比如,日本学者青木昌彦(2001)认为:低碳城市制度设计和建设必须结合本地区的制度、经济、文化、历史、价值现状。④ 这一学术观点也体现在现实的制度设计中,如"英国大伦敦规划"在其空间规划中增加管治、合作组织、政策继承、法律和调节框架以及技术分析和设计等内容。国外学术界对于低碳城市研究的另一贡献在于低碳城市评价体系的建构,如英国标准协会发布的基于城市的温室气体评价规范。⑤ 该标准在开发和试用阶段得到了 C40 城市气候变化领导小组(C40 Cities Climate Leadership Group)和英国伦敦市的鼎力支持,并在伦敦试用过程中取得了良好的收益。

---

① 比如《应对气候变化:分裂世界中的人类合作》(2007—2008 年版、2010 年版、2011 年版和 2012 年版),《城市和气候变化:人类居所的世界报告》(2011 年版),《走向绿色经济:可持续发展和消除贫困的途径》等联合国环境保护述主持编撰报告。更多信息可参见其官方网站:www. UNEP. org. See Programme, United Nations Development. Fighting climate change: human solidarity in a divided world. Human Development Report 2007/2008. Palgrave Macmillan UK, pp. 1193-1202. See Programme, United Nations Human Settlements. Cities and climate change: global report on human settlements 2011. Earthscan. See also UNEP. Towards a green economy: Pathways to sustainable development and poverty eradication. A synthesis for policy makers, Nairobi Kenya Unep.

② Papers, House of Commons, Our Energy Future: Creating a Low Carbon Economy.

③ 比如《低碳创新时评》(Low Carbon Innovation Delivery Review)、"苏格兰岛再生能源项目"(Scottish Islands Renewable Project)、《可再生能源基础设施国家政策评述》(National Policy Statement for Renewable Energy Infrastructure)等。更多详细资料可参见英国能源和气候变化部官方网站:https://www.gov.uk/government/publications.

④ 范基平:《低碳城市研究综述》,载《中国人口·资源与环境》2011 年第 S1 期。

⑤ See British Standards Institution, PAS 2070:2012, Specification for the assessment of consumption-based greenhouse gas emissions of a city, available at http:shop.bsigroup.com/forms/PASs/PAS-2070-2013/, last visit on March 26, 2017.下载日期:2017 年 3 月 14 日。

从国外对于低碳经济和低碳城市的研究来看,由于低碳城市这一概念提出的时间相对较短,直接研究低碳经济和低碳城市法律制度的相关专著较少。目前的关于低碳城市或者低碳城镇的研究主要是从城市规划与发展、降低温室气体排放、公共政策等方面展开的;从部门来看,主要涉及低碳能源、低碳交通、低碳城市污染物的控制等核心问题。值得注意的是,国外在低碳城市构建中,注意发挥社会研究机构的作用,一些社会研究机构所进行的就具体城市低碳化设计所出具的研究报告,有很大的参考价值。如世界自然基金会(WWF)在中国开展的"气候与能源项目"所提出的无锡低碳城市规划、上海低碳建筑路线图等、德国的"低碳未来城市项目"(Low Carbon Future Cities,由 Wuppertal Institute for Climate, Environment and Energy 所发起),①美国的气候变化经济和政策研究中心(Centre for Climate Change Economics and Policy)等。当然,我国也有类似的研究机构,如清华大学的低碳经济研究院和气候政策研究中心。这些研究机构所出具的一些报告或者接受城市当局委托所进行的咨询研究报告,往往能够结合某一城市的具体现状提出发展低碳城市的具体规划和制度设计,能够为低碳城镇化的法律保障体系构建提供具体的参照。

2. 国内研究

国内与低碳城镇化相关的概念有"生态城市"和"低碳城市"等。生态城市的概念提出较早,主要是基于可持续发展和资源综合利用的理念,所要解决的主要是生态环境保护的问题。相较于低碳城市这一概念,生态城市之于低碳城镇化的相关性相对较低。因此,与其相关的研究现状和研究文献就不再赘述。从观点来看,学者普遍认为,生态城市的规划也需要法律制度作为基础。比如朱春玉提出,可持续发展理论、自然资本投资理论和公众参与理论是生态城市规划的法律制度基础。② 其他学者对于生态城市的环境补偿制度、环境规划制度等进行了研究。生态城市法律保障相关的研究能够为低碳城镇化法律体系的构建提供借鉴。

国内学术界对于低碳城市的研究也是近些年开始出现的,但多数分散在与低碳城市相关的环境保护、碳排放权交易、新能源开放与利用等方面。相比较于城市规划、管理、经济、环境科学等学科的研究而言,从法律角度对低碳城市的法律体系、制度等综合性研究成果还很少见,更多的是从低碳经济或者应对气候变化的宏观角度探讨其法律规制问题,探讨的是国际范围内气候变化和低碳经济相关的国际法律制度的基本构成、渊源以及我国制度应对的基本

---

① Surhone L M, Tennoe M T, Henssonow S F. Wuppertal Institute for Climate, Environment and Energy, Betascript Publishing.

② 朱春玉:《生态城市规划的法律制度基础》,载《齐鲁学刊》2006 年第 2 期。

原则、立法建议和具体制度建议。比如,王明远对"碳排放权"的权利属性进行了界定,认为该权利具有准物权和发展权两重属性,而且这两个方面是统一的,并从权利属性的角度对碳排放权的发展提出了建议。[①] 李威认为碳金融起源于国际法促进有效减排的经济手段的应用,国际法框架内形成的碳交易都需要碳金融的支持和保障,而碳金融自身的发展也需要在国际法框架内获得公平和效率。[②] 此外,还有曹明德[③]、常纪文[④]、李艳芳、周珂、李博、郑玲丽、胡苑、郭冬梅[⑤]、黄小喜[⑥]、张剑波[⑦]、朱伯玉[⑧]等等多位学者从气候变化的大背景出发,讨论我国的低碳经济的立法问题。

对于气候变化本身问题属性和宏观应对机制的研究实际上构成了这一领域的主要研究范畴。在经济学家看来,气候变化是当前范围最为广泛、影响最为深远的外部性问题(Stern,2007),是市场失灵带给人类社会的最大恶果。学界普遍将这一外部性问题的产生归因于"公地悲剧"(王璟珉,2013),即气候变化问题形成的主因在于地球大气生态系统这一公共物品因产权无法界定而被竞争性的过度使用和侵占。基于这一理论框架,减缓气候变化需通过"非零和博弈"的国际气候谈判形成普遍性的适用于全部国际社会成员的全球减排协定(齐晔,2004),且该减排协定应当能够规范竞争性的过度碳排放。经济学家大都主张通过碳价机制规制竞争性的过度碳排放,将外部成本能够内部化为微观市场主体生产成本的非干预方式,即形成与边际私人收益(成本)和边际社会收益(成本)相等的"碳价格",从而实现气候变化治理的帕累托最优。如果根据福利经济学的原理,由政府来确定一个等同于"碳价格"的最优税率,"碳价格"机制就外化为"碳税";而如果以科斯的产权理论为基础,通过市场上的排放权交易来形成,则碳价格机制就表现为碳排放权交易制度。就碳税和碳交易的研究而言,存在着一个关键共识:为了避免搭便车现象或者碳泄露问题,应当形成全球统一的碳税制度或者构建所有国家成员参加的国际碳排放

---

① 王明远:《论碳排放权的准物权和发展权属性》,载《中国法学》2010 年第 6 期。

② 李威:《国际法框架下碳金融的发展》,载《国际商务研究》2009 年第 4 期。

③ 文正邦、曹明德:《生态文明建设的法哲学思考——生态法治构建刍议》,载《东方法学》2013 年第 6 期;曹明德、崔金星:《我国碳交易法律促导机制研究》,载《江淮论坛》2012 年第 2 期;曹明德:《气候变化的法律应对》,载《政法论坛》2009 年第 4 期。

④ 常纪文:《温室气体排放税费的若干法律问题(上)》,载《环境教育》2009 年第 11 期;《温室气体排放税费的若干法律问题(下)》,载《环境教育》2009 年第 12 期。

⑤ 郭冬梅:《应对气候变化法律制度研究》,西南政法大学出版社 2010 年版。

⑥ 黄小喜:《国际碳交易法律制度研究》,知识产权出版社 2013 年版。

⑦ 张剑波:《低碳经济法律制度研究》,中国政法大学出版社 2013 年版。

⑧ 朱伯玉、张福德等:《低碳经济的政策法律规制》,科学出版社 2013 年版。

交易制度。这是当前气候变化全球治理的一个核心难题。

征收碳税是经济学界(如诺贝尔经济学奖得主阿克尔洛夫、斯蒂格利茨等)开给气候变化问题的一个理想处方。在当代民族国家的绝对主权体制下,不可能存在一个超国家机构对各国国民征收统一的碳税。最具可行性的国际范围上征收的碳税或是诺德豪斯所主张的"协调碳税"(Harmonized Carbon Tax),即各国以一致同意的、协调的统一的税率在各自国内对碳排放征税。斯特恩也认为税收具有不需要国际协议而由个别政府就可实施的优点(Stern 2008)。比如波兰、丹麦、挪威、瑞典等国。国内学者的研究也多是从比较法的角度,对各国碳税法律制度的框架进行介绍,涉及课税对象(税目)、征收环节、计税依据、税率、收支管理等角度,并进而分析我国实行碳税的可行性,如毛涛、苏明、傅志华、范允奇等。在协调碳税的框架下,更需要关注的则是许可、征税地点、国际贸易待遇、对发展中国家的转移支付等问题;当然,基于维护公平竞争而征收的边境调节税(碳关税)的国际法问题,也是应对气候变化的碳价格国际制度构建所必须考虑的。这涉及相关的边境调节措施与现有的国际贸易等多边体系的协调问题。

与碳税相比,碳交易制度在政治上更具有国际可行性,因而也得到了学者更多的关注。早期的经济学研究主要涉及碳交易的经济学基本原理(J.H. Dales)、碳交易的经济学基本模型(Springer 2003)、关于碳交易的经济学政策和交易机制等。学者主要从成本效益分析的角度,通过经济发展水平、人口、知识和技术进步、不确定性等因素的数学建模形成各种关于碳排放权交易的分析模型,较为详细的分析了不同的碳交易模式,评价分析了排污权交易与排放权交易的关联和区别,比较了市场手段行政手段减排的不同效率(如 Robin Hanbury, Uwe Schubert, Andreas Zerlauth),评述了可进行排放权交易的污染物类型(如 Richard Schmalansee),从环境公正的角度批判了排污权交易的公平性问题(如 Barry D. Solomon),强调了环境监测对排放权交易的重要性(如 John K. Stranlund)。这些研究成为《京都议定书》IET、JI 和 CDM 机制的理论来源和应用基础。

自《京都议定书》之后,国际法学者对于碳交易的研究重点主要是全面评析 UNFCCC 和《京都议定书》的基本原则、制度、制定背景、运行机制、效力、实践和运行情况,结合国际碳交易的实践,发现当前国际减排法律制度安排的缺陷和不足。国外学者主张,发展中国家和发达国家应当承担共同的责任,不能使得国际碳排放交易制度等国际碳价格机制成为从发达国家向发展中国家进行财富再分配的手段(如 Eric Posner,2007)。不考虑发达国家的历史责任而进行国际碳排放权的分配,显然不能构建公平、可行的国际碳交易机制。更为公平、可行的路径应当综合各国的历史责任、现实发展阶段和未来发展需求,如潘家华等所建议的基于"人际公平"原则进行碳排放权分配的国际碳预算方案(潘家华、陈迎,2009)。

除关注 UNFCCC、《京都议定书》以及近期国际气候变化谈判的最新成果并比较研究各国碳交易制度外,国内法学理论和实践研究对于国际碳交易法律制度的关注大都是以 CDM 为参照的,如中国清洁发展机制基金管理中心和大连商品交易所编著的《碳配额管理与交易》。研究内容主要涉及:第一,国际碳交易排放权的法律概念和属性;如黄小喜(2013)认为,碳排放权是一种自然权利,具有国际人权法和国际环境权益法属性。第二,国际碳交易的法律合作机制,主要是围绕国际气候变化谈判的进程展开的。第三,介绍和评析国际碳交易的基本法律依据 UNFCCC、《京都议定书》的有关内容、背景、运行机制、碳交易的基本法律理论、法律规则、认证制度、碳交易合同法律制度、碳交易的贸易限制措施与 WTO 规则之间的冲突等。近期比较有代表性的著作有《气候变化框架公约研究》(杨兴,2007)、《国际温室气体排放权交易法律问题研究》(韩良,2009)、《气候变化应对国际环境立法研究》(傅前明,2013)、《气候变化国际法问题研究》(韩缨,2013)、《国际碳交易法律问题研究》(黄小喜,2013)。

对于低碳城市建设中法律体系的支撑和保障作用,学者们多在政策法律制度体系中一并研究,比如,2009 年中国社科院《中国可持续发展战略报告》中指出,低碳城市的支撑体系包括:产业结构体系、基础设施体系、消费支撑体系以及政策制度体系。付允等也提出低碳城市五个特征:经济性、系统性、安全性、动态性和区域性,并从经济、社会和环境三个方面构建了低碳城市的评价指标体系,提出"产业结构体系、基础设施体系、消费支撑体系、政策制度体系和技术支撑体系"等五大支撑体系。晋海则提出,低碳城市建设必须在法律框架内系统地推进,并提出应以框架法模式制定《低碳城市建设法》或《气候变化应对法》,或在单行法模式下设计低碳城市建设相关制度。此外,辛章平等对中国低碳城市发展的现状、龙惟定等对低碳城市的能源系统、毕军对后危机时代我国发展低碳城市的建设路径等,进行了阐述。吴琦等对低碳城市发展的动力机制、难点和路径进行了探讨。

既有的研究成果都肯定了建设低碳城市和推进低碳城镇化的重大意义,特别是新型城镇化规划公布前后出版的著作。比如,中国社科院 2007—2012 年连续发布的《城市蓝皮书:中国城市发展报告》(No.1-5)指出,低碳城市是可持续发展的必然选择,低碳城市建设是节能减排和发展低碳经济的重要载体,将引领未来城市建设的新趋势。王伟光和郑国光等主编的《应对气候变化报告》(2013)以"低碳城镇化"为题,对当时气候变化的热点议题、城镇化与城市低碳发展转型、城镇化与城市适应气候变化问题等进行了广泛介绍;齐晔主编的《中国低碳发展报告》(2014)对新型城镇化和低碳发展也着墨甚多,提出我国的城镇化总是伴随着碳排放的上升,应从低碳角度合理控制城镇化过程,推进低碳城镇化。

总体来说,仅就低碳城市而言,对其相关的法律保障体系构建的研究还仅处于起步阶段,对于低碳城市概念与新型城镇化道路相结合而提出的低碳城镇化这一问题的法律保障体系的研究,更是缺乏系统的阐述与分析。因此,从法律解释和法律构建的角度对低碳城镇化进行研究,正处于起步阶段,还有很大的空间和迫切的社会需求。总结以往生态城市建设和低碳城市建设中法律构建上的问题和经验,有助于推动低碳城镇化的有序和有效发展。

四、理论基础

本书研究的主要理论出发点在于法社会学、社会变迁理论、制度变迁理论、外部性理论、庇古税、科斯产权理论和法经济学基本理论等。

1. 社会变迁理论

社会变迁理论对低碳城镇化的必然性提供了解释,并说明了这一背景下相关法律制度变迁和重构的必然性。

与社会发展、社会进化等概念相比,社会变迁具有更为广泛的内涵和外延,包括社会现象一切方面和意义上的变化。整个人类社会、某一特定社会整体结构、特定社会结构要素或者社会局部的变化,都是社会学研究的对象,诸如自然环境变迁、人口变迁、经济变迁、社会制度(法律)变迁、社会价值观的变迁、科技变迁等。自孔德(Comte)以来,社会学所形成的古典社会变迁理论主要有进化论、循环论、功能论和冲突论。进化论的主张者有孔德、斯宾塞(Spenser)、达尔文(Darwin)和摩根(Morgan)、涂尔干(Durkheim)等。他们认为社会是一个有机体,社会变迁表现为具有连续性、次序性的进化趋势,比如由农业社会至工业社会、由野蛮至文明、由神学的虚构到科学的实证、由机械关联(古代社会)至有机关联(现代社会)等。循环论与进化论相比,理论差异在于承认人类社会存在衰退的可能性,是一个发展、成熟、衰退的循环过程。比如汤恩比(Toynbee)就认为,社会变迁的每个循环都以一个挑战作为开端,挑战需要社会反应;如果社会反应能够应对挑战,社会就可以适应并得以延续,反之则会走向衰退甚至毁灭。社会变迁的功能论又被称为均衡论,其代表人物为美国社会学家帕森斯(Parsons)。他认为,社会历史是一个进化的过程,表现为社会适应力的增强,即社会系统从环境中获取资源并在系统内部分配这些资源的能力增强;社会要保持均衡的进化,最终取决于社会能否发展出一套新的、普遍化的价值体系,容纳与整合新的结构要素。冲突论则认为,社会的变迁来自冲突;而冲突的根源则在于社会权力、价值、稀有地位、资源等社会资源的有限性和人对于社会资源的欲望之间的矛盾。马克思对于社会变迁的观点可以归入冲突论的范畴,因为在阶级社会中的社会变迁就体现为阶级冲突。①

低碳城镇化相对于传统城镇化而言,是进化的贯彻绿色、低碳发展理念的社会变迁,是为了应对气候变化这一挑战的社会适应过程,是以新能源革命等社会生产力要素的变革推动的社会历史过程;需要人类社会合理地分配碳排放资源、能源、水以及其他因全球变暖而逐渐变得稀缺的社会资源,发展出应对全球变暖挑战的新的价值观念、产业结构、经济基础和政治法律制度,以控制因对气候变化导致的资源紧缺争夺而产生的社会冲突,避免其走向激烈的对抗而致使社会秩序毁减。换言之,低碳城镇化这一社会变迁本身包含了相应的法律制度变迁,同时又产生了对于制度变迁的需求,要求法律制度本身的进化以增强社会对于气候变化的适应力,避免其走向衰退和毁减。

2. 法社会学

法社会学关于法律本身的概念以及法律作为社会控制工具或者稳定社会系统的制度化预期的基本观点,说明了在低碳城镇化这一社会变迁背景下,构建相应的保障法律制度的必要性;同时也对相关法律规则所应具有的基本功能提供了理论基础,比如保障社会凝聚力,保证社会利益的实现,保障社会普遍的行为预期,应当体现专门化、技术化、成文化以适应不断变化的社会环境——充满不确定性的气候变化。

法社会学强调的是从社会这一宏观背景下去研究法律现象,反对将法视为国家唯一产物的国家法理论,认为应当在社会中探究法的真谛。比如,莱塞尔就认为,马克思理论下的法律仅仅是社会经济结构的一种反映;②埃利希(Ehrlich)重视"活着的法",认为法律规则起源于社会本身,不是立法者或者法官的造法行为。

法社会学家在强调社会对法的决定意义的同时,并未忽略法律对社会的作用。比如涂尔干就认为,法律是社会凝聚力的外在形态,刑法为代表的压制性法律是机械式凝聚力的体现;民法、商法、宪法、行政法等恢复性法律是组织性凝聚力的表现。韦伯的巨著《经济与社会》也对法和经济的相互作用予以特别关注,论述法的强制对于经济的意义和局限。③ 庞德则认为,法律是发达政

---

① 本部分主要参见童志峰:《论社会变迁——经典社会学家对社会变迁理论的思考》,载《甘肃政法成人教育学院学报》2002 年第 2 期;张策华:《社会变迁与中国法律文化变迁》,载《江苏大学学报:社会科学版》2004 年 5 月;黄陵东:《西方经典社会变迁理论及其本土启示》,载《东南学术》2003 年第 6 期。

② 〔德〕德托马斯·莱赛尔:《法社会学导论》,高旭军等译,上海人民出版社 2011 年版,第 46 页。

③ 〔德〕马克思·韦伯:《经济与社会》(上),林荣远译,商务印书馆 1997 年版,第 368~374 页。

治组织化社会里高度专门化的社会控制形式,即通过有系统、有秩序地运用这种社会的暴力而达到的社会控制。在这一意义上,法律是一种"社会功能"或"社会控制",是协调利益冲突的手段;法律的作用就是承认、确定、实现和保障各种利益。卢曼认为,社会是一个规范系统,协商一致、普遍化的规范性行为预期就是在社会系统中实施的法律;法律能够保障人类行为预期的时间维度(人类对当今世界的认知、经验与预期)、社会维度(预期的制度化)和物质维度(沟通媒介)的要求;在高度分工的现代社会里,只有成文法才能构建并稳定社会系统,只有成文法才能适应不断变化的环境。[①]

3. 制度变迁理论

制度变迁理论能够解释法律本身变迁的规律,为适应低碳城镇化这一社会变迁的相关法律制度建构提供理论解释和支持。

制度变迁理论将制度因素纳入对经济增长的解释中,认为制定法、服从程序、道德伦理等行为规范,作为制度安排,能够支配经济单位之间的合作与竞争方式。诺斯(North)认为,制度因素是经济增长的关键。诺斯等新制度经济学者将制度本身视为一种公共产品。由于人的有限理性和资源的稀缺性,制度供给本身也存在供需平衡。当社会环境发生变化或者人本身的理性因科技的发展而得以增长,社会就会不断产生新的制度需求。制度的供给和需求平衡时,制度就处于稳定状态,反之就会发生制度的变迁,即原有制度框架得以创新或者被打破。一般认为制度变迁的一般过程存在五个步骤:第一,形成起主要作用的所谓第一行动集团,可能是政府也可能是其他相关利益团体;第二,制定变迁的方案和计划;第三,根据制度变迁的原则对方案进行评估和选择;第四,形成推动制度变迁的次要作用集团,即第二行动集团,如社会公众;第五,第一和第二行动集团共同努力实现制度变迁。根据第一行动集团的不同,制度变迁被区分为"自下而上"和"自上而下"的制度变迁。前者又被称为诱致性制度变迁,是市场主体自发倡导、组织和实现的;后者则被称为强制性制度变迁,是由政府充当第一行动集团,以政府命令和法律形式实现的。[②]

除将产权理论与制度变迁相结合之外,诺斯还提出了制度变迁的路径依赖问题。所谓路径依赖,是指在制度变迁过程中过去对现在和未来的强大影响,强调的是制度变迁因报酬递增和自我强化的机制而产生的自我强化。这

① [德]托马斯·莱赛尔:《法社会学导论》,高旭军等译,上海人民出版社2011年版,第108~123页。
② 林岗:《诺斯与马克思:关于制度变迁道路理论的阐释》,载《中国社会科学》2001年第1期;杨光斌:《诺斯制度变迁理论的贡献与问题》,载《华中师范大学学报》(人文社会科学版)2007年第3期。

种沿着既定的制度路径的自我强化,可能使得经济和政治制度的变迁走向良性的循环,也可能顺着错误的路径下滑,甚至被锁定(lock-in)在某种无效率的状态。因路径依赖而导致的制度锁定,很难摆脱。

制度变迁理论在以下方面为低碳城镇化下的制度变迁提供了理论基础或者警示:第一,随着人类对于气候变化认知理性的增加,原有的制度框架已经不能满足人们对于制度的需求,相应的制度变迁应为必然;第二,良性的制度变迁能够形成促进低碳城镇化下的经济社会增长;第三,制度变迁存在强制性制度变迁和诱致性制度变迁两种模式,低碳城镇化的制度构建应当各取所长;第四,新的制度构建不可能摆脱原有的制度框架,路径依赖也会产生良性结果,但应注意制度变迁中的无效锁定。

4. 外部性理论

既然肯定了法律制度对于社会变迁和经济增长的积极作用,就需要考虑如何形成控制低碳城镇化这一社会变迁良性发展的社会规范体系,如何形成气候变化背景下良性的制度变迁。这就需要对相应制度所要调控的问题进行分析。外部性理论从经济学的角度解释了气候变化产生的社会根源。

外部性被视为经济学最不可琢磨的概念。就低碳城镇化的法律制度构建而言,主要是从人类经济活动的负外部性角度去解释气候变化问题的。对负外部性的经典解释来自庇古(Pigou)。他通过边际私人净产值和边际社会净产值的背离来诠释负外部性问题。边际私人净产值是指个别企业在生产中追加一个单位生产要素所获得的产值;边际社会净产值是指从全社会来看在生产中追加一个单位生产要素所增加的产值。如果每一种生产要素在生产中的边际私人净产值与边际社会净产值相等,它在各生产用途的边际社会净产值都相等,而产品价格等于边际成本时,就意味着资源配置达到最佳状态。但是,在现实社会,边际私人净产值并不总等于边际社会净产值。当私人生产导致他人利益受损时,比如环境污染,边际社会净产值就小于边际私人净产值;反之,边际社会净产值就会大于边际私人净产值。庇古把生产者的生产活动带给社会的有利影响,叫做"边际社会收益";把生产者的某种生产活动带给社会的不利影响,叫做"边际社会成本"。根据他的阐释,外部性就可以理解为边际私人收益(成本)和边际社会收益(成本)的不一致。边际私人成本小于边际社会成本或者边际私人收益大于边际社会收益时,就会导致负外部性。[①] 企业生产活动中排放大量空气污染、废水、固体废弃物而造成环境污染的情形,

---

① [美]纳哈德·埃斯兰贝格:《庇古的福利经济学及其学术影响》,何玉长、汪晨编译,载《上海财经大学学报》2008 年第 5 期;王冰、杨虎涛:《论正外部性内在化的途径与绩效——庇古和科斯的正外部性内在化理论比较》,载《东南学术》2002 年 6 月。

均属于负的外部性；随着全球变暖的加剧，生产活动中化石燃料燃烧排放大量温室气体的行动，也会导致海平面上升、传染病加剧、极端气候频繁等损害公共健康的负面效应，减损社会收益，使得气候变暖逐渐成为工业社会以来最具普遍性的全球性外部不经济。

5. 庇古税理论

为矫正边际私人成本与社会边际成本的不一致，解决外部性问题，庇古提出可以通过征税或者补贴来矫正，即所谓的庇古税。庇古税是环境税、碳税、排污费、生态补偿等制度措施的理论基础。庇古税包括征税和补贴两类政府经济政策。第一，当边际私人成本小于边际社会成本时，即存在环境污染或者气候变化等负的外部性时，对排放者征税；第二，当边际私人收益小于边际社会收益时，即存在正外部性时，补贴企业。理想的庇古税，能够实现边际私人收益（成本）和边际社会收益（成本）的相等，即使得产品的价格等于边际成本，实现资源配置的帕累托最优。[①]

需要注意的是，庇古税理论有其局限性：第一，它主张政府是公共利益的天然代表者，且政府能够自觉的按照公共利益对私人经济活动予以干预；然而，事实上的政府决策总是会存在局限性的，比如被产业利益捕获。第二，最优税率和补贴的确定需要政府占有所有与资源配置相关的信息，且能够洞察所有个人的边际成本和收益，即全能政府假设；在现实经济运行中，由于信息不对称等问题的存在，全能政府假设不可能成立。第三，政府的干预本身作为公共产品供给，也是存在成本的，当干预成本大于外部性损失时，庇古税本身就会导致经济上的不效率。第四，庇古税可能会导致政府的寻租行为。基于这些局限性，科斯对庇古税进行批判和扬弃，发展出解决外部性问题的产权理论。

6. 科斯产权理论和法经济学

在其《社会成本问题》一文中，科斯（Coase）从以下几个方面对庇古税进行了批判。第一，外部性可能并不总是一方侵害另一方的单向问题，而是具有相互性的；比如火电厂与居民之间的排污纠纷，解决途径除政府征税之外，可能还存在居民"赎买"排放权的情形。第二，当交易费用为零时，根据科斯定理[②]，双方自愿协商本就可以产生资源的最佳配置，庇古税没有必要。第三，

---

① 王冰、杨虎涛：《论正外部性内在化的途径与绩效——庇古和科斯的正外部性内在化理论比较》，载《东南学术》2002 年 6 月。

② 科斯定理可以从以下三个层面理解：（1）在交易费用为零的情况下，不管权利如何进行初始配置，当事人之间的谈判都会导致资源配置的帕累托最优；（2）在交易费用不为零的情况下，不同的权利配置界定会带来不同的资源配置；（3）由于交易费用的存在，不同的权利界定和分配，则会带来不同效益的资源配置，所以产权制度的设置是优化资源配置的基础（达到帕累托最优）。

在交易费用存在的情况下,外部性问题的解决途径或者制度化措施,可能需要对其进行"成本"收益的分析,才能够确定是否有效。[①]

根据科斯定理,只要产权界定明确,且交易成本为零或者很小,那么初始的产权分配或者说制度安排并不影响市场均衡的结果,或者说市场机制本身就可以实现对外部性问题的矫正。然而,对于现实世界而言,交易费用往往是存在的,大气、环境、生态、生物多样性等公共产品也很难明确其所有权上的归属,因此,仅仅依靠市场机制来矫正外部性问题并不总是有效率的。但是不管怎样,科斯对于交易成本和产权理论的阐述,提供了以市场机制来解决环境污染、气候变化等外部性问题的可能。以此为基础的排污权交易制度在世界范围内取得了良好的效果。基于该理论和排污权交易制度的成功,通过碳排放权交易来控制温室气体排放,也被认为是有效率的制度选择,并被主要减排责任国所沿用。

科斯关于交易费用的理论阐述奠定了现代产权理论,更为重要的是论证了初始的合法产权分配对于资源有效配置的重要意义。其后的威廉姆森、斯蒂格勒、张五常等为代表的经济学家和以布坎南为代表的公共选择学派,都强调产权的初始分配对于资源配置的决定意义,即通过法律所确定的产品所有权的初始归属决定了资源配置是否能够达到最优。[②] 由此,法律制度进入了经济学的研究领域,从而衍生出法经济学或法律的经济分析这一学科。

法经济学理论的核心观点在于,所有法律活动,包括一切立法、司法以及整个法律制度事实上是在发挥着分配稀缺资源的作用。因此,所有法律活动都要以资源的有效配置和合理利用,即效率最大化为目的,所有的法律活动基于此论断都可以用经济学的方法来分析和指导,比如通过实证研究来对法律规范的实施效果进行评估。科斯以来的新制度经济学派和法经济学们,将法律纳入经济分析的视野时,有着共同的立足点,即法律制度作为公共产品,本身即具有稀缺性,且其制定、实施和变更都会产生成本。因此,制度构建也需要进行成本效益的考量。对于法律规范的经济分析所基于的效率标准,并不是传统意义上的帕累托最优,而是"卡尔多—希克斯补偿原则"意义上的效率标准——如果那些从资源重新配置过程中获得利益的人,只要其所增加的利益足以补偿在同一资源重新配置过程中受到损失的人的利益,这种资源配置

---

① See R. H. Coase, The Problem of Social Cost, Journal of Law and Economics, Vol.3. (Oct., 1960), pp. 1-44.

② [美]罗纳德·哈里·科斯等:《企业、市场与法律》,盛洪等译,格致出版社、上海三联书店、上海人民出版社 2009 年版,第 208 页。

就是有效率的。

科斯产权理论对于庇古税的批判以及基于科斯定理而衍生的法经济学，对于低碳城镇化的制度构建而言有如下几个层面的意义：第一，法律规则能够对低碳城镇化过程中的资源重新配置产生影响。第二，通过市场机制能够实现对于温室气体的控制，解决气候变化这一外部性问题；但是通过市场机制控排并不总是有效的，基于庇古税理论的碳税也是一种可能的选择。第三，立法本身也是一种稀缺资源，规则的设定需要考虑其经济效率，选择何种制度安排来控制温室气体排放，实现低碳城镇化，要对制度运行进行成本效益分析。

第一章
低碳城镇化法律保障制度构建的考量因素

本章首先简要界定低碳城镇化的概念,随后将从制度背景、调控对象和实施空间等几个方面对低碳城镇化法律保障制度的具体构成进行分析。

当前对于低碳城镇化并没有通行的法律上的概念界定。基于其和新型城镇化的关系,低碳城镇化可概括为以低碳①理念引领的新型城镇化,是在城镇化进程中以低能耗、低污染、低排放、高效率、高产出为特征来进行低碳城市的规划设计和建设的;②基于城镇化和气候变化之间的关联性,低碳城镇化可以界定为因应对气候变化而开展的以低碳发展为目标的城镇建设过程。因此,低碳城镇的建成需要在城镇化建设过程中,坚持可持续发展原则,通过制定低碳科学城镇规划,建立低碳的城镇基础设施,形成低碳的能源消费结构,发展低碳经济,加强城镇生态环境的综合治理,尽可能减少城镇化建设过程中的温室气体排放以降低其气候变化效应。

低碳城镇化的法律制度具有国际性和本土化的双重属性。国际性属性来自低碳城镇化问题与气候变化问题的紧密关联——正是由于气候变化这一全球性问题的凸显才衍生了城镇低碳化建设和发展的现实需要,从而产生了对这一进程予以法律控制的制度需求。鉴于与气候变化的紧密关联,我国低碳城镇化的法律制度必然是以国际气候变化法作为背景和基础,并成为国际气候变化法的内容构成。低碳城镇化法律保障制度与作为其制度基础的气候变化法律制度,具有以下相同的方面——相同的调控对象:温室气体排放行为;相同的调控方法:"命令—控制模式"或者"成本—效益方式";相同的调控目的:为人类或者群体的公共健康和社会福利而减缓或者适应气候变化。法律

---

① 低碳理念最早见于 2003 年的英国能源白皮书《我们能源的未来:创建低碳经济》。低碳经济是指在可持续发展理念指导下,通过技术创新、制度创新、产业转型、新能源开发等多种手段,尽可能地减少煤炭、石油等高碳能源消耗,减少温室气体排放,达到经济社会发展与生态环境保护双赢的一种经济发展形态。可见低碳强调的是高碳能源消耗的减少,即在经济社会生活中倡导低碳排放行为,减少造成碳排放的高碳排放行为。

② 参见潘家华等:《低碳城镇化:中国应对气候变化的战略选择》,载王伟光、郑国光主编:《应对气候变化报告 2013:聚焦低碳城镇化》2013 年 11 月。

保障制度的本土化特征则在于,低碳城镇建设所着眼的区域范围是一个主权管辖范围内的特定区域,基于不同国家间城镇化发展水平、经济发达程度、资源禀赋、地理位置、政治结构和法律制度体系等方面的差异,主要减排责任国的气候变化法和推动低碳城市建设的相应法律保障制度呈现出多元化和地域化的特征。制度的国际性决定了低碳城镇化的法律保障制度构建需要以国际气候变化法为制度背景。国际气候变化法和多元化的具有不同地域特征的主要减排责任国的相应法律制度,为我国低碳城镇化的法律保障制度的构建提供了可资借鉴的制度范例;毕竟无论规则如何表现,其调控的对象都是碳排放行为,实施的空间皆主要指向城镇区域,建设的过程都要经过规划、建设和评估环节。

一、制度背景:国际气候变化法律的形成

总体而言,从国际范围内来看,以气候变化为背景的当前法律制度变迁主要表现为"减缓"和"适应"气候变化而带来的法律观念、原则和规则的改变。"减缓"以减少温室气体排放为直接目的;"适应"不以温室气体控制为直接目的,而是侧重于通过加强管理和调整人类活动,充分利用有利因素,减轻甚至克服气候变化对自然生态系统和社会经济系统的不利影响。① 二者共同构成当前应对气候变化的基本法律制度框架。从法律规则的制定主体和适用范围出发,应对气候变化的法律制度可以归纳为国际法和国内法两个层面的法律规则体系。在国际法层面,可以概括为国际气候变化法律体系的出现与演进;在国内法层面,则主要体现在冠以"低碳"和"气候变化"等名称的法律政策的制定与实施,或者以应对和适应气候变化为目标的能源、交通、建筑、金融、农业、卫生、环境等领域的法律政策的出现和发展,可概称之为"国内气候变化法律"。这些法律或者政策表现出迥异于传统法律制度体系的独特理念、原则和规则特征。

随着科学界对于全球变暖成因及危害的认知程度日益明确,气候变化问题才逐渐成为国际社会关注的焦点,并进而被政治化和法律化。国际气候变化法律制度的出现和演进的主要表现就是《联合国气候变化公约》(以下简称《公约》)及其议定书的签署与变更。以下试结合《公约》及其议定书,分析相关法律制度的目的、原则和基本框架。

---

① 参见发展改革委、财政部、住房城乡建设部、交通运输部、水利部、农业部、林业局、气象局、海洋局:《国家适应气候变化战略》,发改气候〔2013〕2252 号。

（一）《联合国气候变化公约》：目的、原则与框架

《公约》奠定了国际气候变化法律制度的目标、基本原则、规则框架和国家应对气候变化所应承担的基本义务。作为《公约》的缔约国，我国发展低碳经济、推进低碳城镇化的经济管理活动，体现的是我国对内的经济管理主权。同时，根据"条约必须遵守"的原则，缔约方的国家行为应当符合《公约》的目的、原则和具体义务，基于主权的低碳经济管理行动却也可以解释为履行《公约》的具体国家行为。

首先，根据《公约》的规定，各缔约方应对气候变化的任何可能的法律制度都应以"将大气中的温室气体浓度稳定在防止气候系统受到危险的认为干扰的水平上"[1]为基本目标。因此，仅从立法目标的约束来看，推进低碳城镇化的各项法律制度应以控制温室气体排放——减缓气候变化为首要目标。控制的力度应当考虑生态系统得以自动适应气候变化、粮食生产得以确保安全、经济发展得以实现可持续发展的时间跨度。这一时间跨度的长短则取决于全球范围内温室气体累计量的增长速度。各缔约国，特别是处于工业化和城镇化进程中的发展中国家，在其高速经济发展持续推高温室气体排放总量时，应当通过加强自身适应能力建设来抵销生态系统不能自动适应气候变化的负面影响；因此，适应气候变化也是与控制温室气体排放并行的制度目标。我国低碳城镇化的制度建设也要兼顾"减缓"与"适应"两个方面，以控制温室气体排放和加强适应能力建设作为基本目标。[2]

其次，《公约》载明的应对气候变化所有法律文书所应遵守的原则，应当成为各缔约国相应法律和政策的基本立足点。从文本来看，《公约》确立了五项原则：第一，"共同但有区别的责任"原则，即发达国家应当率先承担量化的减排义务，而发展中国家应对气候变化的行动应以保证经济发展消除贫困为前提。基于该原则，我国低碳城镇化法律制度构建的一个基本立足点就在于保证经济社会的可持续发展。正如《全国人民代表大会常务委员会关于积极应对气候变化的决议》所提及的，气候变化是环境问题，但归根到底是发展问题[3]。第二，考虑发展中国家的具体需要和国情原则。该原则实质上强调法律和政策的制定不应脱离主要减排责任国的社会、经济、环境、资源等的现状。

---

① United Nations，United Nations Framework Convention on Climate Change，Article 2.

② 参见国家发改委和财政部等：《国家适应气候变化战略》，发改气候〔2013〕2252 号。

③ 参见《全国人民代表大会常务委员会关于积极应对气候变化的决议》，2009 年 8 月 27 日第十一届全国人民代表大会常务委员会第十次会议通过。

孟德斯鸠很早就曾论述过法律与地理因素的关系。[1] 因此,对国内法相应制度构建而言,该原则所强调的是,法律规则的制定应当考虑我国不同地域之间在经济、社会、环境资源等方面的差异,考虑我国城镇化所处于的具体阶段、经济发展的当前水平等等,在保证政策目的统一性的同时,赋予地方更多的自主权。第三,预防为主,即各缔约方应当采取预防措施,预测、防止或尽量减少引起气候变化的原因行为,并缓解其不利影响,特别是当存在严重的或者不可逆转的损害或者威胁时,不应以科学上的不确定为由拒绝或者延缓相应措施的执行。[2] 基于该原则,即便是不承担量化减排义务的发展中国家,也应当采取必要的减缓措施,包括促进低碳城镇化的各项制度。简言之,该原则提供了我国推进低碳城镇化的国际法基础,同时也成为低碳城镇化制度构建的一个基本立足点:预防为主,保证法律规则的前瞻性。第四,尊重主要减排责任国的可持续发展权。根据《公约》的阐释,各缔约方的政策和措施除应结合其具体情况和国情外,应当同时结合国家的经济发展计划。[3] 对于低碳城镇化而言,该原则所衍生的基本立足点在于,制度构建应着眼于经济社会发展的全局,统筹兼顾,[4]实现法律调控的系统性、全面性。第五,国际合作原则。[5] 温室气体的扩散特性以及气候变暖的广泛效应,决定了应对气候变化的政策与行动"天生"的全球化特质。政策与行动的有效性很大程度上将取决于有利的和开放的国际经济体系的维护与深化,正如《公约》所强调的,应对气候变化的法律行动,即使是单方的,也不应当对国际贸易构成任意或者不当的歧视或者隐蔽的限制。因此,我国低碳城镇化进程中所指定的各项法律法规或者政策,应当具

---

① 参见孟德斯鸠:《论法的精神》之"法律与气候类型的关系"。孟德斯鸠认为:气候条件对法律有重要影响,人的精神气质和内心的感情与气候有关,存在差异,法律也相应存在差别;国家所处的地理位置、地理格局和土壤条件对法律制度有重要影响;人们的生产方式对法律有重要影响;自然地理环境不同而导致的民族精神的差异,也对法律有着举足轻重的影响,适合民族精神的法律,才是好的法律。

② United Nations, United Nations Framework Convention on Climate Change, Article 3.3.

③ United Nations, United Nations Framework Convention on Climate Change, Article 4.

④ 参见《全国人民代表大会常务委员会关于积极应对气候变化的决议》,应当统筹国内与国际、当前与长远、经济社会发展与生态文明建设;坚持应对气候变化政策与其他相关政策相结合,协调推进各项建设;坚持减缓与适应并重,强化节能、提高能效和优化能源结构;坚持依靠科技进步和技术创新,增强控制温室气体排放和适应气候变化能力;坚持通过结构调整和产业升级促进节能减排,通过转变发展方式实现可持续发展。

⑤ United Nations, United Nations Framework Convention on Climate Change, Article 5.

有国际视角,避免构成对于 WTO 等多边、诸边或者区域贸易协定下应承担的义务的违反。

最后,《公约》所体现的义务应当被各缔约国以具体的法律、政策和措施予以执行。该等义务的实施也确立了主要减排责任国应对气候变化法律制度和政策行动的基本框架。根据《公约》第四条第一款①、第五条、第六条的规定,包括不承担量化减排义务的发展中国家在内的所有缔约方应当承担的义务可以概括如下:第一,按可比方法编制、更新、公布并向缔约方会议报告温室气体排放清单;第二,制定、执行、公布并更新国家和区域减缓和适应气候变化的计划;第三,在相关产业部门发展、应用并传播可用以控制、减少或者防止温室气体人为排放的技术和实施过程;第四,维护和加强所有温室气体的汇和库,例如生物质、森林和海洋等生态系统;第五,将气候变化因素纳入本国社会、经济和环境政策及行动,采取例如影响评估等适当程序或者方法,尽量减少其减缓或者适应措施等对经济、公共健康和环境质量产生的不利影响;第六,在应对气候变化不利影响的各项准备工作中应开展广泛合作,应当制定综合性计划以恢复和保护沿海地区、水资源、农业以及易受干旱和洪水影响的地区;第七,应当着力促进并合作开展关于气候变化的科学、技术、工艺、社会经济和其他研究、系统观测及数据档案开发,以增进对气候变化的起因、影响、规模和发生时间以及各种应对战略所带来的经济和社会后果的认识,并减少或消除在这些方面尚存的不确定性;第八,应当着力促进并合作开展关于气候变化和气候系统以及相关各种应对战略经济与社会后果的科学、技术、工艺、社会经济和法律方面的有关信息的充分、公开和及时的交流;第九,应当促进并合作开展与气候变化有关的教育、培训和提高公众意识的工作,并鼓励公众的最广泛参与;第十,应当向缔约方会议进行信息通报。②

概括而言,《公约》上述承诺在国家经济社会发展战略中的执行,无论是发展低碳经济,抑或是构建低碳社会、试点低碳社区、推动气候变化计划、倡导低碳消费,还是构建低碳城镇化,都是在经济社会变迁中纳入气候变化因素的考量将"减缓和适应气候变化"作为新的社会发展的目标导向。这一目标将会使得国家在制定经济与社会发展战略(包括城镇化发展路径)、产业政策、环境法律制度时,引入新的规则激励低碳经济发展。

---

① 《公约》第 4 条第 2 款是对附件 I 所列发达国家承诺的特殊规定,主要规定了发达国家减缓气候变化、提供信息并经技术评议、可获取最佳科学知识的采用等义务。随后的第 3~10 款也是关于发达国家的承诺。Ibid,Article 2~10.

② United Nations,United Nations Framework Convention on Climate Change,Article 4.1,Article 5,Article 6.

在新的制度导向下而构建的政策法律框架也因而可以简单地区分为"减缓"和"适应"两个方面的制度类型。"减缓性"制度侧重于直接或者间接的实现温室气体的减排,控制大气中温室气体浓度的增加,以实现将"全球温度升幅控制在2℃以内"的目标[①]——是积极的提高人类改造自然的能力以消除或者减缓气候变化的不利影响。"适应性"则强调通过加强社会管理,在气候变化已造成不利影响或者生态系统不能自动适应气候变化时,通过制度安排或者应急能力建设将其对于人类社会所造成的损害控制在当前社会发展水平可接受的程度范围之内,避免出现灾难性的影响——是迂回的通过强化人类对于自然的适应能力而应对气候变化的方式。从当前发展中国家乃至发达国家所已采取的气候变化政策与行动来看,基本都可归于以上两个方面的制度范畴(详见下节关于各国应对气候变化政策的讨论)。只是在《京都议定书》下发达国家承担的是强制性的量化减排义务,而发展中国家并不承担与发达国家对等的减排义务,但也可作出自愿减排的承诺,其履行《公约》项下义务也很大程度上取决于发达国家对其《公约》下所承担的有关资金和技术转让承诺的有效履行。作为发展中国家,我国在国际气候谈判中一直坚持"共同但有区别的责任"原则。[②] 因此,相关的温室气体减排目标,并不构成我国在条约下所应承担的强制性国家义务,本质上属于不具拘束力的"自愿性"减排承诺。这也将构成"低碳城镇化"相关法律制度的一个基本立足点。然而,这一情况在新

---

① 科学家们认为,2℃的气温升幅是避免气候变化最坏影响的警戒线。据有关专家推断,如果地球气温再升高2℃,全球的粮食将面临严重减产的危险,10亿～20亿人将面临水资源危机,将近30％的生物将濒临灭绝,非洲将变成不毛之地。关于这一目标设定的历史可以参考 Randalls Samuel, "History of the 2 ℃ climate target. WIREs Clim Change 2010", 1: 598～605. doi: 10.1002/wcc.62. 为实现这一目标,大气中的二氧化碳当量应被控制在450ppm～550ppm范围以内。哥本哈根会议再次确认了这一目标,即确保全球平均温度的升幅不超过2℃。文件中并没有预测二氧化碳的峰值将在哪一年出现。联合国环境署在华沙会议召开之前,发布了2013年《排放差距报告》,提出尽管有可能在更大的排放量下实现2℃目标,但不弥合排放差距将加剧2020年后的减排挑战。为了不偏离实现2℃目标的正轨,并消除上文所述的负面影响,报告指出到2020年,最大排放量应不超过440亿吨二氧化碳当量,以便进一步为减排铺路,2025年要减至400亿吨二氧化碳当量,2030年要减至350亿吨二氧化碳当量,到2050年要减至220亿吨二氧化碳当量。如果把现在主要减排责任国已经作出的减排承诺加到一起,即使做最大限度计算,也仍然存在60亿吨的差距。See UNEP, "Emission Gap Report 2013", at: http://www.unep.org/publications/ebooks/emissionsgapreport 2013/. 另可参见李慧敏等编译:《地球是烫的——低碳是人类的必然选择》,电子工业出版社2011年版。

② 参见《全国人民代表大会常务委员会关于积极应对气候变化的决议》。

的适用于所有缔约方的议定书、其他法律文书或具有法律效力的议定成果中①仍未被改变(详见下文对巴黎气候协定的讨论)。

(二)《京都议定书》之后的博弈

作为《公约》生效后的第一个议定书,《京都议定书》明确了发达国家在公约项下的量化减排承诺,同时也指明发达国家在履行这些量化的减排承诺时,所应采取的主要行动。这些行动包括:提高能源效率、增加森林碳汇、促进可持续农业发展、开发新能源和再生能源、开发固碳技术、降低运输部门碳排放、加强废物管理提高资源回收利用率以降低排放,以及通过改革部门管理体制促进有利于减排的制度和措施的制定等等。② 上述内容已成为发达国家应对气候变化、促进低碳经济发展方式转变的核心制度构成。与之相对,发展中国家在《京都议定书》并未被课以新的承诺,只是在"共同但有区别的责任"原则下,被重申要求履行《公约》第 4 条第 1 款规定的若干承诺以实现可持续发展。

《京都议定书》事实上确定了国际气候变化法律制度有关减排义务的"双轨制",并为后京都时代国际气候谈判上的"双轨制"奠定了基本框架。义务的"双轨制"指的是,签署协定的《公约》附件Ⅰ所列发达国家应当履行《京都议定书》下第一承诺期(2008—2012)的具体减排义务(在 1990 年基础上至少减排5%),并在 2012 年后承诺更大幅度的量化减排指标;发展中国家和未签署《京都议定书》的发达国家,应当履行《公约》下的一般承诺。谈判的"双轨制"则是指自蒙特利尔会议③和巴厘岛会议后所采用的气候谈判中存在的特别机制:由《公约》附件Ⅰ下发达国家和向市场经济过度的国家组成一个特别工作组

---

① 华沙会议决定,在 2015 年 12 月通过一个适用于所有缔约方的议定书、其他法律文书或者具有法律效力的议定成果,并在 2020 年使之生效实施。See United Nations Framework Convention on Climate Change (Organization),Warsaw Outcomes,available at http://unfccc.int/key_steps/warsaw_outcomes/items/8006.php,last visit on March 24,2017.

② United Nations Framework Convention on Climate Change (Organization),Kyoto Protocol to the United Nations Framework Convention on Climate Change,Article 2,Article 3,Article 4.

③ 2005 年 12 月在加拿大蒙特利尔举行,为《公约》第十一次缔约方会议,《京都议定书》第一次缔约方会议。会议成果显著:启动了《京都议定书》第二承诺期的谈判、成立遵约委员会、确定在《公约》基础上进行发展中国家与发达国家的对话、改革清洁发展机制并正式启动联合履行机制等。可参见苏伟、赵军:《蒙特利尔气候变化会议成果显著》,载《气候变化研究进展》2006 年第 1 期。更详细的资料可参见 UNFCCC 官方网站关于蒙特利尔会议的决定,http://unfccc.int/meetings/montreal_nov_2005/session/6260/php/view/decisions.php。

(the Ad Hoc Working Group on Further Commitments for Annex I Parties under the Kyoto Protocol),①就其《京都议定书》下第二承诺期的减排承诺进行谈判;而发展中国家和签署《京都议定书》的发达国家组成对话协调机制(长期合作行动问题特设工作组,the Ad Hoc Working Group on Long-term Cooperative Action under the Convention),②以达成共识,便利新一轮气候谈判能够尽快达成约束全部缔约方的统一成果。

自蒙特利尔会议开始,《京都议定书》第二承诺期的谈判伊始,中国等发展中国家就始终坚持"双轨制",强调新的承诺不应超出《公约》和《京都议定书》的基本框架,发展中国家不应承担量化的强制减排义务,而是应从本国经济发展阶段出发,在"共同但有区别的责任"原则下采取促进可持续发展的应对和适应措施。这一立场被 2007 年的巴厘岛气候变化会议所认可。根据会议所最终形成的《巴厘岛路线图》,发达国家缔约方要履行可测量、可报告和可核实的减排责任,对发展中国家减缓和适应气候变化的行动,也要以同样的方式提供技术、资金和能力建设方面的支持。③ 2009 年的《哥本哈根协定》原则上继承了《巴厘岛路线图》的"双轨制"立场,要求《公约》附件 I 下发达国家缔约方,单独或者联合实现经济层面量化的 2020 年排放目标;同时发达国家在对发展中国家的资金支持义务上,承诺了十分具体的资金数额(2020 年前,每年 1000 亿美元)。然而,需要注意的是,在发达国家的压力下,发展中国家可持续发展背景下的减排措施也开始有了"相对明确"的目标约束——我国承诺到 2020 年在 2005 年的基础上降低碳排放强度达 40%～45%。这一承诺虽不以碳排放总量的减少为直接目的约束,但也实质性地勒紧了经济发展的环境和资源约束。

2011 年的德班气候大会,以欧盟为代表的发达国家,更是提出 2012 年后(即《京都议定书》第二承诺期内)的温室气体减排协议应覆盖世界主要经济

---

① 关于巴厘岛会议的成果文件,中文文本可见 http://unfccc.int/resource/docs/2007/cop13/chi/06a01c.pdf. 巴厘岛会议的召开在 IPCC 披露其第四次评估报告之后,因此其重要的任务就是强化《公约》的执行,并开始启动一个长期的谈判进程以解决《京都议定书》履行期内以及履行期结束后对于国际减排秩序迫切需求的问题。其行动计划第 2 条就是设立"长期合作行动问题特设工作组"就该长期行动形成工作成果并在 2009 年完成,以提交缔约方第 15 次会议提交通过。See also United Nations Framework Convention on Climate Change (Organization),Bali Road Map,1/CP. 1.

② See United Nations Framework Convention on Climate Change (Organization),Bali Road Map,1/CP.1.

③ See United Nations Framework Convention on Climate Change (Organization),Bali Road Map,1/CP.1.

体。这实质上是要求中国、印度等发展中国家放弃其一直所坚持的"共同但有区别的责任"原则,承担与发达国家可比的量化强制性减排承诺,从而颠覆巴厘岛会议以来一直遵循的"双轨制"制度框架。会议最终所通过的"德班一揽子决定"在形式上坚持了巴厘岛—哥本哈根以来一脉相承的双轨谈判机制和"共同但有区别的责任"原则,并决定《京都议定书》第二承诺期自 2013 年生效。该一揽子决定还决定启动"绿色气候基金"①,并建立"德班加强行动平台问题特设工作组"(the Ad Hoc Working Group on the Durban Platform for Enhanced Action,以下简称"德班特别工作组")②作为缔约方会议的附属机构,负责拟定《公约》项下对所有缔约方适用的议定书、另一法律文书或者某种具有法律拘束力的议定成果。由于发达国家在减排和资金等义务方面的政治意愿不足,德班会议并未完成《巴厘岛路线图》所确定的谈判议程,即在 2009 年前就应对气候变化问题新的安排举行谈判,达成一份新协议,并使之在《京都议定书》第一期承诺 2012 年到期后生效。

发达国家淡化其历史责任和"共同但有区别的责任"原则的倾向,在多哈气候大会(2012)上更为明显。中国等发展中国家所一直坚持的减排义务上的"双轨制"在执行效果上已被削弱。首先,加拿大、俄罗斯和日本明确表示不参加《京都议定书》第二承诺期。其次,愿意作出具体承诺的欧盟,其确定的到 2020 年减排目标是在 1990 年基础上降低 20%,而当时以实现的减排成果已经达到 18%;与之相似的还有澳大利亚,其作出的有拘束力的具体承诺与 1990 年的水平相差无几。发达国家即使是有提高承诺的表示,也附有条件。比如欧盟提出,其 30% 的减排承诺是以其他发达国家履行同等的承诺和发展中国家根据其责任和能力作出适当贡献为前提条件的。③ 即在"共同但有区别的责任"原则之外,对发展中国家课以"各自能力原则"的要求。但是,无论如何,会议通过的《多哈修正案》还是在法律上确定了《京都议定书》第二承诺期,坚持了"共同但有区别的责任"原则和以《公约》和《京都议定书》为基础的国际气候变化法律制度基本框架。

----

① See United Nations Framework Convention on Climate Change (Organization), Launching the Green Climate Fund (3/CP.17), FCCC/CP/2011/9/Add.1.

② United Nations Framework Convention on Climate Change (Organization), Establishment of an Ad Hoc Working Group on the Durban Platform for Enhanced Action, 1/CP. 17.特设工作组应争取尽早但不迟于 2015 年完成工作,以便在缔约方会议第二十一届会议上通过以上所指议定书、另一法律文书或某种有法律约束力的议定结果,并使之从 2020 年开始生效和付诸执行。

③ United Nations Framework Convention on Climate Change (Organization), Doha amendment to the Kyoto Protocol,FCCC/KP/CMP/2012/13/Add.1.

鉴于当前缔约方关于 2020 年的减排承诺与实现将全球平均温升控制在工业化前水平之上 1.5～2℃ 之内的整体排放路径存在显著差距,2013 年的华沙气候大会最终确定将在 2015 年 12 月通过一个适用于所有缔约方的议定书、其他法律文书或者具有法律效力的议定成果,并在 2020 年使之生效实施。① 华沙会议所提出的这一议定书或者具有法律效力的议定成果,是否会取代《京都议定书》而对发展中国家作出承诺方面的强制性要求,这取决于发达国家与发展中国家之间的博弈,特别是中美之间气候利益的博弈与平衡。从中美双边谈判的成果来看,基本立场并未偏离"共同但有区别"的责任和各自能力原则。双方在减排目标上也达成基本的一致:美国将在 2025 年实现 2005 年基础上减排 26%～28%,中国承诺 2030 年左右二氧化碳排放达到峰值且实现非化石能源占一次能源消费比重提高到 20% 左右。②

(三)《巴黎气候协定》:新的起点

国际社会所着力推动的继《京都议定书》之后全球范围内的新的减排协定,最终于 2015 年 12 月在巴黎气候大会上达成文本,即《巴黎气候协定》(Paris Agreement)。③ 在 G20 杭州峰会召开之前,美国和中国向联合国提交批准文书,这意味着世界碳排放总量的 38% 被纳入该协定的适用范围。欧盟在 10 月 4 日法国召开的斯特拉斯堡举行的欧洲议会全会也以压倒性多数票通过了欧盟批准气候变化《巴黎气候协定》的决议。根据《巴黎气候协定》第 21 条第 1 款所载的生效条件,"本协定应在不少于 55 个公约的缔约方,包括其合计攻占全球温室气体总排放量的至少约 55% 的缔约方交存其批准、接受、核准或加入文书之后的第 30 天生效",即该《巴黎气候协定》将于 2016 年 11 月 4 日生效,成为《公约》下替代《京都议定书》规范 2020 年后全球应对气候变化行动的国际性协议。

对于我国而言,《巴黎气候协定》是中国从国际气候变化政策的跟随者向推动者转变过程中积极参与全球气候治理的重要成果。在《哥本哈根协定》中已经作出了到 2020 年在 2005 年基础上降低碳排放强度达 40%～45% 的承诺。在《巴黎协议》文本缔结之前,中国所提交的国家自主贡献文件中承诺至

---

① See United Nations Framework Convention on Climate Change (Organization), Warsaw Outcomes.

② 参见《中美气候变化联合声明》,新华网:http://www.news.cn/,下载日期:2014 年 11 月 13 日。

③ 参见《巴黎气候协定》(中文文本),见 http://unfccc.int/files/essential_background/convention/application/pdf/chinese_paris_agreement.pdf,下载日期:2016 年 3 月 14 日。

2030 年的自主行动目标:二氧化碳排放在 2030 年左右达到峰值并争取尽早达到峰值;单位国内生产总值二氧化碳排放比 2005 年下降 60%～65%,非化石能源占一次能源消费比重达到 20%左右,森林蓄积量比 2005 年增加 45 亿立方米左右。中国还将继续主动适应气候变化,在农业、林业、水资源等重点领域和城市、沿海、生态脆弱地区形成有效抵御气候变化风险的机制和能力,逐步完善预测预警和防灾减灾体系。[①]

作为《公约》下衔接《京都议定书》的新国际协定,《巴黎气候协定》维持了《公约》的基本政策框架,并有新的突破和发展,铸就了今后全球治理的新秩序。首先,《巴黎气候协定》重申了《公约》的制度目标设定,即把全球平均气温升幅控制在工业化水平之上低于 2℃以内。但是相比较于《公约》,《巴黎气候协定》强化了这一目标设定——倡导各国努力将气温升幅限制在工业化前水平以上 1.5℃内。从 IPCC 最新的评估报告来看,实现这一目标的难度正在逐渐加大。IPCC 认为,如果要将全球升温幅度控制在工业革命前水平以上的 2℃内,全球到本世纪末剩余的累积温室气体排放余量仅约 1 万亿吨二氧化碳。各国已经递交的国家自主贡献方案可见,至 2030 年全球的温室气体排放总量仍将持续增加,并高达 550 亿吨。如果不能尽快的实现碳排放峰值并实现经济增长和碳排放的脱钩,依靠现有的地球自净能力,即便是在 66% 的概率前期下,将升温控制在 2℃ 以内这个目标下 2030 年的排放水平只能达到 420 亿吨二氧化碳,而控制在 1.5℃ 的情景下的排放水平则约为 390 亿吨二氧化碳。这两个基于情景分析下的理论排放数据均和现实中各国政策所将要实现的排放水平数据存在着很大的差距。[②] 如何通过有效的减排机制安排缩小这一差距,将是各国在《巴黎气候协定》时代必须解决的问题。

其次,《巴黎气候协定》规定了一定的履约保障机制,具有一定的法律约束力。国际社会普遍的将《巴黎协议》作为一个具有法律约束力的国际协定。这不同于《公约》。从内容来看,《巴黎气候协定》的约束力主要体现在国家对其自主贡献承诺的遵守。这种自主减排的承诺是基于条约而作出的对自我行为的约束,应当遵守条约必须信守的原则。为避免《巴黎气候协定》因无法衡量

---

① 中国国家发展和改革委员会:《中国碳减排国建自主贡献》(China's intended National Determined Contribution),p. 11,载于:http://www4. unfccc. int/Submissions/INDC/Published% 20Documents/China/1/China's% 20INDC% 20-% 20on% 2030% 20June%202015.pdf,下载日期:2015 年 12 月 30 日。

② IPCC,2014:Climate Change 2014:Synthesis Report. Contribution of Working Groups I, II and III to the Fifth Assessment Report of the Intergovernmental Panel on Climate Change [Core Writing Team, R.K. Pachauri and L. A. Meyer (eds.)]. IPCC, Geneva, Switzerland, pp. 14-15.

自主贡献的是否达成而落成一纸空文,协定规定了一定的规则作为履约保证机制。第一,各国都必须提出减排的国家自主贡献,且缔约方连续提出的国家自主贡献必须比之前承诺的减排水平有所进步,即为未来国家自主贡献的碳减排水平建立了"棘轮"机制。第二,各国在核算国家自主贡献的人为排放量或清除量时,必须按照《公约》下所通过的指南,保障数据的完整性、透明性、精确性、完备性、可比性和一致性。这主要是指国家在核算其边界内的温室气体排放量时,必须按照通行的核算指南予以核算,即 IPCC 作为科学机构所制定的各项核算指南。①第三,确立了评估《巴黎气候协定》履行情况的全球盘点制度。根据《巴黎气候协定》第 14 条的规定,《公约》缔约方会议应定期盘点该协定的履行情况并评估实现协定宗旨和长期目标的集体进展情况。在应对气候变化的国际谈判中,该缔约方会议事实上充当着造法组织的角色。第四,拟成立专门的促进履行和遵守协定的委员会。虽然按照《巴黎气候协定》第 15 条的规定,该委员的职能行使是非对抗性和非惩罚性的,但是其定期评议和报告的常态化监督机制,也会产生促使各缔约方履行其承诺的道德约束力。总之,虽然各国在协定下的国家自主贡献是非强制性的,无法实现其减排并不能成立对国际法的违反从而成立国家责任,但是协定本身通过要求各国必须作出减排承诺并对减排的成果进行定期、统一评估和报告的方式,对国家的减排行动事实上施加了约束,即便这一约束完全是基于道德的,也能够促进全球应对气候变化的统一行动。

　　总之,对于中国而言,作为一个发展中的大国,即使在"共同但有区别的责任原则"下不承担强制性量化减排的国际法上义务,也必然需要作出符合自己国情和能力的贡献。第一,在《公约》和《巴黎气候协定》下,作为发展中国家,我国已经根据"各自能力"原则,作出明确的减排承诺,并向缔约方会议如期提交国家自主贡献文件。如今,我国已经批准该协定,使得自主贡献内所含的减排承诺,已经成为我国的"国家义务";虽然这项义务并不是强制性的,也不能成立国家责任,但是作为在国际事务中正在成为积极参与者和领导者的中国,不能违背条约必须信守的原则,失信于国际社会。第二,我国虽然这一承诺并非绝对碳排放总量的降低,但是考虑到我国的能源生产与消费结构以及经济发展阶段,这一目标的实现必然要求我国要采取广泛的措施控制并降低温室气体排放,积极推动低碳发展战略。这些措施在目的、手段、覆盖领域上与发达国家实现强制性具体减排承诺所采取的行动并没有太大的差异,也可以概括为"减缓"和"适应"两个方面。

---

　　①　参见《巴黎气候协定》第 4 条,第 2 款、第 3 款、第 13 款和第 14 款。

(四)主要国家应对气候变化制度和政策概述

简而言之,《公约》及其议定书为主体的国际气候变化法律制度的国内化是各主要减排责任国对应法律制度发展的动因和国际法基础。国内法上的气候变化法律制度变迁主要体现为缔约国将气候变化这一全球性的问题纳入本国法律制度体系的调控范畴从而导致的规则重构。

如前所述,《公约》所载明的气候变化法律制度的基本目标在于,"将大气中的温室气体浓度稳定在防止气候系统受到危险的人为干扰的水平上"。因而,《公约》各缔约国,无论是承担强制性量化减排义务的发达国家抑或是不承担此类义务但同样需要就全球气候变化作出贡献的发展中国家,能够直接实现这一目的的措施与行动,均主要表现为"减缓"气候变化的措施与行动。当然,"适应"性的措施与行动在客观效果上也同样能够提高人类社会应对气候变化的能力。因此,为能从整体上把握气候变化法律制度的特征,本节将对主要减排责任国"减缓"和"适应"这两个方面的法律制度进行概括论述。

从前述关于气候变化后京都时代谈判和《公约》项下各成员国应承担的温室气体减排义务的性质而言,当前减排主要责任国可以大致归为三类:第一,《公约》附件Ⅰ下,并签署《京都议定书》承担强制性量化减排义务的发达国家,以欧盟、澳大利亚为代表;第二,未签署《京都议定书》不承诺强制性减排的发达国家,如美国、日本等;第三,在《公约》项下,坚持"共同但有区别的责任"原则,不承担强制性量化减排承诺,但是自愿减排的发展中国家,如中国、印度等国家。第一类国家已通过立法行动,构建相当完整与成熟的气候变化法律制度,以履行其根据《公约》和《京都议定书》所应承担的国家义务。第二类国家,虽然未作出相应的承诺,但是考虑到气候变化问题的紧迫性,也采取了相应的国内立法程序,发展了本国的相应制度,比如日本通过立法推进"低碳社会",以及美国自"2007 年最高法院曼彻斯特州诉美国环境保护署"一案[①](即Massachusetts V. EPA,以下简称曼彻斯特案)以来将温室气体确认为《清洁空气法》(以下简称 CAA)所管辖的"空气污染物"从而由环境保护署(以下简称 EPA)予以监管的制度实践。第三类国家,以中国为例,也已将气候变化纳入国民与经济发展的整体规划,确认了低碳经济发展的基本方略,也已形成了一些具体的制度。本节将主要以欧盟、美国和中国为对象,讨论"减缓"和"适应"气候变化制度和政策的基本框架。

---

① See,Massachusetts v. EPA,127 S.Ct. 1438 (2007) and Massachusetts v. EPA,415 F.3d 50 (2005).

1."减缓"气候变化

简而言之,减缓气候变化要以温室气体减排为归宿。第一,各国需要降低年均排放量,最大限度上将其控制在地球生态系统对于温室气体的自净能力以下。IPCC 第五次报告确认了温室气体快速增长的事实,认为 2000—2010年期间每年平均的碳排放增量为 10 亿吨二氧化碳当量 (GtCO₂eq),年均增速为 2.2%,远高于 1970—2000 年的年均 0.4GtCO₂eq 的速度。① 第二,最终降低全球大气中的碳排放总量,维持或者最高程度上降低当前全球大气中的整体温室气体含量水平,减缓人类活动带来的全球大气中温室气体浓度的增速,并将其控制在能够防止气候系统受到危险的人为干扰的水平以下。《斯特恩报告》将这一浓度值范围界定为 450ppm～550ppm 二氧化碳当量。②

无论是年度排放量的绝对值的减少亦或是大气中温室气体浓度值的降低,最终都要着眼于温室气体排放源的控制。以"源类别"作为标准,主要减排责任国直接以减排为目的的减缓措施可以区分为移动排放源的控制措施和固定排放源的控制措施。前者主要是针对交通工具等移动排放源的温室气体排放问题;后者主要着眼于电力生产企业、石油化工企业、水泥生产、钢铁生产、大型建筑等社会生产和生活环节的固定工商业设施的温室气体排放问题。在此之外,土地利用变化也是一个重要的温室气体源类别,也存在对应的制度予以规制。

(1)移动排放源的减排制度

首先,以交通工具的温室气体直接减排为目标的制度。主要制度包括:第一,机动车温室气体排放标准制度和机动车燃油经济性标准制度。如美国环境保护总署 2009 年以来针对轻型机动车和重型机动车(含有关非道路行驶机动车辆以及相关发动机)所分别制定的适用于新车型的二氧化碳、一氧化二氮

---

① See IPCC, 2014: Summary for Policymakers, In: Climate Change 2014, Mitigation of Climate Change. Contribution of Working Group III to the Fifth Assessment Report of the Intergovernmental Panel on Climate Change [Edenhofer, O., R. Pichs-Madruga, Y. Sokona, E. Farahani, S. Kadner, K. Seyboth, A. Adler, I. Baum, S. Brunner, P. Eickemeier, B. Kriemann, J. Savolainen, S. Schl.mer, C. von Stechow, T. Zwickel and J.C. Minx (eds.)]. Cambridge University Press, Cambridge, United Kingdom and New York, NY, USA, p. 5.

② 该报告认为,在这一浓度值范围下,气候变化所带来的最为危险的影响可得以可持续并稳定降低,减排的成本也在合理的范围内;而一旦超出这个水平,成本和影响都是危险的、不可预测的。See STERN REVIEW: The Economics of Climate Change (2007), p. vii.

和甲烷的排放限值标准和燃油经济性标准;①欧盟将温室气体的排放计算纳入机动车燃油经济性标准制定的《关于轻型乘用车和商用车排放污染物(欧 5 和欧 6)型式核准以及获取汽车维护修理信息的法规》(EC No. 715/2007)和《对 EC NO.715/2007 法规关于轻型乘用车和商用车排放污染物(欧 5 和欧 6)型式核准以及获取汽车维护修理信息执行和修订的法规》(EC No. 692/2008),②以及轻型机动车和客运车辆的温室气体排放限值在 2012 年提高到 120g CO_2/km 和 2021 年提高到 95g CO_2/km 的计划;③以及,我国制订并计划自 2018 年 1 月 1 日起生效的《轻型汽车污染物排放限值及测量方法(中国第五阶段)》也在其"气态污染物排放总质量"一项中④包括二氧化碳的排放计算。第二,低碳燃料标准制度,即直接限定燃料中含碳量的标准制度体系。最早的是美国加利福尼亚州 2009 年所制定的旨在降低应用于交通工具中燃料的碳排放强度的"低碳燃料标准"(Low Carbon Fuel Standard)⑤。该标准是根据《加利福尼亚州 2006 年全球变暖解决方案法》所制定的。此外,我国也正在起草制定《交通燃料生命周期温室气体排放评价的原则和要求》以及《交通燃料生命周期温室气体排放的报告与审核》,以期对当前广泛应用的油气基燃

---

① See U. S. EPA, Light-Duty Vehicle Greenhouse Gas Emission Standards and Corporate Average Fuel Economy Standards,75 FR 25324-01;Greenhouse Gas Emissions Standards and Fuel Efficiency Standards for Medium-and Heavy-Duty Engines and Vehicles,76 FR 57106-01;and,2017—2025 Model Year Light-Duty Vehicle GHG Emissions and CAFE Standards:Supplemental Notice of Intent (2011),76 FR 48758-01.

② See,European Communities,Regulation (EC) No 715/2007 of the European Parliament and of the Council,Official Journal of the European Union,L 171/1;以及 European Communities,Commission Regulation (EC) No. 692/2008,Official Journal of the European Union,L 199/1.

③ European Parliament,2008. Community strategy to reduce CO2 emissions from passenger cars and light-commercial vehicles,Official Journal of the European Union. Official Journal of the European Union. doi:10.1080/13880290902938435.

④ 参见环境保护部、国家质量监督检验检疫总局:《轻型汽车污染物排放限值及测量方法(中国第五阶段)》(电子发布稿)第 39 页,见环境保护部官网:http://kjs.mep.gov. cn/hjbhbz/bzwb/dqhjbh/dqydywrwpfbz/201309/W020131105534056881723. pdf,下载日期:2016 年 3 月 17 日。事实上,这一标准采纳了欧盟前述 EC No. 715/2007 和 692/2008 的有关技术内容。同上,前言部分。该文件已经被正式发布成为国家标准,即《轻型汽车污染物排放限值及测量方法(中国第五阶段)》GB 18352.5—2013 代替 GB18352.3-2005,自 2018 年 1 月 1 日起实施。

⑤ Agencies,California State. California Code of Regulations. (2015). Sections 95480.1,Section 95481,Section 95482,Section 95484,Section 95485,Section 95486, Section 95488,and Section 95490.

料、生物质液体燃料和煤基液体燃料等交通燃料从原料获取到生产、输配、储存等生命周期各阶段中的温室气体排放评价进行规制，以期建立相应的燃料碳排放强度标准。

其次，通过降低化石燃料机动车使用率，从而间接减少机动车温室气体排放的相关措施。这些措施一般着眼于通过避免不必要的交通量产生或者转移货物及乘客至低碳交通方式，来减少碳排放。避免措施一般是通过发展城市副中心、调整土地利用结构、实行远距离办公等方式，从根本上减少交通出行量；而转移措施则是将原先由高碳排放的交通工具承担的交通量转移到低碳排放的交通工具上，从而实现在货物、乘客运输量相同的前提下，减少二氧化碳排放的目的。美国空气资源局(California Air Resources Board，以下简称 CARB)与18个城市规划部门所协同实施的旨在降低机动车里程并借此在地区交通发展中实现减排的可持续社区发展战略，就是一个将避免与转移措施综合考虑而制定的一个具体实例。[1] 纽约市也有类似的鼓励步行、自行车出行等零碳排放[2]或者其他低碳排放的电动汽车或者新能源汽车使用的相类似措施。[3] 其他国家，如法国、德国、日本、英国等，也正在实施分散城市中心、利

---

[1] See California, Sustainable Communities and Climate Protection Act of 2008 (Sustainable Communities Act，SB 375，Chapter 728，Statutes of 2008).该法令的目的在于通过协同的交通建设、土地利用规划以及可持续社区建设，来实现 CARB 所设定的地区范围内的温室气体减排。根据该法令，CARB 将针对地区范围内的乘用车设定温室气体减排目标。已有的目标设定是在 2010 年所确立的 2020—2035 年减排目标值。为实现这一减排目标，加州内城市的规划部门(metropolitan planning organizations，MPO)应当起草本市的可持续社区战略，作为地区交通发展规划的一个必要构成。如果某一城市无法实现相应的目标，上述法律就要求对应的 MPO 重新起草一份可替代的计划，表明相关的目标如何可以通过替代发展模式、基础设施或者另外的交通方式或者政策得以实现。可持续社区计划要求多种措施的实施，包括增加公共交通系统和高速公路的投资、建设自行车道、人行道整修的投资。该项计划同时还需要对"多家庭公寓"建设投资的增加。

[2] 更为熟知的概念是碳中和或者碳中立(carbon neutral)。这一概念最早是环保人士所提倡的一种生活方式，通过计算行为的碳足迹，然后通过植树等增加碳汇的方式将这些排放量吸收掉。这一概念更多地体现的是一种理念，体现的抵销措施后实现的减排量。本文使用"零碳排放"是强调某一行为或者生产过程本身的低碳排放属性，比如植树行为本身的低碳排放特征，而不是指其对高碳排放行为的抵销属性；是从某一单个行为或者单个行为过程的排放潜力角度界定，用以对比高碳排放行为或者标志低碳排放行为的排放量边界。

[3] See City of New York, New York City's Pathway to Deep Carbon Reductions, Mayor's Office of Long-Term Planning and Sustainability, New York, 2013, available at http://s-media.nyc.gov/agencies/planyc2030/pdf/nyc_pathways.pdf, last visit on March 25, 2017.

用税收和补贴等财政激励引导低碳交通方式、建立城市交通—低碳排放区等方式,来降低城市范围内交通领域的碳排放。[①] 我国正在推进的节能与新能源汽车产业发展战略[②]以及上海世博会期间通过适用 1000 多辆新能源汽车而实现的"零碳排放公共交通",[③]也是通过在交通领域增加新能源的消耗比例以间接降低传统机动车辆碳排放的实例。

(2)固定排放源的减排制度

所谓温室气体固定排放源,是指与移动排放源相对应的、固定的不改变位置的排放温室气体的源类别,主要包括那些生产各类社会消费品的设备、设施,以及为社会活动提供场所的固定设施,比如发电机组、炼钢炉以及其他消耗化石燃料的燃烧设置、大型公用或者民用建筑等。依其用途,也可以简单的归类为生产类固定排放源和生活类固定排放源。出于监管效率的考量,相应的减排制度往往只适用于那些年均温室气体排放量在一定阈值以上的主要的排放源,比如年均排放量为 25000 吨 CO_2eq 以上;排放量计算的边界也常常以企业法人为单位。

A. 温室气体核算与报告制度

可比的减排目标实现首先需要明确排放主体的基准年排放总量,以及到实现最终总量控制目标每一年度的当年排放总量,以计算和监控目标的完成度。因此,减排制度的首要环节就是温室气体的核算制度。该制度的目的都在于厘清作为法律控制对象的社会整体在制度设定并执行之前的初始排放清单、把握被课以减排义务的排放主体的排放潜力,为相关减排法律规则或者机制的构建与实施提供数据(信息)支持,能够起到降低制度设定和实施的信息成本的效用;温室气体核算制度也将为相应制度功能的最终实现程度提供衡量尺度。鉴于《公约》下各缔约国均需按可比方法编制、更新、公布并向缔约方会议报告温室气体排放清单,主要减排责任国基本都已建立了相应的强制性或者自愿性温室气体核算与报告制度。比如美国环境保护总署在 2009 所提出的《温室气体强制报告规则》(*Mandatory Reporting of Greenhouse Gases*),即适用于电力生产、己二酸生产、铝材制造、氨生产工业、水泥生产、电子设备制造、乙醇生产、铁合金冶炼、氟化气生产、食品加工、玻璃制造、氯氟烃类产品、氢气制造、钢铁业、铅冶炼、石灰制造、镁冶炼、碳酸盐的综合利用、硝

---

① 可参见牛雄:《借鉴国际经验,发展我国城市低碳交通》,国务院发展研究中心,来源:国研网。

② 参见国务院:《关于印发节能与新能源汽车产业发展规划(2012—2020 年)的通知》,国发〔2012〕22 号。

③ 参见《中国 2010 年上海世博会"低碳世博"总体方案》。

酸生产、石油与天然气生产、石油化工、磷酸生产、纸浆和造纸工业、碳化硅生产、纯碱制品生产、输配电设备制造及使用、钛白粉生产、地下矿井煤开采、锌冶炼等产品制造业企业，以及煤炭、煤基液体燃料、石油产品、天然气和液化天然气和工业温室气体等供应商。[①] 欧盟也在 2011 年对其自 1993 年以来建立的温室气体监测统计报告制度进行了修订，以服务于 2013—2020 年的减排目标。[②] 我国也已制定适用于重点企事业单位的温室气体报告制度，[③]并发布了适用于发电、电网、钢铁等 10 个高碳排放固定生产设施排放源的温室气体核算方法与报告指南。[④] 这些指南已经被转化为国家标准，成为具有强制力的法律规则，指导即将参加国家碳交易体系的企业。[⑤] 其他国家，如日本、韩国、澳大利亚等也通过相应的气候变化基本法建立了针对主要固定排放源的强制性报告制度。日本是通过《全球气候变暖对策推进法》建立了针对一定排放量以上的主要排放源的温室气体排放强制计算、报告与披露系统，作为实现国内碳排放交易机制的必要构成。[⑥] 澳大利亚则是通过 2007 年《全国温室气体与

① See U.S. EPA, Mandatory Reporting of Greenhouse Gases, Federal Register, pp. 66434-66479.

② See EC, Proposal for a REGULATION OF THE EUROPEAN PARLIAMENT AND OF THE COUNCIL on a mechanism for monitoring and reporting greenhouse gas emissions and for reporting other information at national and Union level relevant to climate change, 2011/0372 (COD). 根据欧盟理事会(EU Council)和欧盟议会(EU Parliament)的决议，该机制已于 2013 年 7 月 8 日生效。简单来说，欧盟温室气体监测统计报告法律制度，是由欧盟排放贸易框架下关于监测统计报告的法律规定(主要包括欧盟排放贸易指令 Directive 2003/87/EC 和链接指令 Directive 2009/29/EC、欧盟配额登记条例 Regulation No. 2216/2004、监测报告指南 2004 和 2007 等)，以及欧盟监测决定(Decision 280/2004)和欧盟温室气体监测机制运行决定(Decision 2005/166/EC)等相关法律规定共同组成的。转引自曹明德、崔金星：《欧盟、德国温室气体监测统计报告制度立法经验及政策建议》，载《武汉理工大学学报(社会科学版)》第 25 卷第 2 期。

③ 参见国家发展与改革委员会：《关于组织开展重点企(事)业单位温室气体排放报告工作的通知》，发改气候〔2014〕63 号。

④ 参见《国家发展改革委办公厅关于印发首批 10 个行业企业温室气体排放核算方法与报告指南(试行)的通知》，发改办气候〔2013〕2526 号。

⑤ 参见中国标准化委员会：《工业企业温室气体排放核算和报告通则》(GB/T 32150-2015)。还参见 GB/T 32151.1-2015，GB/T 32151.2-2015，GB/T 32151.3-2015，GB/T 32151.4-2015，GB/T 32151.5-2015，GB/T 32151.6-2015，GB/T 32151.7-2015，GB/T 32151.8-2015，GB/T 32151.9-2015。

⑥ See Office of Market Mechanisms, Consideration of Emissions Trading Scheme in Japan, Ministry of the Environment, JAPAN.还可参见罗丽：《日本〈全球气候变暖对策基本法〉(法案)立法与启示》，载《上海大学学报》(社会科学版)第 18 卷第 6 期。

能源报告法》自 2008 年 7 月 1 日起要求所有的主要排放源企业监控、测量并报告其碳排放量与能源生产与消耗量。[1] 韩国依据的是《低碳与绿色增长基本法》，要求能源消费企业或者单位报告温室气体减排量和能源消费量。[2]

B.温室气体排放限值标准制度

排放限值标准制度，是通过"命令与控制"手段来限定主要固定源排放企业单位产品的二氧化碳或者其他温室气体排放量，从而降低能源生产和消耗过程中碳排放总量的一类制度措施。与碳排放交易制度所代表的"成本效益方式"相比，这类减排措施具有直接性和强制性的特点。直接性在于其控制的着眼点在于碳排放产生的源头——社会产品的生产过程，体现了在大气污染防控中被主要减排责任国成文法所广泛采取的源头控制原则；强制性在于其实施是通过具有国家强制性的行政执法行为来予以贯彻的，违反相关义务的主体将会承担对应成文法下所设定的责任后果。这些责任后果可能是数额高昂的民事罚金，也可能是更为严重的刑事责任。由于温室气体不同于传统的对人体健康造成直接危害的空气污染物，如一氧化碳、二氧化硫等，就其设定排放限值标准的制度实践相对较少。比较典型的实例是美国 EPA 针对电力生产企业、石油化工和天然气部门等制定的温室气体排放标准制度。[3] 该制度适用于燃烧化石燃料的蒸汽发电机组和天然气固定式燃气轮机，并针对以上不同类型的发电机组分别设定不同的排放标准。[4] 这种标准制度事实上就是将温室气体视同传统大气污染防治法律体系下的空气污染物予以监管规制

---

[1] See Australia，National Greenho See Australia，National Greenhouse and Energy Reporting Act 2007 (2007 as amended)，Compilation start date：1 July 2013，available at https://www.legislation.gov.au/Details/C2007A00175，last visit on March 26，2017. use and Energy Reporting Act 2007 (2007 as amended)，Compilation start date：1 July 2013，available at https://www.legislation.gov.au/Details/C2007A00175，last visit on March 26，2017.

[2] 《韩国低碳绿色增长基本法（2013 年修订）》第 44 条，郑彤彤译，载《南京工业大学学报（社会科学版）》第 12 卷第 3 期。

[3] U.S. EPA，Carbon Pollution Emission Guidelines for Existing Stationary Sources：Electric Utility Generating Units，Proposal Rule，79 FR 34829. See also U.S. EPA，Standards of Performance for Greenhouse Gas Emissions from New Stationary Sources：Electric Utility Generating Units；Proposed Rule，79 FR 1429.

[4] U.S. EPA，Carbon Pollution Emission Guidelines for Existing Stationary Sources：Electric Utility Generating Units，Proposal Rule，79 FR 34829，at 34868. See also U.S. EPA，Standards of Performance for Greenhouse Gas Emissions from New Stationary Sources：Electric Utility Generating Units；Proposed Rule，79 FR 1429，pp. 1446-1447.

的。与排放限值标准制度相协调，立法者往往根据国家环境空气质量标准①
制定相应的建设前许可或者运营许可法律制度，以控制并避免主要固定排放
源的新建和改建过程中所可能造成的污染物排放超出排放限值进而违反环境
控制质量标准。比如美国环境保护总署依据其《清洁空气法》有关预防空气质
量恶化的相关机制②所制定的《预防空气质量恶化和第五章有关规定对于温
室气体调整适用的规则》（Prevention of Significant Deterioration and Title
V Greenhouse Gas Tailoring Rule）。③

　　上述所提及的美国环境保护总署所制定的适用于机动车和主要固定排放
源的相关制度，是其根据原本只适用于传统污染物的《清洁空气法》下的广泛
职权而制定的。我国在《大气污染防治法》下也制订了针对火电厂、炼铁工业、
炼焦工业、水泥工业等高碳排放企业的大气污染排放标准，以上体制是否能作
为构建针对上述主要固定排放源温室气体排放限值标准的基础，值得探讨。
如果依托既有的依据大气污染防治法而建立的适用于传统大气污染物排放标
准的适用于各类工业设施的排放限值标准能够延伸适用于温室气体排放，从
而规制更广范围的社会产品生产，这对于在消费端所倡导的低碳产品消费也
能提供源头的制度支撑；同理，在产品消费中的温室气体减排努力，比如加州
的消费品减排计划、④我国提倡的低碳产品认证制度⑤等，也能够通过对温室
气体的末端消费控制，从而影响社会生产的源头控制环节。

　　C.碳排放交易制度

　　简而言之，碳排放交易制度是通过排放配额或者排放权的市场交易将因
其排放而导致的社会外部成本内部化，从而激励排放主体减排的一种机制。
这种典型的"成本—效益"减排方式，其理论渊源被认为来自科斯对于交易成

---

　　①　比如我国依据《环境保护法》和《大气污染防治法》所制定的《大气环境空气质量
标准》（GB3095-1996）、《环境空气质量标准》（GB3095-2012）；美国《清洁空气法》下的"国家
环境空气质量标准"（National Ambient Air Quality Standards）。

　　②　See 42 U.S.C. §§ 7475；7479（1）. See also Clean Air Act，Section 160～169；
also，42 U.S.C.A. § 7661c.

　　③　U.S.EPA，Prevention of Significant Deterioration and Title V Greenhouse Gas
Tailoring Rule，75 FR 31514～01.

　　④　Agencies，California State，California Code of Regulations（2015），Section
94508，Section 94509，Section 94510，Section 94512，Section 94513，Section94515.

　　⑤　参见国家发展与改革委员会：《低碳产品认证管理暂行办法》。该办法将低碳产
品界定为"与同类产品或者相同功能的产品相比，碳排放量值符合相关低碳产品评价标准
或者技术规范要求的产品"，并提出建立统一的低碳产品认证制度。实行统一的低碳产品
目录，统一的标准、认证技术规范和认证规则，统一的认证证书和认证标志。

本的理论洞见而发展的产权理论,[①]其制度渊源来自排污权交易制度,[②]国际法渊源及其基本制度框架来自《京都议定书》所确定的国际排放交易机制、联合履约机制和清洁发展机制,[③]其制度典范则是日趋成熟和完善的欧盟碳排放交易制度。在温室气体排放交易制度下,无论是总量控制交易模式抑或是基线信用交易模式,被纳入主体所获得的配额排放量(emission allowance)或者信用额度(carbon credit)都是在一定履行期间内逐渐减少;减少的速率取决于当前的碳排放水平和履行期间结束所预期达到的减排目标。

从纳入主体的行业范围来看,主要是达到一定规模的固定排放源,比如欧盟《2003 年碳排放交易指令》最初所覆盖的行业类型就在于那些高碳排放(热能消耗 20 兆瓦)的大型能源企业、钢铁企业、化工业、造纸业、玻璃制造业、水泥和建筑材料的生产者等,之后则延伸至航空企业、制氨和制铝业等。我国碳排放交易市场试点,比如北京、上海、广东等省市也同样对强制参与的企业主体设定了相应的阈值标准,一般只将年二氧化碳排放量 1 万吨以上固定设施或者重点行业工商企业纳入控排范围。[④] 美国加州的总量与控制碳排放交易最初也只适用于大型工业设施,比如每年排放 25000 吨以上二氧化碳当量的精炼厂、水泥生产企业和化工企业,电力供应商和电力生产企业,以及每年提

---

① 科斯认为通过产权的明晰化可以充分发挥市场的作用,使市场在公权力不介入的情况下以最优方式实现环境资源的最优配置。根据科斯定理(Coase Theorem),在交易成本为零的情况下,无论法律对权利如何界定,只要交易自由,资源都可以通过市场机制得到有效的配置。尽管在现实实践中,交易成本为零的情况并不存在,但是,第一,它说明产权制度可被用于负外部性问题的解决。明晰的产权界定会使交易各方尽可能的降低交易成本,实现效率的最大化。第二,在交易成本正常存在的情况下,法律对于权利的不同界定和不同的初始分配会影响到交易成本,也会带来不同效率的资源配置。See Ronald Coase, The Problem of Social Cost, Journal of Law and Economics, Vol. 3, October 1960, pp. 1-44.

② 参见蔡守秋、张建伟:《论排污权交易的法律问题》,载《河南大学学报(社会科学版)》2003 年第 5 期;曹明德:《排污权交易制度探析》,载《法律科学》2004 年第 4 期。

③ United Nations Framework Convention on Climate Change(Organization), Kyoto Protocol to the United Nations Framework Convention on Climate Change, Article 6 and Article 12.

④ 北京针对的是直接或者间接二氧化碳 1 万吨以上的固定设施;上海则规定钢铁、石化、化工、有色、电力、建材、纺织、造纸、橡胶、化纤等工业行业 2010—2011 年中任何一年二氧化碳排放量 2 万吨及以上的重点排放企业,以及航空、港口、机场、铁路、商业、宾馆、金融等非工业行业 2010—2011 年中任何一年二氧化碳排放量 1 万吨及以上的重点排放企业;天津则是钢铁、化工、电力、热力、石化、油气开采等重点排放行业和民用建筑领域中 2009 年以来排放二氧化碳 2 万吨以上的企业或单位。

供 25000 吨以上二氧化碳的二氧化碳供应商。但是,这并不能简单地将该制度局限于固定排放源的温室气体控制,通过对汽车制造业、交通运输企业的覆盖,其可以延伸适用于移动排放源。

此外,碳排放交易制度在实现减排目标的同时,配额拍卖所取得的收入也可以为低碳技术开发和低碳制度实施提供一定的资金来源。在环境问题上,市场机制也被广大学者视为比"命令与控制方式"更有效率的一种污染控制机制。① 因此,在应对气候变化的制度选择上,存在着对于温室气体排放交易机制的青睐。这在我国当前碳排放交易市场试点工作的推进中,可见一斑。② 根据国家发改委的最新部署,在已进行的碳排放交易试点的基础上,将建立国家范围内的统一碳交易市场,作为实现我国的减排承诺的核心机制。③

但是,至于在我国低碳城镇化的制度建设中,选择何种机制:以标准制度、行政许可制度等为代表的"命令—控制模式",抑或是"成本—效益导向"的碳排放交易制度,还是兼具市场机制和政府机制特征的碳税法律制度④?笔者认为,应当考虑我国的国情,综合考虑建立一个可选择的多元化法律制度体系。

D. 建筑物减排制度

就主要减排责任国温室气体清单的具体构成而言,人类居住或者社会交

① Cole D H, Grossman P Z. When is Command-and-Control Efficient? Institutions, Technology, and the Comparative Efficiency of Alternative Regulatory Regimes for Environmental Protection, Social Science Electronic Publishing, pp. 887-938.

② 参见《国务院关于印发"十二五"控制温室气体排放工作方案的通知》,国发〔2011〕41 号;国家发展改革委关于印发《温室气体自愿减排交易管理暂行办法》的通知;《关于同意深圳排放权交易所有限公司为自愿减排交易机构备案的函》发改办气候〔2013〕90 号;《关于同意北京环境交易所有限公司为自愿减排交易机构备案的函》,发改办气候〔2013〕91 号;《关于同意广东碳排放交易所有限公司为自愿减排交易机构备案的函》,发改办气候〔2013〕92 号;《关于同意上海环境能源交易所股份有限公司为自愿减排交易机构备案的函》,发改办气候〔2013〕93 号;《关于同意天津排放权交易所有限公司为自愿减排交易机构备案的函》,发改办气候〔2013〕94 号。

③ 参见国家发改委:《碳排放权交易管理暂行办法》,国家发改委令 2014 第 17 号。最新的关于国家碳排放权交易工作的安排,参见国家发展改革委办公厅:《关于切实做好全国碳排放权交易市场启动重点工作的通知》,发改办气候〔2016〕57 号。该通知对碳排放权全国市场构建中的工作任务、工作目标和保障措施进行了具体的规定,要求各省市执行。

④ 本书在国内法视角下探讨对于能源部门和工业生产过程中二氧化碳排放课征碳税的可能性,因此碳税制度将在后文讨论低碳城镇化保障制度的具体构成时予以论述。相关问题可参见毛涛:《碳税立法研究》,中国政法大学出版社 2013 年版。

往的建筑也是一个重要的温室气体排放源,比如英国家庭的碳排放占比为14%左右,[①]美国居民活动碳排放占到5.5%左右(2008—2012),[②]中国居民的二氧化碳排放占总量的4.73%[③]。以上的统计只是包括居民家庭因居住而产生的二氧化碳排放,并不包括大量的公共或者私人功能性建筑,比如政府机关、大型办公、娱乐或消费性商业设施。如果考虑到城市对于居民能源消费和大型功能性建筑的集聚效应,城镇区域内建筑的温室气体排放的量以及减排的潜力,显然更高。比如,根据纽约市的统计,其建筑导致的温室气体排放占到城市温室气体总排放的70%左右。[④] 因此,对于已处于高度城镇化或正处于城镇化进程中的国家而言,通过增加人口居住集中度、提高降低建筑材料中的温室气体含量、建筑的能源利用效率、优化建筑设计等措施,可以有效地降低城镇化发展过程中的人均温室气体排放量[⑤]。建筑减排的一个重要制度就是当前为主要减排责任国所采纳的绿色建筑或低碳建筑战略或制度。囿于国情,低碳建筑或者绿色建筑标准的具体内容可能存在差异,但是基本的路径大致相同,如确立公共建筑或者大型私有功能性建筑的整体或者建筑构成模块(建设单元、供热和空调体统、照明系统等)的能耗标准;[⑥]通过补贴或者税收

---

① See the 2009 final UK greenhouse gas emissions figures,available at:www.decc. gov.uk/en/content/cms/statistics/climate_change/gg_emissions/uk_emissions/2009_final/ 2009_final.aspx.(lase visit on March. 20th,2017)

② See EPA,Inventory of U.S. Greenhouse Gas Emissions and Sinks:1990—2012, at http://www.epa.gov/climatechange/ghgemissions/usinventoryreport.html.(lase visit on March. 20th,2017)

③ 根据中国第二次国家信息通报,2005年居民的二氧化碳排放为26273万吨,占二氧化碳总排放量的4.73%。参见《中华人民共和国气候变化第二次国家信息通报》,第61页。

④ See City of New York,New York City's Pathway to Deep Carbon Reductions, Mayor's Office of Long-Term Planning and Sustainability,New York,2013.

⑤ IPCC在最新的报告中也确认了在城市建筑中实现的减排的可行性和有效性。 See IPCC,2014:Summary for Policymakers,In:Climate Change 2014,Mitigation of Climate Change. Contribution of Working Group III to the Fifth Assessment Report of the Intergovernmental Panel on Climate Change [Edenhofer,O.,R. Pichs-Madruga,Y. Sokona,E. Farahani,S. Kadner,K. Seyboth,A. Adler,I. Baum,S. Brunner,P. Eickemeier,B. Kriemann,J. Savolainen,S. Schl.mer,C. von Stechow,T. Zwickel and J. C. Minx (eds.)]. Cambridge University Press,Cambridge,United Kingdom and New York,NY,USA,p. 26.

⑥ 以纽约市绿色建筑计划为例,建筑各部分可实现减排的潜力分析来看,比较重要的潜在减排结构有建筑外墙—11.1%,结构安装、照明、辅助计量和终点控制系统—15%,用于供暖、热水和烹饪的能源消耗—13.2%,屋顶改造—4.7%。

激励鼓励民用建筑设施节能技术的实施;①通过在建筑法规中植入低碳能效的相关标准,规范新建建筑或者改建的整体设计、机械系统设计、建筑外观、使用年限、安全问题等等。相应的制度实例可见于中国的绿色建筑发展规划、②纽约市的绿色建筑计划、英国关于民用设施的能效标准、日本发展低碳社会中有关建筑物的发展计划等。

(3)与土地利用(Land Use)变化相关的减排制度

土地利用和管理的变化会直接影响温室气体的源和汇,主要是作为"汇"的土地被改变成"源"而造成温室气体排放的增加,比如森林被砍伐建设为作为排放源的火力发电厂、能够实现碳中和的农田被征用后变成高碳排放的公共建筑或者住宅设施、蕴含在地下的含碳化石能源被发掘和使用、草地退化成沙漠、水体或者湿地因干旱干涸而使能够维持碳中和的生态系统被破坏导致温室气体的增加。从广泛意义上讲,所有的人类活动都与土地的利用和管理有关。③ 在工业社会以前,这些利用和管理并不会对地球生态系统造成破坏从而引发全球变暖。但是在工业社会之后,化石燃料的大量开采、人口的急剧增加、各种高耗能工业机械和产品的生产与使用等人类社会生产和生活方式的改变,加剧了人类社会土地利用管理中对于碳循环的负面影响。

广义上的土地利用和管理与土地覆盖、土地利用、国土资源管理、碳的源和汇以及碳储存等概念相关。当前来看,有关的制度主要是不同类型土地的温室气体核算制度,比如《2006 年 IPCC 国家温室气体清单指南》(以下简称 IPCC 指南)在源类别中就将农地、林地和其他土地利用作为关键的源类别进

---

① 财政补贴或者税收激励的原因在于以低碳能耗为约束条件的新建或者改造往往需要大量的资金投入,与大型公共设施相比,居民建筑的建设往往缺乏足够的融资支持和经济利益驱动,因此需要政府通过财政手段予以补贴,比如新能源家电的税收激励或者补贴等。

② 参见财政部、住房与城乡建设部:《关于加快推动我国绿色建筑发展的实施意见》(2012);其他相关的文件还包括《公共建筑节能设计标准》(GB 50189-2005)、《绿色建筑评价标识管理办法》(2007)、《绿色建筑评价标准》、《绿色工业建筑评价标准》、《民用建筑节能条例》等。

③ See Daniel Brown, Derek Robinson, Nancy French, Bradley Reed, Land Use and the Carbon Cycle: Advances in Integrated Science, Management and Policy, Cambridge University Press 2013, pp. 4-5.

行规定,并将其细分为林地、农田、草地、湿地、聚居地和其他土地。①我国城镇化推进中新增建设用地和工业用地等土地利用和管理上的变化,会导致森林、林地、草地、农业用地等"碳汇"转变成为工业或者产业园区、公用或者民用建筑、交通或者其他基础设施等主要源类别,很显然会直接增加碳排放。

从控制土地利用与管理变化所导致的碳排放的角度来说,本书所关注的是那些与城镇化或城市紧密关联的土地利用和管理活动,主要在于两个方面:区域城镇化规划所带来的宏观性土地利用和管理的变化以及项目建设所引发的微观性土地利用和管理的变化,与之相对应的能够对宏观和微观环境影响进行监管的法律制度则分别是规划影响评价制度和建设项目影响评价制度。加州 2008 年立法所通过的可持续社区发展战略中提及的以地区减排目标实现为约束的区域交通规划就属于前者的范畴;②纽约市所实施的绿色建筑计划(The Greener, Greater Buildings Plan 2009)新建大型建筑设计阶段对低

---

① 参见 IPCC:《2006 年 IPCC 国家温室气体清单指南》,国家温室气体清单计划编写,Eggleston H.S., Buendia L., Miwa K., Ngara T. 和 Tanabe K 等编辑,日本全球环境战略研究所出版,第 5 页。其他相关文件包括《1996 年 IPCC 国家温室气体清单指南修订本》《国家温室气体清单优良作法指南和不确定性管理》(GPG2000)、《土地利用、土地利用变化和林业优良作法指南》(GPG-LULUCF)。每次的修订都会引致 UNFCCC 缔约方会议对有关核算指南的修订,最近的一次是华沙会议上的修订,即 24/CP.19。这涉及如下文件:《有关公约附件一缔约方年度温室气体报告指南的修订》(Revision of the UNFCCC reporting guidelines on annual inventories for Parties included in Annex I to the Convention)、《2013 年对 2006 国家气候温室气体清单补充修订:湿地》(The 2013 Supplement to the 2006 IPCC Guidelines for National Greenhouse Gas Inventories:Wetlands)、《京都议定书形成的补充方法和优良实践:2013 年修订本》(The 2013 Revised Supplementary Methods and Good Practice Guidance Arising from the Kyoto Protocol)。另可参见 IPCC 2014, 2013 Revised Supplementary Methods and Good Practice Guidance Arising from the Kyoto Protocol, Hiraishi, T., Krug, T., Tanabe, K., Srivastava, N., Baasansuren, J., Fukuda, M. and Troxler, T.G. (eds) and 2013 Supplement to the 2006 IPCC Guidelines for National Greenhouse Gas Inventories:Wetlands, Hiraishi, T., Krug, T., Tanabe, K., Srivastava, N., Baasansuren, J., Fukuda, M. and Troxler, T.G. (eds). Published:IPCC, Switzerland.Published:IPCC, Switzerland.

② See the State of Calofornia, The Climate Change Scoping Plan: Building on the Framework Pursuant to the California Global Warming Solutions Act of 2006, pp. 49-53, available at: https://www.arb.ca.gov/cc/scopingplan/2013_update/first_update_climate_change_scoping_plan.pdf, last visit March 26, 2017. See also Senate Bill No. 375 of California, the Sustainable Communities and Climate Protection Act of 2008, available at: http://www.leginfo.ca.gov/pub/07-08/bill/sen/sb_0351-0400/sb_375_bill_20080930_chaptered.pdf, last visit on March 26, 2017.

碳能耗标准的考虑,则与后者紧密关联。① 我国目前所实施的规划环境影响评价制度和建设项目环境影响评价制度,如果结合不同类型土地利用和管理以及不同建设项目的温室气体核算制度,从而对其温室气体排放进行综合性环境影响评估,②则可以借此建立有关的规划项目和建设项目温室气体规划评价制度,或可从源头控制土地利用与管理的温室气体排放。

2."适应"气候变化

适应气候变化是指,在预测和评估气候变化负面影响的基础上采取行动预防或者最小化其可能导致的损害或者利用气候变化所可能带来的机会。③ 从当前主要减排责任国实施的适应气候变化战略来看,一般包括两个方面:脆弱性分析和适应能力建设。脆弱性一般是指某一部门或者系统对于气候变化负面影响的易受影响程度或者解决能力;④适应能力建设则是在进行脆弱性分析的基础上,以特定的指导性原则,通过各类具体措施的制定和实施来提高对于气候变化的适应能力的发展过程。与减缓气候变化措施的制度化程度相比,适应气候变化的措施更大程度上体现出如下特点:

第一,适应措施的政策性。从相关的文件来看,适应气候变化措施多载于非正式性法律文件,以国家层面的计划或者战略等形式体现,比如我国的《国家适应气候变化战略》、欧盟2013年提出的《适应气候变化欧盟战略》、美国EPA制定并发布的《适应气候变化计划》等等。这些战略或者计划,不同于温室气体减排目标的可量化性,一般不设定具体的可量化的目标。能力建设具有明显的抽象性,是在一个较长的弹性期间内确立一个原则指导下的政策框架,由政府或者特定政府机关予以推进实施的。⑤ 简而言之,缺乏制度的刚性。

---

① See City of New York, New York City's Pathway to Deep Carbon Reductions, Mayor's Office of Long-Term Planning and Sustainability, New York, 2013.

② 根据最新修订已于2015年1月1日生效的《环境保护法》,已经将环境影响评价的条件从"污染"修改为与有影响。参见《中华人民共和国环境保护法》第19条。

③ Comission, European Union, An EU Strategy on Adaptation to Climate Change. Journal of Chemical Information and Modeling. Vol. 216. doi:10.1017/CBO9781107415324.004. See also European Union. 2009. Adapting to Climate Change: Towards a European Framework for Action, Policy Paper, 1-17. doi:10.1017/CBO9781107415324.004, available at https://www.epa.gov/greeningepa/climate-change-adaptation-plans, last visit on March 26, 2017.

④ See U.S. EPA, U.S. Environmental Protection Agency Climate Change Adaptation Plan 2014, June 2014, available at: https://www.epa.gov/greeningepa/climate-change-adaptation-plans, last visit on March 26, 2017.另可参见国家发展改革委等:《国家适应气候变化战略》,发改气候〔2013〕2252号。

⑤ 参见国家发改委等:《国家适应气候变化战略》,发改气候〔2013〕2252号。

第二,需要适应能力建设部门的广泛性。这决定于气候变化负面影响的广泛性。从主要减排责任国适应战略的构成来看,对于某一主权国家而言,涉及的主要部门包括但不限于基础设施、农业、水资源、海岸线和相关海域、森林和其他生态系统、公众健康、旅游和其他产业等宏观产业部门和生态系统,实质上就是覆盖该国领土范围的整个人类社会和自然生态系统。对于特定实施相应战略的政府部门而言,适应能力建设将贯穿于其所有法定职责范围。以美国环境保护总署为例,其所制定的"适应能力建设 2011—2015 五年战略计划"首要的原则和措施就是将适应气候变化全面纳入其项目规划和立法过程,也就是说联邦范围内属于其法定职责的维持空气质量、保护水资源、保持清洁社区并促进可持续发展、保障化学品安全并防控污染物排放、执行环境保护法律制度等重要职责的履行中,都需要进行脆弱性分析并进行适应能力建设。因此,就其行政立法职能而言,EPA 需要在立法过程中确定、分析并讨论适应气候变化的关键立法环节,制定指导性文件并培训规则制定者,使其掌握气候变化的潜在效应,对适应气候变化作为重要考量因素的立法活动进行跟踪和监督。①

第三,适应能力建设的长期性。即使减缓措施的有效执行能够立即实现温室气体总量的实质性减排,全球气候也会因已积累的温室气体浓度而继续变化,适应能力建设也需要持续推进。首先,当前的基础设施、产业结构和产业运营和管理模式等均是在未考虑已发生或者潜在气候变化负面影响的前提下,建造或者发展而来的。建设新的能够应对极端气候变化的基础设施、应急机制乃至产业运营管理模式,需要一个相对长期的发展过程。其次,当下对于气候变化潜在效应的认识仍存在很多不确定性,不同区域之间受到的影响也呈现巨大的差异性,适应措施实施的成本与效益因缺乏足够的信息支持而难以进行确定的分析,需要在其实施过程中结合具体实施效果持续进行调整。

简而言之,因气候变化而导致的社会变迁很难在一个短期内完成。从法律对于社会控制的功能出发,其规则对于确定性有着相对较高的要求,以为社会行为提供明确的激励或者限制指引。气候变化本身的不确定性所衍生的适应能力措施实施的不可预期性,也解释了当前适应气候变化战略的政策性特征。此外,适应气候变化战略往往还需要特别考虑到最易受气候变化影响威胁的不发达地区、低收入群体和弱势群体。这涉及复杂的环境伦理和环境正

---

① See U. S. EPA, U. S. Environmental Protection Agency Climate Change Adaptation Plan 2014, June 2014.

义问题。

有鉴于气候变化适应措施的政策性、广泛性和气候变化影响本身的不确定性而导致的不可预期性,本书低碳城镇化保障法律制度的论述将主要围绕减缓措施,即以温室气体减排为直接目的的相关法律制度。这并不意味着适应措施的不重要,而是基于论题本身而作的必要取舍,毕竟低碳城镇化的实现更多的需要考虑能够实现温室气体减排的减缓措施。此外,减缓措施中将温室气体排放问题纳入能源、交通、建筑等城镇基础设施建设和城镇公共管理的相关制度,比如规划或者项目建设环境影响评价制度,与适应战略的实现其实存在着交叉和重合。

(五)小结

国际气候变化法以及各主权国家减缓与适应气候变化相关的各类制度、政策、措施等,构成了当前低碳城镇化法律保障制度的制度背景。综上可见,这一制度背景体现出如下特征:

第一,国际气候变化法"求同存异"的动态发展态势。所谓"求同"指的是国际气候变化法的趋同化。首先,表现为国际气候变化谈判已取得的制度化成果——《公约》及其议定书,所奠定的国际气候变化法的基本目标、原则和基本制度框架。在这个层面上,国际社会达成了减排温室气体以应对气候变化的基本共识。其次,各缔约国在履行《公约》及其议定书项下基本国家义务的同时,通过国际法内国化,接受了上述的基本制度框架内容,使得主要减排责任国气候变化的国内法规则表现出趋同性,比如在控制机制选择上的趋同性(碳排放交易制度、温室气体核算与报告制度、温室气体排放限值标准制度)、减排法律机制实施部门的趋同性(主要在能源电力部门,钢铁、水泥、陶瓷等大型工业生产企业,交通,建筑等领域)以及适应气候变化战略构成的趋同性等等。

所谓"存异"是指气候变化法律制度的多元化。首先,《公约》所确定的"共同但有区别责任"提供了主要减排责任国法律制度发展的多元化基础,发展中国家和发达国家在《公约》项下本来即承担着相异的法律义务。随着国际气候谈判的进一步推进,发展中国家的义务即使会发生改变,比如开始承诺具体的量化减排承诺,但是基于其历史排放量和本国国情,出于气候变化正义[①]的考

---

① Posner, Eric A.. and Cass R. Sunstein. Justice and Climate Change, Discussion Paper 2008-04, Cambridge, Mass.: Harvard Project on International Climate Agreements, September 2008.

虑,相应义务也不能等同于发达国家。其次,因主要减排责任国地理位置、资源禀赋、生态系统构成、政治法律制度、人口构成、经济社会发展程度、历史与文化特质等方面的不同,以及气候变化影响的地域性差异,不同国家通过"国际法内国化"而发展的本国气候变化法律制度,必然要符合本国的国情。比如,欧盟实现减排的核心法律机制是碳排放交易制度;而该制度在美国的适用则只是在区域范围内,联邦层面的减排措施主要依赖于美国环保总署根据《清洁空气法》发展出的适用于移动排放源和固定排放源的排放标准制度和有关的建设前许可和运营许可制度。我国虽然希望通过建立全国范围内的碳排放交易市场以控制温室气体排放,然而,将来的"气候变化基本法"是否会将其作为核心的减排机制,尚不能言之凿凿,或者即使碳排放交易制度作为核心机制,但是在其具体制度设定上,比如总量控制的目标设定、适用范围、配额分配、市场架构和运行机制,我国也会考虑处于工业化额城镇化进程中的现实国情,从而有别于已经完成城镇化和工业化的欧美发达国家。

第二,国际气候变化法律制度发展并不均衡。主要减排责任国处于不同的社会发展阶段,构成其上层建筑的法律制度显然受其影响而完善程度各异。与我国仍处于工业化和城镇化进程的现状不同,欧美已处于后工业化发展阶段,城镇化水平远高于我国,并已经走过了通过污染环境为代价来发展本国经济的历史阶段。因此,其环境法律制度极其完善,并已制定了相对完善的应对气候变化的基本法律体系,并建立了控制温室气体排放相对完善的规则制度,比如欧盟《欧共体第六个环境行动规划》(*EU Sixth Environment Action Programme*)[①]和《气候行动和可再生能源一揽子计划》(*The 2020 climate*

---

① 也就是《环境 2010:我们的未来和我们的选择》,提出要在气候变化、自然和生物多样性、环境和健康、自然资源和废弃物等 4 个领域中,要优先执行环境与可持续发展战略,制定新的共同体法律并修订已有立法,把环境保护等要求纳入不同领域的欧盟政策的制定和执行中。See Communication from the Commission to the Council, the European Parliament, the Economic and Social Committee and the Committee of the Regions On the sixth environment action programme of the European Community, Environment 2010: Our future, Our choice, COM/2001/0031 final.

and energy package)①、英国《气候变化法 2008》为基础的一系列低碳立法、日本《全球气候变暖对策基本法》和《地球温暖化对策促进法》、澳大利亚《国家温室气体和能源报告法 2008》等。而我国某种程度上还在重蹈欧美发达国家"先污染后治理"的覆辙，以破坏环境为代价发展经济的观念和实践还没有从根本上得以扭转，环境法律制度还处在一个相对不完善、亟待发展的阶段，特别是环境法律制度的执行仍待强化；兼具环境和经济双重属性的气候变化法律制度也仍处于起步阶段，多以政策、战略、计划形式体现，缺乏制度的刚性和确定性。欧盟的碳排放交易法律制度已经被认为是通过"成本—效益方式"实现温室气体减排的制度典范；而我国的碳排放交易市场仍处于区域试点阶段，全国性碳排放交易市场虽然已现雏形，但是正处于建设过程中（2017 年开始运作）。美国虽然目前尚未制定联邦层面的气候变化基本法律，但是在最高法院将温室气体视为《清洁空气法》下受规制的任意空气污染物的判决之后，美国环保总署可以在极其完善的以《清洁空气法》为基础大气污染物防治法律制度基础上对温室气体排放予以规制，并已制定针对机动车和化石燃料发电厂的排放限值标准，以及针对主要固定排放源的考虑潜在温室气体量的建设前许可程序和运营许可制度；而我国最新的自 2015 年开始生效的《机动车大气污染物排放标准》并未就温室气体的排放设定明确的限制标准，对于占能源活

---

① 该计划被视为全球范围内通过气候和能源一体化政策实现减缓气候变化的基础性文件，主要包括 6 项内容，诸如：碳排放交易制度的修正、各成员国配套措施任务分配、碳捕获与储存的基本法律框架、可再生能源指令、机动车二氧化碳排放法规和燃料质量指令等，目的在于实现欧盟"20-20-20"的战略目标，即到 2020 年，温室气体排放在 1990 年基础上降低 20％，可再生能源消费比占总能耗的 20％，能源效率提高 20％。See the Council of the European Union, Energy and climate change: Elements of the final compromise, 12 December 2008, availiable at http://www. consilium. europa. eu/uedocs/cmsUpload/st17215. en08. pdf. See also the Directive 2009/29/EC of the European Parliament and of the Council of 23 April 2009 amending Directive 2003/87/EC so as to improve and extend the greenhouse gas emission allowance trading scheme of the Community, Decision No 406/2009/EC of the European Parliament and of the Council of 23 April 2009 on the effort of Member States to reduce their greenhouse gas emissions to meet the Community's greenhouse gas emission reduction commitments up to 2020, Directive 2009/28/EC of the European Parliament and of the Council of 23 April 2009 on the promotion of the use of energy from renewable sources and amending and subsequently repealing Directives 2001/77/EC and 2003/30/EC and Directive 2009/31/EC of the European Parliament and of the Council of 23 April 2009 on the geological storage of carbon dioxide and amending Council Directive 85/337/EEC, European Parliament and Council Directives 2000/60/EC, 2001/80/EC, 2004/35/EC, 2006/12/EC, 2008/1/EC and Regulation (EC) No 1013/2006.

动温室气体总量一半以上的燃煤电厂也未规定明确的碳排放标准。[①]

法律制度上的差异可能并不仅仅来自经济社会发展阶段的不同,不同的法律传统可能也是一个重要的因素,特别是与具有普通法传统的美国相比。相对于我国"自上而下"的强制性制度变迁传统,美国所存在的普通法传统以及以《清洁空气法》为代表的环境法中的公民诉讼机制。[②] 使得其气候变化法律发展显现出更多的"自下而上"的诱致性变迁特征。这就使得其立法过程相对透明和公开,参与性更强。任何一条新的监管规则的制定都需要进行充分的就其实施所可能造成的履约成本和收益进行详细的分析,要考虑相应措施的技术可行性和成本合理性,并经过司法审查检验其是否合法。因此,其具体规则往往极其详尽,以明确行政执法机关的具体边界。而在我国自上而下的立法体制下,立法机关往往秉持"宜粗不宜细"的原则,只规定基本目标、基本原则和框架性措施,赋予执法机关充分的自由裁量权。

总而言之,虽然处于不同的发展阶段并有着相异的法律传统,鉴于气候变化问题的普遍性以及控制温室气体排放目标的同一性,国际气候变化法和主要减排责任国相关法律制度为我国低碳城镇化的制度构建提供了制度背景和可资借鉴的制度渊源。这种借鉴不应是简单的移植,而是在此基础上重新构建适合我国国情的"低碳城镇化"法律保障制度。

二、制度构建的其他考量因素

除前述作为制度构建背景和制度参照的国际气候变化法律制度外,本节从低碳城镇化法律保障制度的实施范围(空间和时间)和调整对象出发,论述保障制度顶层设计的基本考量因素,具体将讨论制度应用的空间范围以及制度调控所主要涉及的经济产业部门,并基于时间维度,从规划、建设和评估三个阶段,概述低碳城镇化法律保障制度的基本构成;还将从行为角度区分法律保障制度的基本类型:限制性法律制度和激励性法律制度。

(一)实施范围:城镇空间和建设过程

任何法律制度都有其适用空间。国家制定法会在空间效力条款中界定其

---

① 参见环境保护部:《轻型汽车污染物排放限值及测量方法》(GB 18352.3-2013)、《火电厂大气污染物排放标准》(GB 13223-2011)。

② See U.S.S.A § 7604;根究美国《清洁空气法》,任何美国公民均有权依法对违反该法或者据据该法所指定的标准而排放任意空气污染物的个人、企业或者行业等提起侵害之诉,也有权对怠于行使职责的行政机关提起诉讼。See also New York v. Niagara Mohawk Power Corp.,W.D.N.Y.2003,263 F.Supp.2d 650.

所适用的空间范围。不同于从主权或者不同行政管辖范围上去确定某一部全国性法律或者地方性法律的抽象性生效区域，此处所指的空间是指法律调控功能所指向的具体社会地域。简言之，即城镇。

从《国家城镇化规划》(2014—2020)对于"城镇化"的定义来看，所谓城镇是指与农村相对应的非农产业集聚地，[①]包括中心城市（直辖市、省会城市、计划单列市和重要节点城市）、中小城市和小城镇。[②] 这一概念与传统意义上以行政建制为基础的城市并不相同，强调城镇作为人口和经济集聚点的社会功能意义。城镇是人类赖以生存和发展的重要介质，人类文明的每一轮更新换代，都密切联系着城市作为文明孵化器和载体的周期性兴衰历史。[③] 把生态文明理念融入城镇化进程而实现的低碳城镇化，是对工业革命以来城市建设和发展模式的批判，目的在于形成绿色低碳的生产生活方式和城市建设运营模式。[④]

如何实现城镇生产生活方式和建设运营模式的低碳化转变，首先是城镇建设规划的低碳化和城镇生产生活设施的低碳化，从而通过城镇建设和运营管理的低碳化最终实现城镇所折射的人类文明的低碳化。这些最终都是要以城镇范围内碳排放总量的整体降低为基本测度标准的，也就需要对城镇化各阶段的碳排放予以了解，[⑤]并明确城镇的温室气体排放清单。

我国目前正处于诺瑟姆所界定的城镇化的中期阶段（城市人口比重在30％～70％之间），[⑥]城镇人口的转移集中和经济的发展必然会增加基础设施

---

① 国务院：《国家新型城镇化规划(2014—2020)》，人民出版社 2014 年版，第 2 页。

② 国务院：《国家新型城镇化规划(2014—2020)》，人民出版社 2014 年版，第 30～37 页。根据已废止的 1989 年《城市规划法》，所谓城市是指国家按行政建制设立的直辖市、市、镇。而相关规划法律制度调控空间只限于因城市建设和发展需要实行规划控制的区域，包括城市规划区、近郊区以及城市行政区域。该法还按规模把城市区分为大城市、中等城市和小城市。替代该法的《城乡规划法》并未对城市的定义进行再界定，而是将规划法律制度扩大到城乡范围，从而将镇规划与城市规划相并列。

③ 引自［美］刘易斯·芒福德：《城市发展史：起源、演变和前景》，中国建筑工业出版社 2005 年版，第 14 页。

④ 国务院：《国家新型城镇化规划(2014—2020)》，人民出版社 2014 年版，第 17 页。

⑤ 潘家华等：《低碳城镇化：中国应对气候变化的战略选择》，载《应对气候变化报告2013——聚焦低碳城镇化》，社会科学文献出版社 2013 年版，第 15～16 页。

⑥ 美国城市学者诺瑟姆(Ray.M.Northam)1979 年提出了"城市化过程曲线"，将国家和地区的城镇人口占总人口比重的变化过程概括为一条平滑的 S 形曲线，即呈现出一条"逻辑斯蒂"曲线，并把城市化过程分成 3 个阶段，即初级阶段（25％以下）、人口向城市迅速聚集的中期加速阶段（30％～70％）和进入高度城市化以城镇人口比重的增长又趋缓慢甚至停滞的后期阶段（60％以上）。

和能源消费强度,扩大对于交通、建筑和其他能源消费的需求,从而增加温室气体排放。[①] 因此,结合我国能源"多煤、少气、贫油"的基本特征,"十二五"所确定的温室气体控制目标也就为低碳城镇化设置了理性的刚性约束。[②] 为实现这一目标必须首先摸清城镇温室气体的具体排放领域,也是低碳发展的潜力所在。

按照中国当前温室气体控制以省级为单位予以任务分割和责任分担的现状,[③]城镇温室气体排放清单应当与省级温室气体清单保持一致。[④] 我国已制定的《省级温室气体清单编制指南(试行)》基本沿用了《IPCC 国家温室气体清单指南》中的部门划分,覆盖能源活动、工业生产过程、农业、土地利用变化和林业、废弃物处理等基本类别。国际地方政府环境行动理事会(以下简称ICLEI)所制定的《ICLEI 城市温室气体清单指南》同样以行政管辖区为地理边界,但是其部门划分更为细化。该指南从政府和社区两个账户类别核算能源工业、交通、建筑、工业过程、农业、土地利用和林业、废弃物处理等 7 个关键领域,能够使地方政府掌握城镇的能源使用率和能源结构变化,确定管辖城镇区域低碳发展的重点方向,制定科学的低碳城镇化发展路线图。[⑤] 但是需要注意的是,以行政建制为基础的城镇边界可能会导致城镇温室气体排放清单与国际城市温室气体清单在系统、范围和方法上有所差异。因此,有学者建议

[①] 潘家华等:《低碳城镇化:中国应对气候变化的战略选择》,载《应对气候变化报告 2013—聚焦低碳城镇化》,社会科学文献出版社 2013 年版,第 15~16 页。

[②] 潘家华等:《低碳城镇化:中国应对气候变化的战略选择》,载《应对气候变化报告 2013—聚焦低碳城镇化》,社会科学文献出版社 2013 年版,第 18 页。

[③] 国务院所确定的十二五期间碳排放强度下降 17% 的国家目标只分解到省级政府,参见《国务院关于印发"十二五"控制温室气体排放工作方案的通知》国发〔2011〕41 号。从发改委最新发布的对"十二五"温室气体减排目标的考核和评估任务来看,也是以各省市自治区为考核对象的。参见国家发展改革委办公厅:《关于开展"十二五"单位国内生产总值二氧化碳排放降低目标责任考核评估的通知》,发改办气候〔2016〕1238 号;《关于开展"十二五"单位国内生产总值二氧化碳排放降低目标责任现场考核的通知》,发改办气候〔2016〕1557 号。

[④] 白卫国:《中国城市温室气体清单编制方法及内容框架》,载《应对气候变化报告 2013—聚焦低碳城镇化》,社会科学文献出版社 2013 年版。另可参见蔡博峰:《城市温室气体清单核心问题研究》,化学工业出版社 2013 年版,第 43 页。

[⑤] See ICLEI, Global Protocol For Community-Scale Greenhouse Gas Emissions (Gpc), Pilot Version 1.0 - May 2012, available at: http://carbonn.org/fileadmin/user_upload/carbonn/Standards/GPC_PilotVersion_1.0_May2012_20120514.pdf(lase visie on March 20th, 2017).

以人口密度为标准的城区来确定城镇温室气体统计的边界,将"城区"界定为:人口密度大于 1500 人/km^2 区域和人口密度小于 1500 人/km^2 但是作为地级市政府驻地的区县。[①] 考虑到我国城镇化过程中小城镇承接农村人口转移的特殊功能,[②]小城镇也应纳入温室气体清单编制范围。加入小城镇后,以城区为边界的口径和以行政建制为基础的口径,在地域范围、人口集中度、产业领域上并无太大的差异。因此,为保证清单数据的可比性,可继续完善我国采纳《IPCC 指南》而制定的《省级温室气体清单编制指南(试行)》来编制城市温室气体清单。

在这一清单基础上,我国城镇的主要排放源包括:第一,能源活动,具体包括工业领域(如发电厂、水泥、钢铁等高耗能行业)、建筑(公共建筑和居民建筑)、交通(道路交通、铁路交通、水运和航运等领域的一次性能源消费);第二,工业过程,如水泥、钢铁、石灰、合成氨、玻璃、电石生产等;第三,农业生产中的柴油和汽油消耗;第四,废弃物,如工业废水、生活固体废物和生活废水处理等。[③] 这与发达国家城市的碳排放构成基本一致。经济发展与合作组织(OECD)2010 年的研究表明,美国城市区二氧化碳排放比例较高的部门包括电力、交通、工业、居民和商业;[④]欧盟 27 国城市的碳排放部门构成也基本相同;[⑤]只是发展中国家的碳排放部门构成与发达国家有一定的差异,除电力生产、交通和工业等之外,建筑和居住占比也较高。[⑥]

有鉴于此,低碳城镇化将主要表现为能源低碳化、交通低碳化、工业低碳化、建筑低碳化等。除上述城市硬件设施建设的低碳化外,还应当包括城镇运

---

① 参见蔡博峰:《城市温室气体清单核心问题研究》,化学工业出版社 2014 年版,第 44 页。

② 关于小城镇对于城市和农村经济"承上启下"的功能,可参见费孝通先生关于小城镇的论述。参见费孝通:《中国城镇化道路》,内蒙古人民出版社 2010 年版,第 1~62 页。

③ 参见蔡博峰:《城市温室气体清单核心问题研究》,化学工业出版社 2014 年版,第 87~88 页。《IPCC 指南》中农业也是重要的源类别,但是考虑到低碳城镇化定义界定中的非农化特点,将不涉及城市区域内的农业部门的温室气体排放问题;同时,考虑到在城镇规划中会涉及对土地利用变化和管理对于碳排放的影响,比如城镇绿化对于森林碳汇的强化作用,也不再对城市森林碳汇的保障机制进行专章论述。

④ 参见蔡博峰:《城市温室气体清单核心问题研究》,化学工业出版社 2014 年版,第 12 页。

⑤ 顾朝林:《气候变化与低碳城市规划》,东南大学出版社 2013 年版,第 75 页。

⑥ 如菲律宾索索共市居民生活碳排放占 44%,伊朗城市居民居住的碳排放占到 17%,制造和建筑业共同占到 21%。参见顾朝林:《气候变化与低碳城市规划》,东南大学出版社 2013 年版,第 75~76 页。

营管理上的低碳化,比如相应的评价指标体系和推动低碳城镇化规划等;当然还应当涉及城镇居民生活方式的低碳化,但是这主要涉及满足生活需求的能源消耗导致的温室气体排放的减少,可以通过能源低碳化予以覆盖。虽然有学者认为低碳经济有关的法律制度广义上都可以归属于节能减排法律制度的范畴;①但是,基于低碳城镇化的特殊空间范畴以及当前主要减排责任国在发展低碳经济中所产生的交通低碳化和建筑低碳化领域的广泛制度成果,本书仍将就相关的法律制度予以单独论述。

因此,基于论题所围绕的空间范畴"城镇",结合城市规划与管理理论所涉及的主要领域(空间布局、交通系统、能源系统、防灾应急系统等)和当前城镇温室气体排放主要构成部门(能源、工业、交通、建筑、废弃物管理等),以及城镇低碳发展的具体步骤(如世界自然基金会总结的编制排放清单、分析发展情景、制定规划方案、实施行动计划、开展后续评估等六步骤),本书认为,可以将低碳城镇化简要划分为"规划、建设和评估"三个首尾相连的过程阶段,相应的法律保障制度也可基于该时间维度区分为如下层面:

第一,低碳建设、规划先行——低碳城镇化规划法律制度,以保障城镇规划的低碳化和城镇建设项目规划的低碳化。如何实现规划的低碳化,对于新建城镇和新建建设项目而言,在于通过统计核算,评估规划和建设项目的温室气体排放潜力,评估城镇规划和建设对于区域范围内能源、环境和经济的综合影响;对于已建成城镇而言,低碳化改建规划同样需要通过核算主要排放主体的温室气体排放现状,编制温室气体排放清单。在确定温室排放清单后,城镇规划当局还需要确定减排目标。因此,低碳城镇化规划法律制度将主要涉及以下内容:城镇温室气体核算、城镇规划和城镇建设项目碳排放影响评估和城镇低碳化目标设定。从我国城镇化发展现状和规划来看,低碳城镇化的推进应当主要依托现在已经成型的城镇体系,提升东部地区城市群、培育发展中西部地区城市群、协调发展各类大中小城镇、严格控制新城新区建设,避免城市边界的无序蔓延;主要强调的是在生态文明理念下通过新技术和新的社会管理理念的实施实现城市规划和城镇建设"软实力"的更新换代。② 由此,城镇温室气体清单的编制就不仅仅是对于新建项目温室气体的预估,更多的是城镇边界内主要排放设施既有数据的统计、归集和分析;城镇范围内温室气体的核算和影响评估就必然包括企业层面温室气体核算与报告的相关

①　张剑波:《低碳经济法律制度研究》,中国政法大学出版社 2013 年版,第 76 页。
②　参见国务院:《国家新型城镇化规划(2014—2020)》,人民出版社 2014 年版,第30~46 页。

内容。

第二,低碳城镇化建设法律制度,目的在于保障城镇化建设中城镇的新建低碳化和改建低碳化。根据构成城市边界内碳排放的主要产业部门,这些制度内容可以分解为能源低碳化、交通低碳化、建筑低碳化、工业低碳化、废弃物管理低碳化等相关方面。能源低碳化,主要通过能源生产和消费过程中碳排放强度的降低、提高可再生能源在一次性能源消费中的比例、碳捕获与储存技术的实施降低能源生产和消费过程中的碳排放总量等等措施。相关法律控制机制包括但不限于能源部门强制性总量控制和碳排放交易制度、适用于电力生产企业等能源生产企业的温室气体排放限值制度、以能源生产或者消耗量为计价依据征收的能源碳税、激励新能源技术和应用的补贴和税收激励制度等。交通低碳化,主要通过适用于机动车的温室气体排放标准制度、燃油经济性标准制度、低碳燃料标准制度等相关制度,降低机动车等移动源的温室气体排放。建筑低碳化,主要是通过低碳或者绿色建筑标准的制定与实施降低公共建筑、民用建筑和其他居民住宅的能源消耗,主要涉及建筑法规中对于碳排放因素的考量和相关标准的制定。工业低碳化,主要是针对那些高碳排放的主要固定污染源,比如水泥、钢铁、石灰、合成氨、玻璃、电石生产等,设置排放限值或者纳入类似碳排放交易等控制机制,激励其采取低碳排放的生产方式和过程;国家通过产业政策而实施的淘汰落后产能等行政性手段,也可直接减少工业领域的温室气体排放。废弃物处理低碳化,主要是通过鼓励资源综合利用和加强垃圾的分类管理等来实现废弃物处理的碳中和的,与循环经济促进法律制度、垃圾分类管理制度等相关。

第三,低碳城镇化评估与考核法律制度,旨在评估相关制度机制的实施绩效,确定法律控制目标的实现与否,以此为基础确定未能履行减排义务或者实现温室气体减排目标或者达到温室气体排放标准的相关责任,或者根据评估过程中所发现的法律制度在规则设定或者实施中的问题或者缺陷调整、发展、完善相应法律制度规则。首先,需要建立低碳城镇评价指标体系,完善其体系框架和指标清单以覆盖低碳城镇化建设的支撑部门,比如经济低碳指标、能源低碳指标、设施低碳指标、环境低碳指标、社会低碳指标等。低碳城镇化指标体系的确立对于低碳城镇化规划也有着极大的指导意义。其次,需要改革原有以经济发展作为唯一标准的政绩考核制度,建立与低碳城镇化相适应的政府绩效考核与评估制度。最后,创新法律思维,建立并完善气候变化相关的法律责任制度。

以城镇这一人口和经济集聚的空间范畴为视角,可以概括地解析相关法律制度得以发挥其保障功能的各个领域。更近一步的对法律保障功能的解析,则需要从行为角度进行更为本质化的分析。

(二)调整对象:碳排放行为

行为是法律调整并发挥其社会控制功能的直接对象。正如马克思所言,"对于法律来说,除了我的行为以外,我是根本不存在的,我根本不是法律的对象。我的行为就是我同法律打交道的唯一领域"①。无论法理学上对于行为的界定为何,意志行为、利益关系、社会关系、意志社会关系抑或人与自然关系,行为都是法律调整最直接的对象。法律的种种功能,指引、教育、预测、评价、强制等等,都是对行为的激励。法律的对于行为的激励,是通过法律激发个体合法行为的发生或者通过对违法行为课以法律责任,引导或者迫使其作出法律所要求和期望的行为,最终实现法律所设定的整个社会系统的要求,取得预期的法律控制效果,造成理想的法律秩序。② 对于以低碳城镇化为目标设定的相关法律制度而言,所激励和期望的行为是低碳排放行为、碳中和行动和增加"碳汇"的举措或者生产生活方式,所不激励和不期望的则是工业革命以来导致全球变暖趋势日益显著的以化石能源燃烧为主要能源形式的高耗能、高碳排放的生产生活方式。无论是"高碳排放"、"低碳排放"或是"零碳排放"行为,都可概称为"碳排放行为"。由此,"低碳城镇化"法律保障制度可解构为两个部分:限制"高碳排放"行为的限制性法律制度、激励"低碳排放"和"零碳排放"行为的激励性法律制度。

1. 限制性法律制度

限制性法律制度所针对的高碳排放行为应当涵括那些城镇范围内增加温室气体源排放的生产生活活动。高碳排放行为主要是指前述城镇范围内国家低碳发展战略下超出合理碳排放强度或者法定温室气体排放标准的相关能源活动、生产过程、农业生产过程、土地利用变化和废弃物管理过程(更为详细的源类别可参见"表 1.1:源和汇的主要类别")③。

---

① 《马克思恩格斯选集(第 1 卷)》,人民出版社 1995 年版,第 121 页。
② 付子堂:《法律的行为激励功能论析》,载《法律科学》1999 年第 6 期。
③ See IPCC 2006, 2006 IPCC Guidelines for National Greenhouse Gas Inventories, Prepared by the NationalGreenhouse Gas Inventories Programme, Eggleston H. S., Buendia L., Miwa K., Ngara T. and Tanabe K. (eds).Published: IGES, Japan.

表 1.1　源和汇的主要类别

1:能源	1A:燃料燃烧活动	1A1:能源产业 1A2:制造产业和建筑业 1A3:运输业 → 1A4:其他部门	1A3a:民用航空 1A3b:道路运输 1A3c:铁路 1A3d:水上运输 1A3e:其他运输
	1B:源于燃料的逸散燃烧	1B1:固体燃料 1B2:石油和天然气 1B3:源于能源生产的其他排放	
	1C:二氧化碳运输与储存	1C1:二氧化碳的运输 1C2:注入与储存 1C3:其他	
2:工业过程和产品使用	2A:采矿工业 2B:化学工业 2C:金属工业 2D:源于燃料和溶剂使用的非能源产品使用 2E:电子工业 2F:作为臭氧损耗物质替代物的产品使用 2G:其他产品制造和使用 2H:其他		
3:农业、林业和其他土地利用	3A:牲畜	3A1:肠道发酵 3A2:粪便管理	
	3B:土地	3B1:林地 3B2:农地 3B3:草地 3B4:湿地 3B5:聚居地 3B6:其他土地	
	3C:土地上的累积源和非二氧化碳排放源		
	3D:其他		
4:废弃物	4A:固体废弃物处理 4B:固体废弃物的生物处理 4C:废弃物的焚化和露天燃烧 4D:废水处理与排放 4E:其他		
5:其他	5A:源于以 NO_x 和 NH_3 形式的大气氮沉积产生的一氧化二氮间接排放 5B:其他		

限制性法律制度的法律功能的实现,是通过对城镇范围内从事上述活动而导致温室气体排放的企业、事业或者其他主体课以限制性义务,而使其停止或者减少相关排放行为。换言之,限制性法律制度就是将高碳排放行为的不利后果制度化以调整行为人的预期决策。这种不利后果可以是基于国家产业政策而以行政命令形式出现的"关、停、并、转"措施、以排放限值表现的强制性标准标准制度、前置性许可程序为表现的行政程序性要求,或者是在碳税、配额或者总量限制基础上的碳排放交易机制而产生的税负、经营成本增加和资金支出等。随着经济社会的变迁,当温室气体对于公共利益和健康的社会危害性日益明显且被公众所熟知时,不利后果也有可能体现为违反相应法律制度而导致的民事责任、行政责任,甚至是刑事责任。

当前主要的限制性法律制度有:第一,排放设施"关、停、并、转"机制。所谓"关、停、并、转",是指在产业结构调整和企业整顿领域长期存在的"关闭、停办、合并、转产"机制。根据国务院《"十二五"节能减排综合性工作方案》的规定,至 2015 年要实现节约能源 6.7 亿吨标准煤,实现万元国内生产总值能耗下降至 0.869 吨标准煤。[1] 这一节能减排目标是实现我国"十二五"期间温室气体排放减排目标的核心举措。[2] 而淘汰落后产能则是实现上述节能减排目标的一个重要措施。落后产能的淘汰就是主要通过"关停并转"机制予以实现的。这一机制在实现节能减排目标的同时,也客观上起到了减排温室气体的直接后果,而且被淘汰的产能也多集中于"钢铁、有色、建材、化工、电力、煤炭、造纸、印染、制革"[3]等高碳排放工业生产过程。

第二,建设前许可制度。对主要排放实施设置前置审批程序,是基于源头控制原则控制污染物排放的重要监管制度。我国在环境保护法律制度中长期实施的建设项目环境影响评价制度实质上就属于排放设施的建设前许可程序。只有经环境主管机关审批许可其环境影响报告书后,计划主管部门才可

---

① 参见国务院:《"十二五"节能减排综合性工作方案》,国发〔2011〕26 号。

② 参见国务院:《"十二五"控制温室气体排放工作方案》,国发〔2011〕41 号。在多种控制措施下特别提及"加快调整产业结构":抑制高耗能产业过快增长,进一步提高高耗能、高排放和产能过剩行业准入门槛,健全项目审批、核准和备案制度,严格控制新建项目。加快淘汰落后产能,完善落后产能退出机制,制定并落实重点行业"十二五"淘汰落后产能实施方案和年度计划,加大淘汰落后产能工作力度。严格落实《产业结构调整指导目录》,加快运用高新技术和先进实用技术改造提升传统产业,促进信息化和工业化深度融合。

③ 参见国务院办公厅《关于印发国家环境保护"十二五"规划重点工作部门分工方案的通知》,国办函〔2012〕147 号。

批准项目设计书。① 当前实施的《环境影响评价法》，并未明确要求对温室气体排放的环境生态影响进行评价。从主要减排责任国立法例来看，以温室气体的排放作为触发建设前许可的制度实践，暂时也只有美国环保局2011年所规定的《预防重大危害制度和第五章运营许可制度对于温室气体的调整适用规则》(以下简称《调整适用规则》)。② 美国环保局通过《调整适用规则》所期望确立的是直接依据温室气体排放量而启动的许可制度，而最高法院最终只支持美国环保局的部分行动。③ 根据《调整适用规则》的规定，那些因传统污染物的排放超出《清洁空气法》确定的阈值(100/250吨/年)而必须获得预防重大危害制度下建设前许可的主要固定污染源，必须在申请许可的技术分析④中考虑温室气体减排的最佳现有技术（Best Available Current Technology）。本书将结合我国环境影响评价制度的现状以及当前关于大气

---

① 1989年的《环境保护法》规定：建设**污染环境的项目**，必须遵守国家有关建设项目环境保护管理的规定。建设项目的环境影响报告书，必须对建设项目产生的污染和对环境的影响作出评价，规定防治措施，经项目主管部门预审并依照规定的程序报环境保护行政主管部门批准。环境影响报告书经批准后，计划部门方可批准建设项目设计任务书。也就是，只有当设施排放的是污染物且对环境造成污染时，才启动环境影响评价程序。在气候变化尚未引起重视的当年，温室气体排放显然不能成为环境污染的诱因。2014年《环境保护法》如此规定：编制有关开发利用规划，建设**对环境有影响**的项目，应当依法进行环境影响评价。未依法进行环境影响评价的开发利用规划，不得组织实施；未依法进行环境影响评价的建设项目，不得开工建设。强调的是"有影响"。从当前的社会认知来看，温室气体排放所导致的气候变化，是具有广泛、深远、严重的环境影响的。是否因此可以因温室气体排放而要求建设项目进行环境影响评价，这需要在《环境影响与评价法》中具体明确，需要更为具体的实施细则。目前并未有明确的规定。

② See U.S. EPA, Prevention of Significant Deterioration and Title V Greenhouse Gas Tailoring Rule(以下简称为"Tailoring Rule")，75 FR 31514-01.

③ See Utility Air Regulatory Group v. Environmental Protection Agency，134 U. S. 2427 (2014).在该案中，最高法院认为，美国环保局没有权力改写成文法的确定性标准；法律既没有迫使也没有允许作为执法机关的美国环保局如此解释法律以要求固定排放源因其潜在的温室气体排放而必须获得《清洁空气法》所规定的预防重大危害制度下的建设前许可和第五章运营许可。但是，最高法院同时还确认，美国环保局有权依据《清洁空气法》要求那些因传统污染物而无论如何都需要申请建设前许可和运营许可的固定排放源，必须采取"最佳现有控排技术"降低其温室气体排放。

④ 根据《清洁空气法》的规定，所有需要申请预防重大危害制度下建设前许可的排放源，必须进行一个详细的科学分析。该分析应当围绕其潜在排放污染物的环境影响，比如水资源、土壤、大气、可视性等，并证明其排放不会造成对任何现行适用环境空气标准的违反，列明其所排放的所有应予规制的空气污染物，并将最佳现有技术控制这些污染物排放。See U.S.S.A § 7475(a)(3)，(4)，(6)，(e)。

污染防治和气候变化立法的进展,参照美国环保局的相关规定和其他国家立法例,具体论述温室气体排放设施的建设前许可制度。

第三,温室气体排放限值(总量或者单位浓度)标准制度。污染物排放标准是国家对人为污染源排入环境的污染物的浓度或总量所作的限量规定。在温室气体未普遍认定为空气污染物的当前,排放标准制度并不是应对气候变化的通行措施,而是传统空气污染物防控的基本法律制度。[①] 我国当前已经建立了完整的规制移动和固定排放源大气污染物的标准制度,比如《环境空气质量标准制度》《轻型汽车污染物排放限值及测量方法》,以及覆盖水泥工业、火电厂、炼钢、炼铁、玻璃、砖瓦、稀土、铁合金等等工业行业的大气污染物排放标准。[②] 预计于 2015 年实施的第五阶段轻型汽车污染物排放限值和测量方法已经采纳了欧盟的制度经验[③],对机动车行驶中的二氧化碳排放进行测量,[④]但并未设定相应的限值。与我国相比,美国则自 2007 年最高法院在"马萨诸塞州诉美国环境保护署"一案[⑤]中将温室气体确认为《清洁空气法》所管辖下的任意空气污染物这一关键性判决后,开始将温室气体视为"碳污染"并以排放标准制度来监管二氧化碳等温室气体的排放问题。目前,美国环保局已经制订了并正在继续完善针对机动车、火电厂和其他固定设施的温室气体排放标准,比如前述《轻型车辆温室气体排放标准和企业平均燃料经济性标准》《中型和重型发动机及车辆温室气体排放标准和燃油经济性标准》[⑥]、《新

---

① 参见《中华人民共和国环境保护法》第 15 条。

② 参见环境保护部"大气环境保护标准目录",载环保部官方网站:http://kjs.mep.gov.cn/hjbhbz/bzwb/dqhjbh/dqhjzlbz/200608/t20060825_91832.htm,下载日期:2014 年 9 月 1 日。

③ European Communities, Regulation (EC) No 715/2007 of the European Parliament and of the Council, Official Journal of the European Union, L 171/1;以及 European Communities, Commission Regulation (EC) No. 692/2008, Official Journal of the European Union, L 199/1.

④ 参见环境保护部、国家质量监督检验检疫总局:《轻型汽车污染物排放限值和测量方法》(第五阶段),GB18352.2-2013。

⑤ 美国环保局一直认为,《清洁空气法》并不适用于《京都议定书》下的六类温室气体,因此在 2003 年拒绝了多个非政府环保组织要求其根据《清洁空气法》第 202a(1)条制定新标准以规制机动车温室气体排放的请求。这一不作为导致了这一重大环境公益诉讼案件的发生。Massachusetts v. E.P.A., 127 S.Ct. 1438 (2007).

⑥ See U.S. EPA, Light-Duty Vehicle Greenhouse Gas Emission Standards and Corporate Average Fuel Economy Standards, 75 FR 25324-01; Greenhouse Gas Emissions Standards and Fuel Efficiency Standards for Medium- and Heavy-Duty Engines and Vehicles, 76 FR 57106-01.

设固定排放源温室气体排放履行标准:电力设施发电机组》①和《既存固定排放源碳污染排放指南:电力设施发电机组》②。在建设低碳城镇的过程中,我国或许也可以借鉴这些规制"碳污染"③的新政而通过排放标准制度实现交通、能源和工业的低碳化。

第四,碳税法律制度。一言以蔽之,碳税就是以二氧化碳排放(量)为征收对象的税种。④ 它与能源税、环境税在征收范围和征收效果上有着紧密关联,⑤与碳排放交易制度相类似,都归属于通过价格导向来影响经济决策的市场控制机制,以环境的负外部性、庇古税、公共产品理论、污染者付费原则和双重红利等为理论渊源。⑥ 本书所讨论的碳税范畴是在国内法视角下和城镇范

———————————

① See U.S. EPA, Standards of Performance for Greenhouse Gas Emissions from New Stationary Sources: Electric Utility Generating Units (Proposed Rule), 79 FR. 1429, https://federalregister.gov/a/2013-28668(lose visie on March 20th, 2017).

② See U.S. EPA, Carbon Pollution Emission Guidelines for Existing Stationary Sources: Electric Utility Generating Units (Proposed Rule), 79 FR 34829, https://federalregister.gov/a/2014-13726(lose visie on March 20se, 2017).

③ See US White House, Executive Office of the President: the President's Climate Action Plan (June 2013), available at https://www.whitehouse.gov/sites/default/files/image/president27sclimateactionplan.pdf, last visit on March 26, 2017.

④ 对于碳税的概念,学者界定不一,主要有如下三种学说:第一,排放说,即认为碳税是以二氧化碳排放量为依据征收的税种;第二,含碳说,即碳税是针对燃料中的含碳量所征收的税种;第三,混合说,即以碳含量和排放量双重标准来界定碳税。不同的概念学说反映的是不同的征税对象,排放说下的碳税概念,其征收对象即包括化石燃料也包括化石燃料燃烧后的能源产品,如电力、热力等,也可能延及管理、运营过程中会产生碳排放的固定设施,比如大型公共建筑、企业、居民等,可能会产生重复征收的问题,但益处在于税基广泛,立法者可以基于一定的政策调控目的确定课税对象;相比之下,含碳说下的碳税课税对象则仅限于化石燃料,更能体现应对气候变化的源头控制原则。从技术角度来看,排放说和含碳说其实具有内在统一性。参见毛涛:《碳税立法研究》,中国政法大学出版社2013年版,第15~22页。

⑤ 主要变现为征收对象上对于化石燃料的重合、征收效果上均以温室气体减排和能源节约为目的。参见苏明、傅志华等:《中国开征碳税的理论与政策》,中国环境科学出版社2011年版,第3页。

⑥ 参见苏明、傅志华等:《中国开征碳税的理论与政策》,中国环境科学出版社2011年版,第4~6页。环境的外部性、庇古税、污染者付费原则和公共产品理论在法和经济学中已经是耳熟能详的理论学说,不再赘述。碳税的双重红利理论,是上世纪90年代初随着环境税的兴起由David W Pearce首先提出的。他认为,作为环境税的一种,碳税收入可用以降低现有税收的税率,比如所得税或者资本税的福利成本,从而获得双重红利:环境税实施所获得的环境质量改善,以及环境税收入增加部分可用以降低其他税率,带来就业增加、刺激投资。这一理论虽然有学者通过实证分析予以验证,但是仍存在争议。另可参见司言武:《环境税"双重红利"假说述评》,载《经济理论与经济管理》2008年第1期。

围内,探讨对于能源部门和工业生产过程中化石燃料燃烧所导致的二氧化碳排放课征碳税的可能和相关的规则设定问题。从当前欧洲主要减排责任国、加拿大和美国部分地区碳税开征的制度实践来看,[①]碳税的征收对象主要是能源产品,比如原油、煤炭、天然气等资源性产品,汽油、柴油等成品油,焦炭等煤炭制品。因此,碳税与前述城镇能源低碳化过程紧密相关。无论其征收环节最终是在生产环节亦或是在消费环节,碳税的征收客观上都会增加能源生产和消费的边际成本。我们暂不考虑这一成本是否属于最优税率以及其课征所带来的能源安全与环境保护之间利益平衡的需要,碳税的行为导向显然是限制高碳排放的化石能源生产与消费,从而间接的激励可再生能源的生产与消费。

第五,碳交易法律制度。关于碳交易法律制度,前文已在"减缓气候变化的主要举措"中以"温室气体排放交易制度"为题予以简要介绍。从我国已开展的试点来看,当前纳入强制性交易的主要是直接排放或者间接排放超出一定阈值的钢铁、化工、电力、热力、石化、油气开采等能源部门和工业生产部门,以及能源消耗较高的公共建筑、民用建筑等其他固定设施。对于参与主体而言,排放权或者配额的购买会导致经济效益的流出;而对于那些低碳排放甚至零碳排放的社会部门而言,参加碳排放交易则是获得经济利益的一个手段。也就是说,碳排放交易制度所提供的行为导向与碳税相同,是限制高碳排放行为。此外,我国一直将碳权交易视为温室气体减排的重要机制,[②]在试点中也给予担负城镇化推进责任的地方政府以自由裁量权,比如其可结合本地经济与资源禀赋,自主确定强制性碳排放交易的覆盖范围、配额设定、配额分配方式等。因此,碳排放交易制度应当是低碳城镇化法律保障制度的一个必要构成。[③] 与碳税主要着眼于能源部门不同,因其纳入的控排企业所可能归属的行业领域,碳交易制度会涉及城镇交通低碳化、建筑低碳化和工业低碳化等不同领域。

---

① 如北欧荷兰、挪威、芬兰、瑞典、丹麦等最早进行碳税立法的先行国家,英国、斯洛文尼亚、美国科罗拉多州布德市、加拿大魁北克省和英属哥伦比亚省、爱尔兰、印度、澳大利亚(2011—2013 年)、法国(碳税法案最终未通过)、南非等国。参见毛涛:《碳族方法研究》中国政法大学出版社 2013 年版,第 99~149 页;参见苏明、傅志华等:《中国开征碳税的理论与政策》,中国环境科学出版社 2011 年版,第 10~20 页。

② 参见《国务院关于印发"十二五"控制温室气体排放工作方案的通知》,国发〔2011〕41 号。

③ 但是鉴于国内关于碳排放交易法律制度的研究成果已相当可观,本文不会对其独立成章,而是在后文论述相应的制度构成时,作为与前述关停并转机制、标准制度、许可程序和碳税机制并列的一个可选温室气体减排法律制度予以论述。

2. 激励性法律制度

激励性法律制度的导向在于鼓励低碳排放或"零碳排放"行为(可概称之为低碳排放行为)。所谓低碳排放是与高碳排放相对应的概念。比如,同样是能源生产,以煤炭为燃料的火电机组相对于以天然气为燃料的热电机组相比,后者就是低碳排放行为;即便是同样的热电技术,安装碳捕获与储存设施的火电机组相对于未安装的,就是低碳排放电力机组;以化石燃料为基础的火电作为电力供给的生产过程是高碳排放行为,而以水电、风电、太阳能发电、生物质能发电、核电、潮汐发电或者地热发电等作为电力供给的生产过程就属于低碳排放行为;以汽油、柴油等原有制品作为燃料的交通工具进行的出行属于高碳排放,而以天然气、电力作为燃料的交通工具的出行就属于低碳排放行为;规划为工业用地或者房地产建设用地的土地利用变化行为属于高碳排放行为,用途为森林、林地、草地或者其他绿地建设而增加城市碳汇的土地开发建设行为就是低碳排放行为;相对于一般消费品,对于经认证的低碳产品的消费就是低碳排放消费行为;战略新兴产业和服务业,相对于传统加工业、制造业、采掘业等工业部门,就是低碳排放产业部门等等。

激励性法律制度行为导向的实现,在于通过制度设定给予低碳行为以某种高碳排放行为所不能得到的某种利益奖励或者补偿,而激励行为人积极从事低碳排放行为。从实践来看,这种利益补偿可以是税收激励、财政补贴等经济利益的给予,也可以是基于其品质而提高其认可度的评定或者认证标识,也可以表现为用地、用工或者资金融通上的相对便利,或者行政审批程序上的优先考虑和其他手段的国家政策扶持等等。本书将主要介绍与低碳发展相关的税收激励和财政补贴制度的完善,同时对相关的产业法律制度、资金机制等进行介绍。

(三)低碳城镇化法律保障制度构成

结合前述关于减缓和适应措施的简要介绍和前述关于制度构成考量因素的具体论述,笔者拟从低碳城镇建成的三个阶段——规划、建设与评估,对低碳城镇化法律保障制度予以论述,即(见图1.1);并从具体制度对于碳排放行为的限制或者激励与否,将相关制度区分为两类——限制性法律保障制度和激励性法律保障制度。

如图1.1可见,本书所论述的低碳城镇化法律保障制度,就是实施于低碳城镇"规划、建设和评估"整个建成过程的由限制和激励碳排放行为的两类具体制度构成的法律制度体系。

第二章论述低碳城镇化规划法律制度,具体将涉及城镇边界内温室气体清单编制、核算与报告、排放影响评估、目标设定和路径规划等相关法律制度问题;第三章将从能源、交通、建设、工业、废弃物管理等方面论述低碳城镇化建设过程中以温室气体减排为主要规制目标的相关法律机制,具体将根据不同部门当前已实施的制度现状分别从限制性法律制度和激励性法律制度两个角度加以解析;第四章将围绕低碳城镇化"建成"与否的评估角度,简要论述指标体系制度建设和新型城镇化建设下的政府绩效考核评估制度重构问题。第五章是结论和建议。

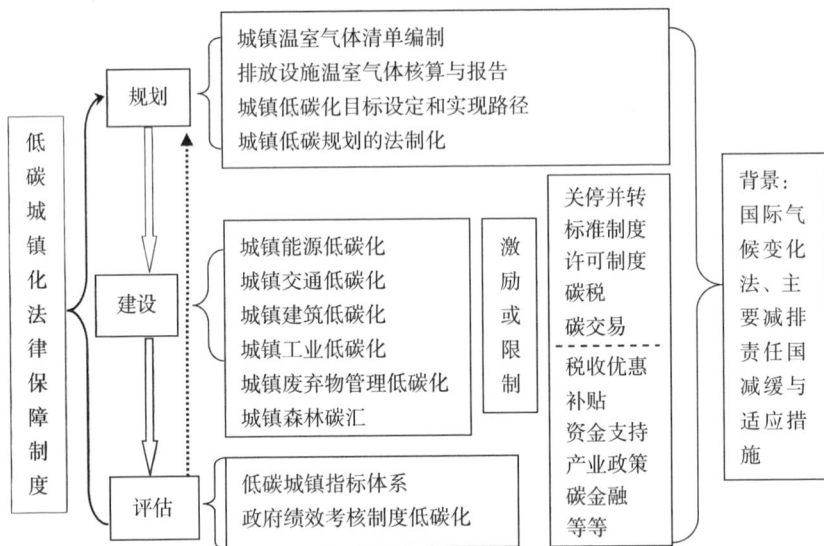

图 1.1　低碳城镇化法律保障制度构成

第二章 低碳城镇规划法律保障制度

　　低碳城镇,规划先行。^① 从主要减排责任国当前所开展的低碳城镇或者低碳城市的构建来看,首要的问题就是结合气候变化因素,制定符合当地区域生态环境和产业结构的低碳发展规划。最早阐述低碳经济的英国,在 2007 年发布了《应对气候变化的规划政策》力求将应对气候变化的措施落实到土地利用规划上。^②美国规划协会(American Planning Association)也在 2008 年提出《规划与气候变化的政策指引》(*Policy Guide On Planning and Climate Change*),就土地、交通、绿色建筑、自然资源提出了气候变化背景下的规划原则。^③ 我国应对和适应气候变化的战略也将规划制度建设放在了重要位置。在 2007 年《气候变化应对国家方案》中,专门列举能源和节能中长期规划作为应对气候变化相关法律、制度建设的重要内容。全国人大在 2009 年关于气候

---

　　① 从我国低碳城市的实例来看,任何低碳城镇的建设都是先制定考虑气候变化因素并提出碳排放控制目标的城市建设规划,比如《保定市低碳城市发展规划纲要》(保定市发改委与清华大学合作)、《低碳德州发展规划》《厦门低碳城市建设》《无锡市低碳城市发展规划》等等。北京市、广州市、上海市等也正在研究制定本地低碳城市发展纲要。

　　② 主要内容包括:将气候变化因素纳入区域空间战略,从区域规划的角度考虑二氧化碳减排,制定明确的碳减排目标;考虑海平面变化、食品危机、热效应下的空间模式,结合气候变化考虑建筑、基础设施以及服务设施配套规划;在提供新的住房、就业、服务、基础设施的过程中,提高资源使用效率,减少温室气体排放;考虑发展用地区位、现有小汽车数量、建筑密度和基础设施状况,考虑可循环利用的低碳能源,大力发展公共交通系统,提倡慢行交通机制;确保新发展地区的碳排放适度,提倡新的可持续生活方式;推动公共参与、调整经济结构,在土地混合使用、能源供应和规划管理策略等方面确保可持续战略。See Planning Policy Statement: Planning and Climate Change Supplement to Planning Policy Statement; also Planning Policy Statement: Planning and Climate Change-Analysis Report of Consultation Responses; Impact Assessment of the Planning Policy Statement: Planning and Climate Change.

　　③ See ABA, Policy Guide on Planning and Climate Change, Adopted April 27, 2008, Updated April 11, 2011, available at: https://www.planning.org/policy/guides/pdf/climatechange.pdf(lase visie on March 20th, 2017).

变化的决议中,提出"要把积极应对气候变化作为实现可持续发展战略的长期任务纳入国民经济和社会发展规划,明确目标、任务和要求"。这一决议精神的直接体现就是《国民经济和社会发展第十二个五年规划纲要》("十二五纲要")中对于气候变化问题的关注,提出在"生产力布局、基础设施、重大项目规划设计和建设中,充分考虑气候变化因素"。"十三五纲要"重申了这一要求。[①]

但是,从现状来看,规划中对于气候变化因素的考量还仍停留在国家政策层面。现有的城乡规划法和环境影响评价法等基本制度体系,都是在气候变化问题尚未引起重视且温室气体对于公共福利和健康的危害性并未被社会所普遍接受并成为立法者的共识时所制定的,因此,在其规定的规划项目和建设项目的规划和有关的环境影响评价中,并未考虑气候变化因素或者明确的将温室气体排放的负面影响纳入控制。此外,从城市规划理论和实践来看,关于城镇低碳发展的规划理论和手段也缺乏创新,[②]在涉及低碳城镇化规划的具体命题时也缺乏体系化的方法学。[③]

无论规划理论和规划措施如何发展,在低碳城镇化的论题下,规划法律制度都应围绕城镇边界内的碳排放展开。规划的目的在于从源头上厘清城镇边界内的温室气体排放,评估规划的潜在碳排放总量后设定低碳城镇建设的碳排放控制目标,以避免缺乏低碳发展规划而导致的高碳锁定。简而言之,就是摸清现状、评估影响、设定目标。摸清现状的制度化体现就是温室气体核算与报告制度,目的在于对当前主要排放设施的温室气体排放数据进行核算、汇总、分析,并编制成符合准确性、全面性、一致性和可比性原则的城镇温室气体清单。

一、温室气体核算与报告制度

温室气体核算与报告制度的功能在于,厘清作为法律控制对象的城镇和

[①] 参见《中国国民经济和社会发展第十三个五年规划纲要》第四十六章第二节。

[②] 参见仇保兴:《兼顾理想与现实——中国低碳生态城市指标体系构建与实践示范初探》,中国建筑工业出版社 2012 年版,第 118~119 页。作者认为我国的低碳生态城市规划理论和手段缺乏创新,滞后于社会经济的发展。

[③] 有学者认为,尤其当围绕"城市气候设计"等具体问题时,规划还相当缺乏体系化的手段。例如很多研究都证实了一种观点,即城市应提倡高密度紧凑的发展,避免低密度蔓延式的发展。然而,在分析交通能耗与城市密度的关系上,在检验城市结构、功能分区以及产业结构分布上,对于高密度发展多大程度上能够达到综合碳排量平衡并没有给出具体的研究方法和量化指标等等。具体参见陈蔚镇、卢源编:《低碳城市发展的框架、路径与愿望——以上海为例》,科学出版社 2010 年版,第 85~90 页。

相关排放设施的初始排放清单并把握被课以减排义务的排放主体的排放潜力,为相关减排法律规则的构建与实施提供数据和其他信息支持。温室气体核算制度也将为相应制度功能的最终实现程度提供衡量尺度。为保证数据的准确性、可比性、全面性和时效性,核算制度首先应确定合理的核算主体①和科学的核算方法。

(一)核算与报告的主体

狭义上的核算主体指那些因排放温室气体或者可能排放温室气体而被立法机关或者相关行政监管机构要求定期报送排放数据的温室气体排放源,包括企业、事业单位、公私机构和其他(移动和固定)设施。为确保核算主体履行其报告义务和弥补核算主体数据完整性、准确性和权威性上的不足,承担监管职责、依法进行温室气体排放监测和报告义务的行政机关和公共机构,由于在履行职责的过程中,需要受理前者的数据申报,并同时进行报告数据的归集、整理、分析和发布,也可以视为狭义上需要承担强制核算和报告义务的主体。除那些在生产过程中会大规模排放温室气体而依法应当进行核算和报告的主要排放源外,广义上的核算主体,还包括那些自愿进行核算并通过购买碳排放权或者排放配额等方式而履行减排义务的企事业单位和自然人。②

在理想状态下,核算和报告主体应当覆盖到每一个产生温室气体排放的企事业单位和单位设施,然而考虑到开展核算和报告的合规成本将削减制度

---

①　虽然无论是从国际法层面履行《公约》项下报告本国所有温室气体国家清单的一般义务,亦或是从国内法层面为实现低碳经济发展战略而确立的本国自愿减排战略目标,国家都应是一级核算主体。但是,本书的温室气体核算制度是在主权国家的边界内讨论的,核算主体的外延不包括国家。第一,主权国家法律制度的调控是以构成国家的企业、团体、公共机构等个体的集合以及个体的行为作为直接对象的,对国家作为整体进行核算是对法律执行效果的衡量,是归宿而非过程或者途径。第二,本书所关注的是国家在城镇化进程或者经济社会发展过程中控制温室气体排放的制度框架,国家更为重要的是作为制度的立法者和执法者(司法、行政监管等职能者)而存在,不能成为具体规则义务的承担者。

②　以重庆碳排放权交易试点为例,自然人也可以成为碳排放权的交易主体。这意味着自然人通过交易平台拍卖排放权,虽然这在很大程度上是一种投资(机)行为,但是客观上为那些节能减排意识强、希望实现生活"碳中和"的个人提供了一个履行自然人减排义务的途径。参见《重庆市碳排放权交易管理暂行办法》,第22条。

的边际收益,立法者只会选择那些主要的排放主体①作为强制性核算与报告义务的承担者。如何确定强制性核算与报告义务的边界,即应当进行温室气体核算和报告的主体范围,主要存在以下立法例。第一,以基准年度内一定数量的温室气体排放当量或者能源消耗总量作为强制核算和报告义务的阈值(threshold),高于该阈值的承担核算与报告义务;比如中国(2010年温室气体排放达到13000吨二氧化碳当量或2010年综合能源消费总量达到5000吨标准煤)②和澳大利亚③。需要提及的是,与中国所确立的确定年度单一限值的机

---

① 各缔约国往往会参考《公约》项下所应当提交的国家信息通报中的历史数据去确认哪些行业或者部门的排放单位会构成本国范围内的主要温室气体排放主体。这些数据归集而成的国家温室气体清单(national GHGs inventory)是以国家整体为统计单位而归集的。为保证主要减排责任国数据的可比性,UNFCCC通过相应的指引指导缔约国数据搜集和报送的技术手段、核算方法、报告程序和形式。较为重要的文件包括在第五次缔约方会议(1999年10月25日——11月5日,德国波恩)所通过的《公约》附件——所列缔约方国家信息通报编制指南、温室气体清单技术审查指南、全球气候观测系统报告编写指南等,IPCC所编制的国家温室气体清单指南、《马拉喀什协定》中与《京都议定书》下义务履行有关温室气体核算、报告和审查机制、《京都议定书》第7条第2款下通报指南等等。See 3/CP.5: Guidelines for the preparation of national communications by Parties included in Annex I to the Convention, Part I: UNFCCC reporting guidelines on annual inventories; 4/CP.5: Guidelines for the preparation of national communications by Parties included in Annex I to the Convention, Part II: UNFCCC reporting guidelines on national communications; 5/CP.5: Research and systematic observation; 6/CP.5: Guidelines for the technical review of greenhouse gas inventories from Parties included in Annex I to the Convention; IPCC Guidelines for National Greenhouse Gas Inventories; Decision 15/CMP.1: Guidelines for the preparation of the information required under Article 7 of the Kyoto Protocol; IPCC Guidelines for National Greenhouse Gas Inventories. 另可参考: UNFCCC: Annotated outline of the National Inventory Report including reporting elements under the Kyoto Protocol and Kyoto Protocol Reference Manual on Accounting of Emission and Assigned Amount, available at https://unfccc. int/files/national _ reports/annex _ i _ ghg _ inventories/reporting_requirements/application/pdf/annotated_nir_outline.pdf and http://unfccc. int/resource/docs/publications/08_unfccc_kp_ref_manual.pdf,下载日期:2014年5月30日。

② 参见发改委:《国家发展改革委关于组织开展重点企(事)业单位温室气体排放报告工作的通知》,发改气候〔2014〕63号。该通知确认的温室气体核算并报告的责任主体为2010年温室气体排放达到13000吨二氧化碳当量,或2010年综合能源消费总量达到5000吨标准煤的法人企(事)业单位,或视同法人的独立核算单位。据媒体粗略估计,纳入报告的全国重点企事业单位将达到2万家左右。

③ 澳大利亚试图通过《国家温室气体与能源报告法2007》建立一个关于温室气体与能源(生产与消费)的统一报告制度,并通过注册、报告和记录保存等要求为《清洁能源法2011》提供支持。根据该法,达到限值的公司应当申请国家温室气体与能源登记,并报告温室气体排放(预期)总量、能源生产或者消费总量。

制不同,澳大利亚实施的是依起始会计年度不同而限值设定不同的一种综合浮动机制。[①] 第二,以企业规模或者法律人格属性作为标准,比如英国商业、创新和技能部(UK Department for Business, Innovation and Skills)在 2013年所提议的强制碳报告制度(Mandatory Carbon Reporting),覆盖范围即为在伦敦证券交易所挂牌的 1100 多家上市公司。[②] 第三,以行业作为区分,以清单方式列明应当进行核算和报告的产业领域,所有归属于该等产业领域的经营实体均应进行核算并向相关监管部门报告碳排放数据;如美国。根据美国《清洁空气法》第 307(d)条[③]的规定,EPA 在 2009 提出《温室气体强制报告规则》(*Mandatory Reporting of Greenhouse Gases*),拟通过该规则建立适用于联邦的温室气体核算与报告制度。[④] 该制度下的产业分类依据的是《北美产业分类标准》(*North American Industry Classification System*)。依温室气体的来源,被要求进行强制报告与核算的行业至少包括以下:电力生产、己二酸生产、铝材制造、氨生产工业、水泥生产、电子设备制造、乙醇生产、铁合金冶炼、氟化气生产、食品加工、玻璃制造、氯氟烃类产品、氢气制造、钢铁业、铅冶炼、石灰制造、镁冶炼、碳酸盐的综合利用、硝酸生产、石油与天然气生产、石油化工、磷酸生产、纸浆和造纸工业、碳化硅生产、纯碱制品生产、输配电设备

---

　　① 澳大利亚所确立的温室气体与能源报告制度的限值设定考虑的是三项指标(温室气体排放量、能源生产量和能源消费量)和三个财政年度节点:如果财政年度开始于 2008 年 7 月 1 日,则报告义务的限值为 125 千吨以上二氧化碳当量或者 500 太焦以上能源生产量或者消费量;如果财政年度开始于 2009 年 7 月 1 日,则相应限值为 87.5 千吨以上二氧化碳当量排放或者 350 太焦以上能源生产量或者消费量;如果财政年度开始于 2009 年 7 月 1 日之后的年度,限值则为 50 千吨的二氧化碳当量排放或者 200 太焦能源生产或者能源消费。逐渐趋于严格的限值标准导致的是报告义务主体范围的扩大,同时也意味着相应减排法律制度执行力度的强化。因此,单就报告义务的限值起点来看,我国的标准要严于澳大利亚,从某种程度上显示出我国应对气候变化法律机制的刚性要强于某些承担量化减排义务的发达国家。但从功能上讲,综合浮动机制可能更有利于立法者或者监管者根据本国减缓行动的缓急程度来确定合理的控制对象。

　　② See Department for Business, Innovation and Skills of UK, The Companies Act 2006 (Strategic Report and Directors' Report) Regulations 2013.该规章是基于英国《公司法 2006》第 416 条、第 468 条、第 473 条第 2 款和第 1292 条第 1 款制定的,已被提交国会,拟生效时间为 2013 年 10 月 1 日。根据该规则,承担报告义务的上市公司应当在其董事会报告中列明其所控制的所有企业(国内或者国外)生产经营过程中的所有温室气体排放,包括化石燃料燃烧和任意设施运转,以及购入的电力、热力所产生的温室气体碳排放当量。

　　③ See CAA 307(d)(1)(u). EPA 有权决定采取其认为有必要的行政管理程序如调查、监控、报告要求以获取必要监管数据。

　　④ See 40 CFR 98.10-470.

制造及使用、钛白粉生产、地下矿井煤开采、锌冶炼等产品制造业,以及煤炭、煤基液体燃料、石油产品、天然气和液化天然气和工业温室气体等供应商。[1]这些行业类别大多集中于生产和制造业等高碳排放领域。与之相似,我国所拟建立的重点企事业单位温室气体排放报告制度在实践中也偏重于一些高碳排放行业领域,如发电、电网、钢铁生产、化工、电解铝、镁冶炼、平板玻璃、水泥、陶瓷和航空。[2]

从制度实践来看,主要减排责任国往往综合以上三种方式来确定需要进行温室气体核算和数据报告的义务主体范围。以美国为例,EPA 在报告义务主体的确认上在源的所有者、运营管理方和温室气体供应商之间予以区分并课以不同的标准;并根据源类别的不同设定相异的报告阈值。概括来讲,每一相应源类别均有其对应的定义、报告的阈值设定、报告的范围、温室气体核算的方法、监督要求、数据补全的程序、数据报告的标准以及有关记录保留的相关要求等。[3] 根据《联邦政府行政法规汇编》第 40 章第 98 条第 2 款关于温室气体报告主体的一般规定:首先,美国境内以及位于美国大陆架上的符合以下条件的设施的所有者和管理者均应当遵守有关温室气体报告的义务,相关的监督、记录保存和报告要求将予以强制适用。第一,对于包含列举在第 98 条第 9 款附表 A-3 下的任意源类别的设施的所有者和管理者,自 2010 年起的每一年均应报告其温室气体排放。表 A-3 下的源类别包括:根据第 75 条的规定[4]应按年度报告期二氧化碳排放总质量的电力机组(subpart D)[5]、乙二酸生产(subpart E)[6]、铝生产(subpart F)[7]、氨制造(subpart G)、水泥生产(subpart H)、HCFC-22 生产(subpart O)、与 HCFC-22 的生产并不协同且每年分解 2.14 公吨以上 HFC-23 的 HFC-23 分解活动(subpart O)、石灰制造(subpart S)、硝酸生产(subpart V)、石油化工制造(subpart X)、石油精炼(subpart Y)、磷酸生产(subpart Z)、碳化硅产品生产(subpart BB)、纯碱生产(subpart CC)、钛白粉生产(subpart EE)、每年产生甲烷 25000 公吨二氧化碳当量以上的城市固体垃圾填埋(subpart HH)、每年产生 25000 公吨二氧化碳当量排放的甲烷和一氧化二氮的粪便管理活动(subpart JJ)。除此之外,包括

---

[1] See 40 CFR 98.10-470.

[2] 参见国家发展改革委办公厅《关于印发首批 10 个行业企业温室气体排放核算方法与报告指南(试行)的通知》,发改办气候〔2013〕2526 号。

[3] See 40 CFR 98.10-470.

[4] See 40 CFR 75.

[5] See 40 CFR 98.40-48.

[6] See 40 CFR 98.50～58.

[7] See 40 CFR 98.

有如下源类别的设施应从 2011 年以后开始报告：每年释放 6500000 立方英尺以上的甲烷气的地下煤矿（subpart FF）、二氧化碳封存（subpart RR）、二氧化碳注入（subpart UU）、SF_6 和 PFC 的额定含量超过 17820 磅以上的电力输送设备的使用（subpart DD）、输配电设备制造或者翻新（subpart SS）。[①] 第二，包含列举在第 98 条第 9 款附表 A-4 下的任意源类别的设施，以及含有排放 25000 吨二氧化碳当量以上的固定燃料燃烧装置、碳酸盐杂项用途以及本款下附表 A-3 和 A-4 所列举的源类别的所有应用活动的设施。附表 A-4 下的源类别包括：硅铁合金冶炼（subpart K）、玻璃制造（subpart N）、氢气制造（subpart P）、钢铁冶炼（subpart Q）、铅冶炼（subpart R）、制造与造纸工业生产（subpart AA）、锌冶炼（subpart GG），以及自 2011 年开始适用的如下源类别：电子制造（subpart I）、氟化气体生产（subpart L）、镁冶炼（subpart T）、工业废水处理（subpart II）、工业废料垃圾填埋（subpart TT）和石油与天然气系统（subpart W）。[②] 第三，自 2010 年起符合任何如下三个条件的设施：(1) 该设施并不符合前述（"第一"和"第二"）第 98 条第 2 款(a)(1) 和(a)(2)所列明的源类别；(2) 设施内相关固定燃料燃烧设置的额定热输入最大值为 30 mmBtu/hr 以上；(3) 设施内所有的固定燃料燃烧装置的合并温室气体排放量为每年 25000 吨二氧化碳当量以上。对于这些设施，每年须报告仅是固定燃料燃烧设置中所排放的温室气体。[③] 其次，列举在第 98 条第 9 款附表 A-5 下的供应商也应遵守有关的温室气体报告义务。这些供应商每年的温室气体报告应当涵盖那些列举在表 A-5 下并已提供相应温室气体计算方法的产品类别。[④]

仅从《关于组织开展重点企（事）业单位温室气体排放报告工作的通知》来看，我国核算与报告的主体界定是采取单一阈值标准，[⑤]但是，发改委同时出台了以行业类型为准的温室气体核算与报告指南；[⑥]因此，事实上的核算兼具了阈值标准和行业指南的性质。

此外，我国的温室气体与核算制度依托的是"国家、地方、企业"三级温室气体排放基础统计和核算工作体系。除纳入核算与报告范围的特定企业以外，地方政府同样有责任进行温室气体统计工作。根据发改委《关于加强应对

---

① See 40 CFR 98.

② See 40 CFR 40 C.F.R. Pt. 98，Subpt. A，Tbl. A-4.

③ See 40 CFR 98.2，"who must report?".

④ See 40 CFR 98.2.

⑤ 参见发改委：《国家发展改革委关于组织开展重点企（事）业单位温室气体排放报告工作的通知》，发改气候〔2014〕63 号。

⑥ 参见国家发展改革委办公厅：《关于印发首批 10 个行业企业温室气体排放核算方法与报告指南（试行）的通知》，发改办气候〔2013〕2526 号。

气候变化统计工作的意见》，与温室气体有关的统计指标包括气候变化及影响类、适应气候变化类、控制温室气体排放类、应对气候变化资金投入类、应对气候变化相关管理类等 5 大类 36 项指标。[①] 其中与温室气体减排直接相关的控制温室气体排放类指标是该统计指标体系的核心内容，具体包括：单位国内生产总值二氧化碳排放降低率、温室气体排放总量、分领域温室气体排放量（能源活动、工业生产过程、农业、土地利用变化和林业、废弃物处理等 5 个领域温室气体排放量）、第三产业增加值占 GDP 的比重、战略性新兴产业增加值占 GDP 的比重、单位 GDP 能源消耗降低率、规模以上单位工业增加值能耗降低率、单位建筑面积能耗降低率、非化石能源占一次能源消费比重、森林覆盖率、森林蓄积量、新增森林面积、水泥原料配料中废物替代比、废钢入炉比、测土配方施肥面积、沼气年产气量等 17 项具体指标。[②]

对于着手低碳发展的地方政府而言，在我国当前的统计制度下承担着基础数据的采集工作，有责任并且有权力按照发改委关于企事业单位温室气体核算的相关制度，结合本地城镇区域发展现状，确定需要进行温室气体核算与报告的企业名单；同时也应当将温室气体排放基础统计指标纳入政府统计指标体系，建立健全与温室气体清单编制相匹配的基础统计体系。[③] 客观来说，我国虽然已经针对重要的高碳排放行业制定有关的核算与报告指南，但是对于其他的工业生产过程的温室气体核算与报告还未制定具体的指南。对于发改委已制定有核算和报告指南或国家标准的重点行业以外的企事业单位的温室气体核算与报告制度，具有地方立法权的省、自治区、直辖市以及国务院规定的较大的市（可能扩大至设区的市），[④]可以借鉴美国 EPA 的温室气体强制报告制度，结合有关气候变化的统计指标，制定本地化规则，合理确定温室气体核算报告主体和方法（包括源类别的定义、产生报告义务的阈值、报告的范围、温室气体核算的方法、监督要求、数据补全的程序、数据报告的标准以及有关记录保留的相

[①②③]　参见国家发展改革委、国家统计局：《关于加强应对气候变化统计工作的意见》，发改气候〔2013〕937 号。

[④]　《立法法》规定，除国家专属立法事项外，其他事项国家尚未制定法律或者行政法规的，省、自治区、直辖市和较大的市根据本地方的具体情况和实际需要，可以先制定地方性法规。在国家制定的法律或者行政法规生效后，地方性法规同法律或者行政法规相抵触的规定无效，制定机关应当及时予以修改或者废止。此外，经济特区所在的省、市和民族自治地方也有权制定地方性法规。根据学者的统计，除省、直辖市、自治区外，有地方立法权的所谓的国务院批准的较大的市，共计 49 个。近期审议的《立法法》草案，拟将地方立法权扩大至全国 284 个设区的市。参见《立法法》第 63～66 条；彭波、张潇月：《地方立法：机遇还是挑战》，载《人民日报》2014 年 10 月 22 日；《立法法修改，收税限号不可"任性"》，载《新京报》2015 年 3 月 8 日。

关要求),推进本地区的温室气体统计工作,编制城镇边界内的温室气体清单。

(二)企业温室气体核算方法

依前述,以低碳发展为战略的城镇如果制定本地区温室气体核算与报告制度,则被确定符合一定阈值标准或者特定行业的企事业单位,应当按年度持续性核算并报告其温室气体排放。在此基础上,作为气候变化治理主体和具体事务承担的城市才可以以自下而上的方式,厘清城镇边界内的温室气体排放数据,并编制温室气体排放清单,进而结合减排目标和其实际确定减排目标和适应本地的低碳经济发展战略。问题是,作为最微观核算主体的企业应当如何核算其温室气体排放?

以美国为例,EPA 对其列举的 44 个类别的温室气体核算都提供了相应的核算方法执行。以我国尚未规定相应核算指南的固定燃料燃烧装置(Subpart C: General Stationary Fuel Combustion Sources)[1]这一基本源类别相关的规定为例予以说明。根据 EPA《温室气体强制报告规则》,所谓固定燃料燃烧排放源是指那些以固体、液体或者体态的燃料为燃烧对象的装置,其一般目的是为了制造电力、产生蒸汽,或者是为了给工业、商业或者机构提供可兹利用的能源或者热能,或是为了通过消耗可燃烧物质而减少废弃物的体积。固定燃烧源包括但不限于锅炉、简单或者联合循环燃气轮机、引擎、焚烧炉和过程加热器等。[2]但是,固定燃烧源不包括便携设备、应急发电机和应急设备、农业生产中的灌溉泵、燃烧棒(除非依该章下其他条款应被归入该源类别而被规制)以及 D 小章下所界定的电力机组。对于燃烧危险废弃物的装置,一般也不宜归入本章所界定的固定燃烧装置中。对于这一类别,EPA 分别就其二氧化碳、一氧化碳和甲烷的排放量设定相应的计算公式。以二氧化碳为例,计算公式为"$CO_2 = 1 \times 10^{-3} * Fuel * HHV * EF$":其中 CO_2 为某一燃料类型每年度的二氧化碳排放总质量(吨);"Fuel"指各年度所消耗的特定类型燃料的质量;"HHV"指某一类型燃料默认的高热值,根据其体积或者单位质量,由 EPA 确定;"EF"则指代特定类型燃料的默认二氧化碳排放系数,单位为"kg CO_2/ mmBtu";"1×10^{-3}"为从千克计量转算为吨的系数。[3]

对于发电企业,由于化石燃料分子物理含碳量相同,主要减排责任国企业微观层面的核算方法基本保持了一致,基本上都是区分燃料的基本类型(煤、天然气、石油或者生物质)来核算发电企业温室气体排放量,但是在具体的公

①　40 C.F.R. Pt. 98.30~38.

②　See 40 C.F.R. 98.30.

③　See C.F.R. 98.33.

式设计上需要对实际所采用燃料的具体特征和不同的能源效率予以特殊的考虑,比如燃料的碳氧化率的不同。以发改委《中国发电企业温室气体排放核算方法与报告指南(试行)》(以下《发电企业核算指南》)为例,[①]其核算边界是以独立企业法人为边界,核算发电企业化石燃料燃烧产生的二氧化碳排放、脱硫过程的二氧化碳排放、企业净购入使用电力产生的二氧化碳排放。[②] 根据该《发电企业核算指南》,计算公式为"$E = E_{燃烧} + E_{脱硫} + E_{电}$",其中"$E_{燃烧}$"指的是燃烧化石燃料(包括发电及其他排放源使用化石燃料)产生的二氧化碳排放量(吨);"$E_{脱硫}$"指的是脱硫过程产生的二氧化碳排放量(吨);"$E_{电}$"指的是净购入使用电力产生的二氧化碳排放量(吨)。

《发电企业核算指南》设定了非常完整详细的计算公式用以计算发电企业内部以上三种活动所分别产生的二氧化碳排放量。以化石燃烧过程为例,[③]其公式为"$E_{燃烧} = \sum_i (AD_i \times EF_i)$","$AD_i$"指代第$i$种化石燃料活动水平(太焦),以热值表示;"$EF_i$"指代第$i$种燃料的排放因子(吨二氧化碳/太焦);"$i$"代表燃料种类(燃煤、原油、燃料油、汽油、柴油、炼厂干气、其他石油制品、天然气、焦炉煤气、其他煤气)。根据《发电企业核算指南》,企业只要能够确定其各种燃料类型的消耗量[④],对照 GB/T 213-2008《煤的发热量测定方法》、DL/T 567.8-95《燃油发热量的测定》和 GB/T 11062-1998《天然气发热量、密度、相对密度和沃泊指数的计算方法》或者参考该指南相应的推荐值来确认低位发热值,即能确定所消耗燃料类型的活动水平,[⑤]对照指南所确定的排放因子计

---

① 该指南参考了《2006 年 IPCC 国家温室气体清单指南》、《温室气体议定书——企业核算与报告准则 2004 年》、《欧盟针对 EU ETS 设施的温室气体监测和报告指南》等国际通行核算方法,仅针对从事电力生产的具有法人资格的生产企业和视同法人的独立核算单位化石燃料燃烧排放、脱硫过程排放以及净购入使用电力排放等源类别的二氧化碳排放进行核算。该指南后来转化所成的适用于发电企业的《温室气体排放核算与报告要求》(GB/T 32151.1-2015)有关核算边界、核算方法和报告要求与该指南基本一致。

② 与 EPA 规则相似,对于生物质混合燃料燃烧发电的二氧化碳排放,仅统计混合燃料中化石燃料(如燃煤)的二氧化碳排放;对于垃圾焚烧发电引起的二氧化碳排放,仅统计发电中使用化石燃料(如燃煤)的二氧化碳排放。See 40 C.F.R. § 98.43。

③ 脱硫过程的计算仅涉及燃煤发电企业,购入电力的排放计算也比较简单,只需要统计其购入电量,确定区域电网年平均供电排放因子(吨二氧化碳/兆瓦时)即可得出。

④ 化石燃料的消耗量应根据企业能源消费台账或统计报表来确定。燃料消耗量具体测量仪器的标准应符合 GB 17167-2006《用能单位能源计量器具配备和管理通则》的相关规定。

⑤ 相应公式为"$AD_i = FC_i * NCV_i$",其中 FC_i 代表第i种化石燃料的消耗量(吨,10^3 标准立方米);NCV_i 代表第i种化石燃料的平均低位发热值(千焦/千克,千焦/标准立方米)。

算公式[①]即可得出燃烧化石燃料的二氧化碳排放量。

总之,到目前为止,我国工业企业、发电、电网、钢铁生产、化工、电解铝、镁冶炼、平板玻璃、水泥、陶瓷和航空等行业的企业单位,均可以参照发改委的相应核算指南或者标准对其生产过程中的二氧化碳排放量予以核算。其他行业的核算方法,发改委也正在制定之中。对于地方政府而言,发改委转化成国家标准之外的核算指南并不具有法律上的强制力,只是参考使用,地方政府和城镇当局可以参考当前通行的核算方法,比如《IPCC 指南》《温室气体议定书——企业核算与报告准则 2004 年》《欧盟针对 EU ETS 设施的温室气体监测和报告指南》、美国 EPA 关于碳排放强制报告制度的相关规则,结合本区域产业构成,制定适用于本区域的特定核算指南。对于已经转化成国家标准的核算指南,也可以在此基础上制定更为严格和详细的操作细则予以实施。

但是,需要注意的是,企业层面的核算所提供的仅仅是基础数据,且从当前主要减排责任国关于企事业单位温室气体核算的相关规定来看,强制性核算和报告的主体范围只是那些高碳排放的能源企业和工业企业。城镇温室气体排放现状的确认,还需要从政府统计的宏观层面,结合一定的方法予以估算,从而编制区域整体范围上的温室气体清单,即城镇作为一个独立的核算主

---

① 计算公式为"$EF_i = CC_i * OF_i * 44/12$",其中 CC_i 指第 i 种化石燃料的单位热值含碳量(吨碳/太焦);OF_i 为第 i 种化石燃料的碳氧化率(%);44/12 为二氧化碳与碳的分子量之比。鉴于燃煤在能源一次性消费中的比重以及我国存在煤种掺烧的问题,为正确计算排放因子值,企业需要每天采集缩分样品,每月的最后一天将该月每天获得的缩分样品混合,按给定公式测量月入炉煤的平均元素碳含量。碳氧化率的计算同样有对应的公式,$OF_煤 = 1 - \dfrac{(G_渣 \times C_渣 + G_灰 \times C_{灰/除尘}) \times 10^6}{FC_煤 + NCV_煤 \times CC_煤}$,综合考虑了燃煤锅炉的全年的炉渣产量(吨)、炉渣的平均含碳量(%)、全年的飞灰产量(吨)、飞灰的平均含碳量(%)、除尘系统平均除尘效率(%)、燃煤的消耗量(吨)、燃煤的平均低位发热值(千焦/千克)、燃煤单位热值含碳量(吨碳/太焦)。炉渣产量和飞灰产量应采用实际称量值,按月记录。如果不能获取称量值时,可采用《DL/T 5142-2002 火力发电厂除灰设计规程》中的估算方法进行估算。其中,燃煤收到基灰分 $A_{ar,m}$ 的测量标准应符合 GB/T 212-2001《煤的工业分析方法》。锅炉固体未完全燃烧的热损失 q_4 值应按锅炉厂提供的数据进行计算,在锅炉厂未提供数据时,可采用《发电企业核算指南》附录二表 2-4 的推荐值。锅炉各部分排放的灰渣量应按锅炉厂提供的灰渣分配比例进行计算,在未提供数据时,采用附录二表 2-5 的推荐值。电除尘器的效率应采用制造厂提供的数据,在未提供数据时,除尘效率取 100%。炉渣和飞灰的含碳量根据该月中每次样本检测值取算术平均值,且每月的检测次数不低于 1 次。飞灰和炉渣样本的检测需遵循《DL/T 567.6-95 飞灰和炉渣可燃物测定方法》的要求。如果上述方法中某些量无法获得,燃煤碳氧化率可采用附录二表 2-1 的推荐值。燃油和燃气的碳氧化率采用附录二表 2-1 的推荐值。

体而进行的温室气体核算和报告工作。

二、城镇温室气体清单编制制度

如前述,我国城镇温室气体清单的编制当前可依据的国内规章主要是《省级温室气体清单编制指南(试行)》(以下简称《省编制指南》)。[①] 该指南实质上是我国对于 UNFCCC 清单编制义务的国内化成果:UNFCCC 通过《公约》、议定书和其他正式决议对缔约方的核算义务进行具体的规定,包括核算的原则、范围、程序要求、同一报表等;IPCC 则为具体的核算提供方法指引,即上述义务的履行提供技术支撑。换言之,包括中国在内的 UNFCCC 缔约国只有依据 IPCC 所提供的指南进行核算,才可满足《公约》对于温室气体核算和报告义务的一般要求:透明度、一致性、可比性、完整性和准确性。[②] 除《IPCC 指南》以外,国际通行的关于地区或者城市温室气体清单编制的指南或者方法学还包括:世界资源研究所(WRI)和世界可持续发展工商理事会(WBCSD)发布的针对公司等组织机构的《温室气体核算体系企业核算和报告标准》(2012)[③]、前文提及的 ICLEI 联合大城市领导组织(以下简称 C40)所制定的《ICLEI 城市温室气体清单指南》[④]以及 ICLEI、C40 和 WRI 最近联合发布的《城市温室气体核算国际标准》(GPC)[⑤](以下将 ICLEI 制定的城市温室气体清单指南和其联合 C40 和 WCI 最新发布的城市温室气体核算国际标准合并

---

① 参见国家发展改革委办公厅:《关于启动省级温室气体清单编制工作有关事项的通知》,(发改办气候〔2010〕2350 号);国家发展改革委应对气候变化司、国家发展改革委能源研究所、清华大学、中科院大气所、中国农科院环发所、中国林科院森环森保所、中国环科院气候中心:《省级温室气体清单编制指南》(试行),2011 年 5 月。

② See UNFCCC, Article 4.1(a), Article 12.

③ 参见世界可持续发展工商理事会,世界资源研究所编:《温室气体核算体系:企业核算与报告标准(修订版)》,许明珠、宋然平译,经济科学出版社 2012 年版;另可参见 WRI:《温室气体核算体系政策和行动核算与报告标准》(审议稿),载 http://www.wri.org.cn/files/wri/4.pdf,下载日期:2014 年 9 月 20 日。

④ See ICLEI, Global Protocol For Community-Scale Greenhouse Gas Emissions (GPC 2012), Pilot Version 1.0 - May 2012, available at: http://carbonn.org/fileadmin/user_upload/carbonn/Standards/GPC_PilotVersion_1.0_May2012_20120514.pdf(lase vise on March 20th, 2017).

⑤ See ICLEI, C40, WRI, Global Protocol for Community-Scale Greenhouse Gas Emission Inventories:An Accounting and Reporting Standard for Cities (GPC 2014), available at: http://ghgprotocol.org/files/ghgp/GHGP_GPC.pdf(lase vise on March 20th, 2017).

简称为《ICLEI 清单指南》)、国际化标准组织所制定的"ISO14064 国际标准体系"①、曼彻斯特大学开发的《区域温室气体清单协议》(*the Greenhouse Gas Regional Inventory Protocol*)等。②

由于城镇本身是一个开放的空间,单纯的基于行政边界应用 IPCC 的方法体系并不能真正反映城镇温室气体排放的特征。WCI 和 WBCSD 将城镇单元的温室气体排放区分为范围1、范围2和范围3。范围1统计的是城市行政边界区域内的直接排放;范围2是城镇从外部购买电力和热力的间接排放;范围3是范围2以外的其他间接排放。③《ICLEI 清单指南》即充分借鉴了这一区分。

(一)《省级温室气体清单编制指南》:中国

《省级温室气体清单编制指南》(以下简称《省编制指南》)是发改委联合能源研究所、清华大学、中科院大气所、中国农科院环发所、中国林科院生态所、中国环科院气候影响中心等研究机构制定并发布的不具有法律强制性的规范性文件。其目的在于指导地方政府的温室气体清单编制工作,为其实现中央政府所制定的单位国民生产总值二氧化碳排放比约束性下降指标,提供相应的可测量的方法学支撑。该指南参考《IPCC 指南》的基本结构,覆盖如下源类别:"能源

————————

① 《ISO 14064:2006》是一个由三部分组成的标准,其中《ISO 14064-1:2006》是一套 GHG 计算和验证准则。该标准规定了国际上最佳的温室气体资料和数据管理、汇报和验证模式。人们可以通过使用标准化的方法,计算和验证排放量数值,确保1吨二氧化碳的测量方式在全球任何地方都是一样的。这样使排放声明不确定度的计算在全世界得到统一。Standards S. Greenhouse Gases-Part 1: Specification With Guidance At The Organization Level For Quantification And Reporting Of Greenhouse Gas Emissions And Removals.

② 蔡博峰:《国际城市 CO_2 排放研究进展及评述》,载《中国人口·资源与环境》2013年第23卷第10期。

③ 《城市温室气体清单国际标准》对于范围1的直接排放遵循的是《IPCC 指南》的原则,范围2的排放指的是边界以内的活动产生的直接和间接排放,比如城市消费的电力源自该市以外的发电厂,购入电力即应当计入本市边界内的间接排放。范围3指的是上游排放或者在排放清单边界以外产生但是与城市边界以内的产品和服务的开发、生产和交换有关的隐含排放;具体来说包括用于空运或者海运的航空或者航海燃料产生的排放、界外垃圾分解以及输配电损耗等导致的排放。该国际标准认为城市边界应以其市政或者职能界线决定,其清单报告通常包括:能源类排放(固定或者移动化石燃料燃烧)、工业过程排放、农林业和其他土地利用排放、垃圾排放。鉴于《ICLEI 清单指南》基本上沿用了其范围1、范围2和范围3的区分,且其最新的版本事实上提供了比较详细的核算方法,本文不再对《城市温室气体清单国际标准》进行具体介绍。

活动"部门的化石燃料燃烧活动、生物质燃烧活动、煤炭开采和矿后活动逃逸排放石油和天然气系统逃逸排放;"工业生产过程"中的水泥、石灰、钢铁、电石、己二酸、硝酸、一氯二氟、甲烷以及其他工业生产过程;"农业"部门的稻田甲烷排放、省级农用地氧化亚氮排放量、动物肠道发酵甲烷排放、动物粪便管理甲烷和氧化亚氮排放等;"土地利用变化和林业"部门的森林和其他木质生物质生物量碳贮量变化、森林转化温室气体排放;"废弃物处理"的固体废弃物处理和废水处理。

限于篇幅,本书仅对其能源活动①的化石燃料燃烧进行简要介绍。《省编制清单》基本沿用了《IPCC 指南》的基本方法②并沿用了我国编制 2005 年《第二次国家信息通报》的优良做法。省级能源活动温室气体清单编制和报告的范围主要包括:化石燃料燃烧活动产生的二氧化碳、甲烷和氧化亚氮排放;生物质燃料燃烧活动产生的甲烷和氧化亚氮排放;煤矿和矿后活动产生的甲烷逃逸排放以及石油和天然气系统产生的甲烷逃逸排放。其中最为重要的是化石燃料燃烧活动产生温室气体排放核算。

化石燃料燃烧温室气体排放源界定为某一省、区、市境内不同燃烧设备燃烧不同化石燃料的活动,涉及的温室气体排放主要包括二氧化碳、甲烷和氧化

① 根据我国第二次国家信息通报,2005 年我国能源活动温室气体排放量为 576,864 万吨二氧化碳当量,占总排放量(746709 万吨二氧化碳当量)的 77.25%。参见《中华人民共和国气候变化第二次国家信息通报》,http://nc.ccchina.gov.cn/WebSite/NationalCCC/UpFile/File115.pdf,下载日期:2014 年 9 月 20 日;该通报内容分为国家基本情况、国家温室气体清单、气候变化的影响与适应、减缓气候变化的政策与行动、实现公约目标的其他相关信息、资金、技术和能力建设方面的需求、香港特别行政区应对气候变化基本信息、澳门特别行政区应对气候变化基本信息等篇章,全面反映了中国与气候变化相关的国情。

② 《IPCC 指南》一般提供三种方法学。方法一,用以评估各种源和汇类别对国家温室气体清单的水平以及有可能趋势的影响,提供了水平评估和趋势评估的对应公式;方法二,通过蒙特卡罗分析将不确定性纳入水平和趋势评估过程;方法三,则是确定关键类别的定性标准,考虑到减排技术和工艺、预期增长、是否对不确定性进行评估、完整性等因素。指南以芬兰为例,解释了确定关键类别的上述过程。参见《IPCC 指南》第 1 卷第 4 章:方法学选择和确定关键类别。以能源类别中的"固定源燃烧"为例,方法 1:基于燃料,可根据燃烧的燃料数量和平均排放因子估算。公式表达:排放$_{GHG, HG}$ =燃料消耗量$_{燃料}$×排放因子$_{GHG, HG}$其中:排放$_{GHG 燃料}$ =按燃料类型给出的 GHG 排放(千克 GHG),燃料$_{消耗量燃料}$ =燃烧的燃料量(TJ)。排放因子$_{GHG燃料}$ =按燃料类型给出的 GHG 缺省排放因子;对于CO_2,其包含碳氧化因子,假设为 1。方法 2:源自燃烧的排放估算采用与方法 1 所使用的类似燃料统计,但是特定国家排放因子用来替代方法 1 中的缺省因子。特定国家排放因子可以通过考虑特定国家数据进行制定,例如,使用的燃料碳含量、碳氧化因子、燃料属性和(尤其是非 CO2 气体)技术发展状况。排放因子可因时而异,对于固体燃料,应该考虑在灰烬中残留的碳量,亦可随时间而变化。

亚氮;涉及的部门包括农业部门、工业和建筑部门(钢铁、有色金属、化工、建材和其他行业等)、交通运输部门(民航、公路、铁路、航运等)、服务部门(第三产业中扣除交通运输部分)、居民生活部门;按设备区分则可区分为静止源燃烧设备(发电锅炉、工业锅炉、工业窑炉、户用炉灶、农用机械、发电内燃机、其他设备等)和移动源燃烧设备(各类型航空器、公路运输车辆、铁路运输车辆和船舶运输机具等);覆盖的燃料类型包括:无烟煤、烟煤、炼焦煤、褐煤等,原油、燃料油、汽油、柴油、煤油、喷气煤油、其他煤油、液化石油气、石脑油、其他油品等,以及天然气、炼厂干气、焦炉煤气、其他燃气等。

推荐估算方法为详细技术为基础的部门方法(亦即以国家排放因子替代 IPCC 所确定的方法 1 中的缺省因子)。具体来讲,就是基于分部门、分燃料品种、分设备的燃料消费量等活动水平数据以及相应的排放因子等参数,通过逐层累加综合计算得到总排放量。[①] 计算公式为"温室气体排放量 $= \sum\sum\sum (EF_{i,j,k} \times Activity_{i,j,k})$",其中"EF"指代排放因子(单位 kg/TJ);Activity:燃料消费量(TJ);"i"为燃料类型;"j"为部门活动;"k"为技术类型。在这种计算方式下,燃料消费量以热值表示,需要编制部门已实际的消耗量(体积或者质量)乘以折算系数(比如前面提及的平均低位发热值)。在这一估算方法下,省级或者城市当局需要:第一,确定清单采用的技术分类,基于地区能源平衡表及分行业、分品种能源消费量,确定分部门、分品种主要设备的燃料燃烧量;第二,基于设备的燃烧特点,确定分部门、分品种主要设备相应的排放因子数据(对于二氧化碳排放因子,也可以基于各种燃料品种的低位发热量、含碳量以及主要燃烧设备的碳氧化率确定);第三,根据分部门、分燃料品种、分设备的活动水平与排放因子数据,估算每种主要能源活动设备的温室气体排放量;第四,加总估算出本区域内化石燃料燃烧的温室气体排放总量。[②]

省级政府和地方城市当局还可以采取《IPCC 指南》的方法 1[③] 来估算区域内化石能源燃料温室气体排放量,即基于燃料消耗数量和平均排放因子估算。计算公式为:二氧化碳排放量 =(燃料消费量×单位热值燃料含碳量-固碳量)×燃料燃烧过程中的碳氧化率。在这一参考方法下,编制主体需要估算燃料消费量、折算出统一的热量单位、估算燃料中总的碳含量、估算能长期固

---

① 参见《省级温室气体清单编制指南(试行)》,第 5 页。
② 参见《省级温室气体清单编制指南(试行)》,第 6 页。
③ 参见《省级温室气体清单编制指南(试行)》,第 6 页。《省编制清单》将其界定为参考方法。

定在产品中的碳量、计算净碳排放量、计算实际碳排放量。[①] 这一方法与前节所述的发电企业的温室气体排放计算过程相似,关键的数据在于燃料消费量、平均热值、不同燃料的碳氧化率确定等等。

作为现行国家统计制度下的责任主体,省级政府和城市地方政府可以通过当前与能源统计相关的制度,通过《中国能源统计年鉴》、《中国海关统计年鉴》、《中国化工统计年鉴》等行业统计资料以及省(市)统计年鉴及相关统计资料,采集计算温室气体排放所必需的省市能源平衡表和工业分行业终端能源消费数据,以及电力部门、交通部门、航空公司等相关统计资料,从而整理得出分部门分能源品种化石燃料燃烧活动水平数据、[②]固定源主要行业分设备分品种活动水平数据[③]、移动源主要燃烧设备分品种活动水平数据[④],从而得以

---

① 燃料消费量=生产量+进口量-出口量-国际航海/航空加油-库存变化;燃料消费量(热量单位)=燃料消费量×换算系数(燃料单位热值);燃料含碳量=燃料消费量(热量单位)×单位燃料含碳量(燃料的单位热值含碳量);固碳量=固碳产品产量×单位产品含碳量×固碳率;净碳排放量=燃料总的含碳量-固碳量;实际碳排放量=净碳排放量×燃料燃烧过程中的碳氧化率;固碳率是指各种化石燃料在作为非能源使用过程中,被固定下来的碳的比率,由于这部分碳没有被释放,所以需要在排放量的计算中予以扣除;碳氧化率是指各种化石燃料在燃烧过程中被氧化的碳的比率,表征燃料的燃烧充分性。同前注,第7页。

② 能源平衡表和能源消费统计报告区分的能源品种包括:无烟煤、烟煤、褐煤、洗精煤、其他洗煤、型煤、焦炭、焦炉煤气、其他煤气,以及原油、汽油、煤油、柴油、燃料油、液化石油气、炼厂干气、其他石油制品、天然气等;区分的能源部门包括:能源生产与加工转换、公用电力与热力部门、石油天然气开采与加工业、固体燃料和其他能源工业、工业和建筑业、钢铁、有色金属、化工、建材、其他工业、建筑业、航空、公路、铁路、水运、服务业及其他、居民生活、农、林、牧、渔等。

③ 固定源主要行业类型包括:公用电力与热力、钢铁、有色金属、化工、建材;主要设备类型包括:发电锅炉、工业锅炉、发电锅炉、高炉、氧化铝回转窑、合成氨造气炉、水泥回转窑、水泥立窑、其他设备。

④ 移动源主要设备包括国内航班、港澳地区航班、国际航班、摩托车、轿车、轻型客车、大型客车、轻型货车、中型货车、重型货车、农用运输车、蒸汽机车、内燃机车、内河近海内燃机、国际远洋内燃机等。此外,《省编制清单》还注意到温室气体清单编制和既有统计制度体系下交通运输业能源消耗量统计之间的区别。国家温室气体清单所指的交通运输泛指所有借助交通工具的客货运输活动,而我国能源统计体系中交通运输部门一般只包含交通营运部门的能源消费量,大量的社会交通用能统计在居民部门、商业部门和工业部门,为了比较全面的反映我国全社会交通运输的能源消耗和排放情况,需要对交通用能进行整合,包括对汽、柴油消费量在部门间进行重新调整,以及国际航空和航海煤油和柴油消费量的单列。如果无法获得公路(道路)交通分品种、分车辆类型能源消费量,建议采用以下方法估算:公路(道路)交通用油$_{i,j}$= 机动车保有量$_{i,j}$×机动车年运行公里数$_{i,j}$×机动车百公里油耗$_{i,j}$。其中:i 为油品种类,j 为车辆类型。

确定活动水平数据。同样基于现有统计制度下的能源统计数据,清单编制主体还可以根据实测数据或者 IPCC 设定的缺省数据以及《省编制清单》提供的"分部门、分燃料品种化石燃料单位热值含碳量(吨碳/TJ)"缺省值,[1]得以确定部门方法下的二氧化碳排放因子和不同化石燃料在不同燃烧设备的碳氧化率;基于《省编制清单》提供的缺省单位燃料含碳量与碳氧化率参数[2],确定基于燃料方法估算而必须的二氧化碳排放因子。

《省编制指南》还对化石燃料燃烧的间接排放提供了核算方法。其核算方法与前述发电企业净购入电力间接温室气体排放的计算公式基本相同,关键在于确定调入(出)电量和区域电网供电平均排放因子。前者可以通过各省"能源平衡表"或"电力平衡表"获得,并以千瓦时为单位;对于区域电网供电平均排放因子(千克二氧化碳/千瓦时为单位),可以通过将区域电网边界按目前的东北、华北、华东、华中、西北和南方电网划分,上述电网内各省、区、市发电厂的化石燃料二氧化碳排放量除以电网总供电量获得平均排放因子。《省编制指南》在2005年温室气体国家信息通报数据的基础上,得出缺省区域电网供电平均排放因子以供地方政府编制温室气体清单时参考适用,比如华北区域电网,覆盖北京市、天津市、河北省、山西省、山东省、内蒙古西部地区,其平均排放因子为1.246 Kg/KWh。[3]

总而言之,无论是已经开始进行试点的低碳城市抑或是在新型城镇化道路上意图通过编制管辖范围内温室气体清单已推进低碳城镇化发展的城镇当局,依托我国现有的国民经济核算综合统计报表制度、能源统计报表制度、工业统计报表制度、建筑业统计报表制度、运输邮电业统计报表制度、农林牧渔业统计调查制度、建筑业统计报表制度,以及有关行业统计年鉴、能源地区平衡表、电力平衡表等相关数据,参考《省编制指南》提供的估算方法,应能对于管辖区域范围内主要源类别的直接温室气体排放和与能源活动有关的间接排

---

① 参见《省级温室气体清单编制指南(试行)》,第 15 页。

② 参见《省级温室气体清单编制指南(试行)》,第 18 页。

③ 其他区域的平均排放因子如下:东北区域,"辽宁省、吉林省、黑龙江省、内蒙古东部地区",为 1.096;华东区域,"上海市、江苏省、浙江省、安徽省、福建省",为 0.928;华中区域,"河南省、湖北省、湖南省、江西省、四川省、重庆市",为 0.801;西北区域,"陕西省、甘肃省、青海省、宁夏、新疆",为 0.977;南方区域,"广东省、广西自治区、云南省、贵州省",为 0.714;海南省为 0.917。参见《省级温室气体清单编制指南(试行)》,第 25 页。

放进行比较全面的核算,①摸清本地区温室气体排放的现状和减排潜力所在,从而有针对性地制定低碳发展规划。

但是,城市作为一个开放的人和经济要素的集聚地,不可能对能源、产品、人口等要素的流动设置阻断流通的壁垒。参考《IPCC 指南》而制定的《省编制指南》并不能覆盖所有间接排放的源类别,存在一定的局限性。对此,从当前通行的核算方法上来看,《ICLEI 清单指南》则可以提供有益的补充与借鉴。

(二)《ICLEI 清单指南》

根据《ICLEI 清单指南》的规定,②其制定目的在于:帮助城市编制一个全面可信赖的温室气体清单,以在深刻了解人类活动的温室气体效应的基础上建立治理和减少城市区域内温室气体排放的有效策略;为一致和透明的温室气体公开报告制度提供支撑;协调城市水平上温室气体清单已适用的国际协定和标准;为城市展示地区集体行动的全球效应的能力建设提供支持,展示城市在应对气候变化中的重要角色功能;支持在地区和国家层面上开展温室气体核算、报告和交易机制;为地方政府获取气候资金支持提供便利等等。

根据《ICLEI 清单指南》的规定,城市当局和使用该原则进行所管辖区域内温室气体核算与报告的地方政府应当遵守若干核算与报告原则。第一,相关性原则。该原则要求报告的温室气体排放数据应当能够反映所有城镇边界内的生产和消费等等生产活动。清单应当能够为地区当局提供决策依据,并同时考虑到相关的地区和国家监管性规定。第二,完整性原则,即清单应覆盖所有城镇边界内的排放源,任一不被列入清单的排放源应提供正当和明确的

---

① 比如有学者根据《IPCC 指南》所提供的方法,根据相关统计数据得出分能源品种分部门的活动水平数据、排放因子、碳氧化率等,从而计算出上海市煤炭、成品油、天然气与外来电力等相关的二氧化碳排放量。参见世界自然基金会上海低碳发展路线图课题组:《2050 上海低碳发展路线图报告》,科学出版社 2011 年版,第 94~107 页。天津市根据《省编制指南》制定《天津市钢铁行业碳排放核算指南(试行)》。

② 该指南现在适用的是 2014 年的版本。在 2014 年 7 月,ICLEI 公布了《社区层面温室气体排放清单核算的的全球协议草案:2.0 版本》(Global Protocol for Community-scale Greenhouse Gas Emission Inventories-Draft Version 2.0,以下简称 ICLEI 清单指南 2014)。这一版本在 2012 年版本的基础上,对相应源类别温室气体的核算方法进行具体的介绍。此外,该指南还提供方法学以指引城市当局如何对温室气体排放进行持续性监控,并根据排放源的变化重新估算排放量;如何设定减排目标;如何控制清单的数据质量和依据指南的核算原则验证数据。See ICLEI, Global Protocol For Community-Scale Greenhouse Gas Emissions (GPC), Pilot Version 1.0, hereinafter Gpc 2012; also, Iclei, Global Protocol For Community-Scale Greenhouse Gas Emissions (GPC), Draft Version 2.0; available at http://www.ghgprotocol.org/files/ghgp/GPC%20Draft%202.0%20for%20public%20comment.pdf,下载日期:2017 年 3 月 26 日。

解释。第三,一致性原则,即排放数据计算的途径、边界和方法学应当保持一致。数据计算上方法学的一致能够确保时间序列上有意义的趋势性分析和有效的计量减排成果,并在不同城市间进行数据比较。对于排放数据的核算应当使用指南所提供的标准化和优先方法。[①] 第四,透明度原则,即任何活动水平数据、源排放类别、排放因子和核算方法都应当被充分陈述并被披露,以待验证。披露的信息应当保证未参与清单编制过程的其他个人或者机构使用同样的方法和数据能够得出同样的统计结果。第五,精确性原则,即温室气体的计算不能系统性地夸大或者低估实际的排放问题。数据的精确性应足以使决策者和公众合理的确信所报告信息的完整性。进行核算的地方政府应当尽可能地消除量化统计过程中的不确定性。第六,可测量性原则,即那些支撑清单编制的基础数据应当可获取或者在合理的成本和时间上可获取,替代性指标和估算数据的使用应当充分说明其正当性并予以披露。[②]

《ICLEI 清单指南》借鉴了 WCI 和 WBCSD 将城镇单元的温室气体排放区分为范围 1、范围 2 和范围 3 的通行做法,以完整统计并报告城镇相关的所有直接或者间接温室气体排放。

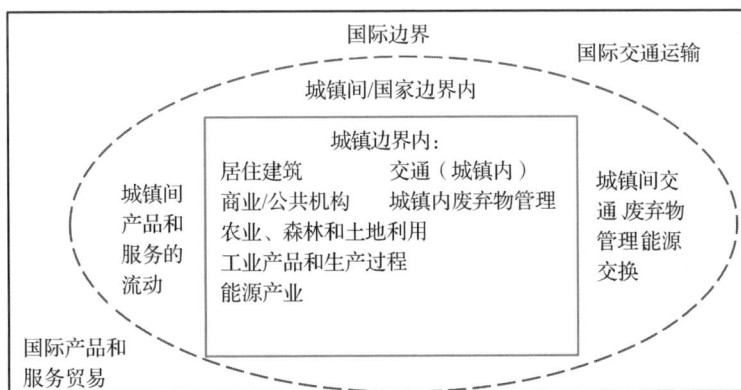

图 2.1　城镇温室气体的源排放与核算边界

上图得见,《ICLEI 清单指南》下的范围 1 包括城镇当局管辖地理边界内所有的直接排放(红色实线内);范围 2 包括城镇边界外因其区域内的供热(冷)、电力供应与消费等产生的与能源活动相关的间接排放;范围 3 包括所有

---

① 根据指南(GPC2014)的规定,其所推荐的核算方法事实上与《IPCC 指南》所推荐的核算方法保持了一致,除非是相应源类别不在 IPCC 提供核算方法的源类别内。See GPC 2014, p. 10.

② See ICLEI, Global Protocol For Community-Scale Greenhouse Gas Emissions (Gpc), Pilot Version 1.0, p. 3.

其他的因城镇边界内生产生活活动而导致的间接排放以及因商品和服务的交换、使用和消费而产生的跨界排放。① 另外，从上表城镇边界内的源类别来看，《ICLEI 清单指南》事实上充分借鉴了《IPCC 指南》对于关键源类别的划分和界定，将关键源类别区分为固定源排放、移动源排放、废弃物、工业过程和产品使用、农林和土地利用，以及其他间接排放。②

根据覆盖源排放范围的不同，《ICLEI 清单指南》建议了三类清单报告模式：基础报告、基础报告(加强版)和扩展报告。基础报告应当覆盖前述范围 1 和范围 2 所有的固定源、移动源、废弃物、工业生产过程和产品使用，以及范围 3 的废弃物处理导致的间接温室气体排放；其核算方法主要是基于《IPCC 指南》所提供的估算方法。

"基础报告(加强版)"则除覆盖"基础报告"所包括的源排放类别外，应计入农业、森林和土地利用这一源排放以及范围 3 下的移动源排放；其核算方法尚有待发展，需要合理的城市森林碳汇核算方法。由于城市的森林碳汇主要来自森林管理，比如对森林进行保护、培育、利用、调查、组织、规划等，而京都议定书和《IPCC 指南》均明确提出，温室气体清单核算的是直接人类活动引起的排放，且森林碳汇主要来自森林的自然生长；因此，对于城市森林碳汇的核算就存在如何剥离因自然原因而导致的森林碳汇增加的问题，而不是简单计算城市森林各大碳库③的净变化量。IPCC 所编写的《2013 年京都议定书的补充方法和优良做法指南》④，将森林碳汇管理纳入了强制报告的范畴，并提出对于森林管理的碳汇计算应采用基准线法，即该部门的碳汇量必须减掉基准值才能得出最终的计量结果。⑤ ICLEI 在其 2014 年公布的最新指南中，对于城镇农林和土地利用的温室气体排放核算，借鉴的就是《2013 年京都议定书的补充方法和优良做法指

---

① See ICLEI, Global Protocol For Community-Scale Greenhouse Gas Emissions (Gpc), Pilot Version 1.0, p. 5.

② See ICLEI, Global Protocol For Community-Scale Greenhouse Gas Emissions (Gpc), Pilot Version 1.0, p. 6. 固定源排放和移动源排放合并即为《IPCC 指南》下的能源活动这一关键源类别。

③ 《IPCC 指南》认为，完整准确的森林碳汇核算需要考虑 6 大碳库：地上生物量、地下生物量、死立木、枯落物、土壤有机碳、砍伐木质产品等。

④ See IPCC 2014, 2013 Revised Supplementary Methods and Good Practice Guidance Arising from the Kyoto Protocol, Hiraishi, T., Krug, T., Tanabe, K., Srivastava, N., Baasansuren, J., Fukuda, M. and Troxler, T.G. (eds) Published: IPCC, Switzerland.

⑤ 蔡博峰：《城市温室气体清单核心问题研究》，化学工业出版社 2010 年版，第 94～96 页。城镇范围内农林和土地利用管理而导致的城市森林碳汇的核算，关键在于确立城镇范围内森林管理的基准水平。有学者借鉴《京都议定书》提出了，该基准水平确立的百分比法、情景法、历史法和零值法。

南》。"扩展报告"则应覆盖包括因商品和服务的交换、使用和消费而产生的跨边界温室气体排放在内的所有范围 1、范围 2 和范围 3 的温室气体排放。当前并没有普遍接受的通行方法核算所有以上范围的直接和间接温室气体排放。[①]

总之,《ICLEI 清单指南》虽然在核算方法上基本沿用了《IPCC 指南》所提供的核算方法,[②]但是其在核算原则、范围确定上比之前述的《省编制指南》以及 IPCC 的做法更为全面,能够更为全面地对城镇的温室气体排放现状和态势予以把握。考虑到前述《省编制指南》和《ICLEI 清单指南》对于所覆盖源排放的规定,对于我国地方政府或者城镇当局而言,无论是参照何者,所编制的清单均能反映其行政管辖区域内关键源类别所导致的温室气体排放问题现状。关键的问题在于,核算和报告方法一旦确定,其核算范围和方法学上即应在一定的期间范围上保持基本的不变,以使得清单数据遵从一致性和可衡量性的原则。至于在何等的时间维度上保持核算和报告方法的不变,这取决于地方政府和城镇当局基于当前温室气体排放现状而确立的低碳发展目标在时间范围上的可履行性和当前温室气体排放问题减排路径的可行性。

三、制度目标设定与实现路径

对于地方政府和城镇当局而言,在确定其辖区范围内温室气体排放清单后,如果选择低碳城镇化道路,就需要确定温室气体的减排目标,即经过一定期间的努力所希望实现的可通过温室气体核算而衡量的减排目标设定;随后基于该目标设定,结合本地区经济结构、气候特征、人口密度、交通基础设施、能源效率以及生活方式的特点和生活质量,制定具体的城镇低碳发展规划,从而将温室气体减排目标分解成可衡量的行业性指标或标准。

(一)温室气体减排目标设定的立法例

从主要减排责任国所设定的温室气体减排目标来看,可概括为两种立法例:一种是总量上绝对值的减少,一种是相对值的减少。前者以欧盟等承诺量化减排的发达国家为代表,未作出承诺的发达国家的地方减排行动也往往作

[①] See ICLEI, Global Protocol For Community-Scale Greenhouse Gas Emissions (Gpc), Pilot Version 1.0, p. 7.

[②] GPC2014 中对于固定源、移动源、工业过程和产品适用、废弃物、农林和土地利用等源类别的温室气体核算方法的规定,基本上都是采纳了 IPCC2006 年指南和之后根据《京都议定书》而制定的相关指南的方法,比如《2013 年京都议定书的补充方法和优良做法指南》。See ICLEI, Global Protocol For Community-Scale Greenhouse Gas Emissions (Gpc), Pilot Version 2.0, pp. 31-111.

此目标设定,如美国纽约州和加利福尼亚州。温室气体排放总量绝对值的减少,是以某一年度的排放总量作为基准(如《京都议定书》主要减排责任国普遍所选择的是 1990 年),确定在某一未来年度的温室气体排放总量将减少一定的比例,如欧盟 2020 年的减排目标为 1990 年基础上减排 20%(这一目标是欧盟的整体减排目标约束,各成员国将承担不同的减排责任);[①]纽约州是到 2050 年在 1990 年的基础上减排 80%;[②]加州则要求其在 2020 年之前将温室气体排放量降至 1990 年的水平。

碳排放相对总量的目标设定主要以发展中国家为代表,如中国,承诺的是碳排放强度的降低,即到 2020 年碳排放强度在 2005 年的基础上降低 40%~45%。根据 Kaya 等式[③],碳排放强度的降低是否会必然导致碳排放总量的降低将取决于能源强度和经济发展速度(GDP)的变化。当能源强度、经济发展增速保持恒定,碳减排强度的降低必然会带来温室气体排放总量的同比减少;而当作为发展中国家的中国仍以经济发展为第一要务时,在保持一定经济增长和能源消费总量增长的前提下,碳减排强度的降低可能并不会带来相对于某一基准年度上排放总量水平的绝对值数量的下降,而是一种相对值的减少,即未实现碳排放强度降低的条件下本应增加的碳排放总量的减少。对于中国而言,在《公约》和《京都议定书》的框架下,作出这样的承诺是符合"共同但有区别的责任"原则的,体现了作为大国应当担负的责任。以碳排放强度的降低作为减排目标的设定,并不意味着不能以碳排放总量作为法律控制的目的。在具体的实施过程中,国家立法者和地方立法者并非没有可能设定温室气体绝对排放总量的降低作为立法目的。比如,如果我国碳排放交易市场以总量控制作为配额分配的基础,这就意味着在企业层面是存在着绝对排量总量递减的制度设定和行为导向的。

即便如此,考虑到对于全球气候变化的大趋势而言,只有温室气体的总量控制才有可能实现《公约》项下各措施所期望实现的最终目标:将大气中温室气体的浓度稳定在防止气候系统受到危胁的人为干扰的水平上,也只有更具有针对性的温室气体绝对量的控制才有可能实现 IPCC 所建议的"全球温升

①　United Nations Framework Convention on Climate Change (Organization),Doha amendment to the Kyoto Protocol.

②　See Exec. Order No. 24 of New York Sever:Establishing a Goal to Reduce Greenhouse Gas Emissions Eighty Percent by the Year 2050 and Preparing a Climate Action Plan,31 N.Y. Reg. 113 (Sept. 2,2009).

③　See Kaya, Y.,1990,Impact of carbon dioxide emission control on GNP growth:Interpretation of proposed scenarios (Paper presented to the IPCC Energy and Industry Subgroup, Response Strategies Working Group, Paris).

2℃以内"的目的,显然温室气体总量绝对值的减少更具有作为制度目的的正当性和合理性。碳强度的降低更像是实现该目标的一种手段。从社会控制的有效性来看,以总量绝对控制为目的的法律制度措施更能提供较为明确的制度预期和行为激励。

对于我国地方政府和城镇当局而言,虽然国务院已经明确各省所应承担的"十二五"期间温室气体减排责任,①但这并不妨碍城市当局在该减排目标的基础上基于本地区经济社会发展现状提出更高的低碳发展目标,比如保定市提出的"2010 年万元 GDP 二氧化碳排放量比 2005 年下降 25％以上,2020 年万元 GDP 二氧化碳排放量比 2010 年下降 35％"②;杭州市"地区生产总值二氧化碳排放'十二五'期间下降 20％左右,较 2005 年下降40％以上"③。当然,城镇当局和地方政府也可以根据温室气体排放清单制定以基准年度的碳排放总量为参照的总量控制目标,只要其目标确定和实现途径符合当前低碳省区和城市试点的总体战略④,且不违反国家禁止性或者强制性法律。

因此,考虑到我国当前有关低碳城市工作的进展以及城镇化发展对于能源

_____

① 参见国务院:《"十二五"控制温室气体排放工作方案》,国发〔2011〕41 号。该通知确定的我国"十二五"期间的温室气体减排目标为"到 2015 年全国单位国内生产总值二氧化碳排放比 2010 年下降 17％",各省级行政区的分解责任是以"单位国内生产总值二氧化碳排放下降率"和"单位国内生产总值能源消耗下降率"为表现的。这一目标设定是中央政府通过行政规章发布的需要各级地方政府予以执行的具有强制力的目标设定,而 40％～45％的减排目标只是对国际社会的承诺,并未写入 UNFCCC 及其议定书,更多的具有宣示意义,不能成为我国国际法上的国家义务,除非在新一轮的气候变化谈判中,我国放弃了"共同但有区别的责任"原则,承担了类似的量化减排义务,且该减排目标写入《京都议定书》或者类似效力的其他法律文件。

② 参见《保定市人民政府关于建设低碳城市的意见(试行)》。

③ 参见《杭州市"十二五"低碳城市发展规划》。

④ 在低碳发展上,中央政府赋予了地方政府较大的自主权。在《"十二五"控制温室气体排放工作方案》中,国务院提出"各试点地区要编制低碳发展规划,积极探索具有本地区特色的低碳发展模式,率先形成有利于低碳发展的政策体系和体制机制,加快建立以低碳为特征的工业、建筑、交通体系,践行低碳消费理念,成为低碳发展的先导示范区。逐步扩大试点范围,鼓励国家资源节约型和环境友好型社会建设综合配套改革试验区等开展低碳试点。各省(区、市)可结合实际,开展低碳试点工作"。发改委在推动低碳省市试点工作的相关规范性文件中,也鼓励地方省市积极创新有利于低碳发展的体制机制,探索不同层次的低碳发展实践形式。

消费的刚性需求,在我国碳排放达到峰值①之前的期间内,地方政府和城镇当局在制定低碳城镇化发展目标值时,对区域内温室气体的减排目标设定应与国家总体温室气体控制目标设定保持一致,以碳排放强度的降低(或单位国民生产总值的能耗年度递减率作为替代性目标)为宜,以避免城镇化伴随的人口集聚对于能源消费的增长效应所可能导致的总量控制目标的实现不能对政府公信力的破坏。当然,城镇当局可以在地区温室气体清单的基础上,结合本地经济社会的发展现状,制定合理的总量控制目标,关键问题在于实现路径——城镇低碳发展规划的可行性。

(二)实现路径:城镇低碳发展规划制度

城镇低碳发展规划,是在对城镇温室气体清单进行分析②的基础上,制定适宜相应城镇区域内社会群体、经济构成、基础设施和实际可行的温室气体减

---

① 达到碳排放峰值就意味着经济增长与二氧化碳等温室气体排放的脱节。在经济学界存在着一个共识,就是减排成本会随着时间而增长,越早实现减排,相应的成本就越低。因此,在 IPCC 提出要控制全球碳排放到 2020 年左右达到峰值以实现全球升温控制在2℃进而实现 2030 年全球碳排放比 2010 年下降 15%~40%"的建议目标的前提下,中国何时能够达到碳排放峰值就成为国际社会关注的焦点:中国存在碳排放总量大、增量快的特点,每年新增排放量大概占全球增量的 60%左右,如果中国不能尽快通过温室气体控制措施实现碳排放峰值,IPCC 的建议目标的实现就存在困难或者可利用的政策选项就会减少。有鉴于此,发改委一直在研究中国碳排放峰值的问题。清华大学低碳经济研究院何建坤认为,中国碳排放峰值应在 2030 前后达到:2030 年我国城镇化水平将达到 65%左右,经济增长也变为内涵式增长,人口趋于稳定,非化石能源的比例可以达到 20%以上,乃至达到 25%,如果仍以 6%~8%的增长速度的话,新增加的非化石能源的供应可以满足 1.5%~2%的总能源需求的增速。在 2014 年 11 月发布的中美气候变化联合声明中,中国政府也已明确碳排放达峰时间表,即 2030 年 CO_2 排放达峰值。

② 分析应至少包括城镇的温室气体减排成本曲线分析(包括减排潜力、每个方案的减排成本、方案所可能面临的障碍等)和温室气体减排情景分析。前者可利用的方法如麦肯锡研究所的温室气体减排成本曲线分析方法。该方法可以基于定量的分析结果,帮助政策制定者识别并按优先次序排列潜在的解决方案;能够概要的说明减排技术的适用时间和成本,可用以制定主要行业的低碳发展指标。对于中国而言,可以考虑工业、电力、交通和建筑等四大排放密集型行业的减排方案。城镇进行温室气体减排情景分析,应至少基于如下三种情景:第一,技术冻结情景,即现有技术不进行再推广,也不采取新技术,类似于斯特恩报告中所提及的惯常做法(Business as Usual);第二,基线情景,包括为实现国家承诺目标而采取的一切行动;第三,最大潜力减排情景,即分析时突破技术适用性、成熟性和推广制约,最大限度地挖掘技术潜力。Baeumler A, Ijjaszvasquez E, Mehndiratta S, et al. Sustainable low-carbon city development in China, Sustainable low-carbon city development in China /. World Bank,2012:371~374., pp. 64-94.

排路径,将低碳城镇化的温室气体减排目标具体化为可衡量的行业或者部门指标。

在理论层面上,有学者根据城镇的能源代谢和二氧化碳排放出口,将我国城镇层面的低碳发展规划框架界定为低碳能源输入(可再生及清洁能源应用)、低碳输出(碳捕获与储存)和低碳过程(技术、行为与设计)等三个方面;并将低碳理念下的法定规划编制区分为城镇体系规划、城镇总体规划、详细规划与城镇空间设计、低碳城镇规划制度建设、低碳城镇规划实施与评估等五个方面。① 在城镇规划法律制度体系下,城镇体系规划和城镇规划制度建设一般是在国家层面上予以编制和立法的。承担低碳发展具体责任的地方政府和城镇当局依法应当制定的是城镇总体规划、详细规划和空间设计等。

在现代城市规划理论②和相关城镇规划法律法规③中,城镇总体规划的编制内容一般包括确定城镇规划区范围,分析城镇职能、提出城市性质和发展目标,界定城镇禁建区、限建区和适建区,预测城镇人口规模,研究城镇中心城区空间增长边界并明确建设用地规模和用地范围,制定交通发展战略和主要对外交通设施的布局原则,明晰重大基础设施和公共服务设施的发展目标,建立综合防灾体系的原则和建设方略等等。对于特大城市和中心城市,其城镇体系规划应当包括市域城乡统筹的发展战略,确定生态环境、土地和水资源、能源、自然和历史文化遗产等方面的保护与利用综合目标和要求,预测人口集中趋势和城镇化水平;确定市域交通发展战略,原则上确定市域交通、通信、能源、供水、排水、防洪和垃圾处理等重大基础设施、重要社会服务设施、危险品生产储存设施的布局;更具城市建设、发展和资源管理的需要划定城镇规划区④。

城镇详细规划与空间设计的编制内容则与城镇的分区规划、城镇空间布局和城市设计等内容相关,主要包括:(1)确定分区的空间布局、功能分区、土地使用性质和居住人口分布;(2)确定绿地系统、河、湖水面、供电高压线走廊、对外交通设施用地界线和风景名胜区、文物古迹、历史文化街区的保护范围,提出空间形态的保护要求;(3)确定市、区、居住区级公共服务设施的分布用地范围和控制原则;(4)确定主要市政公用设施的位置、控制范围和工程干管的

---

① 顾朝林主编:《气候变化与低碳城市规划》,东南大学出版社 2009 年版,第 109～111 页。
② 戴慎志主编:《城市规划与管理》,中国建筑工业出版社 2011 年版,第 50～55 页。
③ 参见《中华人民共和国城乡规划法》(2007 年),第 2 条、第 17 条、第 18 条。
④ 戴慎志主编:《城市规划与管理》,中国建筑工业出版社 2011 年版,第 50～51 页。

线路位置等;(5)确定城市干道、支路、主要道路交叉口、广场、公交站场、交通枢纽等交通设施的位置和规模;(6)以上述总体规划和分区规划内容为依据,细分地块并规定其使用性质、各项控制指标和其他规划管理要求,比如建筑高度、建筑密度、容积率、绿地率等控制指标。① 现代城市规划的一个重要组成部分就是城镇环境保护和环境卫生规划。其主要内容包括城镇范围内水质保护规划、大气环境控制规划、城市噪声控制规划、固体废弃物控制规划等内容。②

总的来看,当前的城市规划已经强调在可持续发展理念下进行城市总体规划、确定城市定位与空间布局、制定城镇能源系统规划和交通系统规划等,并在城镇的详细规划中考虑到环境保护的重要性,设定城镇水资源、大气、废弃物管理等管理型指标,但是,仍没有直接与气候变化或者低碳发展相关的内容。③ 如何将低碳发展的理念植入当前城市规划和城市设计的理论和实践中去,是一个亟待解决的问题。

将低碳发展的理念融入城镇总体规划不外乎通过如下两个基本路径:减少碳排放或增加城镇地区的自然固碳效果。学者的研究一般从以下三个方面展开:低碳城镇整体形态、低碳城镇土地利用形式和结构、低碳城镇道路系统规划研究等。此外,在详细规划和城市设计中,城镇当局则应对城镇功能比较集中的区块进行针对性的研究,以明晰各类地区在详细规划和城市设计中可以实施的碳减排路径和实际减排效果,比如产业园区中不同类型产业布局下可利用减排规划设计(能源集中供给、园区碳汇建设和固体废弃物的集中循环利用等)、中心商务区的碳减排规划设计中可以实施的绿色建筑标准等、生活居住区对于太阳能和风能等可再生能源的采集利用规划设计等。④ 以下是主要减排责任国不同城市的低碳发展规划实例,可以反映出当前低碳城镇建设的基本路径。

① 戴慎志主编:《城市规划与管理》,中国建筑工业出版社 2011 年版,第 85~86 页。
② 戴慎志主编:《城市规划与管理》,中国建筑工业出版社 2011 年版,第 349~380 页。
③ American Planning Association. Policy Guide On Planning & Climate Change. N. p., 2011. Print. Available at http://www.china-up.com:8080/international/case/case/1613.pdf, last visit on March 26, 2017. 美国建筑协会在该指引中认为,当前的政策制定者应当将气候变化纳入城市规划的视野中,从而帮助社区成功应对气候变化对于居民生活的诸多挑战。
④ 顾朝林主编:《气候变化与低碳城市规划》,东南大学出版社 2009 年版,第 110~111 页。

表 2.1　国内外低碳城镇(社区)规划实例

编制主体及 城镇层级	低碳发展规划行动路径： 以温室气体减排为直接目的的行动规划	涉及城市内 源排放领域
世界银行 建议的中国 可持续低碳 城市行动① (整体)	能源减排(消费和生产,涉及电力、工业用能、建筑能效提高和区域供暖改革)、交通减排(城市慢行系统建设、公共交通升级、快速公交系统和轨道交通建设、机动车管理和减排技术应用)、市政管理(供水、废水、固体废物和城市污染物控制)、建筑适应气候变化风险管理和低碳融资(碳金融和世界银行的资金支持项目)和其他(历史建筑节能改造、城市中心区改造、信息通信技术应用的减排效应、气候智能型都市农业、城市林业)	能源、 建筑、 交通、 工业生产、 废弃物 管理等
英国 伦敦市 气候行 动计划② (中心城市)	能源减排:推行绿色家居计划、绿色机构计划、绿色建筑标志体系,要求新建建筑优先采用可再生能源,以改善现有和新建建筑的能源效益;发展低碳及分散(low carbon and decentralized)的能源供应;在伦敦市内发展热电冷联供系统,小型可再生能源装置(风能和太阳能)等,代替部分由国家电网供应的电力,从而减低因长距离输电导致的损耗,鼓励垃圾发电、碳储存。交通减排:推广电动汽车,根据二氧化碳排放水平(碳价格制度)向进入市中心的车辆征收费用。政府绿色采购:鼓励低碳技术和服务,改善市政府建筑物的能源效益。	能源、 建筑、 交通、 产品使用

---

　　①　世界银行在 2012 年出版了关于中国的可持续性低碳城市发展报告,其中就中国的低碳城市发展问题提出了诸多建议。详细可参见 Baeumler A, Ijjaszvasquez E, Mehndiratta S, et al. Sustainable low-carbon city development in China, Sustainable low-carbon city development in China /. World Bank, pp. 371-374., pp. 67-74.

　　②　See The Mayor of London, London Plan July 2011, available at: http://www.london.gov.uk/priorities/planning/publications/the-london-plan, last visit on March 26, 2017. 大伦敦市伦敦城、内伦敦和外伦敦,共 1580 平方公里,共有 33 个区,其中伦敦城是核心区。伦敦市设定了 2025 年相对于 1990 年减排 60％的目标,并启动一系列气候变化减缓政策和能源政策,包括伦敦规划(London Plan)、《今天行动,守候未来——伦敦市长能源战略和应对气候变化行动方案》(*Mayors Energy Strategy and Climate Change Action Plan-Action Today for Protection Tomorrow*)(后来上升为伦敦气候变化减缓和能源战略)等。其应对气候变化的城市规划草案制订于 2010 年,即《伦敦气候变化适应战略草案(公共咨询稿)》[*The Draft Climate Change Adaptation Strategy for London (Public Consultation Draft)*],后并入《伦敦规划》成为其中的第五章,即"伦敦气候变化的应对行动"(London's Response to Climate Change)。该章就伦敦市应对气候变化的减缓和适应措施进行了陈述。

续表

编制主体及 城镇层级	低碳发展规划行动路径： 以温室气体减排为直接目的的行动规划	涉及城市内 源排放领域
阿布扎比 酋长国 （小城镇）	"马斯达尔市零碳排放项目"①：城市规划面积为 6 平方千米，广泛利用波斯湾风力发电、沙漠太阳能发电、垃圾发电、真空管集热、聚光太阳能热发电、光伏发电技术；服务数字化控制，无人驾驶交通系统；城市无常规汽车，全部为步行区域。	能源、 废弃物 管理
美国 纽约市② （中心城市）	主要通过建筑、能源、交通和废弃物管理四个部门推进城市减排，具体包括绿色建筑计划（现有建筑改造减排：以天然气、太阳能、生物质能、核电或者其他形式的低碳能源或者可再生能源设备替代现有电力供应、供热、供水设备，照明灯具替换计划等；新建建筑根据城市能源法规和建制法规，其能效要高于现在建筑的 75% 以上；为业主绿色建筑改造提供资金支持；建筑排放基准测试，要求 50000 平方英尺以上的大型建筑每年报告能源和水资源适用数据）、纽约市电力重构计划（Repowering Projects）（旧发电机组现代化改造，替换为更有效率和低碳排放的煤气联合轮机或者天然气轮机；增加从加拿大和环太平洋风力发电电网外购核电、风电和水电比例；分布式发电技术设备和技术推广，热电联供设备和技术、太阳能光电设备等）、绿色交通战略（通过规划手段提高地铁、公交枢纽 1/2 英里内的居民密度，降低机动车的使用率；建设和维护公共交通设施，比如快速公交系统、地铁、轮渡、地区和通勤铁路；发展街道慢行系统，比如行人友好街道建设、扩展自行车道；支持清洁机动车利用，比如激励电动公交车适用、电动出租车试点、增加电动机动车充电桩、固体垃圾处理低碳化（通过无纸化办公、可分解材料利用减少固体来及垃圾诉产生；鼓励垃圾回收；通过等离子汽化等技术将垃圾转化为能源；低碳垃圾运输方式；垃圾填埋气体捕捉和再利用）。	能源、 建筑、 废弃物

---

① 马斯达尔市被视为沙漠上的奇迹之城、环保乌托邦之最，被视为世界上首个无碳城市。该项目是世界自然基金会"一个地球生活"计划与阿布扎比政府合作的一个可持续发展项目。可参见房田甜：《马斯达尔城：沙漠里的零碳"方舟"》，载《21 世纪经济报道》2011 年 6 月 3 日；Tom Heap 和任艳林：《马斯达尔：阿布扎比的零碳城市》，载《世界环境》2010 年第 3 期。

② 2007 年 4 月，纽约第一次公布了城市温室气体清单，公布了包含市政部门运营碳排放和城市总体碳排放数据的排放清单。从其温室气体排放清单（2012 年）来看，总碳排放为 4.79 亿吨二氧化碳当量，其中 81% 来自于化石燃料燃烧，包括电力企业、建筑和机动车辆；按燃料类型区分：天然气直接使用 1.31 亿吨、石油 1.5 亿吨；按部门区分：居民建筑 1.63 亿吨、商业建筑 0.98 亿吨、公共建筑 0.78 亿吨、公共交通 0.14 亿吨、道路交通 0.97 亿吨、其他垃圾掩埋或者水处理等 0.29 亿吨二氧化碳当量。根据纽约市城市公布的减排目标，以 2005 年排放为基准，至 2030 年城市排放水平下降 30%；至 2050 年，减少 80%。从 2011 年，纽约市制订了"更洁净、更绿色社区项目"（Cleaner, Greener Communities Program）以推进城市温室气体减排。详细内容可参见《纽约城市规划：绿色、伟大的纽约》（plaNYC：a Greener, Greater New York）和《纽约城市规划进展报告：可持续性和宜居性》（PlaNYC Progress Report：Sustainability & Resiliency 2014）。

续表

编制主体及 城镇层级	低碳发展规划行动路径: 以温室气体减排为直接目的的行动规划	涉及城市内 源排放领域
瑞典 斯德哥尔摩 (中小城市)	《斯德哥尔摩气候和能源行动计划》提出 2050 年完全摆脱化石能源(推进气候投资、供热系统改造、高能效建筑、交通共乘、清洁汽车、废弃物管理、拥堵费等措施),其哈默比湖为低碳规划的典范:①土地利用要求每户居民不低于 15 平方米的绿地;80%的居民使用公共交通,重型车辆不得进入市区;禁止使用压缩模板和铜质水管,要求暴露在外的材料进行涂料处理;推广可再生能源、沼气产品,建筑实现余热再利用,鼓励使用环境友好标签的电力,供热能源全部来自垃圾发电或者可再生能源;垃圾分类管理,有机垃圾用于堆肥或者生物质发电,减少用于垃圾运输的车辆。	能源、 交通、 建筑、 废弃物
丹麦 哥本哈根 (中心城市)	2009 年《气候之都行动方案》,减排目标为 2015 年比 2005 年减排 20%,2025 年实现零碳排放。实施路径:能源结构减排(将燃煤发电转换为生物质或者木屑发电,建立新能源发电和供热站,增加风力发电站,建设地热供热基础设施,引进烟道气压冷凝机,改进垃圾处理的热能效率,完善区域供热体系)、绿色交通减排(改善交通指示灯系统和停车位预报系统以减少交通拥堵,使用 LED 节能路灯,重点将风能作为电动汽车和氢气动力汽车的充电来源,推广自行车等慢行系统)、节能建筑项目(从通风、温度控制、照明和噪音控制等方面着手建筑节能管理,新建建筑必须符合节能标准,设立能源基金资助现有建筑升级或者改造,发展太阳能建筑,政府提供减排路线图并提供减排培训)、城市规划的碳中和行动(要求所有市政工程建设必须遵守可持续发展原则,对隔热、建材、外墙、电力、通风等建设环节设立低碳标准,城市区域规划要减少对于交通工具的依赖,建立低碳试验区等)、公共低碳意识培育(提供信息、咨询和培训提高公众的低碳意识,对儿童和青年等新一代气候公民培训)。	能源、 建筑、 交通、 废弃物 处理等。
巴黎市 (中心城市)	2009 年"大巴黎计划初步构想":强调城区规划的紧凑性,降低居民通勤的距离和时间、能源成本;强调城市中心区与郊区的均衡性,体现多中心城市发展模式,减少交通领域碳排放;通过发展微型汽车和智能化交通管理方式提高道路利用率;通过提高能源利用的多样化和降低能源需求,提高废弃物再利用和可再生能源利用的比例。	能源、 交通、 废弃物

---

① 参见权亚玲:《基于低碳目标的城市发展对策研究——以斯德哥尔摩哈默比湖城规划与建设为例》,载《现代城市研究》2010 年第 8 期。

续表

编制主体及 城镇层级	低碳发展规划行动路径： 以温室气体减排为直接目的的行动规划	涉及城市内 源排放领域
弗莱堡 （中小城市）	在 1993 年提出 2010 年城市二氧化碳排放比 1993 年降低 25％，2007 年提出到 2030 年比 1993 年降低 40％，主要通过交通规划政策（要求交通设施的新建或者改、扩建不能对城市发展和环境带来负面影响，提倡步行、自行车和公共交通，建设稠密的自行车专用道和存放点；通过城市区域规划密集城市结构，将发展区域集中于公交车干线附近）、城市气候规划（结合城市气候数据确定土地利用规划）和能源革新规划（要求城市建设项目设计时考虑节能和太阳能等可再生能源利用之可能，房屋建造者或者所有者需以合同形式确认对环境影响最小的能源供应方式）予以实现。	能源、 交通、 建筑
保定市① （中小城市）	1. 发展低碳产业：推进能源结构调整（电源结构由单一煤电向煤电、气电、太阳能等可再生能源发电、垃圾和秸秆等生物质能发电并举的方向发展）、优化能源配置（重点发展大容量、高参数、高效率的燃煤机组，提高电力装备水平）、着重发展太阳能产业（推进太阳能光伏并网发电与建筑一体化示范项目建设，稳步发展太阳能利用产业）、加快能源消费结构调整（推进太阳能光伏并网发电与建筑一体化示范项目建设，稳步发展太阳能利用产业）、构建低碳产业支撑体系［以新能源及能源设备制造产业为核心，全力打造"中国电谷"，进一步完善太阳能光伏发电、风力发电、高效节电、新型储能、输变电和电力自动化等六大产业体系；大力发展低碳高产出的电子信息（软件）产业，全力打造电力电子产业集群、高频产业集群、汽车电子产业集群。加快网络游戏、动漫等创意产业的发展，推进高新区动漫产业基地建设］、推进低碳技术开发（推进煤的清洁高效利用、可再生能源及新能源、二氧化碳捕获与埋存等节能领域的技术开发与应用；加强排放监控技术和重点行业清洁生产工艺技术的开发与应用；加快发展清洁汽车技术和汽车尾气控制技术的研发与产业化；积极开发工业固体废物、农作物秸秆高效利用技术；组织实施光伏发电、风力发电、生物质能发电等重大科技专项以及与建筑一体化的光伏屋顶、光伏幕墙等重大科技示范项目）、推行清洁生产（完善清洁生产政策法规和标准，优化清洁	能源、 工业生产、 产品使用、 交通、 建筑、 废弃物 管理

---

① 参见《保定市人民政府关于建设低碳城市的意见（试行）》、《保定市低碳城市发展规划纲要（2008 年—2020 年）（草案）》。

续表

编制主体及城镇层级	低碳发展规划行动路径：以温室气体减排为直接目的的行动规划	涉及城市内源排放领域
保定市（中小城市）	生产技术、工艺和设备；对超标排放和排放总量较大的企业，实行强制性清洁生产审核）。2. 推行生活意识低碳化和城市建设低碳化(鼓励乘坐公共交通工具出行或以步代车、引导采用节能的家庭照明方式和科学合理使用家用电器，倡导低碳产品消费；低碳理念指导城市规划编制，推广应用绿色节能建筑技术，推进建筑设计与太阳能光电产品的结合，全面植树造林，建设园林化城市，捕捉城市建设、生活消费中的二氧化碳排放，增加城市碳汇，加快低碳化社区示范工程建设)。3. 低碳化管理，加强节能减排(强化工业企业节能减排，加快对传统产业实施低碳化改造，继续加大关停"六小企业"工作力度，逐步淘汰不符合低碳发展理念、高能耗、高污染、低效益的产业、技术和产能；加强建筑节能，对达不到民用建筑节能设计标准的新建建筑，不得办理开工和竣工备案手续，不准销售使用；鼓励新建居住建筑应用太阳能热水系统，组织实施低能耗、绿色建筑示范工程，扩大太阳能、地热能等可再生能源的利用，加快节能改造；强化城市交通运输节能减排，优先发展公共交通，加速淘汰高能耗的老旧汽车，鼓励使用节能环保型车辆和新能源汽车、电动汽车)。4. 重点低碳工程建设引领低碳城市发展("中国电谷"、太阳能之城、城市生态环境建设工程、办公大楼低碳化运行示范工程、低碳化社区示范工程、低碳化城市交通体系整合工程等)。	能源、工业生产、产品使用、交通、建筑、废弃物管理
无锡太湖新城①（小城镇）	能源资源利用的循环高效(确立新城发展各地块的能耗控制水平、可再生能源控制性指标和引导性指标，建立分布式能源中心，合理利用太阳能、土壤盐热泵和污水源热泵，在商业建筑和居住建筑中推广冷热电联产能源利用方式)；推动科技产业园区建设，引导低碳产业发展；紧凑化城市空间布局；建设绿色交通(通过步行系统与公交和地铁等公共交通的无缝接驳，鼓励公共交通出行和低碳出行)；建立生态城指标体系(城市功能、绿色交通、能源与环境、生态环境、绿色建筑和社会和谐)。	能源、建筑、交通、废弃物

① 根据 2010 年签署的《共建国家低碳生态城示范区——无锡太湖新城合作框架协议》，无锡太湖新城为无锡市政府与住房与城乡建设部合作共建的低碳城市项目。参见仇保兴主编：《兼顾理想与现实——中国低碳生态城指标体系构建与实践示范初探》，中国建筑式业出版社 2012 年版，第 49～55 页；另可参见顾朝林：《气候变化与低碳城市规划》，东南大学出版社 2013 年版，第 158 页。

续表

编制主体及城镇层级	低碳发展规划行动路径：以温室气体减排为直接目的的行动规划	涉及城市内源排放领域
上海市①（中心城市）	推动上海低碳城市建设的主要途径：第一，源头上优化能源结构（提高外电比例，比如外购华东地区核电和水电，以减少对煤炭的需求；升级煤电机组，发展百万千瓦超临界机组，提高煤电效率；扩大天然气发电比例；以技术研发带动可再生能源发展；以需求侧能源技术为基础，合理规划分布式能源系统）。第二，提高工业能源的利用效率（对能效水平低的行业和产品生产进行节能改造；淘汰落后产能；鼓励企业优化产品结构，创新发展，在不增加能耗或者减少能耗的情况下，创造更高的经济附加值，即发展低碳产业、鼓励低碳产品的生产）。第三，调整产业结构（去重工化，发展服务业、信息产业；建设创新型城市，注重新能源技术、节能技术创新）。第四，优化城市空间布局（提高城市的紧凑性，通过城市规划提高基础设施尤其是交通体系的能耗）。第五，交通部门的需求管理和优化运行（保障城市慢行系统；大力发展公共交通，特别是轨道交通；引导小汽车发展，限制城区汽车使用；推广现代化交通管理技术；提高机动车的新能源使用比重，推广代用燃料汽车、电动汽车、混合动力电动汽车和燃料电池电动汽车的利用）。第六，有效控制建筑能耗的增长（通过需求控制，控制建筑面积的快速增长，对奢侈型住宅适当调控，抑制公共建筑的奢侈建设；在建筑中推广成本合理的低碳技术，比如保温外墙、水源热泵、地源热泵系统、辐射采暖、太阳能热水器、光伏发电系统、自然采光等；对现有高	能源、工业、产品使用、建筑、交通、废弃物管理

① 根据世界自然基金会上海低碳发展路线图课题组的研究，在强干预情境下，上海的能源消费总量将在2020年达到峰值，碳排放峰值预期在2016年达到。上海比较现实的选择却是在弱干预情境下，依靠产业转型、能效提升和能源结构优化，力争实现强干预情景。课题组分析了四种情景：惯性情景，即全力保增长的惯性做法下上海社会经济发展的情景以及由此导致的能耗和碳排放；转型情景，即上海由工业化向后工业化转型而实现服务业主导而形成的情景和路线图；弱干预情景，则是在转型情景下，采取大量的能效控制和能源结构优化措施以及一定的需求控制措施，使上海的碳排放总量在2020年前后基本实现稳定，基于此而形成上海的碳排放情景和低碳路线图；强干预情景，则指上海主动适应后工业的发展趋势，进行产业机构和消费方式的调整，通过大量的需求控制措施、能效控制措施和能源架构优化措施，使上海在2020年前的碳排放总量达到拐点并逐步下降。参见世界自然基金会上海低碳发展路线图课题组：《2050上海低碳发展路线图报告》，"执行摘要部分"。关于上海低碳城市建设的途径，参见第67～72页。

续表

编制主体及城镇层级	低碳发展规划行动路径：以温室气体减排为直接目的的行动规划	涉及城市内源排放领域
上海市（中心城市）	耗能建筑进行节能改造，推广合同能源管理模式；降低建筑施工能耗；开展节能建筑示范工程、绿色照明工程、政府机构节能工程等）。第七，倡导低碳生活和低碳消费（政府示范建筑节能和低碳办公，比如政府绿色采购；阶梯电价和水价；对高能效产品和新能源汽车提供补贴；低碳知识培训）。	能源、工业、产品使用、建筑、交通、废弃物管理
哈尔滨市①（中心城市）	涉及低碳发展的规划管理行动计划②：第一，城市空间与功能建设（打破传统功能分区，强调土地、空间和建筑物的混合使用，依靠公共交通联系不同的社区组团，降低私人机动车出行率）。第二，低碳交通建设（建设低碳综合交通系统；进行低碳路网规划；分层级优先发展公共交通系统，构建以快速公交为主导的出行平台，并强调慢行系统及与其的接驳；加强轨道交通建设，依托 BRT 和公交枢纽建设快速公交体系，推广公交引导开发模式；发展慢行交通系统，编制绿色交通专项规划，发展自行车道路网络，控制机动车的使用）。第三，低碳产业（重点发展六个战略性新兴产业：民用航空工业、生物产业、新材料产业、新能源装备产业、电子信息产业、绿色食品产业；打造东北亚商贸中心；大力发展高新技术产业、现代设备制造业和物流产业，深化工业机构优化和产业布局调整，发展低碳服务业，实现清洁生产；建设低碳导向的产业园区）。第四，低碳能源（提升现有能源转化效能，限制高耗能产业的发展，推进关、停、并、	能源、建筑、交通、工业、废弃物管理

---

① 哈尔滨市城乡规划设计研究院探索以能源节约、新能源推广应用和二氧化碳排放强度降低为主要内容的低碳发展模式，编制完成哈尔滨市城市总体规划（2010—2020）专题报告《哈尔滨市建设低碳生态城市规划研究》，以中国科学院低碳城市指标体系为蓝本，城市经济以低碳产业为主、市民以低碳生活为理念和行为特征、政府以低碳社会建设为蓝图，提出 2020 年哈尔滨市低碳城市发展战略目标。引自顾朝林：《气候变化与低碳城市规划》，东南大学出版社 2013 年版，第 270～271 页。哈尔滨市的低碳城市发展规划编制中的温室气体清单编制的数据依据的是 2009 年哈尔滨市统计局的资料和数据，核算与编制方法参照《IPCC指南》和《ICLEI城市清单》方法；在城市的总体规划中，考虑了 2030 年的碳排放量估算，设计部门包括工业领域、建筑领域、交通领域、森林碳汇等。参见顾朝林：《气候变化与低碳城市规划》，东南大学出版社 2013 年版，第 271～292 页。本书此处只就其低碳情景下城市总体规划方案中与温室气体减排直接相关的领域进行简要介绍，其他有关其人口规模与用地调整、城市密度、分区分类发展、耕地占用控制、城市风道预留和郊野公园建设、城市外部形态、城乡统筹发展、中心城区空间结构等内容不予详述。具体内容可参见顾朝林：《气候变化与低碳城市规划》，东南大学出版社 2013 年版，第 292～350 页。
② 顾朝林：《气候变化与低碳城市规划》，东南大学出版社 2013 年版，353～362 页。

续表

编制主体及 城镇层级	低碳发展规划行动路径: 以温室气体减排为直接目的的行动规划	涉及城市内 源排放领域
哈尔滨市 (中心城市)	转工作,加强对建材、石化、电力和化工等高碳排放行业的监管,严格制定单位产品能耗标准和污染物排放标准,提高高碳排放行业的准入条件,加快淘汰落后设备和生产力,推进燃煤工业锅炉改造,提高工业的能源利用效率;推广可再生能源,优先发展太阳能,大力发展风能,积极发展水能和生物质能;改善现有能源供给结构,推进天然气对于煤炭的替代应用,改进城市供热方式,发展低温核供热,推进热电联产;改进能源应用,推广垃圾焚烧发电、副产煤气发电、沼气发电等清洁能源发电和风能太阳能等可再生能源发电项目;推行节能降耗)。第五,低碳建筑及建筑群设计(充分利用太阳能,采用节能的建筑围护结构,减少采暖和空调的使用;采取适应当地气候的平面形式与总体布局;对新建筑制定低碳建筑标准,对已有建筑设立建筑节能方面的改造标准,研究建筑耗能评价指标体系核定建筑耗能)。第六,低碳节能技术的推广应用(重点突破建筑节能,加大绿色产品推广,政府带头实施绿色采购,积极推广绿色标志产品、能效标志产品、节能节水认证产品、环保标志产品、绿色和有机标志食品等,完善绿色产品标志制度,严格市场准入;发展能源高效利用技术的应用,比如热泵技术、热电联产技术、区域能源技术、分布式能源技术、QXY-FEUL 技术、燃料电池技术、光电转化技术、高温热泵技术等,实施输配电和电网安全技术改造,开发太阳能光热发电和光伏发电系统)。	能源、 建筑、 交通、 工业、 废弃物 管理
黄河三角州 低碳生态园区 (小城镇)①	第一,低碳村镇体系规划(通过劳动分工组织功能性区域规划,避免重复的城市空间功能分区,对于具体居民点,采取多中心紧凑型空间布局,减少通勤半径)。第二,低碳型产业规划(将传统的依资源净消耗为主的经济发展转变为依靠生态资源循环的经济发展;发展循环型生态农业和绿色海洋业,比如海洋	能源、工业、 交通、 废弃物

① 黄河三角洲低碳生产产业园区,位于山东东营市利津县刁口乡,处在黄河三角洲中心位置和黄河故道的入海口。区域碳汇资源广,具备编制低碳生态城的良好条件。其规划从层级上来看,属于镇级规划,遵守的是国家《镇规划标准(GB 50188-2007)》。在具体规划中,按镇域规划、镇区规划两个层面展开,规划内容涉及区域规划、总体规划、控制性详细规划、中心城区城市引导设计和重要项目策划等。其规划所依据的是《黄河三角洲高效生态经济区发展规划 2008》、《利津县城总体规划》、《利津县土地利用总体规划》、《利津县国民经济与社会发展"十一五"规划》等。具体内容详见顾朝林:《气候变化与低碳城市规划》,东南大学出版社 2013 年版,第 101～264 页。

续表

编制主体及城镇层级	低碳发展规划行动路径：以温室气体减排为直接目的的行动规划	涉及城市内源排放领域
黄河三角州低碳生态园区（小城镇）	捕捞、海水养殖、海产品加工、海水淡化；发展循环经济型工业，比如绿色石油天然气采掘业、可再生能源系统、传统低碳制造业系统，诸如碳汇秸秆沼气化、垃圾和秸秆发电、太阳能和风能发电；发展循环型服务业，如依托黄河故道入海口、三角洲盐田、文化民俗会展等建设低碳生态旅游系统，建设绿色仓储物流系统，建设低碳社区和消费性服务业）。第三，循环经济产业发展（构筑企业、园区和城镇三个层面的循环经济体系；依托土地资源、海洋资源、油气资源、风能优势、关联产业、环渤海高等级公路、国家自然保护区、低碳型社区和东营港新城，发展产业循环经济体系）。第四，低碳交通建设（进行区域高效高速交通系统规划和慢速交通系统规划，建设自行车专用道）。第五，低碳物流系统建设（建设集货运、渔业、油田机械、商品展示、场站服务、流通加工为一体的绿色无缝物流系统）。第六，低碳市政规划（供水、输变电和信息基础工程）。	能源、工业、交通、废弃物
深圳市（中心城市）[①]	第一，城市空间紧凑发展，打造战略节点形成双中心八组团的多中心紧凑结构；第二，推行公交导向、多元混合的土地开发利用模式；第三，构建以轨道为核心的公交网络，大力发展快速公交系统，在盐田、南山等地区推行男性系统和自行车租赁试点；大力推进新能源汽车利用，开通新能源公交线路；积极推进大型牵引机车油改气项目；第四，大力发展绿色建筑，通过《绿色建筑设计导则》、《绿色住居规划设计则》和《绿色城市规划设计导则》形成绿色城市建设指南；第五，建设低碳生态理念下的前海中心区。	交通、能源、建筑
天津中新生态城（小城镇）[②]	主要在于智慧城市、清洁水源、生态平衡、清洁环境、清洁能源和绿色建筑 6 个方面。具体到低碳行动方面，第一，低碳环保绿色交通之城；紧密型土地利用规划上建设绿色交通系统为主导的交通发展模式，提高公共交通和慢行交通的出行比例，建设高密度慢行道路，广泛使用电力和汽油电池为动力的新能源汽车和电动汽车，构建"轨道交通、公交干线和公交支线"三级公交服务体系。第二，扩大新能源和可再生能源的利用；至	交通、能源、建筑、废弃物

[①]　参见住建部和深圳市：《关于共建国家低碳生态示范市合作框架协议》(2010 年)。

[②]　参见《中华人民共和国政府和新加坡共和国政府关于在中华人民共和国建设一个生态城的框架协议》(2007 年)，定位于建设综合性的生态环保、节能减排、绿色建筑、循环经济等技术创新和应用推广的平台，"资源节约型、环境友好型"，示范新城。

续表

编制主体及 城镇层级	低碳发展规划行动路径: 以温室气体减排为直接目的的行动规划	涉及城市内 源排放领域
天津 中新生态城 (小城镇)	2020年可再生能源使用比例达到20%,优先发展可再生能源,促进高品质能源的适用,禁止使用非清洁煤、低质燃油等高污染燃料,充分应用建筑节能技术,城内建筑全部按照绿色建筑标准建设,积极应用热泵回收余热、热电冷联供以及路面太阳能收集等技术实现能源综合利用,建立固体废物分类收集、综合处理与循环利用体系,推荐再生资源综合利用产业化,建设智能电网,推广光伏发电项目等。	交通、 能源、 建筑、 废弃物
唐山市 曹妃甸 生态新城 (小城镇)	第一,生态规划和绿色循环系统建设,打造"低能耗、低污染、低碳排放城市",对传统城市的生态循环系统,包括城市的能源系统、水循环系统、垃圾处理系统等加以整合,创立生态城资源管理中心,统一建立包括污水处理厂、沼气回收利用系统、垃圾焚烧厂、热电联供设备、中水回收利用系统、生态能源利用体系等城市生态循环设施。第二,在清洁能源建设上,利用风能、太阳能、地热能等传统可再生能源形式,同时利用区位优势,利用农业有机燃料和工业余热资源,结合绿色建筑技术和绿色交通技术,构建清洁能源结构和循环节约利用模式;以地区公共电网、燃气管网、热网为依托的基本能源保障体系,发展包括太阳能、风能和浅层地热等能源作为补充。第三,大力发展绿色建筑,要求城镇规划区域内所有建制至少达到绿色二星标准,就不同地块和建筑物提出相应的控制指标。第四,绿色交通体系建设,编制绿色交通规划,优先发展公共交通,以城市道路为依托,建立慢行交通廊道,推进城市步行、自行车交通示范项目,加强城市轨道交通,引导机动车合理使用。	能源、 建筑、 交通
昆明 呈贡新区① (中心城市的 城镇规划)	第一,绿色交通体系:规划以低碳型交通为导向发展轨道交通、有轨电车系统、城市步行系统、自行车系统和环湖旅游电瓶车系统。第二,生态体系构建,包括生态背景(城市森林)、生态斑块(城市公园)、生态廊道(城市水道)、生态节点(在每个区域建设低耗能、高效率、零碳、零废弃物的标志性绿色示范建筑)。	交通、 建筑、 废弃物

注:(1)所谓的城镇层级按照我国城镇化规划中对于各类城市的区分:中心城市、中小城市和小城镇。国外城市参照其人口、区域管辖范围和城市功能,亦从此例,以兹比较。(2)由于城市森林碳汇建设基本上在所有的低碳城镇规划中提及,上述内容中并未提及城市绿化、城市森林碳汇建设等内容。

---

① 呈贡新区提出了建筑、居住建筑、公共建筑、交通和生产等方面的碳排放总量控制目标值:2020年建筑碳排放控制在141万吨、居住建筑在34万吨、公共建筑在107万吨、交通领域在51万吨、生产领域在62万吨。

从表 2.1 中当前城镇层面所推进的上述主要减排责任国低碳城市或者低碳社区的发展规划实例来看,具体的低碳发展实现路径主要围绕固定建筑物和移动来源的化石燃料燃烧的温室气体减排展开,相应的措施主要是在能源、建筑、交通、工业、废弃物管理等城市源排放设施和相关领域内应用节能或者高能效技术、可再生能源技术、新能源技术、清洁能源技术,增加低碳能源的使用比例,提高传统化石能源的效率或者降低化石能源的适用,来降低直接来自化石燃料的温室气体排放。此外,发展循环经济,增加城市森林碳汇也是低碳城镇规划中的必要构成部分。

在国内外普遍推进低碳城镇化规划的情境下,如何推进我国低碳城镇化规划的法制化? 这需要结合前述城镇温室气体核算与报告,并对前述实例进行更进一步的分析,厘清当前低碳城镇规划中的共性问题,并结合我国当前规划法律制度的现状,以确定其制度化路径和可予以制度化的内容。

四、小结:低碳城镇化规划的制度化

结合前节关于城镇温室气体核算的论述,以及从上表所列举的低碳城镇规划行动的国内外实例来看,即便是在城市规模、地域、气候环境、人口构成、经济产业结构等方面以及编制主体和微观层面上低碳行动措施、低碳项目工程设计和低碳发展指标设定等内容,存在一定的差异性或者多元化,就低碳城镇化规划而言,除编制的必要性以外,至少在如下方面存在着趋同性:

第一,编制理念上的趋同。无论是出于后工业化时代的发达国家城镇规划亦或是仍处在工业化和城镇化进程中不同阶段的我国各地城镇规划编制,在气候变化背景下,城市总体规划、城市空间布局以及城市具体建设规划都必须考虑的气候变化对当地环境和生态的负面影响。这些负面影响的表现形式可能各异,或是海平面上升导致的基础设施建设被侵蚀、城市水供应问题、城市内涝,或是气候变暖结合城市热岛效应导致的热浪、干旱;或是城市工业生产和机动车化石燃料燃烧导致的空气污染或者雾霾。但是,出于减缓和适应气候变化的相同目的,城镇规划都必须贯彻低碳发展理念,强调规划和项目建设的减排效应。

第二,编制步骤和过程上的趋同。城镇低碳发展规划的编制一般均要经过城镇边界内温室气体清单编制、城镇温室气体排放控制目标设定、城镇低碳规划行动制定以及低碳规划实施与评估这四个基本环节。

第三,城镇温室气体排放清单编制方法上的趋同。对于城镇边界内温室气体的清单编制,目前在核算和报告方法上,基本都是基于《IPCC 指南》框架下的源类别和对应估算方法学。虽然该指南方法是以生产为导向的,但是并不能完全覆盖城镇边界内所有的间接排放领域,地方政府和城镇当局以其为主干,结合当前正处在不断完善中的 ICLEI 指南方法和我国省级温室气体清单编制指南,仍可以基于当前统计法律制度下所汇集的城镇基本能源消费、工业生产、产品消费和其他国民经济行业数据,形成比较全面的反映所管辖区域范围内温室气体排放现状的清单。

第四,城镇低碳发展目标设定上的趋同。对于城镇温室气体排放规划控制目标的设定,虽然不同地区、不同规模的城镇基于相异的经济结构、气候特征、人口密度、交通基础设施、能源效率以及生活方式的特点和生活质量,会设定多元化的低碳发展指标体系,但是基本指标仍着眼于碳排放量的绝对总量控制和相对总量减少,即前述的碳排放总量控制目标或者碳排放强度控制目标。

第五,城镇低碳规划行动上的趋同。从其构成领域上,基本都是围绕能源、工业、交通、建筑、废弃物管理和城镇森林碳汇建设等领域展开的,与 IPCC 所确定的关键源类别具有同质性:能源部门的低碳化,所着力抑制的是传统化石能源的生产与消费或者低效能利用,所着力推进的则是新能源、可再生能源、清洁能源利用技术的开发与应用;工业的低碳化,则是强调产业结构调整,优先发展服务业或者其他战略新兴产业,限制高耗能、高排放行业的发展,对现有工业生产进行节能化、清洁化改造;交通的低碳化,强调的是通过土地利用规划和城镇空间布局的紧凑性,降低私人机动车出行,优先发展公共交通、自行车和步行等低碳出行方式;建筑领域的低碳化所着力强调的是绿色低碳建筑标准和技术的实施、推广与应用;废弃物管理的低碳化所推进的是垃圾处理上的资源回收利用;城镇碳汇建设则是鼓励城镇范围内的绿化、造林等行动以提高区域内的森林覆盖率。

这些趋同性表明,在城镇规划上低碳化理念和低碳化行动已经形成社会共识。基于保障我国新型城镇化低碳发展战略的实现,应当对低碳城镇化规划在国家层面上予以制度化。具体建议如下:

第一,依托以《城乡规划法》为基本法的城镇规划法律制度,在全国城镇体系规划、省域城镇体系规划、城市总体规划和县级市的城镇建设规划中引入低碳发展理念,可以在现行《城乡规划法》第 1 条关于立法目的的表述中,加入低碳发展的表述:"为了加强城乡规划管理,协调城乡空间布局,改善人居环境,促进城乡经济社会全面协调可持续和低碳发展,制定本法";并在第 4 条规划原则中提及气候变化应对,如"制定和实施城乡规划,应当遵循城乡统筹、合理布局、节约土地、集约发展和先规划后建设的原则,改善生态环境,促进资源、能源节约和综合利用,保护耕地等自然资源和历史文化遗产,保持地方特色、民族特色和传统风貌,防止污染和其他公害,有效应对和适应气候变化负面影响,有效并符合区域人口发展、国防建设、防灾减灾和公共卫生、公共安全的需要"；并以此为基础，由国务院制定"城镇低碳规划暂行条例"或者由住房与城乡建设部和发改委联合制定"城镇低碳发展规划办法或者指南"，就低碳发展理念下的城镇土地利用和管理、城镇空间布局、交通建设、建筑、能源、废弃物等规划制定相关指导性意见，要求编制低碳发展规划的城镇必须进行温室气体排放清单编制，并在其总体规划中确立低碳发展的碳排放总量控制目标或者单位国民生产总值碳排放强度控制值，且要求相应目标不得低于《国务院关于印发"十二五"控制温室气体排放工作方案的通知》所确定各省所应承担的"十二五"期间温室气体减排责任目标值设定以及我国 2020 年碳排放强度降低 40%～45% 的承诺值。

第二，依托以《环境影响评价法》为基本法的环境影响评价制度，建立城镇规划（城镇建设项目）气候变化或者温室气体排放环境影响评价制度。根据《环境影响评价法》第 7 条、第 8 条和第 16 条的规定，① 各级政府和行政机关所编制的土地利用规划以及和工业、农业、畜牧业、林业、能源、水利、交通、城市建设、旅游、自然资源开发有关的专项规划，应当在规划草案上报审批前，进行环境影响评价；建设项目根据其对环境影响程度，也应编制环境影响评价文件；且未编写环境影响评价文书的，规划草案和建设项目不予审批。我国目前的规划环境影响评价制度，并未明确提出要考虑温室气体所导致的气候变化对于环境的影响问题。在《环境保护法》修改之前，对于建设项目环境影响评价的前置条件表述为"**污染环境**的项目"，新的《环境保护法》将其修改为"编制有关开发利用规划，建设**对环境有影响**的项目，应当依法进行环境影响评价"，且明确规定"未依法进行环境影响评价的开发利用规划，不得组织实施；未依

---

① 《中华人民共和国环境影响评价法》最新修订已由中华人民共和国第十二届全国人民代表大会常务委员会第二十一次会议于 2016 年 7 月 2 日通过。从新旧法律文本的对比来看，对于建设项目的环评审批规则有些许的变化，但是对于规划的环境评价制度基本保持了原貌。虽然在程序上简化了提交环境影响登记表的要求，将其改为备案制，但是需要提交环评审批表的规划和建设项目仍然需要严格执行环境影响评价制度。对于违反环评的处罚在新法中得以强化。涉及"未批先建"最高罚款额度，原规定罚款 5 万元以上 20 万元以下，最高为 20 万元，现在改为总投资额的 1% 至 5%，项目如果是上亿元的话，罚款可以达 100 万元至 500 万元。此外，新法增加了根据规划环评结论和审查意见对规划草案进行修改完善等规定，强化了环评的拘束力。修改后：第 14 条增加一款，作为第 1 款："审查小组提出修改意见的，专项规划的编制机关应当根据环境影响报告书结论和审查意见对规划草案进行修改完善，并对环境影响报告书结论和审查意见的采纳情况作出说明；不采纳的，应当说明理由。"参见《中华人民共和国环境影响评价法》，2002 年 10 月 28 日第九届全国人民代表大会常务委员会第三十次会议通过。根据 2016 年 7 月 2 日第十二届全国人民代表大会常务委员会第二十一次会议通过的《全国人民代表大会常务委员会关于修改〈中华人民共和国节约能源法〉等六部法律的决定》修改。

法进行环境影响评价的建设项目,不得开工建设"。① 从"污染"到"与有影响"的转变,反映了环境保护法律制度在现代可持续发展、生态文明和低碳发展等理念下的开放性变迁。作为全球普遍存在的外部性问题,气候变化显然属于对环境有影响的问题,随着我国国民经济与社会发展规划中对气候变化问题的着重阐述和低碳发展国家战略的确立,在环境保护的基本法律中应当体现低碳发展的理念,对规划和建设项目的潜在温室气体排放进行考虑。由于温室气体在地球大气中的均衡分布,很难就规划和建设项目所潜在的温室气体排放对区域的生态或者环境影响进行精确分析或者评价,但是可以要求在规划编制主体和建设项目主体在其环境影响评价文件中,结合适当的温室气体核算防范,如前述《IPCC 指南》、《省级温室气体清单编制指南》和《ICLEI 指南》,就其可能的温室气体排放进行评估。对于规划项目,环境主管部门或者规划审批部门可以要求规划编制主体就其土地利用规划或者专项规划的总碳排放设定控制性目标。对于建设项目,环境主管部门可以要求那些高碳排放的电力生产等能源企业和化工、水泥、钢铁等工业企业针对其新建设施或者改建设施的温室气体排放安装减排设施,比如碳捕获和储存装置(建设项目的环境影响评价是污染物排放设施建设前许可制度的关键环节,与后文适用于能源和工业等固定源的温室气体排放建设前许可制度紧密相关,将在后文详述)。

---

① 参见《中华人民共和国环境保护法》(1989 年 12 月 26 日第七届全国人民代表大会常务委员会第十一次会议通过,2014 年 4 月 24 日第十二届全国人民代表大会常务委员会第八次会议修订),第 19 条。

第三章　低碳城镇建设法律保障制度

　　从前述有关温室气体核算和表 2.1 的实例来看,城镇低碳规划的行动领域主要集中于能源、工业、交通、建筑、废弃物和森林碳汇建设等领域;因此,低碳城镇化的法律保障制度也将围绕这些领域限制高碳排放行为、激励低碳排放或者零碳排放行为。考虑到低碳城镇化的国家战略性,本书将主要论述国家层面上地方政府和城镇当局可兹利用的相关法律制度。这些制度将构成地方政府和城镇当局制定区域低碳发展目标或者温室气体减排目标的制度基准。

　　本章将对能源、工业、交通、建筑、废弃物管理等方面在功能上起到限制高碳排放行为和激励低碳排放行为的若干法律制度进行论述。虽然森林碳汇建设是低碳城镇规划的必要构成且在实际上能够增加城镇区域的固碳能力,但是城市绿化当前事实上主要是靠政策推进的,且城镇绿化率一般均会被纳入低碳城镇评估指标体系中,本章不予赘述(有关绿化率评估指标的设定问题在第四章有所涉及)。考虑到激励法律制度的零星可见于所有有关抑制高碳排放的传统化石能源生产和消耗和激励可再生能源、清洁能源相关法律文件或者制度体系,且其手段主要表现为税收激励、财政补贴和资金扶持等,故将其集中论述于一节(本章第六节)。此外,"能源活动"作为关键源类别事实上涉及所有的工业(特别是制造业)、建筑和交通领域内的温室气体排放,下文将以"能源产业"单列一节,[①]主要探讨能源生产环节的温室气体控制法律制度,以从源头上保障城镇能源供给的低碳化,并随后从工业、建筑和交通领域探讨城镇能源消费环节的低碳化建设法律保障制度,涉及的源排放类别包括《IPCC指南》下的"制造业和建筑业"、"运输业"、"工业过程和产品使用";并在之后论及城镇废弃物管理的低碳化,涉及《IPCC 指南》下"废弃物"源类别。

---

　　① 　根据《IPCC 指南》,能源活动是关键源类别,包括的具体源类别类型主要有燃料燃烧活动、源于燃料燃烧的逸散燃烧和其他。在"燃料燃烧活动"这一源类别下又进一步区分为能源产业、制造业和建筑业、运输业和其他部门。

一、能源产业低碳化法律保障制度

能源立法的制度性优化是经济转型的关键。[①] 如果说工业革命以来有关化石能源的法律制度是保障传统工业化和城镇化的关键，那么积极改变当前以化石能源燃烧作为主要能源供给的社会基本现状从而促进适应低碳经济时代的能源法律制度的形成，则是推进后工业化时代新型城镇化建设的肯綮。适应低碳发展的能源法律制度，如果以控制温室气体排放为目标，关键手段就在于抑制传统化石能源的生产和消费，扩大太阳能、风能、地热能、生物质能、水能、核能等低碳或者零碳排放的新能源的使用。出于能源安全、经济发展和维持现有社会基本生活秩序的考虑，完全禁止化石能源的使用显然不可能成为当前制度调控的预期目标，可能的制度选择只能着眼于逐渐限制并减少化石能源的使用。如果是基于传统的"命令与控制方式"，限制性制度化措施的典型代表是排放标准制度和能源组合标准制度，适用于淘汰落后产能的"关停并转"制度也可归为此类；如果是基于市场化机制，则主要体现为"碳价"机制，[②]即碳交易制度和碳税法律制度。考虑到"关停并转"和碳排放交易所适用的主要产业范围更多的在于除能源产业之外的钢铁、化工、水泥等高碳排放工业企业，将在工业低碳化一节对其论述。本节重点讨论适用于能源产业的温室气体排放标准制度、碳税法律制度和能源组合标准制度。

(一)温室气体排放标准制度

对能源生产过程中的大气污染排放物施加排放限值而设置单位电力或热力的排放标准制度，是传统大气污染物防治法律的基本制度类型。温室气体的产生与传统空气污染物的产生具有同源性，因此，是否可以直接就温室气体排放设定限值标准以控制能源生产过程中的碳排放问题，就成为当前气候变化法律制度的一个选择，同时也是推进低碳城镇化法律保障制度建设一个必须面对的问题。

从有关能源定义的外延来看，煤炭、原油、天然气、电力、焦炭、煤气、热力、

---

① 吕江：《气候变化与能源转型：一种法律的语境范式》，法律出版社 2013 年版，第 104～108 页。

② 所谓碳价，简言之就是为碳排放定价或者说是确定碳排放的外部成本并由排放者承担这一成本。如果依据庇古税的理论由政府来确定，则表现为碳税或者气候变化税；如果是通过市场机制，则是通过碳排放权交易的方式，由市场来形成单位碳排放权的交易价格，即碳交易制度。

成品油、液化石油气、生物质能和其他直接或者通过加工、转换而取得有用能的各种资源都可以称之为能源。除电力和热力外,其他能源形式基本属于一次能源,在实际社会生活中需要转化为电力或者热力等二次能源形式。从主要减排责任国清单来看,电力部门的排放大概能够占到全国温室气体排放总量的 1/3 左右。① 在城镇层面上,电力生产所导致的直接排放或者购入电力消费而导致的间接排放合计占到的比例会更高,比如上海市能源活动与煤炭相关的排放比例为 68.74%,主要就是燃煤发电。② 这与世界银行所观察到的中国城市温室气体清单的构成特征一致,即工业和发电占据城市二氧化碳排放的主体,煤炭为主的消费结构加强了这一趋势。③

因此,对于以化石燃料为能源的电力生产设施,特别是燃煤火电厂,课以温室气体排放标准限制可以有效地降低城市区域内与能源活动有关的直接排放和间接排放。从国际范围来看,在该领域着手制定温室气体排放标准且已形成相对完善制度的国家只有美国。美国 EPA 自 2009 年开始即着手制定适用于固定排放源的温室气体排放标准制度,具体部门包括电力、石油和天然气领域,且目前已经拟定了比较完善的针对化石燃料电力机组的温室排放标准制度。以下就结合美国当前正在完善的适用于联邦层面的电力机组温室气体排放标准制度,探讨我国能源产业的温室气体排放标准制度构建的可能。

1. 美国电力机组温室气体排放标准制度

如前所述,自 2007 年美国最高法院在曼彻斯特案中将温室气体判定为

---

① 比如美国电力部门的碳排放占到其全国总碳排放的 32%;See EPA, Inventory of U.S. Greenhouse Gas Emissions and Sinks: 1990—2012, p. 22, available at http://www. epa. gov/climatechange/Downloads/ghgemissions/US-GHG-Inventory-2014-Main-Text. pdf. 我国能源活动中能源生产和加工转换部门的温室气体排放也占全国温室气体排放总量的三成左右;根据《第二次国家信息通报》,中国 2005 年二氧化碳总排放量为 74.67 亿吨二氧化碳当量,而能源活动中的能源生产和能源转换产生的二氧化碳排放为 24.08 亿吨。澳大利亚 2011 年电力生产部门的温室气体排放为 1.99 亿吨,占其当年全国总碳排放的 1/3。See Australian Government, Australia's National Inventory Report 2011,参见 Australia, The Australian Government's Action on Climate Change, the Department of Environment and Energy, at http://www. environment. gov. au/climate-change, last visit on March 26, 2017.

② 世界自然基金会上海低碳发展路线图课题组:《2050 上海低碳发展路线图报告》,科学出版社 2011 年版,第 94 页。

③ Baeumler A, Ijjaszvasquez E, Mehndiratta S, et al. Sustainable low-carbon city development in China, Sustainable low-carbon city development in China /. World Bank, pp. 371-374., p. 2.

CAA下应受规制的空气污染物后①，EPA就依据其在CAA下的广泛职权，开始着手制定适用于电力生产企业的温室气体排放限值标准制度。这一行动也是美国政府所制定的"清洁电力计划"的重要环节②。基于EPA所拟定的规章，《新设固定排放源温室气体排放履行标准：电力设施发电机组》（以下简称《新设电力机组标准》）③和《既存固定排放源碳污染排放指南：电力设施发电机组》（以下简称《既存设施碳污染排放指南》），④。清洁电力计划所预期的目标是：截至2030年，在电力部门实现在2005年基础上30％的温室气体减排；减少颗粒污染、一氧化氮和二氧化硫排放25％；避免6600例的早产儿死亡、儿童150000例的哮喘病以及450000例潜在的被迫停工、停课；所带来将近930亿美元的气候和公共健康福利损失；以及通过提高能源效率和对电力系统的需求从而削减近8％的电力消费支出。

（1）新建电力机组的二氧化碳排放限值

针对电力机组制定"碳污染"⑤排放标准，是美国环保局根据《清洁空气

---

① 美国环保局一直认为，《清洁空气法》并不适用于《京都议定书》下的六类温室气体，因此在2003年拒绝了多个非政府环保组织要求其根据《清洁空气法》第202a（1）条制定新标准以规制机动车温室气体排放的请求。这一不作为导致了这一重大环境公益诉讼案件的发生。See Massachusetts v. E.P.A.，127 S.Ct. 1438（2007）.

② 通过发展清洁能源是奥巴马政府应对气候变化诸多政策的重要构成；而发展清洁电力以降低电力部门的温室气体排放则是该战略的首要一步。See US White House, Executive Office of the President：the President's Climate Action Plan（June 2013），available at https://www. whitehouse. gov/sites/default/files/image/president27 sclimateactionplan.pdf，last visit on October 17，2015.

③ See also U.S. EPA, Standards of Performance for Greenhouse Gas Emissions from New Stationary Sources：Electric Utility Generating Units；Proposed Rule，79 FR 1429.

④ See U.S. EPA, Carbon Pollution Emission Guidelines for Existing Stationary Sources：Electric Utility Generating Units，Proposal Rule，79 FR 34829.

⑤ 将温室气体视为一种新型"碳污染"是奥巴马气候变化行动计划中的一个新的概念，其法律依据是《清洁空气法》下对于空气污染物的广泛界定和最高法院在"马萨诸塞州诉美国环境保护署"一案中的判决。将温室气体定性为"碳污染"将直接影响美国在国际气候谈判中的立场和话语权。美国政府旨在主导国际气候变化谈判，从而建立符合本国利益的国际气候变化法律制度体系。温室气体被制度化为"碳污染"，也为美国单方面依据世贸组织相关贸易协定中的环境例外条款而采取单方面国际贸易限制措施，比如碳关税，提供了正当性基础。See Executive Office of the President：the President's Climate Action Plan（June 2013）.美国白宫在其公布的关于中美气候变化联合声明的通讯中，也以"中美声明削减碳污染为题"。

法》第 111 条而有的职权。[①] 美国环保局当前所提出的标准设定是针对化石燃料的蒸汽发电机组，比如热电站锅炉（Utility Boilers）和整体煤气化联合循环机组（Integrated Gasification Combined Cycle Units，"IGCC"），以及天然气固定式燃气轮机（Natural Gas-fired Stationary Combustion Turbines，"NGCC"），分别设定不同的排放标准。

标准适用的对象将包括北美工业分类代码（NAICS Code）项下的"221112"和"921150"，即新建化石燃料发电机组，包括联邦政府运营的、市属的和位于地点保留地的化石燃料发电机组。EPA 将应受该标准规制的发电机组定义为：能够 1 小时吞吐超过 250 百万英热单位（MMBtu）燃料的，以向电网供电超过其电力生产潜力 1/3 的电量为目的而建设的，为能在 3 年内平均每年向电网供电超过 219000 兆瓦时为目的建设的热电锅炉。[②] 并非发电机组所有的温室气体排放均应遵守该拟定标准。EPA 只就上述电力机组的二氧化碳排放进行规制。

确定"最佳减排机制"（Best System of Emissions Reduction，以下简称 BSER）并基于该机制来确定排放限值水平是美国环保局决定某一产业部门大气污染物排放具体标准的惯常做法。根据《清洁空气法》的规定，"最佳减排机制"要满足以下条件：第一，可行性，即该等机制或者技术是否在技术上可行；第二，成本，即开发和实施上述机制的成本是合理的；第三，减排绩效，即利用上述机制可以产生实质性的污染物减排水平；第四，技术发展潜力，即上述机制是否能够推进减排新技术的开发与实施。

在进行有关热电锅炉和 IGCC 的 BSER 分析时，EPA 事实上考虑了如下三种情形：第一，未安装或者应用碳捕获和储存技术（Carbon Capture and Strorage，以下简称 CCS）的新一代高效机组；第二，完全应用或者安装 CCS 的新一代高效机组；第三，安装或者应用部分 CCS 的新一代高效机组。相对于新建煤机发电能力中企业所考虑采用的新技术而言，新一代的发电机组显然在技术上可行并且不会产生很大的成本，但是这些技术不会对温室气体减排产生明显的效应，特别是相对于 CCS 的应用而言。然而，EPA 必须考虑完全安装 CCS 是否会造成不合理的成本，从而使得发电企业选择其他技术的发电

---

① See 42 U.S.C.A. § 7411, Standards of performance for new stationary sources.

② See EPA, Standards of Performance for Greenhouse Gas Emissions From New Stationary Sources: Electric Utility Generating Units, 79 FR. 143, pp. 1445-1446.

机组。从电力企业装机以及有些州清洁能源计划的实际情况来看①,电力项目发展商在考虑是否安装 CCS 时,事实上考虑两种情况:完全安装(90%以上的碳捕获率)或者部分安装。对于企业而言,他们只愿意安装成本更低的发电机组。而天然气固定式燃气轮机(NGCC)显然在成本上更具优势,因为仅就电力的平均成本而言,以上技术的电力生产成本均会大大高于天然气发电机组(EPA 测算为 59～86 美元/MWh)。由于各州在煤炭上有很大的投资收益,州政府往往会出台政策激励燃煤电力生产。发电企业也会出于保证燃料多样化的考虑,选择其他类型的发电机组,比如安装 CCS 的燃煤机组、核电机组、生物质发电和地热发电等。据美国能源部统计,不包括安装 CCS 的燃煤发电机组,其他技术下的发电平均成本为 80～130 美元/MWh;而 EPA 预测完全安装 CCS 的电力生产平均成本为 136～147 美元/MWh(不包括应用被捕获的二氧化碳而产生的石油采收率提高)。这显然不能通过 CAA 上述有关 BSER 的成本考量。②

对于天然气发电机组的 BSER 分析,EPA 区分两种情况:未安装 CCS 设施或者技术的 NGCC 和安装 CCS 技术的 NGCC。与燃煤机组的 BSER 确定不同,EPA 在确定何者为 BSER 时相对明确,原因在于:第一,NGCC 机组是当前规划和在建的新设电力生产设施中最为常见的技术类型。几乎所有的新建化石燃料发电厂都是在使用这种高效的技术体系来生产基底负载功率(base load power)的。更为重要的是,NGCC 本身就是一个低碳排放的技术。近五年内美国境内每一新建的发电机组,每生产一兆瓦时的电量,采用 NGCC 的固定排放源均比燃煤发电机组要减排 50%的二氧化碳。此外,NGCC 成本较低,技术上已完全可行。第二,NGCC 配套 CCS 设施并不是当前正在广泛采取的技术配置。由于当前并没有安装 CCS 设施或者采用 CCS 技术的 NGCC 发电机组在建或者运行,因此,EPA 也就缺乏足够的信息或者数据去确定该技术的可行性。此外,与燃煤机组不同,天然气机组中的二氧化碳浓度相对较低(仅是前者的 1/4);同等规模的天然气机组在运行方式上也不同于燃煤机组。③

---

① 比如萨斯喀电力边境大坝碳捕获和储存工程(SaskPower's Dam CCS Project)、德克萨斯州清洁能源项目(Texas Clean Energy Project)和加利福尼亚州水电能源项目(Hydrogen Energy California)。

② See EPA, Standards of Performance for Greenhouse Gas Emissions From New Stationary Sources: Electric Utility Generating Units, 79 FR 1429, pp. 1470-1489.

③ See EPA, Standards of Performance for Greenhouse Gas Emissions From New Stationary Sources: Electric Utility Generating Units, 79FR 1429, pp. 1491-1497.

因此,《新设电力机组标准》是以 CCS 的部分实施作为化石燃料的蒸汽发电机组的 BSER 从而就该类机组制定限值标准。最终设定的平均排放标准为 1100 磅 CO_2 每兆瓦小时(MWh),相当于 498.95 千克 CO_2/MWh。而对于 NGCC,EPA 则是基于现代天然气联合循环高效系统(Efficient Natural Gas Combined Cycle)作为 BSER 来制定标准的。对于规模较大(每小时 850 百万英热单位以上)的机组,拟定的排放标准为 1000 磅 CO_2 每兆瓦小时,相当于 453.59 千克 CO_2/MWh;较小的机组(等于或者小于每小时 850 百万英热单位)排放限值标准为 1100 磅 CO_2 每兆瓦小时,即 498.95 千克 CO_2/MWh。

(2)在运营电力机组的指引性标准

作为固定污染排放源,在运营发电机组在其新建或者改建阶段已经履行了 CAA 下以 NAAQS 为基础的既有环境大气标准,如果要求其同样遵守新的关于温室气体的排放限值标准,显然违反了"法不溯及既往"的原则。且新的标准往往意味着要新购并安装符合 BSER 的设备。这对企业来说是一笔巨大的支出,也不符合监管的成本效益原则。因此,EPA 针对已建化石燃料发电机组并未拟定强制性的温室气体排放标准,而是提出了一个以州政府为对象的以温室气体减排为目标的指南性标准文件,即《既存设施碳污染排放指南》①。

该指南最为核心的内容是各州电力部门二氧化碳排放量的预期排放限值以及为实现这一目标而推荐采取的行动计划。与新设机组的二氧化碳排放限值标准的确定相同,以时间为纵轴的指导性减排目标同样需要在 BSER 的基础上确定。为了确定相关电力机组的二氧化碳减排的 BSER,EPA 衡量了很多能够并且正在被实施用于减少或者限制化石燃料电力生产过程中二氧化碳排放的措施。这些措施可归为如下两个基本路径:第一,通过提高机组运转的能源效率从而降低电力生产的碳排放强度;第二,根据不同发电机组的不同效能水平分别处理其排放问题。以上两个路径则被 EPA 具体化为如下四类措施:(a)通过提高热转化率来降低每个相关发电机组电力生产的碳排放强度;(b)通过较低碳排放强度的电力机组(包括在建的 NGCC 机组)替换那些碳排放强度最高的电力机组而取得的减排量来降低相关电力生产企业或者电力机组的二氧化碳排放;(c)通过升级至"低碳排放"或"零碳排放"的电力生产技术或者机组从而实现二氧化碳减排;(d)通过需求侧节能(demand-side energy

---

① See EPA, Carbon Pollution Emission Guidelines for Existing Stationary Sources: Electric Utility Generating Units (Proposed Rule), 79 FR 348269.

efficiency)技术推广应用而减少电力消费和生产来实现二氧化碳减排。[①] 简而言之,EPA 确定 BSER 所考虑的诸多减排措施是降低电力生产过程中二氧化碳排放量(绝对排放量)和二氧化碳排放率(相对排放量)的综合。从现实来看,很难得出结论说每个州在上述措施的发展和应用程度上是同一的。各州存在着相异的电力机组构成以及能源使用上的政策偏好。同时 EPA 还意识到,在上述措施执行的期间(时间维度)和严格的排放标准得以一种符合实际并成本合理的程度而实现之间,存在着一种重要的函数关系。为此,EPA 为最终目标的实现设置了渐进的实施期间,即在 2020 年—2029 年期间确定一个适用于整个期间的中期目标[②]。

因此,在综合考虑各州上述四类措施不同的实施力度后,EPA 通过量化各州的平均二氧化碳排放水平为各州已有电力机组设定了一个具有指导性的各自适用的减排目标。该目标是一个电力机组可调整加权二氧化碳输出减排值(CO_2 LB/MWh)。各州被授权可以将上述减排率调整为绝对的二氧化碳减排量,只要改写的排放目标能够实现同样的排放标准即可。EPA 所确定的减排目标并不是一蹴而就的,而是经过严密的计算程序一步一步得来的。该程序可解析为如下 8 个步骤。第一,基础数据汇整,包括各州相关发电机组所有的二氧化碳排放总量、电力净产出(兆瓦时)和电力生产能力。第二,应用上述措施(a)。根据 EPA 估算,在成本合理、技术可行的基础上,该措施的应用能够实现所有在运转燃煤发电机组 6% 的二氧化碳减排率。第三,应用措施(b)。EPA 测算,如果 NGCC 的利用率能够达到 70%,各州即使还保持相同数量的化石燃料发电机组,二氧化碳总排放会出现大幅度的减少。第四,应用措施(c),即可再生能源利用所生产电力比例的上升所可能带来的减排可能。第五,应用措施(d)。EPA 测算,推广需求侧能源效率技术,可以每年减少各州约 1.5% 的电力需求。第六,计算每年减排率。每个州的二氧化碳减排值(加权输出调整)的计算是采取如下方式——以各州燃煤电力机组、石油和天然气热电机组和 NGCC 电力机组以及其他相关的化石燃料电力机组所有的二氧化碳排放总量除以以下量值的总和:(a)上述步骤一下所计算得出的以上四组电力装机全部的能源产出量(兆瓦时)、(b)上述步骤四所计算得出的可再生能源和核能每年的电力净产出、(c)上述步骤五估算出的通过需求侧能源

[①] See EPA, Carbon Pollution Emission Guidelines for Existing Stationary Sources: Electric Utility Generating Units (Proposed Rule), 79 FR 34829, pp. 34835-34836, 34855-34881.

[②] See U. S. EPA, Carbon Pollution Emission Guidelines for Existing Stationary Sources: Electric Utility Generating Units, Proposal Rule, 79 FR 34829, p. 34837.

节约技术每年所减耗的电力总量(兆瓦时)。以步骤四和步骤五下所各自得出的每年度累计减耗电力值作为代入值的算法将贯穿 2020—2029 这一实施期间的每一年。第七,计算中期减排目标和最终目标。EPA 将最终目标设定为依据步骤六的算法而得出的 2029 年的年度值;中期目标则是步骤六所得出 2020—2029 年每年目标值的算术平均值。[①]

EPA 根据以上步骤所得出的二氧化碳排放限值标准需要考虑州的实际情况予以调整,原因在于各州能否达到上述所计算得出的排放限值标准的可能性会基于如下因素而受到影响:措施的选择和措施实施的期间;将单位电力二氧化碳排放值转换为减排总量为形式表现的目标设定的能力——需要比较复杂的温室气体核算过程;实现州际温室气体减排计划的机会。首先,一个核心的要素在于,依据 CAA,各州有权制定空气污染物防控州履行计划(State Implementation Plan)[②];如果各州依据 CAA111(d)款被要求创设履行标准,而履行标准反映则是 EPA 所确定的 BSER 的适用而得出的某个量化的排放限值,他们可以不强制履行或者实施那些被 EPA 视为构成 BSER 基础的污染控制措施。而且,在将上述的基本措施应用于每个州的历史数据以得出目标时,EPA 更注重的是目标排放限值的可合理实现性而非理论上最大的减排成果。因此,最终所得到的整体目标代表的是可以合理实现的可变通履行的一个排放标准——各州在具体履行过程能够根据实际在一定程度上强调某一基本措施或者选择性地弱化某些基本措施。各州也可以在电力机组中采取 EPA 所指明并构成 BSER 基础的控制措施之外的二氧化碳减排手段。更进一步来讲,EPA 所拟定的方法,是在长达十年之久的中期履行期间内保证平均基础上温室气体排放标准得以履行的前提下,增加各州选择可替代减排措施的灵活性。举例来说,通过利用长期履行期间的灵活性,州可以选择着力实施那些随时间而有效性递增的措施,比如需求侧能源节约技术,以帮助州通过推迟相关电力机组固定资产的强制性报废要求的实施至 2020 年之后 2029 年以前来处理资产的搁置问题。

---

① See EPA: Carbon Pollution Emission Guidelines for Existing Stationary Sources: Electric Utility Generating Units (Proposed Rule), 79 FR 34829, pp. 34893-34896.

② 州履行计划的依据在于 CAA 下的对于环境空气质量监管的州政府独立实施原则,即 EPA 在国家空气质量标准原则的指导下建立相应的"主要国家空气质量标准"和"次要国家空气质量标准"之后,各州政府即应承担起对上述标准切实执行的任务,并在各自管辖范围内的"空气质量控制区"独立地进行监管和实施;而在各州具体实施的过程中,应当遵循 CAA 所确立的"州政府独立实施原则",对每一种空气污染物制定具体的州政府管理计划,并且每年都应当将新的计划呈报于联邦环境保护总署接受审查。See CAA Sec. 107.

其次,州灵活履行的考虑还来自EPA所确定的减排目标与地区温室气体行动所确定的温室气体减排任务之间的协调。比如,参加地区温室气体行动(Regional Greenhouse Gas Initiative,RGGI)的东北各州和中部各州①可以选择创设一个以减排质量为基础的履行标准,以与RGGI温室气体减排预算项目所设立的履行标准相一致或者部分保持一致。客观上来讲,由于以减排质量为基础的目标设定也可以简化各种减排措施下温室气体减排效果的核算过程,EPA也认为基于二氧化碳排放量的减排标准也有利于行动的开展并可以激励那些未参加相应减排行动计划的州。

最后,EPA的指南允许各州提交"多州联合减排计划"。他们认为,这种以区域为基础的多州联合减排行动可以降低实现各州减排目标的成本。比如,RGGI下的各州就可以选择在区域的基础上提交联合行动计划。因此,最终减排的目标的构成就应当包括考虑各州履行灵活性而予以调整的减排目标设定。②

表3.1 美国各州既有电力设施二氧化碳排放标准

州	中期目标	最终目标	调整中期目标	调整最终目标
阿拉巴马	1147	1059	1270	1237
阿拉斯加	1097	1003	1170	1131
亚利桑那	735	702	779	763
阿肯色	968	910	1083	1058
加利福尼亚	556	537	582	571
科罗拉多	1159	1108	1265	1227
康涅狄格	597	540	651	627
特拉华	913	841	1007	983
佛罗里达	794	740	907	884
乔治亚	891	834	997	964
夏威夷	1378	1306	1446	1417

---

① RGGI是自2003年由纽约州发起创建的区域性自愿减排组织,目前参加的州有康涅狄格、特拉华、缅因、马里兰、马萨诸塞、新罕布什尔、纽约、罗德岛和佛蒙特等州。RGGI所发起的是建立在自愿基础上以电力部门碳交易为基础的总量控制与配额交易计划。更详细的信息可参见其官网:http://www.rggi.org/。

② See EPA,Carbon Pollution Emission Guidelines for Existing Stationary Sources: Electric Utility Generating Units (Proposed Rule),79 FR. 34829,p. 34895.

续表

州	中期目标	最终目标	调整中期目标	调整最终目标
爱达荷	244	228	261	254
印第安纳	1607	1531	1715	1683
爱荷华	1341	1301	1436	1417
堪萨斯	1578	1499	1678	1625
肯塔基	1844	1763	1951	1918
路易斯安那	948	883	1052	1025
缅因	393	378	418	410
马里兰	1347	1187	1518	1440
马萨诸塞	655	576	715	683
密歇根	1227	1161	1349	1319
明尼苏达	911	873	1018	999
密西西比	732	692	765	743
密苏里	1621	1544	1726	1694
蒙大拿	1882	1771	2007	1960
内布拉斯加	1596	1479	1721	1671
内华达	697	647	734	713
新罕布什尔	546	486	598	557
新泽西	647	531	722	676
新墨西哥	1107	1048	1214	1176
纽约	635	549	736	697
北卡罗莱纳	1077	992	1199	1156
北达科他州	1817	1783	1882	1870
俄亥俄	1452	1338	1588	1545
俄克拉荷马	931	895	1019	986
俄勒冈	407	372	450	420
宾夕法尼亚	1179	1052	1316	1270
罗德岛	822	782	855	840
南卡罗莱纳	840	772	930	897

续表

州	中期目标	最终目标	调整中期目标	调整最终目标
南达科他州	800	741	888	861
田纳西	1254	1163	1363	1326
德克萨斯	853	791	957	924
犹他	1378	1322	1478	1453
弗吉尼亚	884	810	1016	962
华盛顿	264	215	312	284
西弗吉尼亚	1748	1620	1858	1817
威斯康星	1281	1203	1417	1380
怀俄明	1808	1714	1907	1869

注:1. 不包括位于印第安保留区内的电力机组。

2. 佛蒙特和哥伦比亚特区也没有相应的减排目标,因为在这两个州内不存在应受规制的化石燃料发电设施。

总之,EPA针对电力生产企业所指定的温室气体排放标准,事实上是将以二氧化碳为主的温室气体视为与二氧化硫和一氧化碳等传统空气污染物相同的应受大气污染防治法律所规制的对象。从而将气候问题这一新的问题纳入了传统的大气污染防治法律体系。这种"旧瓶装新酒"式的立法手段,反映的是制度变迁对于既有法律制度体系的"路径依赖",能够比较简单、便捷、有效地在国家层面上建立温室气体控制的明确基准;地方政府和城市当局也可以通过直接适用国家标准或者制定较国家标准更为严格的地方标准,在原有的大气污染物防治法律执行机制上对区域范围内的温室气体排放予以控制。更为重要的是,将温室气体视为"碳污染"而以现行环境污染防治法律制度予以调控,使得美国应对气候变化的行动能够受益于以 CAA 为基础的完善法律制度体系。

2. 移植温室气体排放标准制度的可能性分析

中国可否借鉴美国 EPA 的制度实践,建立适用于能源产业的温室气体排放标准制度? 对这一问题的回答,需要厘清两个基本问题:第一,正当性或者合法性考量,即温室气体能否在我国大气污染防治法律下被视为一种空气污染物;第二,可行性或者合理性考量,即在我国当前的大气污染物排放标准制度体系下能否建立温室气体的排放标准制度。

首先,温室气体可以成为中国大气污染防治法律制度的规制对象。第一,温室气体与我国《大气污染防治法》所重点规制的主要空气污染物具有同源性,虽然传统的大气污染物防治法律制度和以其为基础制定的大气污染物排放标准制度并未将二氧化碳等温室气体视为其所规制的大气污染物。我国2000年修订的《大气污染防治法》并未对其规制对象进行明确的界定,但是根据立法过程①和法律条款内容结构②来看,主要控制的是固定工业设施和生活设施中燃煤和机动车船燃油所产生的二氧化硫等有毒气体以及其他废气、尘和恶臭等。从大气污染物排放标准的基本标准制度国家《环境空气质量标准》的内容来看,其所针对的主要是煤烟型空气污染类型,同时考虑机动车排放污染特征(燃油)、日益严重的区域大气污染问题和灰霾、光化学烟雾和酸雨等复合型大气污染问题,因此,所规制的大气污染物类型包括"SO_2、CO、NO_2、O_3、PM_{10}、TSP、Pb、$B[a]P$ 和总氟化物"③。其中的 SO_2、NO_2、CO、PM_{10} 等主要被规制对象与二氧化碳等温室气体一样,都主要来自固定设施和机动车船的燃煤或者燃油消耗排放。第二,国务院法制办发布的《大气污染防治法》修订案提出了对温室气体和传统污染物协同控制的原则。这一原则最终被写入法律,成为新的《大气污染防治法》的第2条。④ 依其"加强对燃煤、工业、机动车船、扬尘以及其他大气污染的综合防治,推行区域污染联合防治,对细颗粒物、可吸入颗粒物、二氧化硫、氮氧化物等大气污染物和温室气体实施协同控制"的表述可见,中央政府在顶层设计上似乎有考虑将温室气体纳入"大气污染"这一概念下而通过大气污染防治法律制度予以规制的可能。理论上的研究也支持了在电力等能源产业领域对温室气体和大气污染物协同控制的效益性,比如中国电力协会2012年发布的一项研究报告即提出协同控制情景下的电

---

①　根据全国人大资源与环境保护委员会所做的关于《中华人民共和国大气污染防治法(修订草案)》的说明,大气污染防治法2000年修订的诱因在于,当时我国大气污染严重,大气污染物排放总量居高不下,1998年全国二氧化硫排放量高达2100万吨,烟尘排放量达1400万吨,工业粉尘排放量达1300万吨,是世界上大气污染物排放量最大的国家之一;随着机动车数量的迅速增加,城市中机动车排放的碳氢化合物、一氧化碳、氮氧化物占大气中同类污染物的比重越来越大,在一些特大城市氮氧化物甚至成为影响大气质量的首要污染物。

②　2000年通过的《大气污染防治法》共有7章66条,除去"总则"、"监督管理制度"、"法律责任条款"和"附则"之外,其余三章是按空气污染物的排放源予以命名的"防治燃煤产生的大气污染"、"防治机动车船排放污染"和"防治废气、尘和恶臭污染"。

③　参见环境保护部:《关于实施〈环境空气质量标准〉(GB3095—2012)的通知》,环发〔2012〕11号。

④　参见《中华人民共和国大气污染防治法》(2015年8月29日第十二届全国人民代表大会常务委员会第十六次会议第二次修订),第2条。

力构成更清洁、成本更经济。①

其次，温室气体排放标准制度可以在现有的关于大气污染物的排放标准制度体系和有关温室气体的法规和政策框架下得以确立。第一，从标准制度上看，我国已经建立了比较完善的应用于燃煤电厂、钢铁等固定工业设施的大气污染物排放标准制度，比如《火电厂大气污染物排放标准》(GB13223-2011)、《炼铁工业大气污染物排放标准》(GB28663-2012)、《水泥工业大气污染物排放标准》(GB4915-2013)、《砖瓦工业大气污染物排放标准》(GB29620-2013)、《平板玻璃工业大气污染物排放标准》(GB26453-2011)、《陶瓷工业污染物排放标准》(GB25464-2010)等。这些标准制度一般均规定相应的污染物控制标准，比如火电厂所排放的烟尘、二氧化硫、氮氧化物和烟气黑度，水泥工业所排放的颗粒物、二氧化硫、氮氧化物、氟化物、汞及其化合物等，并规定排放物的规范测定方法。第二，对于火电厂、水泥工业、钢铁、陶瓷等主要的大气污染物固定设施排放源，已经有比较成熟的温室气体核算方法，可以对生产过程中的二氧化碳等温室气体排放量进行测定；且对于属于主要温室气体控排行业的具体企业而言，其所应承担的温室气体核算报告义务与传统大污染物的监控报告义务在实质上并无不同，都是基于政府所发布的标准化测定方法，对其生产过程中的大气排放物进行统计报告；承担环境空气监测和监控的机构也可以基于当前正在实施的监测点布设、样品采集、分析方法和关于数据有效性的相关规定，测定大气中的温室气体浓度值。②

从技术上来看，依托当前的标准制度和环境空气质量监测制度建立温室气体排放标准制度所需要的只是规定一个标准化的温室气体排放测定方式，并规定一个标准状态下不同行业所应达到的温室气体排放基准限值。问题是当前大气污染物环境空气质量标准在执行中是按照不同的功能区而执行宽严

---

① 参见王志轩等：《中国电力减排研究 2012——电力行业主要大气污染物与温室气体协同控制》，中国市场出版社 2013 年版。其他还可参见 Swedish-EPA. "Air Pollution and Climate Change-Two Sides of the Same Coin?" Available at：http://www.naturvardsverket. se/en/In-English/Menu/State-of-the-environment/Air-quality/Air-pollution-and-climate-change/Chapters-from-Air-Pollution—Climate-Change/；刘胜强 等：《中国钢铁行业大气污染与温室气体协同控制路径研究》，载《环境科学与技术》2012 年第 7 期。

② 参见《环境空气质量监测规范（试行）》，国家环保总局公告 2007 年第 4 号。

相异的限值标准。① 而温室气体在大气中的流动性将导致主权管辖范围内甚至全球范围内不同区域的浓度基本一致,这就可能导致如下情况:如果国家基于东部等清洁能源技术或者节能技术应用较为先进的地区来制定适用于全国范围内的温室气体基准排放限值标准,则中西部可能整体上被界定为不达标区域,而必须采取更为严格的与地区发展水平不相匹配的减排措施,从事使得该标准成为地区社会和经济发展的阻碍或者使得标准成为一纸空文而损害国家法治的统一;如果国家基于中西部等减排潜力较小的地区设定相对宽松的排放限值标准,则当前有潜力实现大幅度温室气体减排并应当率先进行低碳城镇化建设的东部城市群就可能因已经达到排放限值标准,而缺乏足够的制度激励而制定相对有效的减排政策和安排;如果选择不在国家层面上设定排放基准而由地方结合本区域现状制定相应的限值标准,那些希望实现低碳化发展的地方政府所设定的比较严格的浓度限值标准,则可能因为其他区域的碳排放而成为永远不能实现的"乌托邦",最终导致标准制度失去其现实意义。

因此,关键的问题是如何建立一个合理、可行且考虑到地区发展差异化的温室气体排放限值标准制度。美国 EPA 当前的制度实践至少在如下角度可以提供借鉴:第一,标准设定中对于最佳减排机制的考量,通过对不同能源技术和生产过程中最佳可用减排技术的分析,可以建立一个平衡目标与成本的合理标准。第二,对于新建设施和既有设施区分管理。既有排放设施所遵守的法律制度体系并未考虑气候变化影响和温室气体排放问题,如果对其课以相应的义务,并不符合法律上的公平;新建设施应当遵守考虑气候变化而变迁的新法律制度体系,避免锁定效应。第三,应当给予地方政府制定区域实施计划或者区域联合减排行动的权力,只要能够证明其他地方或者区域政策能够实现与标准制度同等的减排绩效。第四,标准项目的渐进性,在当前各种温室气体核算方法均存在不确定性的情况下,可以仅就估算方法相对确定和统一的二氧化碳排放设定对应的排放浓度限值,而对于其他类型的温室气体暂不予通过标准制度予以规制。

3. 温室气体排放标准制度的立法建议

结合前述对于美国电力设施温室气体排放标准制度的介绍以及我国当前

① 根据我国《环境空气质量标准》(GB 3095-2012),环境空气功能区分为两类:一类区为自然保护区、风景名胜区和其他需要特殊保护的区域,适用一级浓度限值;二类区为居住区、商业交通居民混合区、文化区、工业区和农村地区,适用二级浓度限值。一级和二级浓度值的差异较大,以二氧化硫为例,一级浓度限值年平均、24 小时平均和 1 小时平均值分别为 20、50 和 150ug/m³;而二级浓度限值则为 60、150 和 500 ug/m³。参见《环境空气质量标准》(GB3095-2012),第 2～3 页。

关于大气污染防治法、环境空气质量标准制度和相关标准体系、有关环境空气监测制度,以及前节温室气体核算与报告的相关制度现状和预期发展,试提出如下有关温室气体排放标准制度的立法建议。

第一,应当在《大气污染防治法》对于温室气体和传统大气污染物的协同控制原则的基础上,制定相关的实施制度,从而实现大气污染防治法律制度对于温室气体的可适用性。如此,诸如总量控制制度、许可证制度、环境空气质量标准制度、开发利用规划的环境影响评价制度、建设项目环境影响评价制度、重点排污单位的污染物排放监控制度、高排放危险产品管理制度,以及应用于燃煤、工业、机动车船等污染源的相应防治制度,也可以应用于温室气体防控。对于电力、钢铁、水泥、化工、电解铝、镁冶炼、平板玻璃、水泥、陶瓷、民航①等主要固定温室气体排放源和机动车辆这一移动排放源②,我国可以依托现有的基于《环境保护法》和《大气污染防治法》而建立的适用于大气污染物防控的完善强制性标准制度体系,结合当前已经逐步开展的温室气体核算制度,在测定基准温室气体排放量的同时,结合当前可用最优减排技术和预期目标,设定符合我国当前经济发展水平的温室气体排放限值;依托《环境影响评价法》,在城镇规划、重大基础设施建设、固定工业设施建设等规划项目和建设项目的环境影响评价中纳入潜在温室气体排放所可能导致的能源、环境、经济效益分析,结合许可证管理制度,建立温室气体排放的源头控制机制。

第二,可以构建国家层面上的指引性标准与区域强制性标准相结合的温室气体排放标准制度体系。考虑到过于激进的浓度限值标准对于城镇化进程中的经济社会发展进程的负面影响以及我国地区发展的不平衡,可以在国家碳排放峰值实现之前仅制定指导性的国家排放标准,并要求具有地方标准制定权的地方政府和城市当局在制定本区域内温室气体排放限值标准时必须结合最佳减排机制,以确保浓度限值的合理可实现性。地方政府和城镇当局应当结合低碳发展规划和低碳城镇规划所确定的碳排放总量(相对或者绝对)控制目标,制定减排比例适当的浓度限值标准,或者可以仅就二氧化碳排放制定

---

① 这些行业已经成为当前温室气体控制的主要对象,需要履行温室气体核算与报告义务,并参与碳排放交易。可参见《国家发展改革委办公厅关于印发首批 10 个行业企业温室气体排放核算方法与报告指南(试行)的通知》,发改办气候〔2013〕2526 号。

② 对于机动车辆大气污染物,我国已经建立了完善的排放限值制度。比如对于轻型汽车,我国预计于 2015 年实施的第五阶段轻型汽车污染物排放限值和测量方法已经采纳了欧盟的制度经验,对机动车行驶中的二氧化碳排放进行测量。参见环境保护部、国家质量监督检验检疫总局:《轻型汽车污染物排放限值和测量方法》(第五阶段),GB18352.2-2013。有关机动车温室气体排放标准制度的问题,将在后节(3.3)关于低碳交通化中予以详述。

排放标准。为保证标准制定的相对统一,发改委和环境保护主管部门应当制定并发布《温室气体排放标准设定指南》等规范性文件,确定地方温室气体排放标准制定的基本原则、路径和方法学,并重点结合我国当前能源生产和工业过程中的技术现状,分产业领域和不同生产技术类型地明确当前可合理应用的最佳减排技术组合。

第三,可以选择由局部而整体的渐进性标准构建路径,先就新设电力生产、[①]钢铁、水泥、陶瓷、石油化工等主要高碳排放能源和工业生产设施设定强制性排放标准限制,总结其实施经验逐渐扩展适用至在运营主要固定排放源;地方政府和城镇当局可以结合本地产业构成和温室气体排放清单,选择温室气体排放总量占比较大、减排技术相对成熟而减排潜力较大的领域,比如火电厂、规模以上钢铁、水泥、陶瓷等工业领域,制定强制性或者指导性温室气体排放限值。

第四,为制定合理可实现的温室气体排放标准制度,应当规定限值标准的确立必须提供详细的最佳现有减排技术分析,并就不同生产技术类型提供对应的可利用的减排技术组合。以燃煤电厂为例,清洁煤技术的适用、碳捕获与储存技术均应被列入可利用技术选项。此外,应当强化行政规章制定过程中的成本效益分析,政策制定者应当就标准实施所预期产生的合规成本和相关社会收益进行详细分析,以强化标准的正当性和合理性,增强标准制定过程的公开性和参与性。

总之,确定性的排放限值可以为社会提供确定的标准,去判断在以低碳发展为目标设定的法律制度下能源生产和其他工业生产等社会活动的合法性。基于该制度化的预期,从事上述领域生产活动的企业可借此调整自己的行为以避免超标排放而产生的法律责任;对企业经营管理活动具有监管职责的公共机构,可以依据该标准制度对于高碳排放行为进行监管控制;因企业的碳排放行为而合理可预期的受有利益损害的社会公众,可以基于限值标准,通过相应的机制对企业和公共机构的行为进行监督。

然而,仅仅依靠排放标准制度并不足以实现国家的新能源发展战略,因为企业可以通过能效提高来履行浓度限值标准制度,而能源效率的提高虽然可以有效的降低碳排放强度,但是在理论上也可能会增加化石能源的燃烧和碳排放总量。为有效的促进新能源在一次性能源生产和消费中的比例从而有效降低国家碳排放总量,主要减排责任国政府一般均通过设定强制性或者指导

---

① 我国发布的《应对气候变化规划(2014—2020)》提出要"制定重点行业单位产品温室气体排放标准",并确定"在电力行业加快建立温室气体排放标准,到 2015 年大型发电企业集团单位供电二氧化碳排放水平控制在 650 克/千瓦时"。这印证了笔者的判断。引自国家发改委:《国家应对气候变化规划(2014—2020 年)》(电子发布稿),2014 年 11 月,第 7 页、第 10 页。

性的可再生能源配额(组合标准)制度来推进新能源的应用。以下试做详述。

(二)可再生能源配额(组合标准)制度

所谓可再生能源配额制度,也可称之为可再生能源组合标准制度[①] (Renewable Energy Portfolio Standards,RPS),通常表现为国家通过立法要求电力生产商或者供应商必须保证一定比例或一定数量的电力生产和供应来自可再生能源形式的电力。[②] 可再生能源一般包括太阳能、风能、地热能、潮汐能、水力、生物质能等;电力价格一般不由政府强制定价,而是基于市场价格。仅就其基于市场竞争的定价机制来看,RPS 不同于我国的强制入网制度、[③]分类上网电价和费用分摊机制。[④] 这两项制度的本质仍然是价格调控机制,是要求电网公司以政府规定的价格购买可再生能源电力企业的电力。政府主导的价格管制机制在实施中存在一些弊端,比如在我国电力市场竞争不足、市场机制不健全的情况下,政府往往很难把握可再生能源的成本实际。而且,强制购买与可再生能源发展的总量目标并没有直接的关系,它只是解决了可再生能源电力的销售问题,并不对电力生产者课以必须生产一定量可再生能源电力的义务。与我国不同,美国、欧盟(英国、比利时、意大利、波兰等)、加拿大、印度、日本等国已经实施 RPS,并取得了良好的效应。以下以美国和英国为例对 RPS 的制度及其实践进行分析。

1. 美国 RPS 的经验(以德克萨斯州为例)

虽然自 1997 年以来,有近 20 项[⑤]旨在推动 RPS 制度化的法案被提交国

---

① Wiser R,Barbose G,Holt E. Supporting solar power in renewables portfolio standards:Experience from the United States,Energy Policy,pp. 3894-3905.

② Wiser R,Barbose G,Holt E. Supporting solar power in renewables portfolio standards:Experience from the United States,Energy Policy,pp. 3894-3905. See also Zarnikau J. Successful renewable energy development in a competitive electricity market:A Texas case study,pp. 3906-3913.

③ 参见《可再生能源法》,第 14 条。

④ 参见《可再生能源法》,第 19 条、第 20 条。

⑤ 据统计,自 1997—2006 年就有 17 项法案被提交审议。在 2010 年,参议员 Russell Feingold 提出《可再生能源支持法 2010》(Support Renewable Energy Act of 2010),建议对 1978 年的《公共设施监管政策法》(Public Utility Regulatory Policies Act of 1978)进行修改,以授权能源委员会可以指定监管规则以要求电力设施必须使用可再生能源以履行联邦相关强制性标准。See Bill S.3021/111th Congress. 同年,参议员 Jeff Bingaman 和 Tom Udall 提出立法案《可再生电力促进法》(Renewable Electricity Promotion Act of 2010),要求电力企业至少有 11% 的电力供应来自太阳能和风能等可再生能源。See Bill S.3813/111th Congress.

会审议,但是该项制度并未在美国联邦立法层面得以确立。与联邦立法上的迟缓相反,在州政府层面上的 RPS 制度和实践已相当普遍,根据 EPA 的最新统计,有关 RPS 的要求或者目标已经在其本土的 37 个州、哥伦比亚特区、关岛、马里亚纳群岛、波多黎各和美属维尔京群岛得以确立。① 从制度的运行绩效来看,最具代表性的应属德克萨斯州(Texas)。②

德州确立 RPS 主要出于以下动因:第一,克服能源危机。德州具有丰富的石油和天然气资源,是美国传统的"能源生产大州"。但是自上世纪 90 年代开始,德州就开始成为美国能源进口量最大的州。德州同样也是"能源消耗大州"。根据美国能源部的统计,德州的能源消耗占到全美的 12% 左右。炎热和潮湿的气候特征使得在夏季时电力消费激增。单纯的依靠化石能源的电力供应,已不足以保障该州的能源供应稳定。相对独立的电网和日益上涨的天然气价格也增加了德州发展新能源的需求。③ 第二,控制大气污染和温室气体排放。大量的化石燃料必然带来严重的空气污染和温室气体排放问题。在大力发展可再生能源之前,德州很多城市存在严重的空气污染问题,且其温室气体排放总量长期居美国各州之首。第三,发展经济。对于德州而言,风力发电资源比较丰富的地区属于其发展比较落后的农村地区,可以借助于风能发电投资和建设促进地区经济发展和就业。这一点与我国新能源的格局比较相似,经济发展较不发达的西部具有充裕的太阳能和风能资源。此外,德州同样也具有实施 RPS 的独特优势,比如自然条件所提供的发展可再生能源的资源优势、支持可再生能源的政治条件、良好的投资政策和商业环境、竞争的电力市场等。④

德州 RPS 制度成文法依据是《公用事业监管法》(*Public Utility Regulatory Act*)。⑤ 根据该法第 39.904 条"可再生能源目标",至 2015 年 1

① 具体信息可参见美国环保局官方网站 http://www.epa.gov/agstar/tools/funding/renewable.html,下载日期:2017 年 3 月 26 日。

② Zarnikau J. Successful renewable energy development in a competitive electricity market:A Texas case study,pp. 3906-3913.

③ 根据德州电力稳定理事会(即 Electric Reliability Council of Texas)的统计如果没有新能源,那么自 2009 年开始,得州的电力供应会下降至少 12.5 %。此外,德州 70% 的电力供应依靠天然气发电,而能源价格的上涨使得其电力成本增加了一倍左右。转引自李艳芳、岳小花:《美国可再生能源配额制及其启示:基于德克萨斯州的经验分析》,载《清华法治论衡》2009 年。

④ 艳芳、岳小花:《美国可再生能源配额制及其启示:基于德克萨斯州的经验分析》,载《清华法治论衡》2009 年。

⑤ See V.T.C.A.,Utilities Code § 39.001~916.

月 1 日,可再生能源的装机容量应当达到 5880 兆瓦;公用事业监管委员会应当确立一个 2025 年可再生能源电力达到 10000 兆瓦的目标。[①] 为实现这一总量目标,州法要求德州公用事业监管委员会必须就上述目标的实现制定相应的实施细则。该实施细则应至少包括如下内容:(1)依据前述关于可再生能源装机总量的阶段性目标设定,为本州内每个电力供应商(retail electric provider)、市属公共设施(municipally owned utility)和合作电力供应组织(electric cooperative)确定每年最低的可再生能源数量义务;(2)为所有增加的可再生能源装机容量指明它们依据法定可再生能源装机总量阶段性目标的要求必须达到的合理性履行标准、为了当前工业标准下新建的可再生能源设施的能源产出的最大化而设计和运营的合理性操作标准以及能够鼓励州境内有益于环境的可再生资源的利用和发展而具有最大经济效益的新建可再生能源项目的开发、建设和运营的合理性标准。[②] 更为重要的是,德州 RPS 自创立之初就将可再生能源信用交易机制(renewable energy credits trading program)作为 RPS 配额义务履行的核心制度。[③] 此外,该第 39.904 条还规定了 RPS 下的配额义务分配及遵守规则、新建可再生能源项目的选址规则,明确界定了可作为配额义务对象的可再生能源种类等,如太阳能、风能、地热能、水能、潮汐能、生物质能和垃圾填埋气。

德州公用事业监管委员会根据上述规定在 2000 年 1 月制定了相应的实施细则,即《德克萨斯州行政法典》的第 25.173 条"可再生能源目标"。[④] 该条规定了 RPS 配额可再生能源信用交易机制的信用(credit)登记、交易及终止的条件和流程,配额目标及义务分配标准,监管主体职责,义务主体的义务遵守及惩罚措施等。作为实施 RPS 制度、推广可再生能源利用和核心机制,可再生能源信用(Renewable Energy Credits,RECs),在保证配额义务主体可借以弥补自身可再生能源电量生产不足而为电力商提供 RPS 下灵活履约机制的同时,也建立了可再生能源发电企业之间的竞争机制,可以激励他们创新技术以降低电力生产成本。建立 RECs 市场成为所有提议构建联邦 RPS 制度

---

① See V.T.C.A., Utilities Code § 39.904 (a). 德州规定了自 2007 年以来每两年的渐进性目标设定:至 2007 年 1 月 1 日,2280 兆瓦;至 2009 年 1 月 1 日,3272 兆瓦;至 2011 年 1 月 1 日,4264 兆瓦;至 2013 年 1 月 1 日,5256 兆瓦。

② See V.T.C.A., Utilities Code § 39.904 (c).

③ See V.T.C.A., Utilities Code § 39.904 (b).

④ See 16 TAC § 25.173. 该条款之后在 2000 年 5 月、2003 年 3 月、2004 年 2 月、2007 年 8 月、2009 年 1 月和 2014 年 10 月多次修改。See 25 Tex. Reg. 4318;28 Tex. Reg. 1848;29 Tex. Reg. 1646;32 Tex. Reg. 5165;34 Tex. Reg. 47;39 Tex. Reg. No. 8468.

的共同选择①,因为该机制可以使得资源贫乏地区的电力供应商或者公用事业单位通过购买可再生能源丰富地区的 RECs 来满足 RPS 下的合规义务。这在保证 RPS 制度灵活履行的同时,可以为联邦层面上可再生能源的开发和利用提供资金支持,也可以促进国家相对落后地区的经济发展,因为可再生能源丰富的地区往往是一个国家经济社会发展水平较低的偏远地区。

德州的 RECs 的签发监管机关是德州公共事业监管委员会。该委员会还管理已有信用在完成配额义务后的终止或者自愿性收回,并有权对信用交易的价格上限作出规定。为了给 RPS 的履行提供机构保障并保证可再生能源信用交易的公平,德州公共监管事业委员会委托第三方"德州电力稳定理事会独立系统经纪所"作为该配额信用的市场经营管理主体。该理事会利用并维护电子跟踪系统,对可再生能源电力的生产以及 RECs 的买卖、转移和回收进行跟踪。RECs 的发电量以 1 兆瓦时(Mwah)为单位,即每个经核定的可再生能源项目每生产 1 兆瓦时的可再生能源电量就产生一个 RECs。出于平衡交易便捷性和促进可再生能源发展的需要,德州将 RECs 的有效性确定为三年。三年的有效期也为 RECs 的弹性履行机制提供了足够的时间。RECs 的弹性机制包括义务补足期、信用储蓄(credit banking)和赤字储蓄(deficit banking)。②

德州的 RECs 证书并不区分可再生能源的类型,即无论 RECs 所代表的是来自风能、太阳能还是其他类型的可再生能源电力,均具有同样的效力。该证书一般包括如下内容:发电设备、用来发电的可再生能源类型、发电年份和季度、该发电设备以兆瓦时为单位的发电量的标识符等。RECs 的注销一般有三种方式:完成了电力零售商的配额义务,RECs 的持有人自行终止,以上两种情形以外的因未使用而被终止。

为增加制度刚性,RPS 制度一般均规定达不到标准或者配额义务未履行的惩罚规则。德州确立的是严厉的高于履约成本的行政处罚,即每千瓦时将处以不低于 5 美分(50 美元/兆瓦时)或者在义务期内 RECs 平均交易价格两倍以上的罚款。此外,RPS 同样也需要诸如税收优惠、财政补贴和其他配型

---

① 比如在 2010 年纳入美国参议院议程的《2010 年可再生电力促进法案》(Renewable Electricity Promotion Act of 2010),详细内容见于美国国会网站:https://www.govtrack.us/congress/bills/111/s3813/text,下载日期:2017 年 3 月 26 日。

② 义务补足或者调和期,时间一般为三个月,在这段时期内,未达到配额义务的,可以购买信用履行义务;已完成和还有剩余信用的可以出售。信用储蓄是通过允许信用有效期延后一至两年来降低电力零售商风险和提高规模经济性。赤字储蓄则允许零售商弥补其信用亏空的时间延后一至几年。参见李艳芳、岳小花:《美国可再生能源配额制及其启示:基于德克萨斯州的经验分析》,载《清华法治论衡》2009 年。

政策作为支持,增加可再生能源的成本优势,激励电力生产商履行 RPS 配额义务。德州 RPS 财政激励包括联邦能源税收激励下的营业税和生产税收抵免以及有关风电设备的加速折旧[①],以及州政府所提供的财政补贴。[②]

从制度效益来看,德州的 RPS 制度取得了显著的成果,比如在 2007 年即新增了 1700 兆瓦的风力发电装机量,到 2008 年已经实现了 5317 兆瓦的风力装机量,至 2010 年中,达到 9000 兆瓦的装机容量,在 2012 年就有超过 12000 兆瓦的可再生能源电力装机容量,实现了 2025 年的预期目标。[③] 但是,需要注意的是,其 RPS 配额义务的完成 90% 以上都是依靠风力发电。[④] 限于自然因素,风力电力机组的发电峰值与其夏季用电峰值并不同步。[⑤] 这就在限制其可再生能源多样性的同时,对其电力供应安全产生了负面的影响。据统计,2010 年 9000 兆瓦的装机容量中只有 783 兆瓦可以作为稳定的电力供应来

---

① 在 1992 年美国《能源政策法》颁布之前,美国征税联合委员会(Joint Committee on Taxation)确定了太阳能和地热能的能源营业税税收抵免,用来支持发展了超过 2700 兆瓦的地热发电和 275 兆瓦的太阳能发电。美国《能源政策法》对可再生能源发电尤其是风电生产实行生产税税收返还,返还比例为 1.5 美分/千瓦时,后调整为 1.7 美分/千瓦时、1.8 美分/千瓦时、2.1 美分/千瓦时。这一政策持续至 2012 年 12 月 31 日。加速折旧有对于风电等项目的投资设备 5 年加速折旧规定。See James W. Moeller, "Of Credits And Quotas: Federal Tax Incentives For Renewable Resources, State Renewable Portfolio Standards And The Evolution of Proposals For a Federal Renewable Portfolio Standard", 15 Fordham Environmental Law Review 69, Winter 2004.

② 比如 2007 年德州众议院所通过第 1090 法案,对那些向生物质发电厂输送生物质原材料的人给予 20 美元/吨的补贴。:See Texas' Governors Competitiveness Council, 2008 Texas State Energy Plan, available at http://gov.texas.gov/files/gcc/2008_Texas_State_Energy_Plan.pdf, last visit on March 26, 2017.

③ Heeter J, Barbose G, Bird L, et al. Survey of State-Level Cost and Benefit Estimates of Renewable Portfolio Standards.

④ 据美国能源部统计,从 1998 年至 2009 年间,RPS 义务履行 94% 都是依靠风力发电。造成这一局面的原因在于风力发电相对于其他可再生能源形式具有成本优势。See Ryan Wiser, Galen Barbose, Edward Holt, Supporting solar power in renewables portfolio standards: Experience from the United States, Energy Policy39 (2011)3894~3905。另据统计,2013 年德州可再生能源电力生产达到 2990 万兆瓦,其中有 2890 万兆瓦来自风力机组。See "A Survey of State-Level Cost and Benefit Estimates of Renewable Portfolio Standards".

⑤ Zarnikau J. Successful renewable energy development in a competitive electricity market: A Texas case study, pp. 3906-3913, pp. 3910-3912.

源,[①]此外,电力传输基础设施也是一个关键的阻碍因素;[②]成本因素也决定了依靠风电来降低温室气体排放是一个极其昂贵的决策[③]。

2. 欧盟和英国的 RPS 相关制度

虽然碳交易制度是欧盟控制温室气体排放的核心机制,但是发展新能源也是欧盟降低对于化石能源依赖从而最终实现其 2020 年、2030 年和 2050 年应对气候变化战略目标的重要机制。[④] 欧盟计划到 2020 年其能源生产的20%来自可再生能源形式,[⑤]如太阳能、风能、生物质能等;2030 年则应达到27%。[⑥] 为实现这一目标,欧盟委员会在 2009 年通过《可再生能源指令》(2009/28/EC),[⑦]将上述目标确定为强制性义务[⑧]施加于欧盟整体。该可再生能源义务(Renewable Energy Obligation)是指,根据成员国的相应机制,能源生产者、供应者或者消费者应当承担的在其能源产出、电力供应或者能源消费中必须包含给定比例的可再生能源或者电力的义务。这一义务可以通过绿色证书予以实现。[⑨]

---

① Zarnikau J. Successful renewable energy development in a competitive electricity market: A Texas case study, pp. 3906-3913, p. 3910.

② Zarnikau J. Successful renewable energy development in a competitive electricity market: A Texas case study, pp. 3906-3913, p. 3911.

③ 据统计,风力发电的成本在 80 $/兆瓦时,而温室气体排放量同样较低的天然气发电成本仅有 40 $/兆瓦时。Zarnikau J. Successful renewable energy development in a competitive electricity market: A Texas case study, pp. 3906-3913, p. 3912.

④ DG Climate Action. 2012. The EU Climate and Energy Package-Policies. DG Climate Action Portal. http://ec.europa.eu/clima/policies/package/index_en.htm, last visit on March 26, 2017.

⑤ See Commission of the European Communities. 2007. Renewable Energy Road Map. Renewable Energies in the 21st Century: Building a More Sustainable Future. Communication of the European Communities. Vol. COM (2006). Brussels, Belgium. See also Council of the European Union, 2009. Directive 2009/28/EC of the European Parliament and of the Council. Official Journal of the European Union 16-63.

⑥ See EC press release, 2030 Climate and Energy Goals for a Competitive, Secureand Low-carbon EU Economy, Brussels, 22 January 2014.

⑦ See EU, Directive 2009/28/EC. 涉及生物质能的问题,欧盟委员会在 2012 年提出了一个修改该指令的议案,但是对其主要内容并未有实质性的修改。See EC, Proposal for Amending Directive 98/70/EC Relating to the Quality of Petrol and Diesel Fuels and Amending Directive 2009/28/EC on the Promotion of the Use of Energy from Renewable Sources.

⑧ See EU, Directive 2009/28/EC, article 1.

⑨ See EU, Directive 2009/28/EC, article 2.

该指令根据主要减排责任国现状、技术能力、发展潜力等因素,为其成员国设定各自必须达到的目标。① 根据该目标,每个成员应当制定对应的行动计划,②说明在运输、电力、供热和供冷等产业部门到 2020 年时可再生能源的预期发展水平。行动计划还需考虑最终能源消耗的其他目标,比如总能源消耗的降低、能效水平的提高、电力价格改革、电网接入等。

从其目标设定来看,可再生能源阶段性目标是逐步加快的。③ 同美国德州 RPS 一样,欧盟指令同样规定了类似的"灵活履行"方式:成员国可以自行研制和开发可再生能源利用以履行指令下的强制性目标义务,也可以从其他国家购买能源指标或者通过欧盟内国家间合作开发新能源并约定分成。在满足一定条件下,同第三方国家的合作也可以作为履行该欧盟指令的一个途径。④ 为监督该指令的履行,欧盟委员会要求成员国自 2011 年 12 月 31 日起,每两年就其可再生能源的推进工作进行报告。⑤

根据欧盟的指令,英国 2005 年可再生能源在其能源总消费的比例为 1.3%,至 2020 年该比例应当达到 15%。⑥ 在该指令制定之前,英国于 2002 年即确立了可再生义务制度(Renewable Obligation),为大型可再生能源电力的投产提供激励。该制度要求授权(Licensed)的英国电力供应商的电力供应中必须有给定比例的可再生能源电力。该比例(即可再生能源义务)应根据特定的计算方式每年计算并逐年递增。这一可再生能源义务制度与德州的 RPS 在本质上是相同的,都是通过法律设定可再生能源在电力供应中的强制性标准。

与德州通过 RECs 履行可再生能源义务一样,英国的 RPS 制度也是通过相应的可再生能源信用作为核心履行机制,称之为"可再生能源义务信用(Renewable Obligation Certificates,ROCs)"⑦。英国 ROCs 的签发机关为天

---

① See EU,Directive 2009/28/EC,article 3.

② See EU,Directive 2009/28/EC,article 4.

③ See EU,Directive 2009/28/EC,article 12.

④ See EU,Directive 2009/28/EC,article 6~11.

⑤ See EU,Directive 2009/28/EC,article 22.

⑥ See EU,Directive 2009/28/EC,Annex 1:National overall targets for the share of energy from renewable sources in gross final consumption of energy in 2020.

⑦ See UK Renewable Obligation Order 2009,available at http://www.legislation. gov.uk/uksi/2009/785/article/43/made,last visit on March 26,2017. 该法规只适用于英格兰和威尔士。

然气与电力市场办公室(Office of the Gas and Electricity Markets)。[①] 合格的可再生能源电力生产商应每月向该办公室报告其电力生产数据。依据该数据,天然气与电力市场办公室向该可再生电力生产商签发 ROCs。可再生能源电力生产商获得 ROCs 后可以向电力供应商出售该 ROCs 获得正常电力零售价格之外的溢价;电力供应商将其购买的 ROCs 交付天然气与电力市场办公室以证明其履行了可再生能源义务。如果供应商未履行或不能完全履行,即应向天然气与电力市场办公室支付罚金。该罚金被称为"赎买价格(Buy-out Price)。

从上述运作过程来看,有两个因素会影响到英国可再生能源义务制度的运行绩效:ROCs 数量和可再生义务水平(Renewable Obligation Level)。ROCs 是可再生能源电力生产商和电力供应商之间交易的一种没有固定价格的商品。每一可再生能源电力生产商基于其能源技术类型和电力产量均可以从监管机构获取一定量的 ROCs。原则上装机容量越大,所获签发的 ROCs 即越多。如果 ROCs 的需求保持不变,即可再生义务水平保持恒定,则 ROCs 的交易价格将会下跌,从而对投资者投资可再生能源电力生产产生负激励。因此,从促进可再生能源电力的角度来看,ROCs 的价格应当趋于稳定。能源与气候变化部计划自 2027 年始为 ROCs 确定一个固定价格,并维持 10 年。[②] 为激励可再生能源电力的投资,英国能源与气候变化部所确定的可再生义务水平是以一定比值的 ROCs 来表示,即所谓的动态余量(Headroom)方式,以确保可再生能源电力的投资者能够确信 ROCs 市场会长期存在,从而鼓励其扩大投资。根据能源与气候变化部的计算,2013—2014(2013 年 4 月 1 日—2014 年 3 月 31 日)履行期间的可再生义务水平为 0.206ROCs,[③]即承担该义务的电力供应商每销售 1 兆瓦时的电力,即应购入 0.206ROCs 的可再生能源

---

① 该机构是基于欧盟指令而建立的由天然气和电力市场监管局(Gas and Electricity Markets Authority,GEMA)管理的一个独立监管机构。机构的基本职责是保护电力和天然气的消费者利益。

② See Department of Energy & Climate Change(DECC)of UK,"Planning our electric future:a White Paper for secure,affordable and low-carbon electricity",ISBN 9780101809924,11D/823,Cm 8099,available at https://www.gov.uk/government/uploads/system/uploads/attachment_data/file/48129/2176-emr-white-paper.pdf,last visit on March 26,2017.

③ See Department of Energy & Climate Change(DECC)of UK,"Calculating the Level of the Renewable Obligation for 2014/15";at https://www.gov.uk/government/uploads/system/uploads/attachment_data/file/245488/calculatingro_2014_15.pdf.last visit on March 26,2017.

电力;2015—2016 履行期的水平为 0.290 ROCs。[①]

根据欧盟"2050 年低碳发展路线图",[②]能源生产的低碳化除扩大可再生能源电力的供应外,还要依靠社区的分散式供能设备,比如家庭光伏发电设备、小型可再生能源装置(见前表 2.1 中伦敦市能源减排路径)。因此,英国于2010 年 4 月引入上网电价机制(Feed-in Tariffs Scheme),要求授权的电力供应商必须购买组织、经营实体、社区和个人所安装的符合条件的已注册小型(50 千瓦以下的向授权电力供应商注册;50 千瓦以上向天然气与电力市场办公室注册)光伏、风能、水力等低碳设施生产的电力。经天然气与电力市场办公室核证后,购入的电力也可以作为其履行可再生义务的对象。

综上可见,RPS 制度运行的重要机制在于可再生能源电力信用制度或者市场的运行。无论是德州的 RECs 抑或是英国的 ROCs,其持有者或者供给方必然是那些在可再生能源电力生产上具有技术和生产能力优势的企业或者投资者。通过向承担 RPS 义务的电力生产者或者电力供应商转让该 RECs或者 ROCs,这些企业或者投资者能够在其电力销售收入之外,获得一定的溢价。该溢价即为发展可再生能源的补贴,只不过获取的途径是基于市场,而非政府财政。从英国实践还可得见,RPS 可以与上网电价机制相协调。

3. 我国 RPS 的制度构建

通过对美国(德州)和欧盟(英国)RPS 制度的论述可见,RPS 制度是以国家强制性可再生能源发展目标为导向,以对电力生产者或者供应商所课以的以配额或者标准形式体现的可再生能源电力生产或者供应数量性强制性义务为基础,以可再生能源电力信用或者权证交易制度为履约机制,兼具国家管制性和市场自治性的一项扩大可再生能源利用从而降低能源过程中温室气体排放的法律制度。在《可再生能源法》制定和修改的过程中,RPS 制度应当被确

[①] See Department of Energy & Climate Change (DECC) of UK, Calculating the Level of the Renewable Obligation for 2015/16. https://www. gov. uk/government/uploads/system/uploads/attachment_ data/file/360517/ro. pdf, last visit on March 26, 2017.

[②] Commission E. A Roadmap for moving to a competitive low carbon economy, in 2050. Communication from the Commission, 8.3.2011, COM(2011) 112 final (2011) http://eurlex.europa. eu/LexUriServ/LexUriServ. do? uri＝COM:2011:0112:FIN:EN:PDF,2011.

立早已成为学界的共识。① 但是囿于多方利益平衡,关于 RPS 的相关制度建设一直胎死腹中②。近期出于控制空气污染、刺激光伏等新能源产业发展的考虑,国家能源局起草制定了《可再生能源电力配额考核办法(试行)》。③

从前述分析来看(特别是美国德州),一项有效的 RPS 制度一般应满足如下条件:第一,RPS 目标设定(比例标准或者配额)应当足够稳定并随时间而逐渐提高或者扩大;第二,RPS 项目应当具有充分的持续期间以容许长期的交易和融资安排;第三,RPS 应当适用于所有的电力负载服务供应实体,包括国有或者私营电力生产或者供电企业;第四,应当明确、合理定义符合 RPS 标准的特定可再生能源技术和电力机组;第五,利用 RECs 或者 ROCs 制度作为 RPS 的履行机制,并建立完善的签发、转移、交易和注销机制,并通过信息化手段对其跟踪管理;第六,RPS 制度实施的合规成本应当在所有的公共事业消费者间公平分担;第七,RPS 制度应当是强制性的并对那些未能履行配额义务或者达不到标准的义务主体课以惩罚,惩罚力度应当高于合规成本;第八,制定适用于可再生能源的税收抵免、财政补贴等配套制度,并对 RPS 制度进行公共教育。

结合我国《可再生能源法》、《能源发展“十二五”规划》、《可再生能源发展“十二五”规划》、正在制定过程中《可再生能源电力配额管理办法》和《可再生能源电力配额考核办法》以及中国电力市场发展现状,以下提出在城镇化背景下促进能源生产低碳化的 RPS 制度构建的若干建议:

---

① 参见肖江平:《我国可再生能源促进法的制度设计》,载《中国法学》2004 年第 2 期。作者提出了我国《可再生能源法》必须规定的十项法律制度,并认为 RPS 制度和配套的绿色电力证书交易制度是不能回避的制度创新。另可参见张式军:《可再生能源配额制度研究》,载《中国地质大学学报(社会科学版)》第 7 卷第 2 期;认为 2006 年制定的《可再生能源法》仍是政策性的框架,而完成可再生能源中长期规划所制定的总量发展目标,可再生能源配额制度是必然的选择。

② 早在 2007 年国务院即提出可再生能源配额制思路:对发电企业、电网企业、地方政府三大主体提出约束性的可再生能源电力配额要求。但是,到 2012 年 2 月,国家能源局新能源司制订《可再生能源电力配额管理办法(讨论稿)》(以下简称讨论稿),才明确发电企业承担发展可再生能源义务、电网企业是保障性收购配额的义务主体、地方政府则承担消纳配额的义务。该办法迄今仍未正式实施。

③ 2014 年 8 月,《可再生能源电力配额考核办法》讨论稿通过发改委主任会议,修改稿由能源局新能源司完成提交:对各省市和电网公司可再生能源发电配额提出强制性要求;提出激励措施,在年度控制能源消费总量考核时,对完成配额制指标的地区,其非水电可再生能源电力消费量,按照当年全国平均供电煤耗水平折为节能量,不计入能源消费控制量;对未完成配额指标的地区,视未完成部分折算的能源量为未完成节能任务,在其总节能量中扣除。

第一，在国家法律上明确"可再生能源配额制度（RPS）"是国家推广和应用可再生能源的重要机制。我国《可再生能源法》已经明确应当确立可再生能源的总量目标[1]并通过全额保障性收购制度推广可再生能源的利用，要求国务院能源主管部门会同国家电力监管机构和国务院财政部门，按照全国可再生能源开发利用规划，确定在规划期内应当达到的可再生能源发电量占全部发电量的比重。[2]自"十二五"规划以来，非化石能源的消费比例已经成为我国的战略发展目标。比如，在我国《能源发展"十二五"规划》和《可再生能源发展"十二五"规划》就已经规定："非化石能源消费比重提高到11.4％，非化石能源发电装机比重达到30％"[3]，可再生能源新增发电装机1.6亿千瓦，其中常规水电6100万千瓦，风电7000万千瓦，太阳能发电2000万千瓦，生物质发电750万千瓦，到2015年可再生能源发电量争取达到总发电量的20％以上。[4]在《国家应对气候变化规划：2014—2020》中，这一目标被设定为"非化石能源占一次能源消费的比重达到15％左右"。这说明，在事实上我国已经从国家层面上确定了相当长的一段时期内（五年）可再生能源发展目标，并对履行RPS义务的对象，即能源形式进行了明确。这些总量目标的实施，不能仅仅依靠规划政策所制定的政府能源消费总量控制目标考核机制，通过立法将对应的执行措施上升为政府的法定责任，应更能推动政府落实可再生能源的发展目标。对于地方政府和城镇当局而言，在《可再生能源法》这一全国性法律中规定RPS制度，也为他们在区域范围结合本地区可再生资源现状，进行制度创新提供了法制保障。此外，通过基本法律确定RPS制度还可以为相应的行政处罚机制创设提供正当性基础。

第二，在进一步推进电力市场体制改革和加快智能化电网建设的基础上，通过地区试点等方式尽快建立可再生能源电力信用或者证书交易机制。从德州和英国RECs和ROCs的实践来看，电力市场的完善竞争机制是RPS制度得以激励可再生能源电力发展的市场基础，而完善的智能化电网则是该制度的必要物质条件。我国虽然存在五大巨头：华能、大唐、国电、华电和中电，但是从其对于全国电力生产总装机容量上看，仍不能成立电力生产市场上的基本竞争格局。但是，电力的输送上仍是国家电网一家独大。国家电网在输配电业务上的寡头统治地位，除来自该业务本身的规模经济特征而产生的自然垄断特征外，还基于其在电力规划、投资、价格、市场准入等方面有较大决策权

① 参见《可再生能源法》第4条。
② 参见《可再生能源法》第14条。
③ 引自国务院：《能源发展"十二五"规划》"第三节"，国发〔2013〕2号。
④ 引自国家能源局：《可再生能源发展"十二五"规划》。

或影响力,并拥有电力买卖的独家特许经营权。输配电业务上的垄断显然不可能形成美国德州 RECs 和英国 ROCs 下电力生产者、供应商和可再生能源电力生产商之间的相互竞争关系。这可能也是能源局和发改委在拟定的《可再生能源电力配额管理办法》和《可再生能源电力配额考核办法》未能建立绿色电力证书交易机制的原因所在。① 如果没有相应的 RECs 和 ROCs 制度,RPS 并不能称之为一个市场竞争机制驱动的可再生能源发展制度。可再生能源电力的生产者和投资者能否通过全额保障性收购制度收回成本并实现盈利,取决于处在垄断地位的输配电企业是否愿意放弃其垄断地位以高价收购对应的可再生能源电力;取决于能源主管机关或者政府监管机关是否能够及时把握可再生能源电力生产的成本变化,制定合理的保护性收购价格。

因此,为了激励可再生能源电力的开发和利用,在电力体制未能根本性变革而无法建立全国性绿色电力证书交易机制的情况下,可以在省、市区域内先行试点,比如那些已经制定低碳发展规划省市;可以在类似上海市(风力)、贵州(水力)、新疆(太阳能和风力)这样具有一定可再生资源容量的区域范围内,推行电力输配改革,将电力交易与电网企业剥离,建立政府授权的独立电力交易机构负责本区域内的电力市场规则制定、竞争报价、合约执行、电费结算等职责;根据本地区低碳发展规划在国家确定的可再生能源配额消纳义务的基础上制定本地区配额义务水平,对装机容量达到一定规模(比如 50 万千瓦)的辖区以内发电企业、向本地区输配电力的电网企业、辖区内大规模用电单位设定可再生能源电力配额义务。义务水平由能源主管机关根据发电企业装机容量、电网企业向本地区年度平均供电量和用电单位前一年度或者若干年度内平均用电量,予以确认;同时鼓励私人资本通过市政投资建设可再生能源发电企业或者社区规模分布式可再生能源发电设施,依其发电量由能源主管机关核发绿色电力证书、RECs 或者 ROCs,并依托能源交易所或者碳排放交易所负责该权证的交易、跟踪、注销等管理;允许承担义务的电力生产者、电网企业和能源消费者通过购买绿色电力证书、RECs 或者 ROCs 履行其配额义务。

RPS 制度下的信用交易机制还可以被引用到前述温室气体排放标准制度中,从而为该行政管制制度嵌入灵活履行机制。比如,对于燃煤电厂所确定的法定排放限值标准为 500 千克二氧化碳每兆瓦($kgCO_{2e}/Mwh$)时,如果某一企业在一个履行年度内通过采取高能效技术将单位电力生产的二氧化碳排

① 《可再生能源电力配额管理办法》(讨论稿)第 11 条规定:可再生能源发电企业按照其上网电量获得相应的绿色电力证书,核算单位为 1 兆瓦时。该绿色电力证书可以作为参与碳减排交易的依据。留待电力市场发展和电力管理体制改革之后具备条件时再实施绿色电力证书交易。

放降低到 480 kgCO$_{2e}$/Mwh,经能源监管机关核证后可签发其 20 单位标准信用(Credits)。该信用可用以抵免以后履行年度达不到标准的部分(排放标准为了体现控制温室气体排放的政策目标,应逐年趋紧),结转年限定为 3 年或者 5 年;且该信用可以在承担同样标准义务的发电企业间进行流转,以激励企业改进生产流程、创新技术以提高能源生产绩效。

(三)碳税法律制度

碳税语境下的"碳"指的是人为排放的二氧化碳,是化石燃料燃烧过程中所排放的二氧化碳。[①] 自北欧国家,如波兰、丹麦、挪威、瑞典在上世纪 90 年代初引入碳税立法开始,该制度已经成为世界范围内比较通行的控制温室气体排放的法律机制,荷兰、斯洛文尼亚、英国、澳大利亚、美国科罗拉多州的布德市、加拿大魁北克省和英属哥伦比亚省、爱尔兰、印度等国家和地区也进行了碳税立法,近期日本、韩国、新西兰、哥斯达黎加和我国也开始着手筹划碳税立法。碳税作为一种基于市场机制的国家经济管制手段,目的在于通过为碳排放定价,将生产过程中因碳排放而产生的负的外部性内部化为成本,从而客观上起到抑制温室气体排放的效应。

本书的目的不在于对各项制度之间的优劣进行比较,[②]而是从控制城镇区域内温室气体排放的角度,对地方政府和城镇当局可以利用的制度和措施进行介绍。从税收法律制度的角度来看,碳税的征收管理需要确定其征收环节、课税对象、计税依据、税率。此外,由于碳税的环境税特征,其征收的目的不在于增加国库收入,而在于实现生态补偿,因此在其使用上应与传统的增值税、所得税等税种予以一定的区分。在我国中央税和地方税共存的体制下,有必要界定碳税的归属和收支管理,以确保其能够用于初始的征收目而不是投

---

① 毛涛:《碳税立法研究》,中国政法大学出版社 2013 年版,第 23 页。

② 国内外学者对于碳税与碳排放交易的比较大都认为,碳税具有如下的制度优势:第一,碳税相对于碳排放交易更具有了灵活性,因为碳排放交易需要确定碳排放总量、分配碳排放权,往往涉及多方利益,在未达成一致前往往实施难度较大,且其对于市场环境和基础条件要求较高;第二,碳税制度可能公平和透明,且符合污染者付费原则;第三,碳税的适用范围要广于碳排放交易,可适用于所有排放二氧化碳的行为或者对象,且交易成本较低;第四,政府可以给予碳税获得收入,从而扩大对于节能减排的公共支出。当然,碳税也具有一些缺点,比如由于需求价格弹性影响,碳税的减排绩效可能不如碳排放交易明确;或者,企业对于碳税制度会持有较大的反对意见。参见苏明、傅志华等:《中国开征碳税的理论和政策》,中国环境科学出版社 2011 年版,第？页。气候变化之父詹姆斯·汉森教授在《巴黎气候协定》通过后,仍然认为增收"碳税"应当成为各国应对气候变化的重要构成部分。

资于高碳排放产业领域。

以下将就碳税法律制度从课税对象(税目)、征收环节、计税依据、税率、收支管理等角度进行简要的介绍、比较和分析,并结合我国当前对于碳税立法的讨论和税收法律体系(主要是税收立法体制和征收管理体制),就低碳城镇化背景下的碳税法律制度构建提出若干建议。

1. 主要减排责任国碳税法律制度概括分析

北欧诸国(芬兰、瑞典、丹麦、挪威、荷兰等)作为碳税立法的先行者,在欧盟框架下同样以碳排放交易作为减排机制,为主要减排责任国提供了样本,并形成了碳税立法的欧洲经验。[①] 此外,英国、德国和澳大利亚等国也通过生态税或者环境税改革,对于能源产品基于其碳排放效应课以税收,美国国会也有法案提出对碳排放通过税收定价的建议。

由表 3.2 可见,碳税的课税对象(税目)一般是化石能源产品,即煤炭、石油和天然气及其制品,如焦炭、褐煤、柴油、焦油、燃料油、煤油、天然气、液化石油气等,但是很少对能源转换生产的电力征税。

碳税的征收环节存在两种模式。一是在生产环节,即在化石燃料进入终端消费市场前征税;纳税人主要为生产、加工或者经销上述能源产品的企业,数量相对较少。在这种模式下,碳税往往具有间接税特征,实际的消费者并不能直接感受到碳税制度的负激励效应。二是在化石燃料的终端消费环节征收。在这种模式下,由于纳税人是众多的化石燃料或者化石燃料转化产品的消费者,征管的效率和难度较大;优点是碳税此时的直接税性质能够使得最终消费者受到直接的制度激励;且碳税调控的对象除化石燃料外,还会包括电力等能源产品,比较多元化。虽然在理论上以二氧化碳排放量作为征收依据更契合碳税制度本身控制温室气体排放的目标设定,但是在实践中大部分国家是以化石燃料的含碳量或者消耗的燃料总量作为计税征税,只有少数国家直接以二氧化碳或者一氧化碳的排放量为计税依据。可能的原因在于碳税制度进行初始设定时,温室气体核算制度并不完善,同时温室气体排放的监测技术较为滞后,且监控成本较高。对于碳税税率,主要减排责任国都会根据本国国情确定一定期间内的实施税率,并逐步提高税率水平;且多为固定税率,并根据燃料类别(税目)涉及差别税率,很少采累进税率。

在收支管理上,在制度设定的早期,税收收入大都纳入一般性国家预算管

---

① 范允奇:《欧洲碳税政策实践对比研究与启示》,载《经济学家》2012 年第 7 期。

理,当前主要减排责任国基于双重红利理论①主要用于环境保护、养老金账户、补助弱势群体、提高能源使用效率和研究利用可替代能源的技术研发和产品推广。②

从碳税征收的国际经验来看,并不存在争议的问题是,碳税作为寻求对碳排放予以定价的政府主导的矫正机制,可以被那些承担国际减排义务的国家用以控制能源领域的温室气体排放,用以贯彻提高能效、降低化石能源使用、扩大新能源开发与利用等低碳发展战略。欧洲国家中北欧诸国碳排放量增速同比较低,也从一个侧面反映了碳税制度的绩效。在制度设定上,主要减排责任国除根据国情分阶段确定不同税率外,还通过税收优惠政策来抵销碳税对于本国能源密集型行业竞争力的负面影响,比如芬兰对于本国支柱造纸行业的高额税收返还、荷兰对天然气和电力的累退税率设定。

需要注意的是,上述对碳税的介绍都是在国家层面上的;美国在州和州以下层面上的区域性碳税立法③是在其宪法所确定的地方税收立法权基础上建立的,对我国中央集权的税收立法体制而言,具有不可复制性;低碳城镇化背景下的中国碳税制度的建立和推行必须考虑到当前我国基本的税收分税体制以及地方政府和城镇当局作为主要低碳城镇化战略具体实施者的角色功能。

---

① 该理论假说是针对环境税或者生态税的改革而提出的,认为环境税的开征不仅能够有效抑制污染,改善生态环境质量,达到保护环境的目标;而且可以利用其税收收入降低现存税制对资本、劳动产生的扭曲作用,从而有利于社会就业、经济持续增长等,即实现"绿色红利"和"蓝色红利"。据环境税双重红利理论的发展,形成了三种阐释:一是"弱式双重红利论",指通过环境税收入减少原有的扭曲性税收,从而减少税收的额外负担;二是"强式双重红利论",即通过环境税实现环境收益和现行税收制度效率的改进,以提高福利水平;三是"就业双重红利论",指与改革之前相比,环境税改革在提高环境质量的同时促进了就业。参见司言武:《环境税双重红利理论述评》,载《经济理论与经济管理》2008 年第 1 期;李梦洁、杜威剑:《环境规制与就业的双重红利适用于中国现阶段吗——基于省际面板数据的经验分析》,载《经济科学》2014 年第 4 期。

② 毛涛:《碳税立法研究》,中国政法大学出版社 2013 年版,第 113~121 页;苏明、傅志华等:《中国开征碳税的理论与政策》,中国环境科学出版社 2011 年版,第 10~20 页。

③ 如美国科罗拉多州的博尔德市对电力生产征收的"碳税"等,以及旧金山海湾地区八个县的企业需要根据其温室气体的排放缴纳"碳费"等。

表 3.2　主要减排责任国碳税制度概览

国别	独立税种	课税对象	征收环节	计税依据	税率	收支管理
丹麦	是	汽油,天然气和所有气物燃料的二氧化碳排放,包括供暖用能源	生产和消费环节	燃料 CO_2 含量	100 丹麦克朗(14.3 美元)/tCO_2	一部分用于工业企业的节能项目提供补贴
荷兰	是	汽油,柴油,重油,液化气,煤等主要燃料,与能源结构成环境税的一个税目	生产和流通环节	燃料 CO_2 含量	5.16 荷兰盾(25 美元)/tCO_2	一般预算管理
芬兰	是	矿物燃料和电力(1993 年后):对柴油和汽油实行差别税率;对煤,泥炭和天然气等不征收基本碳税,而是征收能源/碳税混合税	生产环节	燃料 CO_2 含量	1990 年统一固定税率为 1.62 美元/tCO_2;1995 年后实行能源和碳税混合税,税率逐年增加,如 2003 年为 26.15 美元/tCO_2;2008 年为 30 美元/tCO_2	一般预算管理
瑞典	是	电力部门以外的燃料	生产和消费环节	燃料 CO_2 含量	普通税率(适用于私人家庭)340 瑞典克朗(38.8 美元)/tCO_2;工业部门的适用税率为 83 瑞典克朗(9.5 美元)/tCO_2	一般预算管理(弥补同期个人所得税降低带来税收减少)
挪威	是	航空,海上运输部门和电力部门以外的汽油,矿物油和天然气(1991 年),煤和焦炭	生产和销售环节	燃料 CO_2 含量(含碳量不同额燃料税率不同)	110 挪威克朗(13.8 美元)/tCO_2 和 350 挪威克朗(43.7 美元)/tCO_2;2005 年对石油每吨 CO_2 征收 41 欧元,清油征收 24 欧元,重油征收 21 欧元	一般预算管理
德国	否(生态税的一部分)	摩托车燃料,轻质燃料油,天然气和电力	生产环节	燃料或者电力从量计征	汽油和柴油 3 欧分/升;燃用液化气 1.25 欧分/升;电力 0.25 欧分/kwh	养老基金,降低工资中的附加费用

续表

国别	独立税种	课税对象	征收环节	计税依据	税率	收支管理
英国	否（气候变化税、能源税）	销往企业和公共部门的电力、煤、天然气和液化石油气	生产和消费环节	能源从量计征	根据排放因子折合：天然气13欧元/tCO₂；煤7欧元/tCO₂；电14欧元/tCO₂	降低养老金缴费比例，其余部分用于能效和节能技术研发
澳大利亚①	准碳税（碳定价机制）	矿物质源、石油、电力和钢铁等	生产环节	碳排放量	23澳元（24美元）/tCO₂（2012年7月1日至2015年6月3日）	资助家庭；支持就业和保护竞争力；进行清洁能源气候变化项目的投资
美国②	准碳税（排碳许可证）	煤炭、石油和石油化工产品、天然气、其他温室气体排放物品	生产和销售（进口）	碳排放量	逐年累进税率，2015年约为25～75美元/CO₂°	一般预算管理

① 澳大利亚于2011年通过《清洁能源法》制定了碳税框架，其主要内容包括碳定价机制（碳税）和清洁发展战略规划。碳税最初的征收对象是主力拆、必和必拓、伍德赛德等500家最大的碳排放企业。主要涵盖了矿产、石油、电力和钢铁领域。由于被征收的企业多属于澳大利亚的支柱型产业，碳税自征收开始即引起广泛争议。2014年7月17日，澳联邦参议院通过投票废止了实施两年之久的碳税。参见李美蓉等《100多位美国圆石市开始征收碳税》，载《中国税务报》2007年11月14日。2014年5月28日，在第113次国会会议期间参议员McDermott提出了一项法案《碳税收法典1986(Internal Revenue Code of 1986)以在联邦范围内开征碳税。See H.R.4754, 2nd session of 113th Congress, available at http://www.gpo.gov/fdsys/pkg/BILLS-113hr4754ih/pdf/BILLS-113hr4754ih.pdf. 认为该制度可以到2030年每年碳排20.51亿吨二氧化碳当量，5倍于清洁电力计划所可能实现的碳减排量。

② 2006年11月，美国科罗拉多州圆石市开始征收碳税。纳税又务人为企业和居民。根据其用电量按比例征收，购买风力发电的用户免税。该法案提出机制是基于排放者付费的一项联邦许可证制度，即所有向大气中排放二氧化碳的企业均应付费获取该许可方可获许向大气中排放二氧化碳的权力。该许可可以简称为"排碳许可证"，每个许可证代表该企业的排放量1/4二氧化碳当量（由EPA确定）。其价格由相关机构与环保主管机构每年确定。该法案确定的价格范围为：2015年，$6.25～$18.75－$31.25；2016，$18.75～$43.75－$56.25；2017，$31.25～$43.75；2018，$43.75～$56.25；2019，$56.25～$68.75；2020，$68.75～$82.25；2021 $81.25～$93.75；2022，$93.75～$106.25；2023，$106.25～$118.75；2024，$118.75～$131.25。如此以来，碳税就成为附属于"排碳许可证制度"而存在的补足机制。其纳税人与课税对象为应当购买"排碳许可证"的能源或者其他可能导致温室气体排放的产品的生产商、加工商，天然气供应商和其他产品进口商。

2. 中国碳税法律制度构建

从碳税的财政收入效应、环境保护效应以及能源结构的调整效应，[1]以及碳税制度对中国经济的可持续发展所能提供的能源和环境保障效应等角度出发，择机引入碳税制度，[2]可以成为我国当前应对气候变化的制度选择，也有益于我国负责任大国形象的确立，[3]从而规避碳关税压力，更好的应对国际贸易中因此而产生的摩擦。[4]　从学者建议的碳税制度路线图来看，大致包括如下内容：第一，征收时机在 2012—2013 年左右，理由在于为燃油税费改革政策留有足够的过渡期以消化该改革对于燃油等价格上涨的效应，以及考虑到《京都议定书》第二履行期结束后会对发展中国家可能施加的强制性量化减排义务。目前来看，这一推断并未实现。笔者认为，如果 2015 年所可能达成的新的《公约》下的议定书或者其他法律文件会对中国等发展中国家课以强制性的减排义务，碳税的开征所面临的政治因素阻碍[5]或将减弱。从《巴黎气候协定》下我国承诺的减排承诺和当前已采取的减排行动来看，碳税近期内应不会成为主要的政策选项；或者环境税修改过程中会考虑将碳税纳入其体系中。

第二，碳税的纳税义务人为生产或者销售二氧化碳排放的化石燃料产品和能源产品（含电力）的企业，暂不适用于能源消费者，即碳税不在销售环节征纳；待条件成熟后再将纳税人界定为所有因消耗化石燃料而向自然环境中直接排放二氧化碳的单位和个人。由于碳税与资源税纳税人在身份上的重合，在碳税的实施方式或者路径上，有学者建议将碳税与现有资源税合并征收，根据燃料含碳量增加其对应的资源税税率。这样就可以在不增加税种的前提下引入碳税制度，从而降低改革的阻力。除此之外，可考虑的实施方式还包括将碳税作为环境税的一个组成税目，或者在现有资源税、能源税或者环境税之外

---

[1]　学者通过数据、模型分析得出的结论也表明，在中国碳税征收可以刺激二氧化碳减排和激能源效率，有效引导各相关行业实现低碳约束下的经济转型，提高整体经济社会的总效益。相关的研究可参见李琦云、商恺：《二氧化碳排放的影响因素分析与碳税减排政策设计》，载《财政研究》2009 年第 10 期；姚昕、刘希颖：《基于增长视角的中国最优碳税研究》，载《经济研究》2010 年第 11 期；苏明、傅志华等：《中国开征碳税的理论与政策》，中国环境科学出版社 2011 年版，第 37～77 页。

[2]　张克中、杨福来：《碳税的国际实践与启示》，载《税务研究》2009 年 4 期。

[3]　苏明：《碳税的中国路径》，载《环境经济》2009 年第 9 期。

[4]　苏明：《碳税能规避碳关税压力》，载贾康：《开征碳税利于应对国际贸易摩擦》，转载于全球节能环保网"中国碳税路线图"：http://www.gesep.com/Template/Focus3/11.html，下载日期：2014 年 10 月 17 日。

[5]　苏明、傅志华等：《中国开征碳税的理论与政策》，中国环境科学出版社 2011 年版，第 81～82 页。

独立设置碳税科目。从"宽税基、简税制"的原则出发，将碳税作为环境税的一个科目可能是当前比较合理的选择。当然，在未来对环境税收体系进行优化时，也可以考虑吸收现有的资源税、消费税和销售增值税，以单一的碳税作为所有化石燃料及其能源产品应予课征的单一税种。[1]

第三，选择生产环节作为碳税征税环节。选择在生产环节征收是基于税收管理和源泉缴纳的便捷性，同时考虑到现有的对于煤炭、天然气和石油的资源税和消费税的征纳环节。具体来说，对于煤炭、石油和天然气，由资源开采企业缴纳；对于汽油、柴油等成品油，由石油精炼和加工企业缴纳；对于进口燃料，由关税征纳部门对进口商征纳。

第四，计税以含碳量作为依据，从量计征碳税税额。税务机关可以结合发改委和能源主管机关发布的核算方法（前述 IPCC 指南和其他国家主管机关确定的估算方法、排放因子、活动水平数据等），计算出相应区域内单位数量的燃料或者能源产品所产生的碳排放量。

第五，税率确定根据循序渐进原则，在征收初期按照较低的固定税率，以避免碳税征收对于国民经济收入的负面效应，减少阻力。财政部财政科学研究所建议的初期税率为 10 元/tCO$_2$，并根据相应的税率动态调整机制，远期可以提高到 40 元/tCO$_2$。[2] 也有学者根据 DICE 模型分析结果，建议最优税率设定为初期 18.28 元/tCO$_2$；远期（2020 年）57.61 元/tCO$_2$。[3] 如果给定税率形式如上，在碳税纳税义务人与温室气体核算与报告义务人范围重合的前提下，比如初期在生产环节征纳时，由于应缴纳碳税的企业一般均承担强制性温室气体核算与报告义务，碳税应纳税额计算将十分简单，只需以企业每年根据相关核算方法核算的二氧化碳排放总量乘以税率即可。然而，被要求承担强制性温室气体核算与报告义务的企业往往只是那些达到一定规模的主要排放源，当碳税在销售环节也开始征收时，有一些销售应税能源产品的企业可能

① 苏明、傅志华等：《中国开征碳税的理论与政策》，中国环境科学出版社 2011 年版，第 34～35 页。

② 财科所最近公布的《煤炭消费总量控制的财税政策》也建议征收低税率碳税，以控制中小排放源的碳排放问题。课题组对促进煤炭消费总量控制提出了相关的财税政策建议：实施煤炭资源税费改革、推进环境税费改革、适时开征碳税、完善促进清洁替代能源发展的财税政策、完善煤炭综合利用和清洁利用的财税政策、完善促进煤炭工业转型的财税政策、完善保障煤炭企业职工再就业的财税政策、加快煤炭生产基地的生态环境治理和恢复等。可参见自然资源保护协会官网：http://www.nrdc.cn/coalcap/index.php/Index/project_content/id/5502014。

③ 姚昕、刘希颖：《基于增长视角的中国最优碳税研究》，载《经济研究》2010 年第 11 期。

因规模较小并不是强制性温室气体核算与报告的义务主体,税务机关需要确定更易统计的项目,比如产品销售量作为计税依据,因此,碳税税率应按照不同能源产品的含碳量设定不同的从量计征税率。以财科所建议的碳税税率为例,其对应的能源产品从量计征税率(初期)为:原油 30.3 元/t、汽油 29.5 元/t、柴油 31.3 元/t、天然气 22 元/$10^3 m^3$。

第六,在税收优惠上,我国的碳税制度应借鉴主要减排责任国对于能源密集型行业的低税率和税收抵免、对于减排水平超过国家标准的企业的奖励和对于居民个人的税收优惠等政策,确定我国国情下可以享受税收优惠的能源密集型行业范围,并确定合理的税收减免和返还机制;或者设定享受税收优惠的条件,比如设定一定水平的减排和能效提高标准;对于积极开发和实施CCS 等减排技术的企业,实施减免税优惠;对于低收入居民和个人制定免税政策等。

以上的制度框架是从国家整体温室气体减排的能源产业转型的角度上所作的整体制度设计。出于税收法定和保证国家税制统一的立场,碳税也应通过国家立法确定应税对象、征纳环节、计税依据、税率和税收优惠政策;但是考虑到不同区域的资源禀赋和产业机构以及地方政府在推进低碳城镇化建设中的主要责任,我国的碳税可以在开征时机和税收归属上给予地方政府一定的自由裁量和税收分成倾斜。

首先,可以考虑在制定完善低碳发展规划、税种征管体制比较完善和征管信息化建设比较先进的地区,比如国、地税合一征收的上海市,率先开展碳税的试点征收工作。虽然出于维护税收制度统一的考虑,开征新税种应当通过全国性法律统一推进,但是,我国当前在财税立法中广泛存在的授权立法①为地方政府试点新的税种或者税收征管体制,提供了制度上的可能,比如营业税改增值税的试点、房产税的征收试点等等。从制度比较的角度,中央可以选择三个经济社会发展阶段相异、资源禀赋和产业结构不同且已被纳入低碳省市试点的地区,比如上海市、重庆市和北京市,分别就不同的碳税实施路径进行试点。为避免区域内碳税制度实施而导致的产业迁移和"碳泄露"问题,试点地区应当制定相对完善的税收优惠或者补贴制度,对于那些达到低碳排放标准(如前述的温室气体排放限制标准和可再生能源配额标准)的纳税义务人进行税收抵免或者财政补贴,减免力度或补贴水平可以高于已纳碳税税额,以激

① 根据《中华人民共和国税收征收管理法》第 3 条的规定,税收的开征、停征以及减税、免税、退税、补税等仍应依照法律规定执行,除非法律有授权国务院以行政法规的形式予以规定。而《立法法》则规定,"对于基本经济制度以及财政、税收、海关、金融和外贸"等相对保留事项,经全国人大及其常委会明确授权,国务院可以作出规定。

励企业采取低碳生产技术。

其次,鉴于低碳城镇化的主要实施主体是地方政府和城镇当局,以二氧化碳减排为目标设定的碳税制度或包含碳税的环境税或者生态税收体系,应当坚持财权与事权相统一的原则,在税收归属上向地方政府倾斜。有学者建议碳税作为中央与地方共享的税种,中央与地方分成比例应为7:3。① 笔者认为这一比例仍然偏低。我国当前税制当初建立的初衷就是把"现行地方财政包干制改为在合理划分中央与地方事权的基础上的分税制"②。问题是自分税制建立以来,中央政府和地方政府之间的事权责任划分不清,地方政府承担了很多本应由中央政府承担的支出责任,比如跨地区的污染治理等产生的环境支出;③中央和地方的财政收入与支出比例长期失衡,从 2010 年城镇环境管理业投资来看,地方项目完成投资占全部政府投资的比重高达99.1%,中央项目完成投资所占比重只有 0.9%。在地方政府中,市(地)级以下尤其是县级以下政府在政府环保投资权责中承担着主要的投资责任。在 2010 年城镇地方环保完成投资中,市地级以下政府所属项目完成投资所占比重合计高达 75%以上,其中县级政府所属项目完成的投资比重高达 55%以上,省级政府所属项目完成投资比重只占 5%左右。④ 因此,在碳税等环境税收的归属上,可以突破当前的一般的中央与地方共享税的比例设定,地方和中央分成比例提高到 7:3 以上,并完善当前省县级财政的转移支付制度,加大县级政府的分成比例。为保证相关税收能够用于低碳发展支出项目,可以通过对相应支出的定期审计制度予以保障。

(四)小结:城镇能源低碳化

综上所述,当前适用于电力等能源生产部门的温室气体排放限值标准、可再生能源配额标准,以及预期可能开征的针对煤炭、石油和天然气等化石能源

---

① 参见苏明、傅志华等:《中国开征碳税的理论和政策》,第 28 页。

② 引自《中共中央关于建立社会主义市场经济体制若干问题的决定》;另可参见《国务院关于实行分税制财政管理体制的决定》。该决定规定"按照中央与地方政府的事权划分,合理确定各级财政的支出范围;根据事权与财权相结合原则,将各种税统一划分为中央税、地方税和中央地方共享税,并建立中央税收和地方税收体系,分设中央与地方两套税务机构分别征管;科学核定地方收支数额,逐步实行比较规范的中央财政对地方的税收返还和转移支付制度"。

③ 彭健:《分税制财政体制改革 20 年:回顾与思考》,载《财经问题研究》2014 年第 5期。

④ 汪文祥:《环保投资:基层地方政府不堪重负,中央政府支出待增加》,载《中国经济导报》2012 年 5 月 10 日。

产品生产和销售企业和电力生产企业的碳税制度,可以在低碳城镇化转型的进口和中间环节[1],促进可再生能源替代率、提高城镇经济社会生活中的能源消费效率、促进工业化时代以来建立在化石能源消耗基础上的传统城镇产业结构的调整。与标准制度相对较高的政府干预程度相比,可再生能源配制制度和碳税制度是以市场机制作为基础来为可再生能源的碳减排能力和化石能源的碳排放可能进行定价,从而激励可再生能源的替代适用和抑制化石能源的生产和消费。

地方政府和城镇当局可以选择的,与标准制度一样需要政府通过行政手段予以实施的能够起到抑制化石能源生产和消耗的制度,还包括当前以落后工业产能为对象的关停并转制度、以对环境与有影响的规划项目和建设项目为对象的主要固定排放源的建设或者运营许可制度,以及与碳税制度调控机制相似的以特定领域内碳排放超过一定阈值标准的企业和事业单位为对象的碳排放交易制度。以火电厂为例,在其建设运营之前,因其可能的污染物排放,只有在经过环境影响评价后并获得建设或者运营许可后,方可投建生产;如果其装机容量较小且发电技术和能源效率落后而被列入《产业结构调整目录》的"淘汰类",就有可能被地方政府列入关停并转的名单,而被强制停业;如果其运营后,某一年度经核算的温室气体排放或者年度燃料消耗超过强制性碳排放交易的既定标准,则会被试点碳排放交易的省市地方政府纳入强制性交易的范围。

因此,从可选择的政策范围来看,地方政府和城镇当局可以通过关停并转制度、排放限值标准制度、建设或者运营许可制度、可再生能源配额标准制度、碳税制度和碳排放交易制度来推进能源生产和能源消费的低碳化。从调控范围上看,关停并转、建设(运营)许可和碳排放交易不仅仅适用于煤炭、天然气和石油等生产加工业和电力生产部门,主要的覆盖领域是水泥、钢铁、陶瓷、造纸等高碳排放产业部门,因此,下文将从城镇工业低碳化的角度对上述三项制度进行简述。[2]

---

[1]　理论上,低碳城镇发展转型存在三个环节:进口环节、中间环节和出口环节。在进口环节应当逐步降低化石能源的消耗,实施可再生清洁能源替代战略;中间环节上应当提高能源利用效率,根据 GDP 与碳排放的关系控制经济活动规模;出口环节可以选择增加碳汇和实施碳捕获技术。参见顾朝林主编:《气候变化与低碳城市规划》,东南大学出版社 2013 版,第 124 页。

[2]　排放限值标准制度虽也可依托工业大气污染排放标准制度体系而延用与相关工业领域,但是当前温室气体排放限值标准制度的实践还处于刚起步阶段,仅有的制度实践还仅限于电力生产领域(如美国 EPA 前述的标准制度);因此,在关于工业低碳化的论述中暂不涉及排放限值标准制度。

二、工业低碳化法律保障制度

工业过程是构成温室气体排放的主要源类别。城镇化往往意味着更多的基础设施建设、工业项目建设来为更多的入城人口提供居住条件、公共设施服务和工作机会。保障工业生产过程的低碳化和城镇工业建设项目的低碳化，也是推进国家和地方低碳发展的必要环节，特别是钢铁、水泥、石灰等高碳排放行业的减排行动。[①] 针对这些工业行业企业，我国当前主要是以"节能减排"工作为着力点，通过严格控制新建项目、淘汰落后产能与产品等行政强制性手段来控制这些领域的温室气体排放。[②] 基于控制温室气体和大气污染物排放的目的而对新建项目的管制机制，主要是通过提高准入标准，综合运用规划、立项、环评、能评、要素控制等手段，完善项目审核联运机制，坚决抑制高耗能、高污染行业的过快增长。[③] 对于新建项目的建设许可制度和淘汰落后产能和产品的关停并转制度，属于政府主导的行政强制性手段。除此之外，碳排放交易制度，作为当前主要减排责任国所普遍采纳的覆盖能源、钢铁、水泥、石灰等主要工业温室气体排放源的市场化减排机制，也是我国政府所着力推进

[①] 国务院《"十二五"控制温室气体排放工作方案》提出要"控制工业生产过程温室气体排放，继续推广利用电石渣、造纸污泥、脱硫石膏、粉煤灰、矿渣等固体工业废渣和火山灰等非碳酸盐原料生产水泥，加快发展新型低碳水泥，鼓励使用散装水泥、预拌混凝土和预拌沙浆；鼓励采用废钢电炉炼钢—热轧短流程生产工艺；推广有色金属冶炼短流程生产工艺技术；减少石灰土窑数量；通过改进生产工艺，减少电石、制冷剂、己二酸、硝酸等行业工业生产过程温室气体排放。通过改良作物品种、改进种植技术，努力控制农业领域温室气体排放；加强畜牧业和城市废弃物处理和综合利用，控制甲烷等温室气体排放增长"。

[②] 参见《全国人民代表大会常务委员会关于积极应对气候变化的决议》。国务院《"十二五"控制温室气体排放工作方案》中首先提到的措施就是"加快调整产业结构"，其构成措施包括"抑制高耗能产业过快增长，进一步提高高耗能、高排放和产能过剩行业准入门槛，健全项目审批、核准和备案制度，严格控制新建项目。加快淘汰落后产能，完善落后产能退出机制，制定并落实重点行业'十二五'淘汰落后产能实施方案和年度计划，加大淘汰落后产能工作力度"。

[③] 同上。另可参见《山东省"十二五"控制温室气体排放工作实施方案》、《河北省人民政府关于印发河北省"十二五"控制温室气体排放工作方案的通知》、《广西壮族自治区"十二五"控制温室气体排放工作方案的通知》、《关于印发河南省"十二五"控制温室气体排放工作实施方案的通知》等。

的,①并被作为拟制定的气候变化基本法中减排的核心机制。②

有鉴于此,本节按照行政介入从强到弱的顺序对关停并转、建设许可和碳排放交易予以简要分析。

(一)关停并转制度

所谓"关停并转"是指"关闭、停办、合并、转产"等机制,是近年来"节能减排"战略下落后产能淘汰的主要措施,是当前供给侧改革中产业政策的重要表现形式。在低碳发展被确立为国家战略之前,"关停并转"机制的约束条件主要是生产技术标准、污染物排放标准和能效标准等;且在具体实施中存在着过于依赖行政手段、配套激励措施不完善、产业准入标准模糊、政策因地方税收等财政利益影响而执行不到位、监督协调机制缺乏等问题。随着低碳发展战略日趋明确,温室气体排放强化了资源和环境对于产业政策调整的约束力,淘汰落后产能具有了新的意义,即降低温室气体排放。

1. "关停并转"制度的现状分析

"关停并转"制度主要适用于落后产能的淘汰。产能的落后不是因为产品不盈利,而是因为其利润往往是以大量消耗能源、资源为前提,以牺牲环境为代价。换言之,即相应产品的边际社会成本高于边际私人成本,其生产过程具有较高的负外部性。落后产能的界定可以基于两个标准:第一,产品的生产技术标准和水平是否低于行业平均水平的,主要是基于生产效率和规模效益予以衡量;第二,生产的社会效益性,考虑产品的能源、资源消耗水平,以及产品生产过程的生态环境外部性问题,比如污染物排放的浓度及其对环境生态的损害程度。

我国"关停并转"制度具有明显的行政主导特征,政策依据多以行政规章或者行政命令的形式体现。需要淘汰的落后产能范围和具体指标由中央政府及其组成机关发布、地方政府执行,并制定了相应的组织保障和问责机制。淘

---

① 参见国务院《"十二五"控制温室气体排放工作方案》,第五项"探索建立碳排放交易市场";《中国应对气候变化的政策与行动》(2012 年、2013 年);国家发展改革委员会关于印发《温室气体自愿减排交易管理暂行办法》的通知。

② 目前《气候变化应对法》(草案)并未公布,从社科院法学所的立法建议稿来看,总量控制制度和碳排放交易制度是减排温室气体的重要制度。参见《关于〈气候变化应对法〉(建议稿)的说明》,载中国网:http://news.china.com.cn/txt/2012-03/18/content_24923468.htm,下载日期:年月日;《中国起草完成〈气候变化应对法〉草案 减排制度成焦点》,载中国日报中文网:http://world.chinadaily.com.cn/2014-08/08/content_18274960.htm,下载日期:年月日。建议稿的英文版可参见《中国法学》(英文版)第 2 卷,第 122~159 页。

汰的产业范围主要的依据是国务院和发改委所制定的产业政策,比如《国务院关于进一步加强淘汰落后产能工作的通知》、《国务院关于化解产能严重过剩矛盾的指导意见》、发改委负责制定并发布的《产业结构调整目录》;淘汰的具体任务指标由工信部依据以上产业范围逐年逐批确定,并向省级地方政府下达具体分解任务指标①。地方政府完成绩效纳入政府绩效考核的范围。地方政府对纳入任务指标的企业产能的直接关停,属于政府对于经济微观运行的干预,因为信息不对称、监管捕获等原因,往往会导致公平和效率问题②。

与我国不同,发达国家落后产能的退出主要是通过市场机制,较少采取政府直接干预的方式。原因除发达国家本身整体技术水平比较先进以外,还在于其市场机制比较完善,奉行的自由市场资本主义,强调政府放任,由市场竞争来实现落后企业的退出机制。即使采取政府干预的手段,如日本在1960—1970年左右的产业政策,也是通过国家立法的形式,通过设备注册、准入标准制度、政府收购报废设备等方式进行的。对于因环境污染问题日益严重而促生的节能减排需要,主要减排责任国也避免通过政府直接干预的手段,而是依法建立强制性的能效标准、环境标准,增加落后企业的合规成本,缩减其盈利空间,通过市场竞争迫使其退市,比如美国1980年开始实施的强制性能效标识制度、欧盟完善的产品标准制度等。

即便如此,出于经济社会发展所面临的资源和环境约束,落后产能的淘汰也应成为"节能减排"工作的长期机制。在抑制相关产业污染物排放和高耗能问题的同时,相关产能的关、停、并、转也能带来降低温室气体排放的效益。从工信部公布的范围来看,落后产能的行业范围主要包括:炼铁、炼钢、焦炭、铁合金、电石、电解铝、铜(含再生铜)冶炼、铅(含再生铅)冶炼、水泥(熟料及磨机)、平板玻璃、造纸、制革、印染、化纤、铅蓄电池(极板及组装)、稀土(氧化物)

---

① 参见《工业和信息化部公告2014年工业行业淘汰落后和过剩产能企业名单(第一批)》,工信部公告2014年第45号。

② 有报道反映,被纳入淘汰名单的国有企业往往会受到地方政府的补贴,而民营企业则被摒弃在政府补贴的范围之外。此外,出现的问题还包括"淘而不汰"、"越淘汰越过剩"、"一边淘汰、一边扩大"的怪现象。参见苏汝劼:《建立淘汰落后产能长效机制的思路与对策》,载《宏观经济研究》2012年第5期,第80页。此外,落后产能企业往往存在经营不善、资金缺乏的问题,如果淘汰机制缺乏配套机制和资金的支持,还会导致因职工安置和补偿不足等社会问题。近期网络媒体热传的著名媒体人柴静的《穹顶之下》所反映的河北省的钢铁产能就从一个侧面反映了"关停并转"机制下"淘而不汰"、"越淘汰越过剩"、"一边淘汰、一边扩大"的怪现象。江平先生在其最新的访谈中,认为"国家权力本位"下以"一刀切"的办法或过去山西煤矿重组的办法实现供给侧改革的去产能,并不符合法治的基本要求。可参见江平:《经济下滑更要警惕法治倒退》,载财新网,2016年10月11日。

等工业行业。① 这些行业属于碳密集能源生产方式的高能耗产业,即高碳产业。以上产业企业的"关停并转"亦即可视为高碳产业低碳化的一个实施路径。因此,关键是在低碳约束下完善当前的关、停、并、转制度,使其合法化、制度化。

2. 低碳约束下"关停并转"制度的完善

首先,政府"关停并转"决定应当依据法定程序。合并与转产可以通过公司兼并重组进行,公司法已有完善的法律规则。在遵守相关规则的基础上,政府需要完善和落实的是已制定的"促进企业兼并重组的财税、金融、土地等政策措施,协调解决企业跨地区兼并;鼓励和引导非公有制企业通过参股、控股、资产收购等多种方式参与企业兼并重组"等政策机制。而关闭和停业则具有行政处罚的性质,依据的是行政处罚法中"责令停产停业和吊销营业执照",应当遵守相应的法定程序,即行政处罚的一般程序,并保障企业的听证权利。

其次,更为重要的是,应当完善工业领域的能效标准和环境标准制度并强化其执行机制,比如有关空气污染物排放的工业大气标准制度体系。如前所述,所谓的落后产能一般均是高能耗、高污染排放的企业。根据《标准化法》的规定,我国当前的国家标准和行业标准分为强制性标准和推荐性标准两类;强制性标准必须执行。② 对于不符合强制性标准的产品,企业禁止生产、销售和进口。因此,通过分行业制定强制性能耗限额标准和污染物排放标准,可以明确落后产能企业相关生产活动的非法性。行政机关在此基础上所采取的关停措施或者其他差别电价和惩罚性电价、水价等差别价格政策,也就具有了合法性基础。

最后,随着工业领域温室气体核算制度的完善,可以相应制定主要高碳排放工业活动领域,如水泥、钢铁、玻璃、石灰等产业的温室气体排放标准制度,并适时将其确定为强制性标准。从前述关于温室气体核算和报告方法的论述和发改委发布的主要行业的温室气体核算指南来看,二氧化碳等温室气体排放与工业活动中的能源消耗有着较为固定的比例关系,随着温室气体核算机制的完善,可以估算出不同行业单位产品的平均二氧化碳排放量,并以此为基础建立各高碳排放产业的温室气体排放标准。

(二)建设前或运营许可制度

与以行政管制手段淘汰落后产能的"关停并转"制度相似,以控制固定设

---

① 参见《工业和信息化部公告 2014 年工业行业淘汰落后和过剩产能企业名单(第一批)》,工信部公告 2014 年第 45 号。还可参见发改委:《产业调整指导目录》(2013 年),"淘汰类"。

② 参见《中华人民共和国标准化法》第 7 条、第 14 条。

施污染物排放而运行的建设或者运营许可制度(以下简称为"建设许可制度")
作为环境许可制度的一种,同样也是政府主导的行政管制手段。所不同的是,
"关停并转"针对的是在运营的既有高碳排放固定设施;而建设许可制度则是
基于新源控制原则着眼于新建固定设施和改建既有固定设施的排放问题。在
该制度下,那些预期会对环境产生负面影响的主要工业设施建设项目,依法应
当在新建或者实质性改建前,评估其建设或者运营的环境影响并向环境主管
机关提出申请。如经审核后,行政机关认为相应设施建成后的污染物排放达
不到法定的环境标准,则不予许可。这种事前监管的模式,是从源头上对污染
物排放所可能造成的环境问题进行法律控制的有效机制,一直为主要减排责
任国环境法律所普遍采纳,比如:美国《清洁空气法》"预防空气质量显著恶化
计划"(Prevention of Significant Deterioration of Air Quality,以下简称 PSD)
下的建设前许可制度(Preconstruction Requirements)[1]和第五章(Title V)所
建立的大气污染防治运营许可制度(Operating Permits)[2];依据我国《环境保
护法》、《环境影响评价法》和《城市规划法》的相关条款,那些在城镇规划区域
内可能污染或者影响生态环境的主要工业建设项目,也必须经环境影响评估
和建设许可申请后方可开工建设;欧盟早在上个世纪 80 年代就通过《关于环

---

① 根据 CAA 下有关 PSD 的相关条款,任何有可能每年排放超过该法确定标准任意
空气污染物的重大固定污染源必须获得建设前许可(Preconstruction Requirements),以确
保新建项目能够切实达到国家空气质量标准的要求。See 42 U.S.C. §§ 7475;7479(1);
主要排放设施(major emitting facility)指任何排放或者有可能排放 100 吨/年空气污染物
的一个类型的固定污染源:燃用化石燃料的蒸汽发电厂,选煤厂(热干燥),卡夫纸浆厂,波
特兰(硅酸盐)水泥厂,原锌冶炼厂,钢铁厂,原铝矿石还原设施,初级铜冶炼厂,日处理 50
余吨垃圾的市级焚烧炉,氢氟酸,硫酸,硝酸厂,石油精炼厂,石灰厂,磷矿石加工厂,焦炉,
硫回收厂,炭黑厂(炉工艺),原生铅冶炼厂,燃料转化厂,烧结厂,再生金属生产设施,化工
厂,每小时热输入超过 2.5 亿英热单位化石燃料锅炉,处理能力超过 30 万桶的石油储存
和转运设施,铁燧岩矿石加工设施,玻璃纤维加工厂,木炭生产设施等等;"主要排放设施"
还包括年排放 250 吨空气污染物的任何其他类型的固定污染源;但是,新设或者改建的各
州确定为例外的非营利性健康和教育机构不属于该条所指主要排放设施。

② See Clean Air Act,Section 502.

境影响评价的指令》(Directive 85/337/EEC)①建立了对于那些对环境有重大影响建设项目的强制性环境影响评价制度。

　　传统的建设许可程序并不涉及气候变化或者控制温室气体排放的内容，但是随着气候变化负面影响的明确化，主要减排责任国开始考虑在许可申请过程中的环境影响评价中纳入对于气候变化的评估，比如欧盟委员会 2009 年提出的修正上述环评指令的提案；②美国 EPA 制定的《预防空气质量恶化和第五章有关规定对于温室气体调整适用的规则》(*Prevention of Significant Deterioration and Title V Greenhouse Gas Tailoring Rule*，以下简称《调整适用规则》)，以规范和指引《清洁空气法》下建设前许可和运营许可对于温室气体的适用。与美国 EPA《调整适用规则》下直接以主要固定排放源的温室气体排放量作为许可程序启动阈值标准相比，欧盟修改后的环评指令则是在传统的适用条件上将气候变化作为环境影响的一个内容纳入环评环节。原因可能在于，自"马萨诸塞州诉美国环境保护署"一案后，温室气体已经成为《清洁空气法》下被规制的空气污染物，美国 EPA 基于成文法对于固定设施的"碳污染"有通过建设前许可和运营许可制度予以规制的法定职权；而欧盟仍以碳交

---

　　① See EC，Council Directive 85/337/EEC of 27 June 1985 on the assessment of the effects of certain public and private projects on the environment.该指令在 1997 年、2003 年、2009 年均有修改，主要是对其附件 1 下强制环境影响评价的项目进行调整；可参见 Council Directive 97/11/EC of 3 March 1997 amending Directive 85/337/EEC on the assessment of the effects of certain public and private projects on the environment，Directive 2003/35/EC of the European Parliament and of the Council of 26 May 2003 providing for public participation in respect of the drawing up of certain plans and programmes relating to the environment and amending with regard to public participation and access to justice Council Directives 85/337/EEC and 96/61/EC - Statement by the Commission and Directive 2009/31/EC of the European Parliament and of the Council of 23 April 2009 on the geological storage of carbon dioxide and amending Council Directive 85/337/EEC。之后，在 2011 年和 2014 年，欧盟又对该指令作了进一步的修改，一个重要的内容就是扩大了环境影响评估的内容，将社会新兴环境问题，如气候变化、生物多样性等问题纳入环评范畴；See DIRECTIVE 2011/92/EU OF THE EUROPEAN PARLIAMENT AND OF THE COUNCIL of 13 December 2011 on the assessment of the effects of certain public and private projects on the environment and DIRECTIVE 2014/52/EU OF THE EUROPEAN PARLIAMENT AND OF THE COUNCIL of 16 April 2014 amending Directive 2011/92/EU on the assessment of the effects of certain public and private projects on the environment.

　　② See EU，Proposal for a Directive of the European Parliament and of the Council Amending Directive 2011/92/EU on the Assessment of the Effects of Certain Public and Private Projects on the Environment，COM/2012/0628 final-2012/0297 (COD).

易制度作为应对气候变化的基本制度。

有鉴于此,本书以下将以美国为例,介绍并分析低碳约束下建设许可制度考虑温室气体排放量而得以适用所导致的制度变迁,以为我国低碳城镇化相关法律保障制度的完善提供借鉴。

1. 低碳约束下的建设许可制度变迁:以美国为例

美国 EPA 通过《调整适用规则》试图建立直接依据温室气体排放量而启动的建设运营许可制度。依据 CAA 的相关规定,所有每年排放或者可能排放 100 吨以上任意空气污染物的火电厂、选煤厂、水泥厂、钢铁企业、锌铝铜等金属冶炼厂、市级垃圾焚烧炉、石油精炼厂、化工厂等等,以及每年排放或者可能排放 250 吨以上任意空气污染物的其他类型固定污染源,新设或者改建都需要获得建设前许可,除非经州政府确认为例外的非营利性健康和教育机构。[1] 当 CAA 仅适用于传统污染物时,只有大型的发电厂、钢铁企业或者冶炼厂才有可能符合这一标准,从而适用建设前或者运营许可。然而,由于 GHGs 的物理性质,"100(250)吨/年"这一标准显然过低,甚至办公楼、公寓、零售商店、政府建筑(比如法院)、小型农场或者餐厅都有可能达到,从而需要获得"建设前许可"或者"运营许可"。EPA 也承认如果对 GHGs 同样适用"100(250)吨/年"这一标准可能导致"荒谬"(absurd)的结果,会使得 EPA 和州环境保护主管部门遭遇申请许可的"井喷"——比适用于传统污染物增加数百倍的工作量,也会增加企业的合规成本。[2] 这些合规成本主要来自 PSD 项目下的主要排放设施依法必须安装或者实施"现有最佳技术"而带来的高昂成本、监控空气污染物排放的监控成本、对设施导致或者可能对空气质量造成的影响进行分析的成本,以及其他程序必须的文书准备工作所导致的咨询服务成本和律师费等等。[3] CAA 第五章的运营许可也会产生诸如监控、信息报告、年审费用等必要的合规成本。[4] 因此,EPA 采取了一种"三步到位"的渐进性措施:将 100(250)吨/年这一确定性的成文法标准暂时提高到 100000

---

① See 42 U.S.C.A. § 7479.

② EPA, Prevention of Significant Deterioration and Title V Greenhouse Gas Tailoring Rule, 75 FR 31514, p. 31533. EPA 估计,受规制的固定污染源将从 15000 个迅速增加到 6100000 个,文件工作的成本将增加 2250 亿美元,工商业也会产生更高的合规成本。

③ See 42 U.S.C.A. § 7475.

④ See 40 CFR 70.6.

(75000)吨/年①——试图通过《调整适用规则》，将 PSD 项目和 CAA 第五章下的建设和运营许可限制适用于大型的工业和商业企业，以避免使之不合理的适用于那些办公楼、公寓、零售商店、政府建筑（比如法院）、小型农场、餐厅或者那些不能承担建设前或者运营许可所产生合规成本的中小企业。

　　EPA 的《调整适用规则》由于过于"激进"，且覆盖范围广、经济影响深远，几乎涉及国民经济所有的构成部门，因此，自颁布开始执行伊始就遭遇了各州和相关产业的前所未有的激烈反对。② 这些反对意见在责任监管联盟诉 EPA（Coalition for Responsible Regulation，Inc. et al. v. EPA）一案中并未得到美

---

　　① 　按照 EPA 的设计，"逐步到位"要经过三个步骤：首先，从 2011 年 1 月 2 日起，那些因排放传统污染物"100～250 吨/年"以上而被要求申请建设前许可的主要固定污染源，如果其温室气体排放达到 75000 吨/年以上，应就其温室气体向监管机关申请建设前许可；其次，从 2011 年 7 月 1 日起，除上述因温室气体以外的空气污染物排放而无论如何也必须申请建设前许可的主要固定设施以外，排放或者可能排放 100000 吨/年二氧化碳当量温室气体的新建固定设施，必须申请建设前许可；再次，排放 100000 吨/年二氧化碳当量温室气体的在运营固定设施，如果其改建可能导致温室气体排放量增加 75000 吨/年二氧化碳当量以上，其改建也必须申请建设前许可。美国环保局计划中的第三步还未实施，该监管规定（Tailoring Rule）就被提交法院进行司法审查。参见 Coalition for Responsible Regulation，Inc.，et al. v. EPA，684 F.3d 102 （2012）和 Utility Air Regulatory Group v. Environmental Protection Agency，134 U. S. 2427 （2014）。此外，EPA 还提出对于小规模排放源的"六年例外"（6-year exclusion），并计划在 2016 年 4 月 30 日之前，就 GHGs 排放问题制定新的与小规模排放源相关的规定。EPA 的这一规则事实上已经在运行，比如纽约、加利福尼亚、康涅狄格、特拉华、伊利诺伊、爱荷华、缅因、马里兰、马萨诸塞、新墨西哥、俄勒冈、罗德岛、佛蒙特、华盛顿等这些支持 EPA 规制 GHGs 行动的各州。

　　② 　作为申诉方要求对 EPA 的各项规则制定进行司法审查的州有德克萨斯、密歇根、佛罗里达、印第安纳、肯塔基、路易斯安那、密西西比、内布拉斯加、北达科他、南达科他、俄克拉荷马、南科罗琳娜、犹他、弗吉尼亚等；See 2011 WL 5884466，Reply Brief of Texas for State Petitioners and Supporting Intervenors。产业协会或者其他机构包括美国农业联盟（AFBF）、美国钢铁协会（AISI）、美国石油天然气协会（API）、美国商会（U.S. Chamber）、促进责任监管联盟（Coalition for Responsible Regulation）、印第安纳钢铁铸造协会、北美工商矿业协会（IMA-NA）、密歇根制造业协会（Michigan MA）、全国石油化工和精炼协会（NPRA）、太平洋法律基金会（Pacific Legal Foundation）、有效空气质量监管组织（UARG）等代表各相关产业利益的 60 多家全国性或者区域性的非营利性产业协会和企业；See Joint Opening Brief of Non-State Petitioners and Supporting Interveners，2011 WL 5884467. See also，"EPA Emission Rules Face Test at High Court"，The Wall Street Journal，A4，Feb. 19，2014.

国哥伦比亚特区联邦巡回上诉法院(以下简称"上诉法院")的支持。① 对于上诉法院的这一裁定,反对者随后请求全体法院重审(Rehearing En Banc)。② 这一请求随后被拒绝;③他们随即向最高法院申请调卷令(Writ of Certiorari)撤销上诉法院的判决,④对 M 案以及 EPA 的相关规则进行进一步司法审查。

在审结的"公用空气监管组织诉 EPA"(Utility Air Regulatory Group v. EPA)一案中,最高法院认为:美国环保局没有权力改写成文法的确定性标准;法律既没有迫使也没有允许作为执法机关的美国环保局如此解释法律以要求固定排放源因其潜在的温室气体排放而必须获得《清洁空气法》所规定的预防重大危害制度下的建设前许可和第五章运营许可;但是,EPA 有权依据《清洁空气法》要求那些因传统污染物而无论如何都需要申请建设前许可和运营许可的固定排放源,必须采取"最佳现有控制技术"降低其温室气体排放。⑤ 这说明基于"先例必须遵守"原则,最高法院显然不愿意推翻其在"马萨诸塞州

---

① See Coalition for Responsible Regulation, Inc., et al. v. EPA, 684 F. 3d 102. 该案涉及的卷宗(Docket)有 94 个。上诉法院合并审理后,认为,"人类活动引发的气候变化危及公共健康和福利这一结论"是合理的,EPA 的《关于〈清洁空气法〉第 202(a)款下温室气体危害和因果关系或者影响因素的认定》(即 Endangerment and Cause or Contribute Findings for Greenhouse Gases under Section 202(a) of the Clean Air Act)并不是武断和任意的。EPA 有责任将许可(即 PSD 项目的建设前许可和 CAA 第五章的运营许可)适用于主要的(GHGs)排放者,原告各州和被监管的产业及产业联盟缺乏理由推翻 EPA 延期并逐步规制 GHGs 的计划。

② 全体法院重审(Rehearing En Banc)是美国联邦上诉法院中特殊的审判形式。一般情况下,上诉法院以三人组成的合议庭审理案件,在两种情况下,经当事人请求,如符合以下两种情况:一、为保证或者维持法院判决的一致性而有必要;或者,二、所处理的问题具有特别重要意义时,经构成巡回法院全体法官的多数决定,可以决定全体法官听审或者重审案件。28 U.S.C.A., Rule 35: En Banc Determination。

③ See Coalition for Responsible Regulation, Inc. v. EPA, 2012 WL 6621785.

④ See Petition for Writ of Certiorari, American Chemistry Council v. EPA, 2013 WL 1697570, No.12-1248; Utility Air Regulatory Group v. EPA, 2013 WL 1191182, No. 12-1146; Commonwealth of Virginia v. EPA, 2013 WL 1177275, No. 12-1152; Coalition for Responsible Regulation, Inc. v. EPA, 2013 WL 1697572, No.12-1253; Pacific Legal Foundation v. EPA, 2013 WL 1177276, No. 12-1153; Energy-Intensive Mfrs. Working Group on Greenhouse Gas Regulation, et, al., v. EPA, 2013 WL 1697573, No. 12-1254; Chamber of Commerce of the United States of America v. EPA, 2013 WL 2352590, No. 12-1272; State of Texas v. U.S. Environmental Protection Agency, 2013 WL 2280944, No 12-1269.

⑤ Utility Air Regulatory Group v. Environmental Protection Agency, 134 U. S. 2427 (2014).

诉美国环境保护署"的基本立场。在法院看来,美国环保局是最合适的温室气体监管者[1]——既然《清洁空气法》所规制的大气污染物包括温室气体,且温室气体确实会导致公共福利和健康的损害,那么美国环保局就有权在《清洁空气法》的范围内采取合理措施监管温室气体排放。美国最高法院否定的是环保局改写成文法确定标准的违宪行为;而对其依法监管主要固定排放源的温室气体排放的合法举措,法院则尊重其自由裁量权,恪守司法的谦抑性。

　　经过最高法院的司法审查后,EPA 期望确立的直接依据温室气体排放量而实施的许可制度并未完全建立。但是基于法定职权,它仍有权要求那些因传统污染物的排放超出 CAA 确定的阈值(100~250 吨/年)而必须获得建设前许可的主要固定污染源,在申请许可的技术分析[2]中考虑温室气体减排的最佳现有技术——该技术分析实质上就是要求申请者就其新建或者实质性改建项目的环境影响进行评价,并结合当前技术水平,提出预期的减排措施安排和减排目标。

　　因此,与前述火电厂温室气体排放限值标准的确立中的"最佳减排机制"相仿,美国 CAA 下的建设前许可和运营许可的最终获取关键在于"最佳现有技术"。依其定义,最佳现有技术是一种排放限制制度,是根据《清洁空气法》下被规制的任一从拟新建和改建的主要固定排放源中所排放的空气污染物的最大减排水平为基础来设定的。而该最大减排水平,则是由许可机关在个案审查的基础上综合考虑能源、环境、经济影响及成本等因素的前提下,衡量特定固定污染源设施在生产过程和现有的方法、系统和技术中对于能源洁净、清洁燃料或者能源技术革新等各类污染物控制技术手段的应用,才得以确定其可获取性。[3] 对于温室气体的最佳现有技术分析,许可机关必须对于每一种具体减排技术在待规制排放源中的应用绩效进行分析,量化每种技术措施的

---

[1]　American Elec. Power Co., Inc. v. Connecticut, 406 F.Supp.2d 265 (S.D.N.Y. 2005); 582 F.3d 309 (2nd Cir. 2009); 131 S.Ct. 2527 (2011). 2003 年,康涅狄格、加利福尼亚、纽约、爱荷华、新泽西、威斯康星、罗德岛、佛蒙特等八个州和纽约市,以及三个公益土地信托组织分别向地区法院提起诉讼请求,要求法院依据联邦普通法系下的公害 (Public Nuisance) 理论,为美国电力公司 (American Electric Power Company, Inc) 等六家最大的、构成美国近 10% 人为温室气体排放的火电企业,设置排放上限和逐年减排限额。

[2]　根据美国《清洁空气法》的规定,所有需要申请预防重大危害制度下建设前许可的排放源,必须进行一个详细的科学分析。该分析应当围绕其潜在排放污染物的环境影响,比如水资源、土壤、大气、可视性等,并证明其排放不会造成对任何现行适用环境空气标准的违反,列明其所排放的所有应予规制的空气污染物,并将最佳现有技术控制这些污染物排放。U.S.S.A § 7475(a)(3), (4), (6), (e).

[3]　U.S.S.A § 7479; 40 CFR 52.21(j); 40 CFR 51.166(j).

减排能力,综合衡量其对于环境、能源、经济效益和其他成本的影响。对于每一个申请的排放设施,许可机关必须确定一个能够反映最佳现有技术且可以实现的量化温室气体排放限值。[①]

所以,问题的关键在于如何确定温室气体防控的最佳现有技术。美国环保局建议继续沿用其"五步法"(Five Steps Top-down Framework):识别、筛选、排序、评估、选定。[②] 所谓"识别",是在确定被规制的排放设施或者生产过程类别后,明确所有适用于该类设施或者生产过程的理论上可行的所有污染物控制技术,无须考虑其实际的技术可行性和成本的现实合理性。对于温室气体而言,这些技术主要来自本身排放更低的过程(操作、设计)、附加控制机制和以上二者的结合。比如整体煤气化联合循环机组相对于热电锅炉或者超临界压力锅炉对于亚临界压力锅炉而言,[③]前者就是本身排放更低的过程;CCS就被认为是火电厂和存在高浓度二氧化碳排放的氢生产、合成氨、乙醇、环氧乙烷、水泥生产等工业设施中可利用的附加控制机制。[④] "筛选"则是将技术不可行的减排机制从最佳现有技术的可选择范围内排除;"排序"是将筛选后的剩余可用技术选项按照其应用于温室气体减排的控排效能进行排序;"评估"是对剩余可用每一技术选项实施所可能带来的直接和间接性环境、能源、经济影响进行总体评价;"选定"则是在以上环节结束后,将最具有成本效益性的技术或者技术组合界定为排放源某一污染物控制的最佳现有技术。许可机关以选定的最佳现有技术作为基准为申请许可的固定设施量身定制排放限值。

---

① 40 CFR 51.166(b)(12);40 CFR 52.21(b)(12).

② EPA, PSD and Title V Permitting Guidance for Greenhouse Gases (March 2011);载美国环保局官网:http://www.epa.gov/airprogm/oar/nsr/ghgdocs/ghgpermittingguidance.pdf,下载日期:2014年10月19日。即在以往的预防重大危害制度下所采用的传统方法,被清洁空气法咨询委员会(Clean Air Act Advisory Committee)确认为进行最佳技术分析的主导性方法,并建议负责进行建设前许可和运营许可审批的美国环保局地方办公室和被环保局授权的州环境主管机关沿用这一分析框架来确定温室气体的最佳现有技术。See CAAAC, Interim Phase I Report of the Climate Change Work Group of the Permits, New Source Review and Toxics Subcommittee (Feb. 3, 2010) p. 16 and 18,载美国环保局官网:http://www.epa.gov/oar/caaac/climate/2010_02_InterimPhaseIReport.pdf.下载日期:2014年9月25日。

③ EPA Office of Air and Radiation, Available and Emerging Technologies for Reducing Greenhouse Gas Emissions from Coal-fired Electric Generating Units (October 2010),p. 27,载于美国环保局官网:http://www.epa.gov/nsr/ghgdocs/iciboilers.pdf.

④ See EPA, PSD and Title V Permitting Guidance for Greenhouse Gases,75 FR 70254,p. 70285.

美国环保局并未强制性地要求许可机关采取同一的标准来确定最佳现有技术,而是在个案审查的基础上给予许可机关充分的自由裁量权,去考虑那些能够有效的提高能源利用效率和增加清洁能源利用比率的技术革新和技术创造。总而言之,从当前美国环保局和各州审查机关的实践来看,能源效率是衡量控制温室气体排放最佳现有技术的核心要素,碳捕获与储存技术是最佳现有技术分析中不可规避的一个选项。[①]

2. 对美国 EPA 建设许可制度的评述

抛开美国气候变化法因其普通法系传统而独特的法律变迁路径,仅就EPA 对于主要固定排放源而适用的建设前许可和运营许可制度本身而言,有如下几点值得注意:

第一,基于 CAA 的新源控制原则而倾向于从源头控制温室气体排放。这一倾向虽然在前述电力生产的温室气体排放标准制度中亦有体现,但是PSD 项下的建设前许可和 CAA 第五章的运营许可制度更集中的体现了美国EPA 源头控制的制度偏好。换言之,EPA 倾向于在社会总产品的生产环节采取源头控制措施,而不是在消费领域通过相应的规则或者措施刺激终端消费者。这也是当前主要减排责任国减缓气候变化措施的普遍选择。然而,需要注意的是,如果缺乏对消费环节的政策引导,在生产环节中所实施制度而取得的温室气体减排成果,极有可能因为消费环节终端消费者因能源消费单位实际支出的减少而激励产生更多的终端产品消费而丧失。EPA 选择进行源头控制的原因或可归因于现代民主体制下选民政治的影响。产品消费者作为选民的主体,他们的福利更被政策制定者所关注。但是,无论如何,源头控制的制度规则设定所产生的履约成本,应当通过市场机制传动到终端消费者,以期通过价格调整机制减少高碳排放产品的需求,并进而反馈到生产环节,从而最终的实质性地减少高碳排放的产品制造。从这个意义上看,即使是在需要政府宏观调控手段对低碳技术革新甚至低碳经济发展予以刺激的场合,也需要谨慎地采取政府干预手段,避免所谓的低碳技术和低碳产品产生负激励。这也是碳排放交易机制和碳税等机制为经济学家、法学家和主要减排责任国气候变化政策制定者所青睐的原因——碳排放交易和碳税共通的本质在于为"碳"定价,核心是以价格为核心的市场机制。

第二,联邦层面上能源和工业活动温室气体排放控制的行政管制偏好。

[①]　See EPA, PSD and Title V Permitting Guidance for Greenhouse Gases, 75 FR 70254, p. 70273.

与区域气候变化行动中普遍存在的碳排放交易或者排放信用交易等措施相比,①EPA 依据 CAA 在联邦层面上开展的温室气体控制措施,具有明显的行政管制色彩。所选的控制制度多是以国家成文法为基础、以行政执法为实施手段的排放标准制度、建设许可制度等,具有典型的"命令与控制"特征。EPA 的这一政策偏好归根到底源于 CAA 本身的成文法性质以及当前美国缺乏适用于联邦整体的有关温室气体排放一般义务的现状。即使是学者所鼓吹的市场机制控制温室气体排放标杆的碳排放交易,在缺乏一般强制性减排义务作为支撑的情况下,其实施效益如何并非无可辩驳。芝加哥气候交易所的兴衰正说明,在同样缺失国内强制性减排义务的情况下,碳排放交易并不必然会获得预期的结果。但是,为了避免命令和控制方式所带来的负面影响,EPA 在政策制定过程中往往会进行详细的成本效益分析。

第三,行政管制或监管中的成本效益分析偏好。制度设定中的成本效益分析明显受到法律经济学派的影响。在规则设定中进行详细的成本效益分析,可以保证规则的实施能够获得预期的绩效,同时,也为规则本身提供正当性和合理性、为规则的实施提供激励。② 以 PSD 建设前许可制度为例,其使用范围仅限于那些排放超过一定阈值的主要固定排放设施(100/250 吨每年)。其原因除基于大型企业能够负担相对高昂的合规成本之外,还在于这些企业的被规制污染物(包括温室气体)排放量在全国范围排放总量中的份额最高、最为集中,更易于监管和控制。然而,在气候变化相关的规则制定中进行成本效益分析,必须注意其局限性。这些局限性主要来自人类

---

① 比如加州实现其温室气体减排目标的重要机制就是总量控制与排放交易制度(cap and trade)。《加利福尼亚全球气候变暖应对法》将减排目标进一步具体化为"至 2020 年,在 1990 年基础上减排 25%;至 2050 年,必须在 1990 年基础上减排 80%"。其 2020 年减排 25% 的目标,实质上已经超出《京都议定书》下发达国家平均的减排程度。该法要求加利福尼亚空气资源局(California Air Resources Board,以下简称 CARB)采取如下措施:第一,在 2008 年前,通过适用于重要温室气体排放源的强制监控刚和报告规则;第二,在 2010 年前,公布早期温室气体减排措施清单,并通过实施这些措施相关行政规章;第三,在 2009 年前完成一项准备计划用以说明主要排放源实现温室气体减排的可能性;第四,在 2011 年前制定并通过规章,以在市场基础上或者替代机制化下取得温室气体减排"最大程度上技术可行性和成本效益性"。依照该法,CARB 必须考虑多种因素,包括措施的经济效益、整体社会福利、为合乎空气质量标准和有毒空气污染物减排而付诸的各项努力的影响,以及对于低收入群体或者社区所可能造成的负面影响。CARB 最终选择一个重要机制就是可与西部气候行动(Western Climate Initiative)下的区域项目相关联的温室气体总量管制与排放交易制度。

② See Jonathan S. Masur, Eric A. Posner, Climate Regulation and the Limit of Cost-Benefit, 99 Cal. L. Rev. 1557.

对于全球变暖问题认识上的不足以及气候变化问题本身的不确定性,比如后果的严重程度、问题成因认识上的模糊。气候变化效应所具有的不可逆性也在某种程度上加大了成本效益分析的难度,特别是碳排放的社会成本的明确计量。[①] 不管怎样,EPA 相关的立法都为我们提供制度上的范本,值得我们借鉴。

第四,结合最佳现有技术或者最佳减排机制在个案基础上进行实质审查。与当前行政许可由核准主义向备案制度发展的整体趋势相异,在涉及整体公共利益考量的环境许可制度中,特别是对环境可能造成明显污染或者对生态平衡构成不可逆转的负面影响的规划或者建设项目,反而趋于严格,强调实质审查,并不断扩展待审查的范围和事项。

3. 低碳约束下建设许可制度的完善

总的来说,在我国现有的法律制度下,城镇区域范围内的主要工业设施建设必须获取或者经过以下许可程序,方可开工、建设、运营:第一,建设规划许可证。根据《城乡规划法》的规定,在城市、镇规划区内进行建筑物、构筑物、道路、管线和其他工程建设的,建设单位或者个人应当向城市、县人民政府城乡规划主管部门或者省、自治区、直辖市人民政府确定的镇人民政府申请办理建设工程规划许可证。[②] 该许可证的颁发主体是城市规划主管机关,从其所需提交的文件内容来看,主要包括土地使用证明、建设工程设计方案、修建性详细规划等,并不涉及建设项目的环境影响评价问题。

第二,建设项目环境影响评估程序。根据《环境影响评价法》的相关条款,工业设施的建设单位应根据项目对生态环境的影响程度向环境主管部门报送"环境影响评价报告书(表或登记表)",就项目概况、周围环境现状、潜在环境影响的分析、预测和评估、所拟采取的环境保护措施类型、技术和经济可行性、项目对环境的经济效益分析,以及对项目本身进行环境监测的建议等内容予以说明。如果建设单位的环境影响评价结论未能通过环境主管部门的审批,项目依法不得开始建设。环境影响评价机制在立法设计上并不仅仅是强调事前监督,同时也规定了对于建设项目运营后的后评价制度和跟踪检查制度。不同建设项目对于环境影响的程度和需要进行环评的具体内容,主要根据环境保护部的《建设项目环境影响评价分类管理名录》予以确定。[③]

---

① See Jonathan S. Masur, Eric A. Posner, Climate Regulation and the Limit of Cost-Benefit, 99 Cal. L. Rev. 1557, pp. 1577-1591.

② 《中华人民共和国城乡规划法》,第 40 条。

③ 参见《建设项目环境影响评价分类管理名录》,中华人民共和国环境保护部令 2008 年第 2 号。

第三，排污许可证。根据最新修改的《环境保护法》的规定，我国实施排污许可证管理制度，实行排污许可管理的企业事业单位和其他生产经营者应当按照排污许可证的要求排放污染物；未取得排污许可证的，不得排放污染物。这一规定为我国在污染物控制方面建立排污许可证制度提供了法律基础。从当前来看，虽然该制度并未在国家层面上统一实施，但是地方已有相应的实践，比如上海、江苏、广东、河北、吉林、重庆等省市。根据环保部2008年发布的《排污许可证管理条例(征求意见稿)》和地方的相关规定来看，排污许可证主要用于规制那些在生产经营过程中排放废气、废水、产生环境噪声污染和固体废物的企事业单位。排污许可证的签发一般需满足以下条件：第一，建设项目环境影响评价文件已被相关环境主管机关批准；第二，污染物防治设施或者措施已被环境主管机关验收合格；第三，具备维护污染防治设施运营的技术能力；第四，有应对环境突发事件的能力；第五，污染物排放符合相关法定(总量控制或者浓度限值)标准。[①]

以上三项许可或者审批程序中最为关键的环节就是建设项目的环境影响评价。首先，对环境有影响的城镇建设项目的建设规划许可证的取得，必须以

---

① 《排污许可证管理条例(征求意见稿)》针对新新项目和现有项目分别规定。新项目满足的条件包括：(1)建设项目环境影响评价文件经环境保护行政主管部门批准或者重新审核同意。(2)有经过环境保护行政主管部门验收合格的污染防治设施或措施。(3)有维持污染防治设施正常运行的管理制度和技术能力；设施委托运行的，运行单位应取得环境污染治理设施运营资质证书。(4)有应对突发环境事件的应急预案和设施、装备。(5)排放污染物满足环保行政主管部门验收的要求。(6)法律、法规规定的其他条件。现有排污者需符合：(1)生产能力、工艺、设备、产品符合国家和地方现行产业政策要求；(2)有符合国家和地方规定标准和要求的污染防治设施和污染物处理能力，设施委托运行的，运行单位应取得环境污染治理设施运营资质证书；(3)设置规范化的排污口；(4)按规定应当安装污染物排放自动监控仪器的排污者，已按照国家的标准、规范安装自动监控仪器；(5)排放污染物符合环境功能区和所在区域污染物排放总量控制指标的要求；(6)有环境保护管理制度和污染防治措施(包括应急措施)；(7)有生产经营的合法资质；(8)法律、法规规定的其他条件。《广东省排污许可证管理办法》(2014年4月1日开始实施)规定，申领排污许可证应当具备下列条件：(1)建设项目环境影响评价文件经有审批权的环境保护主管部门批准或者按照规定重新审核同意。(2)有符合国家和地方标准规定的污染防治设施和污染物处理能力。环境污染治理设施委托运营的，运营单位应当取得环境污染治理设施运营资质。(3)按照规定进行了排污申报登记。(4)按照规定制定污染事故应急方案，配备相应的设施、装备。(5)按照规定标准和技术规范设置排污口。(6)有污染物排放总量控制要求的，应当符合环境功能区划和所在区域污染物排放总量控制指标的要求。(7)按照规定安装污染源自动监控设施，并与当地环境保护主管部门的自动监控系统联网。(8)法律、法规和规章规定的其他情形。

该项目能够通过环境影响评价为前提条件。《环境影响评价法》第 25 条规定，"建设项目的环境影响评价文件未依法经审批部门审查或者审查后未予批准的，建设单位不得开工建设"。其次，在排污许可证制度下，环境评估的通过也是获得许可证的前置条件；且相关污染物设施必须记载在环境影响评价文件中。该文件还是污染物防治设施安装、运转和监测的重要依据，是环境主管机关据以对该等设施验收以及在项目经营过程中采取后评估或者持续性监督的参照。

因此，在城镇区域内工业固定设施的建设许可环节中嵌入低碳约束条件的关键就在于建立适应低碳城镇化的工业建设项目环境影响评价制度。

首先，从制度的适用范围上看，当前的建设项目环境影响评价制度已经广泛适用于能源开采、加工和生产（包括电力生产）、炼铁、炼钢、焦炭、铁合金、电石、电解铝、铜（含再生铜）冶炼、铅（含再生铅）冶炼、水泥（熟料及磨机）、平板玻璃、造纸、制革、印染、化纤、铅蓄电池（极板及组装）、稀土（氧化物）等高碳排放领域。从控制传统污染物的目的出发的环境评价制度并不存在无法可依的问题。根据《建设项目环境影响评价分类管理名录》，因可能会严重影响环境而必须提交"环境影响评价报告书"的工业类建设项目主要是：煤层气和煤炭资源开采，煤炭加工（焦化、液化、气化）；火力发电，装机容量 1 兆瓦以上的水力发电，生物质直接燃烧或者生活垃圾焚烧发电的生物质发电，利用矸石、油页岩、石油焦、污泥、蔗渣等的综合利用发电，潮汐发电，涉及环境敏感区的总装机容量 50 兆瓦以上的风力发电；石油开采，天然气开采；黑色金属采选，炼铁，炼钢，铁合金制造和其他金属冶炼；有色金属采选、冶炼和合金制造；非金属矿采选和制造中的化学矿采选，采盐，水泥制造，石棉采选，日产 500 吨以上的玻璃制造；机械电子行业的汽车、摩托车制造，航空航天器制造；原油加工、天然气加工、油母页岩提炼原油、煤制原油、生物制油及其他石油制品，基本化学原料制造，肥料制造、涂料、染料、颜料、油墨及其类似产品制造，合成材料制造，专用化学品制造，饲料、食品添加剂、水处理剂等，公路、铁路、民航机场、水运码头等基础设施建设，轨道交通、道路、桥梁隧道等城市基础交通设施建设，煤气生产和供应、热力生产和供应、生活污水和工业废水集中处理、生活垃圾集中处理等城镇公共服务基础设施建设等。①

其次，有鉴于我国已经建立相对完善的适用于能源、工业、城市建设、生活

---

① 其他需要提交环境影响评价报告书的行业还包括医药、轻工、纺织化纤等轻工业，加上已提及的工业领域内的建设项目类型，共计 23 大类 140 多项。环境保护部：《建设项目环境影响评价分类管理名录》，"附录"，中华人民共和国环境保护部令 2008 年第 2 号。

设施服务等领域建设项目的环境影响评价制度,因此,在环评制度作为相应建设项目许可法定前置条件的前提下,通过国家立法或者地方立法要求申请建设许可的项目建设单位在必须提交的环境影响评价报告书中考虑项目的气候变化影响,并对那些可能带来大规模温室气体排放的能源、工业、城市公共服务设施等建设项目提出温室气体排放控制目标,或者借鉴美国 EPA《调整使用规则》的做法,通过对现有减排技术的衡量,要求建设项目运营后不得超过一定的排放浓度限值(如前述的能源生产的温室气体排放标准或者结合项目现状设定的个案排放标准),或可借此推动城镇区域内能源、工业、交通、废弃物处理等相应建设项目的低碳化建设和运营。即便限于当前的行政机关专业化水平、社会公众对于气候变化的认知程度、可用于控制温室气体排放的技术可行性等不足以支撑上述制度的实施,也可以参考欧盟最新对于环评指令的修改,要求上述建设项目在环评中对气候变化等新的环境问题予以考虑,从而增加新建和改、扩建项目的减缓潜能和对于气候变化负面影响的适应能力,避免锁定效应可能带来的不利后果。

最后,退而言之,即便不能直接通过环境评价制度中对于气候变化的考量从而建立以温室气体总量控制或者排放标准为条件的建设许可制度,也可以基于对二氧化硫、一氧化碳等同源大气污染物的协同控制原则,在生产运营以化石燃料燃烧为能源供给的工业建设项目中,比如城市热力或者电力供应、钢铁等金属冶炼、水泥生产等,要求建设单位所设立的污染防治设施或者措施必须实现一定的温室气体减排效能。

作为基于"命令—控制模式"的行政管制机制,"关停并转"和建设许可制度的实施绩效得以实现的一个关键在于行政执法机关的严格执法。如果执法机关出于对地方经济的保护不能有效的贯彻上述制度,并在具体的环评审核中过于关注建设项目所带来的经济效益而不重视相关污染控制设施或者机制的建立和正常运转,不依法对项目的运营进行持续性监测和监管,或者不公平地对所有制不同的企业区别对待,就会导致制度的扭曲。正是基于对政府主导下温室气体控制机制无效率或者效率低下的担心,主要减排责任国才积极推行碳税和碳排放交易等"碳定价"制度。前文已对碳税制度进行分析,下文将从城镇工业低碳化的角度对碳排放交易制度的完善予以论述。

(三)碳交易法律制度

同碳税制度一样,碳排放交易也属于碳定价机制,所不同的是该机制是通过立法所创设的碳排放权从而通过碳配额交易市场来形成碳价格,通过立法创造的供需双方在碳交易市场上的博弈达到碳价格与边际减排成本的相等,[①]从而实现社会在低碳治理上的效益最大化。确定低碳发展战略的地方政府,可以通过碳交易制度把区域中长期减排指标转化为年度总量控制目标和排放配额,有偿拍卖或者无偿分配给企业,要求企业在配额额度范围内排放,从而实现区域内总量控制的目标。企业如果配额不足,则必须通过碳交易市场平台,购入差额。自国务院确定"十二五"温室气体控制目标和基本方略后,通过建立碳交易市场来实现低碳发展目标成为低碳省市试点的共同选择,比如北京市、天津市、上海市、重庆市、湖北省、广东省、深圳市等均先后进行了碳排放交易的试点。

　　在地方试点的基础上,国家层面的碳排放交易市场建构也正在推进,并已现雏形。首先,作为市场减排机制,碳排放交易与我国深化市场经济改革的基本思潮和趋势相契合。其次,在应对气候变化成为国家重点战略的前提下,建立全国性碳排放交易市场也正当其时,《国家应对气候变化规划(2014—2020)》已经确定要加快全国碳交易市场的建立。再次,全国性碳排放交易统一市场能够最高程度上降低碳泄露导致的负面影响(比如产业外流),且统一标准也能维持碳价格的稳定,从而形成比较明确的价格预期。最后,全国性碳交易制度的完善和统一市场的建立,能够为那些尚未建立地方性碳交易市场的地方政府提供通过碳交易制度控制本区域范围内温室气体排放的制度基准,也可以为那些已经建立地方性交易机制的省市管辖范围内需要购买碳配额以履行减排义务的重点企业提供更为广泛的交易机会,从而降低其履约成本。根据国家发改委办公厅所发布的《关于切实做好全国碳排放交易市场启动重点工作的通知》,在 2016 年各地方政府主管部门应当完成以下工作,从而使得全国碳排放权交易市场(China's National-wide ETS,CNETS)能够如期自 2017 年得以启动:提出纳入 CNETS 的企业名单;对拟纳入企业的历史碳排放数据进行核算、报告和核查;培育和遴选第三方核查机构和人员;强化能力建设等。[②]

---

　　①　微观经济学理论中一个最基本的规律就是,价格在等于边际成本时能够实现市场交易中的帕累托最优。所谓减排的边际成本是指,每一单位的新增减排量所带来的总成本的增加量。

　　②　参见国家发展改革委办公厅:《关于切实做好全国碳排放权交易市场启动重点工作的通知》,发改办气候[2016]57 号。能力建设的主要内容就是对不同层次的参与人员进行系统性培训和教育活动。比如,对行政管理部门,加强碳排放权交易市场顶层设计、运行管理、注册登记系统应用与管理、市场监管等方面的培训;对参与企业,着重开展碳排放权交易基础知识、碳排放核算与报告、注册登记系统使用、市场交易、碳资产管理等方面的培训;对第三方核查机构,重点开展数据报告与核查方面的培训;对交易机构,主要进行市场风险防控、交易系统与注册登记系统对接等方面的培训。

全国性碳交易市场的建构主要有如下途径[①]：第一,多区域碳交易体系,以当前的7个试点为中心,建设多个区域性碳交易体系,其他省市依其现状选择加入。存在的问题是,如何确保全国性排放目标在区域性市场架构上的实现。第二,行业性全国单一碳交易体系,针对单一行业或者若干重点高碳排放行业领域建立统一的交易体系和制度架构,比如针对电力和热力供应领域,特别是电力行业的统一规则能够有效的限制排放源的数量,从而简化配额分配、监测、报告和核查机制,降低执法成本。第三,重点区域性体系,选择温室气体排放总量比例较高的东部沿海地区(如长三角、珠三角和渤海经济圈)建立包含多种行业的碳交易机制,并将西部地区的核证减排量纳入交易范围。第四,全国性交易平台,即直接构建一个覆盖全国区域范围的多个行业的碳交易市场和制度机制。全国碳交易机制的确立,在施行和运作上会遇到较大的挑战,但是排放源的多元化、边际减排成本的控制等因素可以带来单一性体系(区域性、行业性)所不具备的益处,比如成本节约、市场流动性和投资机会等。

从发改委发布的《碳排放权交易管理暂行办法》(2014)[②](以下简称《碳交易办法》)来看,我国选择的是全国多行业碳交易市场,由中央层面的碳交易主管部门(发改委)统一确定纳入交易的温室气体种类、行业范围和控制源企业标准,[③]确定国家和各省市排放配额总量,确定配额分配的基本方式和标准,运营并管理全国统一的碳排放权交易注册登记系统。但是,《碳交易办法》并不是全盘否定现有已建立的试点碳交易市场而构建一个全新的交易市场,而是在总结现有试点经验的基础上,实现全国碳交易市场建构。从路径依赖的角度来看,全国碳交易市场的建构,包括其核算方法、核查标准、配额核定方法等机制的建立,都需要对现有的碳交易市场试点中的制度经验进行总结,也需要对国家范围内比较成熟的碳交易机制进行借鉴。

1. 中国地方碳交易试点：制度经验和问题

建立全国性碳交易市场和机制来应对气候变化,是国家"十二五"规划的一项内容。自2011年国家发改委批准北京、天津、上海、重庆、湖北、广东和深圳等

---

① 参见杜丹德：《排放权交易与制度创新：中国碳交易试点之经验》,中国环境与发展国际合作委员会2014年委员报告,载 http://www.cciced.net/ztbd/nh/2014/wybg/201412/P020141201318189474825.pdf,下载日期：2010年9月25日；另可参见郑爽等：《全国七省市碳交易试点调查与研究》,中国经济出版社2014年版,第15~17页。

② 参见发改委：《碳排放权交易管理暂行办法》,中华人民共和国国家发展和改革委员会2014年第17号,2014年12月,自2015年1月1日起实施。

③ 纳入的控排企业被初定为石化、化工、建材、钢铁、有色金属、造纸、电力、航空等重点排放行业2013年至2015年中任意一年综合能源消费总量达到1万吨标准煤以上(含)的企业法人单位或独立核算企业单位。

省市开始碳交易的地方试点以来,试点省市已经通过地方法规或者政府规章,建构了碳交易的基本运行机制,比如总量控制目标、控制范围(行业或者企业)、温室气体核算、报告和核查制度(MRV)、排放配额分配规则、交易平台和交易规则、注册登记系统、专门性管理机构等等,基本上形成了全面、完整的碳交易制度基本框架。概言之,有如下制度经验和问题值得全国碳交易体系借鉴和反思。

　　第一,虽然试点省市有不同的地缘特征和经济结构特征,但是基本制度架构上均选择"总量控制和配额交易"模式(Cap and Trade)。[①]总量控制与配额交易模式是当前比较通行的碳交易模式,欧盟、美国 RGGI、加州碳交易市场和 WCI 均从此例。碳交易制度下的总量控制有两层含义。其一,通过碳排放交易来调整的碳排放总量,一般是"自上而下"地根据某段期间(一般与国家五年规划保持同步)需要实现的能源效率提高、碳强度下降、能源消费总量和经济增量(GDP 增速)等经济社会发展指标,结合数据模型进行情景分析来确定全部控排企业的排放总量或者行业控排总量;总量控制目标的确定还会结合自下而上的方式,对企业的历史排放数据、行业技术发展水平、减排潜力等因素进行考量。[②]该总量既是纳入碳交易制度控制的温室气体排放总量指标,同时也是可供交易的碳配额总量。其二,根据企业历史排放数据、行业基准和博弈方法所确定的企业在碳交易制度下的合法碳排放总量,即企业被初始分配(无偿或者拍卖)的碳排放配额。为了实现温室气体减排目标和强化碳配额的稀缺性,企业的年度配额应逐年减少,形式一般表现为通过逐年下降的行业控排系数[③]或碳排放强度作为配额分配方法中的考量因素来实现。

---

　　① 碳交易存在两种基本模式:一种是"总量控制型"模式,一种是"基线和信用型"交易。参见刘明明:《论我国碳排放权交易的模式选择》,载《西南民族大学学报:人文社会科学版》2013 年第 4 期。

　　② 北京市是以 2005—2010 年的温室气体排放清单为基础,预测 2015 年和 2020 年的排放量,并结合"十二五"节能减排整体目标和《北京市"十二五"时期节能降耗和应对气候变化综合性工作方案》确定的重点行业领域节能目标、《北京市清洁空气行动计划》提出的限值高污染行业发展等,设定所有参与交易的重点企业的排放总量。天津市则是根据其"十二五"碳排放强度下降目标、能源强度控制目标、节能规划、国家产业政策等,并结合行业的历史能源消费数据、排放清单、技术特点、减排潜力等因素,采用通过一般均衡模型、能源情景分析模型等进行基准情景、无约束情景、宽松情景和低碳情景分析,估算并设定碳排放总量目标。最终确定的配额总量目标为 1.6~1.7 亿吨二氧化碳,占全市排放总量的 50%~60%。广东省和深圳市也基本上是通过类似的方式。

　　③ 比如能源行业在 2016—2020 年度的控排系数为 10%,基准年度排放量为 100。如果 2016 年为第一个履约年度,则至年末,企业的碳排放量不得超过 90。在第二个履行期(2017 年)初,所确定的本年度企业的排放总量控制为 90 * (1%~10%),即 81。这一控排总量也是企业可以获许的排放总量或者能够取得的碳排放配额最高值。

第二,通过一定阈值标准选定重点行业排放企业为强制性碳交易主体,以平衡制度运行的减排绩效与履约监控成本。北京市所确定的标准为2009—2011年间年均二氧化碳直接或者间接排放量大于1万吨的企业和单位,加上自愿参加的企业共计有415家,行业类型包括火力发电、热力生产、水泥、石化、其他工业和服务业等,管控排放总量占全市比重为40%;《上海市碳排放管理办法》确定的参加企业为钢铁、石化、化工、有色、电力、建材、防治、造纸、橡胶、化纤等工业行业内2010—2011年中任何年度二氧化碳排放量2万吨(包括直接和间接排放)以上的重点排放企业,以及航空、港口、机场、铁路、商业、宾馆、金融等非工业行业内同样期间任意年度二氧化碳排放超过1万吨的重点排放企业,共计191家,约占全市排放量的57%;天津规定的行业主要是钢铁、化工、电力、热力、石化、油气开发等重点排放行业和民用建筑领域内2009年以来任一年度二氧化碳排放量超过2万吨的企业,约114家,占全市排放总量的50%~60%;重庆确定的是年均2万吨二氧化碳当量的工业企业,约254家左右,占全市排放量的39.5%;广东确定的标准相对较低,为1万吨以上的工业企业和5000吨以上的宾馆、饭店、金融商贸等单位,首批纳入管控的是年排放2万吨以上的电力、水泥、钢铁和石化行业内的202家企业和新建项目企业,控排总量占全市总碳排放量的58%;湖北省则以综合能耗6万吨标准煤为标准,纳入建材、化工、电力、冶金、食品、私有、汽车及其他设备制造、化纤、医药、造纸等工业行业下153家企业;囿于经济规模总量,深圳市纳入的是年排放量超过3000吨二氧化碳当量的企事业单位、2万平方米的大型公共建筑和1万平方米以上的国家机关建筑物和资源碳排放交易参与主体。以上可以看出,我国地方试点的已经是多行业的碳交易制度。

第三,建立了比较完善的碳排放核算、报告和核查制度。完善覆盖全项目范围的排放清单是启动排放交易系统的必要前提。从碳交易制度运行的全过程来看,配额总量的确定、企业初始配额的分配、企业履约核查、遵约空缺配额额度的确定及购入、配额上缴和注销、下一年度配额总量的确认与分配等,均需要对管辖边界内、行业领域和企业边界的温室气体排放量进行"核算、报告与核查"(以下简称MRV)。由此,MRV被视为碳交易制度的核心机制,试点省市一般均对涉及行业和企业的温室气体核算方法予以规定,以提供具有比较性的核算指南。[①] 这些核算与报告指南所参考的方法学,主要来自《IPCC

---

① 参见北京市发改委制定并发布的《企业(单位)二氧化碳核算与报告指南》、《北京市温室气体排放报告报送流程》、《北京市碳排放交易核查管理办法(试行)》等;上海市《上海市温室气体核算与报告指南(试行)》以及钢铁、化工等9个行业的核算方法;《天津市企业碳排放报告编制指南(试行)》、《重庆市工业企业碳排放核算与报告指南(试行)》等。

指南》、《省级温室气体清单编制指南（试行）》等，并结合本区域行业特点加以编制。内容上也与上述温室气体核算与报告的基本规则相同（详见前章第一节），包括核算原则、核算边界、排放源、活动水平数据（排放因子等）、不确定性分析、数据质量管理等。

第四，配额分配中大都规定了调整机制；配额管理中也规定了应对价格波动的回购、涨跌幅限制、限制交易等风险机制。配额调整机制被视为中国碳排放交易试点和其他排放交易系统的一个显著区别。在该机制下，碳交易的管理者可以在初始配额分配结束后再次进行配额调整。这一设计可以看成是试点的一种改进，因为这种调整允许交易试点的管理者调控市场的波动性，注销可以导致价格严重下滑的多余配额，对有效地降低了碳排放强度的企业进行奖励，或保护在基本公共服务也易于受到泄露影响的企业，[1]或是因为初始配额分配不能反映企业实际排放量而对配额予以调整。[2] 配额管理中的风险机制与配额调整机制具有功能上的相似性，都是为了保障碳交易市场的稳定。北京市就规定当排放配额交易价格出现异常波动时，市发展改革委将通过拍卖或回购配额等方式稳定碳排放交易价格，维护市场秩序；上海市的规定则更为具体和完备，要求交易平台建立风险预警机制，通过涨跌幅度限制制度、配额最大持有量限制制度、风险警示制度、风险准备金制度，甚至于暂时停止交易等手段，应对操纵交易价格等异常情况。

第五，为保证碳交易的安全和便捷并发挥交易所的自律监管功能，试点基本上以固定交易平台为配额指定交易场所；[3]为增加企业履约的灵活性，均将中国核证自愿减排量纳入交易范围。与传统证券、期货等金融产品从场外交易到场内交易的历史进程不同，碳交易从一开始就是以环境交易所或者专门性的碳排放交易所作为固定的交易平台，辅以场外交易的。这一发展模式形

---

① 杜丹德：《排放权交易与制度创新：中国碳交易试点之经验》，中国环境与发展国际合作委员会 2014 年委员报告，第 21 页。

② 比如北京市的配额调整原因之一为，2009—2012 年四年的算术平均值，即基于历史排放法所确定的初始配额分配不能真实反映重点排放单位排放量的情况。参见：《北京市碳排放权交易试点配额核定方法（试行）》。天津市在 2014 年 3 月公布了 2013 年年度配额调整和新增设施配额补充发放办法，规定：对于电力热力行业，按照实际产量以及已确定的 2013 年基准，发放调整配额；对于这些行业以外的企业，如果 2013 年度企业碳强度较 2012 年下降幅度大于全市平均水平，且二氧化碳排放量较 2012 年增长 20% 以上的企业，可以申请配额调整。转引自郑爽等：《全国七省市碳交易试点调查与研究》，中国经济出版社 2014 年版，第 181 页。

③ 即北京环境交易所、上海环境能源交易所、天津排放权交易中心、重庆联合产权交易所、深圳排放权交易所、广州碳排放权交易中心、武汉光谷联合产权交易所。

成的原因在于，排放权或者排污权等环境金融交易产品本身所固有的法律创
设性，不同于证券或者期货产品所代表的股权和期权。企业在交易所既可以
购入地方性立法权力所创设的地方碳排放权利证书，比如北京排放许可、上海
排放许可、重庆排放许可等区域性碳排放配额，还可以购入一定比例（5%～
10%）的中国核证自愿减排量作为履约补充。所谓中国核证自愿减排量
（Chinese Certified Emission Reduction，以下简称 CCER），是指根据《温室气
体自愿减排交易管理暂行办法》向排放交易主管部门（发改委）备案的核证自
愿减排量①。CCER 的引入，强化了碳交易试点企业履约的灵活性，同时也为
地方性的碳交易试点注入了全国性的特征，为全国性碳交易的开展也提供了
经验；由于 CCER 的项目来源主要是西部新能源和可再生能源项目，对 CCER
的交易形成了对西部地区从事新能源开发和碳汇开发的转移支付，客观上起
到了支持国家西部大开发战略的目的。

第六，注重第三方机构的培育，通过注册登记系统对配额总量、企业配额
分配和履约进行信息化管理。从各试点省市的相关规定来看，由专业的第三
方机构对企业的碳排放进行核查，属于通例；也均规定要求建立"碳排放配额
登记注册系统"，对配额的取得、转让、变更、清缴、注销行为进行管理。②

第七，均规定未能履约的法律责任（惩罚机制），责任或者惩罚力度一般均
高于超额排放量的平均市场价格。责任形式主要以罚款为主，比如北京市是
处以 3 倍～5 倍的处罚；上海市是 5 万～10 万元罚款；重庆和深圳均是 3 倍市
场均价的罚款；湖北省除课以 3 倍罚款以外，还从下一年度的应分配配额中扣
除双倍的超额额度；天津市并未规定罚款，而是要求超额排放的企业限期改
正，处罚体现在 3 年内金融和政策优惠的剥夺。

当前地方碳交易试点的主要问题或者说需要改进之处主要有如下几个方
面：第一，现在碳交易机制，由于试点期的短暂以及配额交易中的诸多限制，可
能使得投资者或者企业的管理者怠于作出减排技术开发和减排设施安装的长
期投资决策。配额只有在当前年份到来时才会被发放，且只允许配额的现货
交易，未给风险对冲机制留下实施空间，导致企业就更加缺乏进行长期规划决

---

① 参见发改委：《温室气体自愿减排交易管理暂行办法》，发改气候〔2012〕1668 号，
第 21 条。根据该办法第 13 条的规定，CCER 标准主要是 2005 年 2 月 16 日以后开工建设
的采用经国家主管部门备案的方法学开发的自愿减排项目，比如北京环境交易所联合
Bluenext 环境交易所推出的自愿减排标准熊猫标准；获得国家发展和改革委员会批准作
为清洁发展机制项目，但未在联合国清洁发展机制执行理事会注册的项目；获得国家发展
改革委批准作为清洁发展机制项目且在联合国清洁发展机制执行理事会注册前就已经产
生减排量的项目；在联合国清洁发展机制执行理事会注册但减排量未获得签发的项目。

② 可参见《上海市碳排放管理试行办法》第 14 条、第 23 条。

策的动力。配额调整机制在某种程度上也限缩了企业决策的空间。美国酸雨排放交易机制的成功的一个关键因素就在于其通过立法确认了相关配额长达30年的有效期。第二,我国的碳交易试点将直接排放源和间接排放源混合在一起。例如,发电者(例如,电厂)和用电者(例如,北京和上海的大型商业建筑)同时被包含在同一个排放交易系统中,同时被分配配额,互相之间可以进行交易。这可能会导致重复计算排放量或减排量的问题。第三,碳交易政策的强制力和约束力较弱。这是因为各地的相关制度建设大都是通过地方政府规章的形式,并未通过法律的形式对碳排放权和排放配额的法律属性进行定义,会阻碍公平、公正碳交易市场环境的建立。

2. 国际碳交易市场的制度经验

自从2003年全球第一个具有法律约束力、基于《京都议定书》减排机制的温室气体排放登记与交易平台芝加哥气候交易所(Chicago Climate Exchange,CCX)创立以来,世界范围内的碳交易制度步入了快速发展期,欧盟主要减排责任国、印度、加拿大、澳大利亚等国家纷纷创立碳交易市场平台,以推行政府减排计划,履行《公约》项下量化减排义务。从当前国家层面、区域和地方性碳交易平台机制来看,碳交易制度在国际上已经形成强制性碳交易制度为主体、自愿性碳减排机制为辅助,场外与场内交易并存,现货交易与期货交易相协调的基本格局。作为履约义务主体的重点排放企业,既可以通过固定的碳交易所购入其他义务主体多余的配额作为履约补充,也可以通过场外交易购入一定比例的核证减排量,抵销其在总量控制下应当缴纳的配方配额;可以通过出售其预期的可获得的碳排放配额期权,来对冲项目的长期性所可能遭受的碳价格波动风险。

第一,强制性碳交易和自愿性碳交易。前者的典型代表是欧盟碳交易体系(EU ETS),其碳交易规则体现为具有强制性的欧盟法律(2003/87/EC),各成员国必须通过国家碳排放配额分配法案贯彻欧盟对于碳交易原则和主要减排责任国碳排放总量的规定,且欧盟委员会有权审核成员国的配额分配方案;被纳入减排交易的行业和部门企业并没有选择是否加入的权利,只要符合相关纳入标准,即应参加碳交易。① 后者的以 CCX 为代表,其基础并非表现为国家制定法形式,而是公司和其他实体自愿作出的具有法律约束力的减排承诺,即对《芝加哥协定》的书面认可。相比之下,基于国家法律建构的强制性碳交易市场,企业有更大的动力参与。② 芝加哥气候交易所的兴衰也证明,缺乏刚性的制度约束,自愿性碳交易平台很难形成稳定的碳价格,减排绩效也无法得以保证。

第二,配额型碳交易和项目型碳交易。前者交易的对象是在总量控制下的碳排放配额,如 EU ETS 下分配给企业允许其在 3—5 年间排放的温室气体数量的凭证;后者指的是依据《京都议定书》清洁发展机制、联合履约减排机制和自愿减排机制,实施减排项目所获得的核证减排量,类似于前述的 CCER。

第三,现货交易平台和期货交易平台。碳排放现货市场的功能在于满足企业或者政府调节排放配额或者核证减排量的余额,交易的产品是已经核发的排放配额或者核证减排量。碳现货交易可以细分为场外和场内两种方式。场外交易主要以核证减排量为对象,主要通过经纪商(如英国能源经济商协会)进行。在 EU ETS 下,场外交易的量约占到半数左右,极大程度上活跃了碳交易市场,扩大了其交易规模。场内交易主要是标准化的碳排放合约,由交易所和专业清算机构监督交易过程并维护交易结果,相比场外交易,能够降低对手风险。碳排放期货交易的主要功能在于提供规避或者转移减排风险的工具,并通过期货交易来发现排放配额和核证减排量的远期价格。活跃的期货交易是金融衍生品市场完善的标志。出于为企业管理经营碳交易风险提供工具,国际碳交易平台大都提供碳期权合约交易产品,如澳大利亚气候交易所、

---

① European Commission,Directive 2003/87/EC of the European Parliament and of the Council establishing a scheme for greenhouse gas emission allowance trading within the Community and amending Council Directive 96/61/EC [hereinafter Directive 2003/87/EC];also Directive 2004/101/EC of the European Parliament and of the Council amending Directive 2003/87/EC establishing a scheme for greenhouse gas emission allowance trading within the Community,in respect of the Kyoto Protocol's project mechanisms [hereinafter Directive 2004/101/EC],Directive 2008/101/EC of the European Parliament and of the Council amending Directive 2003/87/EC so as to include aviation activities in the scheme for greenhouse gas emission allowance trading within the Community [hereinafter Directive 2008/101/EC],Directive 2009/29/EC of the European Parliament and of the Council amending Directive 2003/87/EC so as to improve and extend the greenhouse gas emission allowance trading scheme of the Community [hereinafter Directive 2009/29/EC].

② See Richard L. Sandor,Good Derivatives:a Story of Financial and Environmental Innovation,Wiley 2012,P403.

蒙特利尔气候交易所、欧洲气候交易所等。

除此之外,随着国际气候变化问题的发酵,建构统一性国际碳交易平台的趋势更为明显。欧盟 ETS 已经进入第三个阶段,在成员国碳交易机制基础之上逐渐形成欧盟单一的碳交易市场,配额分配也已经过渡到全额拍卖阶段,不再有免费配额的存在。区域性碳交易市场也在开始探寻跨国家合作减排的机制,比如美国的"西部气候行动"(以下简称 WCI)就存在加州碳交易市场与WCI 其他成员州市场的对接,同时也存在着美国各州与加拿大 4 个省之间的碳交易对接。① 从其步骤来看,首先是各成员在通行规则下建立各自的碳排放交易系统;其次是不同的子系统之间进行配额的交易从而最终形成统一的碳交易市场,比如加利福尼亚与魁北克省于 2012 年签订的对接两地碳交易的协议。

就碳交易制度的具体设定而言,主要减排责任国关于配额签发、交易、结算、核查、报告等方面的具体规则,与我国碳交易试点中的具体制度设定并无不同。甚至在某些方面,中国碳交易试点的制度设定由于后发优势,可能更为完善,比如配额调整机制的设定。然而,我国当前的碳交易机制由于试点性和地方性等原因,在履约期间、覆盖范围、温室气体核算与报告规则、碳排放期货交易等方面,与国际成熟的碳交易制度,如 EU ETS,还存在差距,比如场外交易的限制、碳排放期货交易的禁止。这些差距最为根本的原因还在于我国碳交易制度还没有发展到全国性市场的阶段。因此,从制度演化的趋势来看,我国碳交易制度最为紧迫的就是总结当前地方性碳交易的制度经验,以国际碳交易市场发展趋势为背景,借鉴成熟碳交易市场下的具体制度,建构碳交易基本法律制度和全国性碳交易市场平台。

对国外碳交易市场的经验总结,更为重要的是避免重走歧路。碳交易的核心问题在于形成强有力的碳价信号,从而有效的激励对低碳技术和低碳产品的研发和利用,从而降低温室气体的排放。而碳价的高低取决于碳交易市场上配额的供求平衡。EU ETS 作为当前制度建构最为完善的机制,仍然存在诸多不完善之处,特别是其所存在的配额大量盈余所导致的市场内供求失衡问题直接影响到碳价格信号的形成,使得其碳价长期走低,直接影响碳交易机制本身有效性的发挥。CCX 则在美国能源法案未包含有关总量控制和交易的机制后,由于制度预期落空而导致的碳价剧跌而终止。以下试对二者进行简要的分析,以解释影响 ETS 下碳价格的关键因素。

(1)CCX 对于制度预期的依赖和落空

---

① See WCI, Design for the WCI Regional Program 2010, at http://www.c2es.org/docUploads/design-for-the-wci-regional-program.pdf, last visit on March 24, 2017.

作为供应和需求均依赖于法律创设的交易物,[①]碳配额的稀缺性决定于制度本身。CCX所交易的碳金融产品(Climate Financial Instrument,CFI)在2008年出现明显的波动。根据桑德尔教授(Sandor)的陈述,CFI的价格从2005年底的每吨＄2.00上浮至2008年年中的每吨＄7.40,随后即跌至每吨＄1.64。

CCX内对于碳配额的需求主要来自其潜在的资产价值,而这一价值则取决于美国预期的气候变化法对于碳交易制度的采纳。因此,在CCX成立之初,为了募集设立交易所所必须的会员企业,CCX的雇员们必须向有意愿参加自愿碳排放交易的公司说明该交易产品对于公司的经济价值,即让公司相信CFI对于公司而言是一个盈利的工具而不会造成新的成本。在建立CCX碳配额交易的流动性,即创设供求关系时,CCX的发起者必须说服那些犹豫的观望者,排放一定额度温室气体的配额或者许可权是一项被低估的资产,正是这些公司所需要的能够对冲公司经营风险的优良资产,与对冲基金发行的产品有异曲同工之妙,能够丰富其公司的资产组合。[②]

对于以营利为目的的公司而言,可持续性和环境领域的信誉是一个重要的战略,但是,环境道德上的要求并不是公司购入CFI或者其他形式的碳配额的一个决定性原因。公司的社会责任只能算是公司自愿参与应对气候变化行动的一个软约束。[③] CCX必须确保强制性的碳交易在未来是一个确定性的政策选择。如此,一方面,它需要向会员和参加公司阐述这一机制的确定性;另一方面,它又必须参与到相关的立法中,推动该机制成为确定性的法律。CCX的主要成员多次在美国国会就碳交易制度提供质询。桑德尔教授和CCX的迈尔·沃什(Mile Walsh)曾就总量控制和交易机制的问题向美国参议院能源和自然委员会和众议院能源和商业委员会提供质询意见,解释说明CCX的原作和其对气候变化事务的参与。在巴厘岛气候变化会议召开之前,CCX还被邀请向约翰·克里(John Kerry)所领导的参议院外事委员会就气候变化国际谈判事宜做专项报告。这些对于立法事务的深度参与使得CCX

---

① See Richard L. Sandor, Good Derivatives: a Story of Financial and Environmental Innovation, Wiley 2012, p. 403 (Carbon traders are made, not born)

② See Richard L. Sandor, Good Derivatives: a Story of Financial and Environmental Innovation, Wiley 2012, pp. 398-404.

③ See Issachar Rosen-Zvi, You Are Too Soft!: What Can Corporate Social Responsibility Do For Climate Change?, 12 Minn. J.L. Sci. & Tech. 527 2011 (The "hard" regulatory environment, which serves as a background for soft law's operation, is of utmost importance. Soft law cannot by itself provide an answer to the mammoth problem of climate change, as quoted).

和它的成员企业相信碳交易制度会成为美国应对气候变化政策的重要内容。由此,碳价在 CCX 达到了它的最高点,即每吨 $7.40。①

事与愿违,预期的能源立法虽然得以通过,但是众议院通过的气候变化法案文本在参议院并未得到顺利的通过,且其中包含"总量控制和交易"的部分被删节;参议院所讨论的法案仅包括能源政策(energy-only bill)。②造成这一结果的原因被部分的归于因"气候门事件"而导致的对于气候变化科学认知完整性和科学性的质疑。更为重要的原因则在于,EPA 开始制定并披露其拟将温室气体视为传统污染物并以 CAA 予以规则的监管规则。再考虑到奥巴马政府所主张的清洁电力计划,美国的气候变化政策基调已经转而支持"命令与控制"模式下的标准和许可机制。因此,到 2009 年底,CCX 的碳价跌至冰点,每吨仅 $0.10。

可见,制度预期的落空会导致碳价格的急剧下跌从而减损甚至抹除碳交易机制的有效性。

(2)EU ETS 的配额过度供应问题

EU ETS 经历过两次碳价格的剧烈波动(见下图 3.2)。一次是市场的建构初期;一次是在 2008 年前后,即全球金融危机期间。

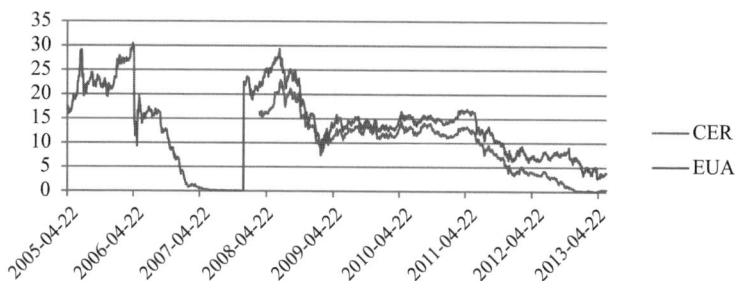

图 3.2:EU ETS 的碳价波动:2005 年—2013 年③

数据来源:欧洲气候交易所 European Climate Exchange (ECX)

欧盟碳价下跌的主要动因在于超量的碳配额。这主要来自两个方面:一

① Richard L. Sandor, Good Derivatives: a Story of Financial and Environmental Innovation, Wiley 2012, pp. 415-416, Figure 20.1: CCX CFI closing price 2007—2011.

② See Richard L. Sandor, Good Derivatives: a Story of Financial and Environmental Innovation, Wiley 2012, p. 424.

③ See data from the European Energy Exchange [hereinafter EEX] (According to the data released by European Energy Exchange (EEX), leading auction platform for emission allowances in the EU ETS, the carbon price was around 5 € per ton from 2014 to July 2016, which maintained a stable price from 2013), http://www.eex.com.

是初始分配过多所导致的企业持有的配额盈余过大;二是经济周期下滑使得企业开工不足而导致的对于碳配额的需求萎缩。

影响配额的初始分配因素主要是总量设定问题。有学者曾对欧盟2005—2007 年的碳价崩盘(见上图 3.2)的内在驱动进行分析,认为 EU ETS 第一个阶段的总量设定没有达到充分的限制性(stringency)以产生配额市场交易的动机。[1]在该阶段,总量设定并不是以自上而下的方式由欧盟统一设定而是各成员国根据其历史排放数据和经济发展水平所确定的各成员国独立的总量合并计算而成。在 2006 年 5 月份,欧盟委员会确认其核销的当年配额仅为 8000 万吨,低于当年分配配额总量的 4%。[2]这意味着,参加企业手中持有足够的配额来履行其应当上缴核销配额的义务,从而没有必要通过碳市场购入外部配额用于履约。激励碳减排的配额的稀缺性被成员国配额分配计划.(National Allocation Plans)所导致的过量初始分配所损害。

从第二个阶段开始(2008 年—2012 年),EU 的立法者即开始试图逆转配额超量供应的趋势。主要的措施就是降低成员方在总量设定和初始分配上的自主权。在确定第二个阶段的配额总量设定时,欧盟委员会根据排放情景对各国提交的分配方案进行了审查和修改。[3]在对建立 EU ETS 的"2003/87/EC"予以修改的一个法规中,欧盟宣布建立一个泛欧的碳排放总量(EU-wide cap)以替代各成员国独立的总量设定模式。在气候的多个文件中,欧盟承认,基于国别的总量控制模式所提供的制度供给并不足以确保欧盟委员会所确定

---

[1] Emilie Alberolaa, Julien Chevallierb and Benoît Che`zec, Price drivers and structural breaks in European carbon prices 2005—2007 (on April 2007 the second compliance disclosed that verified emissions were about 30 million tons or 1.45% lower than the 2006 allocation, and the EUA spot price seems to react to this new information by moving towards zero), Energy Policy 36 (2008) 787~797, pp. 794-795.

[2] European Commission Emissions trading: EU-wide cap for 2008—2012 set at 2.08 billion allowances after assessment of national plans for Bulgaria (IP/07/1614, Brussels, October 26, 2007) http://europa.eu/rapid/press-release_IP-07-1614_en.htm. According to summary information released hereto, the total cap fixed by 28 member states in Phase 1 was 2298.5 million tons, making a great surplus comparing to the 2005 verified emissions of 2122.16.

[3] See European Commission, Emissions trading: EU-wide cap for 2008—2012 set at 2.08 billion allowances after assessment of national plans for Bulgaria (IP/07/1614, Brussels, October 26, 2007) http://europa.eu/rapid/press-release_IP-07-1614_en.htm, last visit on March 24, 2017.

的 2020 年和 2050 年减排战略的实现。① 因此,EU ETS 开始进入泛欧总量阶段。②并且自第三个阶段来时,EU ETS 的总量设定开始引入逐年递减的因子,即每年所确定的碳排放总量在 2010 年值的基础上每年递减 1.74%。根据这一规定,EU ETS 内的配额供应将可以减少 3800 万欧盟碳配额单位(EUAs)。这可以缓解配额超量供应的问题。

　　积重难返。EUAs 供应和需求的失衡并没有因上述措施的采取而得以根本改观。EU ETS 的碳价在 2008 年 4 月攀升至每吨 30 € 左右后即开始逐渐下跌。至 2013 年,即 EU ETS 第三个阶段开始,其碳价格跌至每吨 5 € 左右,并持续至今。③在 2012 年和 2015 年两次发布的"欧盟碳市场运行报告"中,欧盟委员会确认配额的过量供应仍是欧盟碳市场的典型特征,配额盈余约为 20 亿单位。④这一数额在 2013 年增至 21 亿;2014 年开始实施的配额回收机制(the back-loading measure)避免了这一数字的增加,如果没有这一措施,这一数字将增至 25 亿。⑤ 问题是,企业在 2013 年因生产排放需要的配额仅为 19.6 亿单位。欧盟必须采取结构性的改革以重构配额的供需平衡来维持

---

　　① 　EC, Proposal for a DIRECTIVE OF THE EUROPEAN PARLIAMENT AND OF THE COUNCIL amending Directive 2003/87/EC so as to improve and extend the greenhouse gas emission allowance trading system of the Community, 2008/0013 (COD), p. 7. EU endorsed an objective of a 30% reduction lower than 1990 by 2020, provided that other developed countries would commit themselves to comparable emission reductions and economically more advanced developing countries contribute adequately according to their responsibilities and respective capabilities. The Council also made a firm independent commitment of at least a 20% reduction of GHG emissions by 2020, irrespective of any international agreement. In the longer term, by 2050, the European Council reaffirmed that developed countries should collectively reduce their emissions by 60% to 80% by 2050 compared to 1990. EC: EU Climate and Energy Package (Citizens' summary).

　　② 　EC, COMMISSION DECISION of 22 October 2010 adjusting the Union-wide quantity of allowances to be issued under the Union Scheme for 2013 and repealing Decision 2010/384/EU [hereinafter Decision 2010/634/EU]. See also Directive 2003/87/EC, Article 9a.

　　③ 　See EC, The state of the European carbon market in 2012 (COM (2012) 652 final)", p. 5, Figure 1: Carbon Price Evolution, available at http://ec.europa.eu/clima/policies/ets/reform/docs/com_2012_652_en.pdf, last visit on March 24, 2017.

　　④ 　See EC, The state of the European carbon market in 2012 (COM (2012) 652 final)", pp. 6-7.

　　⑤ 　See EC, Report on the functioning of the European carbon market 2015 (COM (2015) 576 final), p. 19, Available at http://ec.europa.eu/clima/policies/strategies/progress/docs/com_2015_576_annex_1_cover_en.pdf, last visit on March 24, 2017.

碳价对于低碳经济发展的激励效应。被提议的措施包括在第三个阶段收回已发行的配额、扩大 EU ETS 的覆盖范围至更多的部门、对国际碳信用在本市场的交易施加比例限制和地域来源限制、建立价格调控储备机制、在 2014 年推迟 4 亿单位配额的拍卖等。[①] EU ETS 的该类措施的目的在于通过减少供给和扩大需求重新激发配额交易的流动性,维持较高的碳价格。

结合对 CCX 和 EU ETS 的经验并对比我国地方碳交易市场的实践,我们可以推断全国碳交易市场运行初期很有可能存在同样的配额的供求平衡问题。首先,CNETS 是总结地方 ETS 试点的基础上建构并运转的,继承了地方市场在总量设定上的自下而上方式,即由各地方政府确定参加碳交易的重点企业,由企业核算并报告其历史排放数据,再根据该历史排放数据结合一定的减排系数设定总的排放总量限制。这一总量设定方式与欧盟第一个阶段的方式相似。欧盟通过这一总量设定方式确定的配额分配在绝对的总量控制模式下依然遭遇了价格波动,而我国的排放总量限制从目前看仍是以碳排放强度的下降为目标设计的相对排放总量控制模式。限制性上存在先天的弱约束性。并且,地方政府在确定控排企业和初始配额分配中较大的地方自主权,也扩大了配额超量供应的可能性。其次,考虑到我国经济发展阶段以及碳排放峰值仍未达到,绝对的总量控制设定可能也在现阶段无法成为制度现实(见下图 3.3)。也就是说,CNETS 在其第一个阶段可能会因为总量设定和配额初始分配的数量的过于宽松而存在价格低位,即碳价格信号对于低碳经济发展的激励有效性不足的问题。

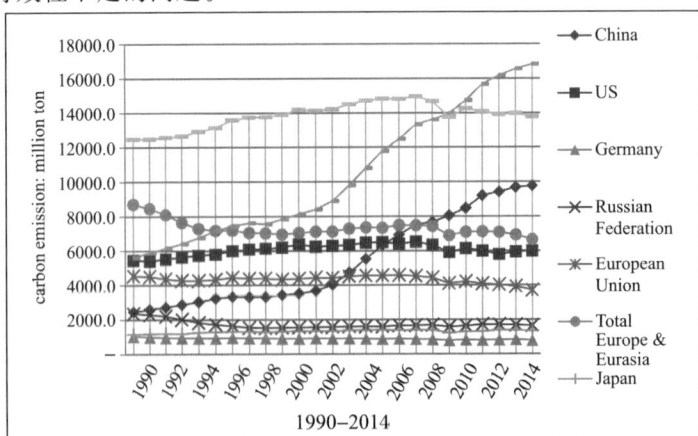

图 3.3 世界主要国家和地区的碳排放

数据来源:国际能源署 CO_2 数据

[①] See EC,Report on the functioning of the European carbon market 2015(COM(2015)576 final),p. 19.

概括来讲,有以下因素可能会对配额的供求产生影响:第一,总量控制交易成为法律的确定性。其能够保证持续的配额供给和需求,是该等机制的根本性保证。第二,排放总量的刚性约束。这一因素决定了配额的供给量,也间接地决定了对配额需求的强劲与否。第三,初始分配数量。过多的初始分配数量会使得企业持有过多的配额盈余,直接导致配额的超量供应;对配额的需求也会因企业可以以其持有的配额用于履约而消退。① 第四,控排企业的行业范围和数量。原则上控排的行业越广、企业越多,对于配额的需求也就越高。但是,这是在排放总量刚性约束的前提下。如果排放总量刚性不足,即配额的发放缺乏有效的控制,控排范围的扩大并不能带来其预期的效应。当然,经济运行周期、能源价格也会对碳价格造成影响。

3. 低碳城镇化下的碳交易制度完善

总之,在应对气候变化的国家重要战略大背景下,碳交易制度是促进低碳城镇化的重要制度构成,也是通过市场机制来实现减排目标的主要机制。结合前述,以低碳城镇化为目标的碳交易制度,应当从以下方面继续完善:

第一,为建立社会对于总量控制交易的制度确定性预期,保障企业对碳配额的持续性需求以保障碳价的激励相应,应尽快改变以规章作为碳交易制度基础的现状,加快《气候变化法》的立法进程,通过国家法律建立碳交易制度的基本框架,比如界定碳排放权或者排放配额的基本法律属性,确认总量控制为碳交易基本模式,规定配额分配的基本方式,承认场外交易与场内交易的合法性,允许碳交易平台开发碳期货交易产品,对企业不能如期履约的法律责任进行规定。通过法律建构碳交易制度是当前国际气候变化法发展的基本趋势,因为对于交易主体而言,只有体现国家强制性的法律才能够作为强制性碳排放交易的合法基础,而只有强制性的排放配额义务要求才能构成企业参与碳交易的稳固动力来源。更深层讲,正是因为立法才使得碳排放这一天然性的权利成为可以交易的对象,生成了碳排放配额的供求关系,使得其成为一种稀缺性的资源,才使得以排放配额的最佳配置为目的的碳交易制度成为控制碳排放、实现社会效益最大化的一种市场化机制。

第二,完善全国性交易平台,形成全国性、区域性和地方性多层次市场体

---

① The report aforesaid revealed that the banking allowance in circulation in the beginning of the Phase 3 was 1749540826. See EC, Report on the functioning of the European carbon market 2015 (COM (2015) 576 final), p. 20. As stated by EC, the starting point for determining the total number of allowances in circulation is the total number of allowances remaining after phase 2 of the EU ETS (2008—2012), which were not surrendered or cancelled. These allowances were replaced by phase 3 allowances at the end of the second trading period.

系。发改委《碳排放权交易管理暂行办法》提出，由国务院碳交易主管部门确定全国性碳交易平台。可供选择的路径不外乎两条：(1)抛开现有已建立的地方性碳交易平台和登记注册系统，重新建立新的碳交易平台管理机构和交易系统。现实的例证就是全国中小企业股份转让系统与其运营管理机构全国中小企业股份转让系统有限责任公司的创立。在这一全国性新三板创立时，已经在运营成熟的股权场外交易所有上海股权交易所、天津股权交易所等。创立全新的全国性碳交易平台的优势在于，可以突破现有试点平台的地域性限制，尽快建立比较统一的制度基准。(2)选择现有的某一地方试点平台作为基础，赋予其管理全国性碳交易的职能，比如北京环境交易所、上海环境能源交易所或者天津排放权交易中心。这一路径虽然可以减低新设机构所可能增加的初始成本，但是，由于这些地方性交易平台人员、行政隶属、资金机制等方面的限制，比如容易受到地方政府的行政干预、地方保护主义的影响，以及本身所承担功能的多元性，可能很难对全国性重点排放企业形成专业、有效的监管。因此，仿照"新三板"的模式，创设全新的由国务院批准的碳交易系统及独立运营管理机构，或者能够更快的完善我国碳交易制度，发挥其调控功能。也就是说，应当建立统一的全国性的碳排放交易管理登记注册系统。这有利于向"自上而下"总量设定模式的转变，即由全国性主管机关根据本国边界内的温室气体核算数据，根据减排情景分析"自上而下"的确定一个排放总量控制，再根据各地方政府的排放比例和控排系数向下分配排放配额。

第三，依托全国性碳交易平台，在总结地方试点经验的基础上，国家碳交易主管部门应当尽快制定适用于较长期间内(5—10年)内的相关具体制度，比如统一的、基于基准年或之后年份排放量计算的控排企业纳入标准；与更广泛的经济目标相一致的配额分配方法，无论是基于历史排放数据的祖父法还是行业基准法，均应保证配额分配的公平、公正和高效；包含配额储存机制在内的配额义务灵活履行方法；统一的配额交易规则、第三方核查机构认定标准和程序、企业碳排放核算与报告指南、允许抵销的核证减排量比例、可以利用的风险对冲工具；统一的用于记录排放配额的持有、转移、清缴、注销的碳排放权交易注册登记系统等。

全国性碳交易制度、交易平台和注册登记系统的建立，并不影响现有地方性碳交易平台之间区域协调机制的建立。在信息化时代，股权、排污权和碳排放权此类权证的交易，基本已经实现了注册登记系统内的电子化交易。地理上的空间距离对虚拟性、电子化、跨地区权证交易的完成，已不存在实质性的阻碍效应。通过地方性注册登记系统与全国性注册登记系统之间的数据交换，在技术上完全可以实现不同地方性交易平台之间的区域化对接，而需要突破的可能仅仅是通过制度创新突破行政管辖上的抽象隔断。

因此,对于有权提出本行政区域内所有符合标准的重点排放单位名单甚至扩大行业覆盖范围、有权制定并执行比全国统一的配额免费分配方法和标准更加严格的分配方法和标准、有权对重点企业的免费配额进行调整的地方政府而言,如果其不属于进行地方性碳交易试点的省市范围,全国性交易平台的建立事实上就提供了其行使上述裁量权而基于碳交易制度控制本地区温室气体排放的有效制度工具;如果其属于碳交易试点省市,地方性碳交易平台就可以为重点企业的履约,提供补充机制。

三、交通低碳化法律保障制度

交通系统排放是城市总碳排放的重要组成部分。早在《京都议定书》第一履行期时(2008—2012),有学者就认为欧洲议定书下减排义务的实现,最重要的内容之一就是控制交通部门的二氧化碳排放。一般来说,城市交通的温室气体排放主要取决于四个因素:居民的出行方式和货物运输方式、居民出行距离和货物运输距离、交通工具的能效特征、城市交通系统的运行特征。在这四个因素中,出行方式、出行距离和城市交通系统的运行特征,在很大程度上取决于其他城镇系统要素——城市的空间形态、空间结构、街区特征、城市社会经济属性、政策环境乃至居民的行为偏好等非交通要素,往往需要更为系统化的政策工具来控制其对交通系统碳排放量的效应,比如基于低碳约束的城镇总体规划、城镇交通专项规划等。学者们所提倡的"公共交通导向"(Transit Oriented Development,TOD)土地利用和交通规划设计就是从规划角度实现低碳城镇发展的一种系统化解决方案。[①]

与之相比,交通工具的能效特征反映的只是单位交通出行距离或者单位客运周转量的能源消耗水平。提高交通工具的能源使用效率或者推进交通工具的低碳能源替代率,是当前减少交通系统碳排放水平的主要技术性路径。与出行方式、出行距离和城市交通系统等城市系统性要素相比,直接以消耗化石燃料的机动交通工具作为控制交通领域碳排放的规制对象,在规制设定和制度实施上相对简单。考虑到城镇化阶段中国私人汽车保有量和机动车能源

[①]　参见彼得·卡尔索普、杨保军、张权等:《TOD在中国:面向低碳城市的土地使用和交通规划设计指南》,中国建筑工业出版社2014年版,"序言"部分和第25～28页。学者认为TOD具有"增加出行便利性、降低碳排放、增加经济活力、提高空气质量、保护可耕农田、创建和谐繁荣社会"等效益;TOD需要遵循以下八项原则:(1)设计适宜步行的街道和人行尺度的街区;(2)自行车网络优先;(3)提高道路网密度;(4)发展高质量的公共交通;(5)混合使用街区;(6)根据公共交通容量确定城市密度;(7)通过快捷通勤建立紧凑的城市区域;(8)通过调节停车和道路使用来增加机动性。

消耗量连年递增的现状,通过制定机动车温室气体排放标准和低碳燃料标准来强化交通工具的低碳能效特征,也更具有针对性。

(一)机动车温室气体排放标准制度

机动车的温室气体排放标准,是指立法机关或者有权制定环境标准的环境主管机关基于控制交通领域温室气体排放的目的,针对不同用途的道路交通工具或者相关发动机制定的二氧化碳等温室气体排放浓度限值,一般以单位里程为计量标准。由于机动车的温室气体排放与其燃料消耗密切相关,因此温室气体排放标准制度的确立往往伴随着燃油经济标准的变动。以欧盟为例,其轻型机动车的碳排放据统计占到欧盟全部碳排放的15%;重型机动车占到6%。为降低来自机动车的碳排放,欧盟在2007年和2008年先后制定的关于轻型乘用车和商务车污染物排放标准的型式核准(即欧5和欧6轻型车污染物测定标准)基础上,[①] 与2009[②]和2014[③]年制定了针对轻型机动车的强制性温室气体排放标准制度,要求汽车生产厂家所生产的各类轻型车辆在2015年前达到平均二氧化碳排放130克二氧化碳每千米(g/km)、2021年达到95g/km的水平。相应的燃油经济性标准则为2015年5.6升/100千米(汽油)或者4.9升/100千米(柴油),2021年4.1升/100千米(汽油)或者3.6升/100千米(柴油)。对于重型机动车,欧盟也正在制定温室气体的履行标准。

与欧盟相似,美国也以控制交通领域的温室气体排放以减缓气候变化为

---

① See EU,Regulation(EC)No 715/2007 of the European Parliament and of the Council,on type approval of motor vehicles with respect to emissions from light passenger and commercial vehicles(Euro 5 and Euro 6)and on access to vehicle repair and maintenance information,Official Journal of the European Union,L 171/1;EU,Commission Regulation(EC)No. 692/2008,implementing and amending Regulation(EC)No. 715/2007 of the European Parliament and of the Council on type-approval of motor vehicles with respect to emissions from light passenger and commercial vehicles(Euro 5 and Euro 6)and on access to vehicle repair and maintenance information,Official Journal of the European Union,L 199/1.

② See EU,Regulation(EC)No 443/2009 of the European Parliament and of the Council of 23 April 2009 setting emission performance standards for new passenger cars as part of the Community's integrated approach to reduce CO_2 emissions from light-duty vehicles.

③ See EU,Regulation(EU)No 333/2014 of the European Parliament and of the Council of 11 March 2014 amending Regulation(EC)No 443/2009 to define the modalities for reaching the 2020 target to reduce CO 2 emissions from new passenger cars.

立足点,制定了低碳约束下的机动车温室气体排放标准和燃油经济性标准。所不同之处在于,美国 EPA 的监管立法是在最高法院确定二氧化碳等温室气体属于 CAA 下的空气污染物之后开始的。换言之,对于机动车温室气体排放标准的设定是建立在 CAA 下完善的机动车大气污染物防治制度之上的。此外,EPA 的规则已经覆盖重型机动车,涉及的温室气体种类包括二氧化碳(CO_2)、一氧化二氮(N_2O)和甲烷(CH_4)等。相比之下,更为完善。

EPA 的机动车温室气体排放标准和燃油经济性标准(下文仅就温室气体排放标准予以介绍)是以分类管理制度为基本框架的——以北美行业分类系统下有关机动车的分类作为基础,将所有的机动车区分为"轻型机动车"和"中型和重型机动车和发动机"两个基本类别,规定不同的检测方法和排放限值。

1. 轻型机动车的温室气体排放标准

轻型机动车的温室气体排放标准目前已覆盖"2012—2016"[①]和"2017—2025"[②]两个阶段的新产品年度。适用的车辆主要包括用于轻型乘用车、轻型卡车以及中型客运车辆(载重量 8500 至 10000 磅);标准规制的对象包括机动车行驶中排放的二氧化碳(CO_2)、一氧化二氮(N_2O)和甲烷(CH_4)等温室气体。其中二氧化碳的标准设定是根据车辆的不同轮径、分车型分别设定的。排放的基准值是综合美国公路循环和城市道路循环行驶油耗测定方法得出的。虽然美国环保局当前所采用的测定方法尚不能区别车载空调系统的油耗和对应排放,但是如果车辆生产商能够证明其汽车空冷系统确实有较大的改进,其相应车型的温室气体排放限值可以获得一定的信用额度(Credits),可用以抵销以后新车型年度未达到以前年度排放限值标准要求的部分。

2011 年轻型机动车辆平均二氧化碳排放限值在 325 克/英里(203.12 克/千米);到 2016 年,不同车型轻型机动车的二氧化碳排放限值平均水平将达到 250 克/英里(156.25 克/千米)[③];2025 年则在 163 克/英里(101.28 克/千米)[④]。

2. 中型和重型机动车的排放标准

EPA 将载重量在 8500 磅以上的机动车(上述的中型客车除外)都归入"中型和重型机动车和发动机"的类别来设定所适用的温室气体排放限值。该

---

① EPA,Light-Duty Vehicle Greenhouse Gas Emission Standards and Corporate Average Fuel Economy Standards (hereinafter referred as Light-Duty Standards),75 FR 25324-01

② EPA,2017—2025 Model Year Light-Duty Vehicle GHG Emissions and CAFE Standards:Supplemental Notice of Intent (hereinafter referred as Light-Duty Standards 2017—2025),76 FR 48758-01.

③ EPA,Light-Duty Standards,at 25346.

④ EPA,Light-Duty Standards 2017-2025,at 48758.

类别下的机动车包括重型牵引车、重型卡车、重型敞篷货运车辆、厢式货车以及职业类车辆等。[①] 对于此类车型,美国环保局并未以轮径为基准,而是按照功能将"中型和重型机动车和发动机"进一步区分为三个类别,并分别设定相应的基准以确定二氧化碳排放限值。

第一,全挂车和半挂车等组合牵引类车辆(Combination Tractors)。美国环保局考虑了核定载重量、挂车类型、牵引车辆高度等影响基本燃油消耗和温室气体排放量的各类因素后,将该类车辆进一步细化为 9 个子类别[②]分别设定对应的排放限值。这 9 个子类别机动车辆平均二氧化碳排放限值为 2014 新车型年度 92.22 克/吨英里、2017 年 89.44 克/吨英里。[③]

第二,重型敞篷货运卡车和厢式货车(Heavy-Duty Pickup Trucks and Vans)。[④] 对该类别机动车,出于对消费者偏好和公众评论意见的考量,美国环保局最终着眼于车辆的工作用途,综合考察其负荷能力与牵引能力(为精确而以磅计量),并对在该类车辆因四轮驱动技术而增加的车辆净重所导致的排放效应课以特定变量,以得出该类车辆二氧化碳排放限值标准的计算公式:"$CO_2(g/mile)=[a \times WF]+b$"。[⑤] 其中"a"和"b"是美国环保局经检验后所确定的固定的随年度变化的变量,代表的是监管机关的减排预期;"WF"代表

---

① EPA, Greenhouse Gas Emissions Standards and Fuel Efficiency Standards for Medium- and Heavy-Duty Engines and Vehicles (referred as Medium- and Heavy-Duty Standards), 76 FR 57106-01, at 57110.

② EPA: Medium- and Heavy-Duty Standards, at 57139. 这些子类别为:1、Class 7 Day Cab With Low Roof,2、Class 7 Day Cab With Mid Roof,3、Class 7 Day Cab With High Roof,4、Class 8 Day Cab With Low Roof,5、Class 8 Day Cab With Mid Roof,6、Class 8 Day Cab With High Roof,7、Class 8 Sleeper Cab With Low Roof,8、Class 8 Sleeper Cab With Mid Roof,9、Class 8 Sleeper Cab With High Roof. 美国环保局经分析认为,牵引车的高度以及是否因遵守联邦车辆运输安全管理局(Federal Motor Carrier Safety Administration)关于驾驶时间限制的规定而为昼夜连续运输建造特殊的牵引机车,会导致油耗基准和温室气体排放量的不同。

③ EPA: Medium- and Heavy-Duty Standards, at 57140. 根据美国环保局的规定,最终该类车辆的排放限值以"克/吨英里"表示,其中"吨"指有效负荷承载能力,即核定载重能力。以"解放 J6P 型重卡"为例,其核定载重为 16.13 吨,假定其对应的 2014 年排放限值为 92 克/吨英里,则该车型每英里排放限值为 1483.96 克二氧化碳。也就是说,这种大型车辆即便完全符合排放限值标准,每行驶 1000 公里,即会排放将近 1 吨的二氧化碳(927.475 千克)。

④ EPA: Medium- and Heavy-Duty Standards, at 57160-57168.

⑤ EPA: Medium- and Heavy-Duty Standards, at 57164.

的是被规制机动车的工作特征,其值取决于车辆的核定载重量和牵引能力。①
以"五十铃厢式货车"为例,其核定载重量为 3086.47 磅(1.4 吨),牵引能力为
3373.07 磅,燃料为柴油。美国环保局所确认的 2014 年排放系数(a,b)分别
为 0.0478 和 368,2018 年系数为 0.0416 和 320。② 根据公式,该车型 2014 年
的二氧化碳排放限值为 518.96 克/英里(324.34 克/千米)、2018 年为 451.37
克/英里(282.11 克/千米);实现二氧化碳减排幅度为 13.02%。

　　第三,应用于城市运输、垃圾搬运、设施服务、倾倒、混凝土搅拌、转接服
务、校车、应急处理等功能的各类职业车辆。美国环保局试图将所有未包括在
上述两个子类别中的车辆类型均归入此类别一并规制。为避免车辆类型众多
所导致的排放限值基准(baseline)难以确定的问题,美国环保局最终决定针对
车辆底盘制造上和发动机生产厂家制定基于车辆底盘和引擎类型的二氧化碳
排放限值标准。③ 据轮胎滚动阻力的改进水平,底盘类型细分类别为轻重型
(light heavy-duty)、中重型(medium heavy-duty)和重重型(heavy heavy-
duty);引擎类型区别为汽油发动机或是柴油发动机。相应的二氧化碳排放限
值可参见下表格 3.4④ 和表格 3.5⑤:

----

①　EPA:Medium- and Heavy-Duty Standards,at 57164."WF"的计算公式为:WF=
Work Factor=[0.75×(核定载重量+xwd)]+(0.25×牵引能力)。其中"xwd"为固定变
量,如机动车为四驱,则为 500 磅,如否,则为"0";牵引能力计算则是综合系统核定总重
(gross combination weight rating)减去车辆总重量(gross vehicle weight rating)。

②　EPA:Medium- and Heavy-Duty Standards,at 57164.

③　EPA:Medium- and Heavy-Duty Standards,at 57168-57185.美国环保局认为,对
车辆底盘和发动机的制造商设定排放限值标准或许能够克服相对单一的耗能和排放基准
的缺失。相对于规模较小、数量众多的车辆机身厂商而言,底盘和发动机的制造厂商相对
规模较大、数量较少,便于监管和排放标准的实施。

④　EPA:Medium- and Heavy-Duty Standards,at 57174.根据该表,以我国"东风天
龙混凝土搅拌运输车"为例,其车辆底盘载重量为 2.1 吨,可归类于中重型,对应的 2014
年标准值为 234 克吨英里,则其每行驶一英里二氧化碳排放量为 491.4 克,相当于 305.35
克每公里;2017 年的相应值为 293.61 克每公里,减排比例为 3.87%。

⑤　EPA:"Medium- and Heavy-Duty Standards",at 57177.仍以我国"东风天龙混
凝土搅拌运输车"为例,如安装康明斯 L375-30 型柴油发动机,马力为 375 匹。根据该表,
其 2014 年作业一小时的二氧化碳排放限值 22.5 千克,2017 年为 21.6 千克,减排幅度
为 4%。

表 3.5　基于底盘重量区分的职业车辆二氧化碳排放限值

类型与标准年	轻重型	中重型	重重型
2014	388	234	226
2017	373	225	222

单位:克/吨英里(gram/ton-mile),吨指底盘载重量

表 3.6　引擎二氧化碳排放限值(以柴油发动机为例)

标准年	轻重型	中重型	重重型
2014	600	600	567
2017	576	576	555

单位:克/马力小时(g/bhp-hr)

综上可见,在联邦层面上 EPA 对于机动车温室气体的管控,事实上仍然是基于传统的命令与控制方式,是通过分类管理对不同车型设定与其相对应的并随时间而逐渐收紧的排放限值标准而加以控制。有以下两点值得注意:第一,EPA 关于机动车温室气体排放标准限值的设定,是基于原有的测量方法纳入温室气体排放的测量而生成的,其成文法基础也是调控传统大气污染的既有成文法,相当于在以既有的成文法为基础所发展出来的制度体系上楔入一个新的内容。第二,EPA 制度设定综合考虑了关于技术发展的潜力、生产商采纳新标准所需的必要的时间、现有的排放水平等,并根据车辆的类型设定不同的标准类型,目的在于避免不合理的标准造成执行上的不公平。无论是基于轮径,还是基于核定载重量、底盘重量、发动机类型等因素,强调的都是立法的严密性和监管规则的完整性。此外,考虑监管的成本与效益,也是EPA 立法的一个基本出发点,要求在规则的制定之前要详细进行成本效益分析,力求规则的实施能够实现社会总效益的提高,而非损失。

(二)低碳燃料标准制度

机动车温室气体排放标准制度是从降低机动车单位工作时间或者里程的燃料消耗量来实现减排的,而低碳燃料标准制度(Low Carbon Fuel Standard,"LCFS")则是从降低燃料的碳排放强度来实现减排的。最早通过该制度来应对气候变化的实践出现于美国的加利福尼亚(2009 年 4 月);其《低碳燃料标准》规定至 2020 年在加州境内销售的燃料碳强度(Carbon

Intensity)必须降低 10％。[①] 欧盟几乎在同时也通过对 1999 年燃料标准指令的修改,建立了相应的制度,目标是到 2020 年实现欧盟境内机动车燃料碳强度在 2010 年基础上降低 6％,[②]且其内容基本上与加州的规则类似。燃料的碳强度一般以其单位热值的二氧化碳排放当量表示,即克二氧化碳当量每兆焦耳(gCO_2^e/MJ)。加州的《低碳燃料标准》是从 2010 年开始实施的,其确定 2011 年的标准为 95.61gCO_2^e/MJ,2020 年为 89.06CO_2^e/MJ。[③]

与前述可再生能源标准配额标准制度主要适用于电力等能源生产不同,LCFS 则主要适用于交通领域,控制的是对石油等燃料从生产环节到机动车消耗等消费环节的温室气体排放,是将燃料碳排放的生命周期(life circle)评价[④]纳入法律规制的范畴。依加州《低碳燃料标准》为例,其适用对象为在该州境内生产、进口和使用的加州新配方汽油、柴油、压缩天然气、液化天然气等化石燃料,以及电力(电动汽车)、生物质能燃料、压缩或者液化氢、含液化氢的混合燃料、乙醇含量超过 10％的混合燃料、含生物质柴油的混合燃料、变性燃料乙醇、生物质柴油和其他任意液化或者非液化燃料等。[⑤] 囿于各州对于跨州商业的立法权力的局限,加州的低碳燃料标准并未适用于航空、海运等交通运输领域。这在增加了制度的可执行性的同时,却也影响到该制度的实施绩效。

---

① See California Air Resources Board (CARB),Low Carbon Fuel Standard,Section 95480～95490,latest version available at https://www.arb.ca.gov/regact/2015/lcfs2015/lcfsfinalregorder.pdf,last visit on March 25,2017.

② See DIRECTIVE 2009/30/EC OF THE EUROPEAN PARLIAMENT AND OF THE COUNCIL of 23 April 2009 amending Directive 98/70/EC as regards the specification of petrol,diesel and gas-oil and introducing a mechanism to monitor and reduce greenhouse gas emissions and amending Council Directive 1999/32/EC as regards the specification of fuel used by inland waterway vessels and repealing Directive 93/12/EEC.

③ See California Air Resources Board (CARB),Low Carbon Fuel Standard,Section 95482(b).

④ 所谓燃料碳排放的生命周期评价是指,燃料的碳强度应从能源原料的获取开始计算,包括开采(种植)、生产、运输以及最后汽车发动机燃烧,整个过程的温室气体排放都应包括在燃料碳强度内,并不是只考虑汽车发动机的燃烧排放。而且,温室气体的排放可能因其中任何环节的改变而产生较大的变化,同一种燃料的碳强度是可以通过工艺改进、技术创新来降低的。从国内外研究成果来看,废弃油生物柴油、纤维素乙醇、可再生电力等具有更低的碳强度和减排潜力,被认为是低碳燃料。

⑤ See California Air Resources Board (CARB),Low Carbon Fuel Standard,Section 95480.1(a).

与前述 RPS 制度实施的信用交易机制相似,加州的低碳燃料标准制度也建立了类似的信用机制(LCFS credits)。依其规定,电力、氢、氢混合燃料、北美地区生产的化石性压缩天然气、生物质压缩天然气和生物质液化天然气等机动车燃料属于替代燃料(Alternative Fuel)。在燃料生命周期上,上述替代燃料被视为符合《低碳燃料标准》所规定的 2020 年以前每一年度所确定的关于燃料的碳排放强度的履约标准。[①] 决定加入加州 LCFS 项目而受《低碳燃料标准》规制的上述燃料供应商,因其燃料销售可以获得相应的 LCFS 信用。该信用可以销售、转让。信用机制的存在为低碳燃料标准制度注入了市场竞争的机制,能够激励狭然燃料标准制度的义务主体多选择生产或者销售低碳燃料类型。

(三)城镇交通低碳化的制度建议

交通运输一直是我国节能减排和应对气候变化的重要领域。早在 2013 年发布的《加快推进绿色循环低碳交通运输发展指导意见》中,交通运输部提出了中国低碳交通发展的基本原则:政府主导、优化结构、法规约束、试点示范等。江苏、山东等地也在积极推进区域性低碳交通发展试点。所谓的法规约束,就是指完善绿色、循环、低碳的交通运输法律法规和标准体系。而能够直接控制交通运输过程中温室气体排放的标准制度就是上述的机动车温室气体排放标准制度和低碳燃料标准制度。从我国当前机动车和燃油市场现状出发,结合当前已形成的关于机动车和燃料的排放标准制度体系,通过改进交通工具能效特征的角度而推进的城镇交通低碳化,或可基于以下制度路径:

首先,在现有机动车污染物排放标准的基础上,择时纳入量化的低碳约束,从而确立机动车温室气体排放标准制度体系。对于全国而言,可以结合温室气体总量控制目标,建立机动车温室气体排放国家标准;对于已经建立低碳发展规划指标的地方政府和城镇当局而言,可以根据本区域的低碳发展路线图和交通领域减排情景,在国家标准的基础上制定本地区机动车温室气体排放标准制度。

第一,我国已经建立了比较完善的适用于各类机动车辆的大气污染物国家标准。当前主要的机动车大气污染物排放标准主要有:轻型汽车污染物排放限值及测量方法(中国第五阶段)、城市车辆用柴油发动机排气污染物排放限值及测量方法(WHTC 工况法)、非道路移动机械用柴油机排气污染物排放限值及测量方法(中国第三,第四阶段)、摩托车和轻便摩托车排气污染物排

---

① See California Air Resources Board (CARB), Low Carbon Fuel Standard, Section 95480.1(b), 95482(b).

限值及测量方法(双怠速法)、非道路移动机械用小型点燃式发动机排气污染物排放限值与测量方法、重型车用汽油发动机与汽车排气污染物排放限值及测量方法(中国Ⅲ、Ⅳ阶段)等。从最新发布的《轻型汽车污染物排放限值及测量方法(中国第五阶段)》来看,该标准事实上参考了欧盟当前所采用的测量方法,在有关气态污染物总排放质量的测算中,已经包含了有关氮氧化物和二氧化碳的排放。① 在此基础上,结合我国机动车制造领域的技术水平,应能制定出不同车型的二氧化碳排放基准;再考虑到厂商可合理利用的相关减排技术,也能确定一个合理的各类机动车二氧化碳排放平均浓度限值,比如介于欧盟和美国 EPA 浓度限值之间的一个中位值。

第二,即使限于我国经济发展水平,在温室气体排放总量峰值实现之前,不宜对机动车制造业这一支柱产业施加过于严格的标准限制,根据我国《环境保护法》和《环境空气质量标准》的规定,经济社会发展水平较快、城镇化程度较高的地区,比如北京、上海、广州等地,也可以结合本区域内低碳城镇化的约束性指标,制定仅适用于本地区的区域性机动车温室气体排放标准制度。在区域范围内实施机动车温室气体排放标准制度至少可以实现以下两个效应:直接减排效应,机动车温室气体排放限值制度的实施可以直接降低交通领域的碳排放总量;间接社会效应,通过标准制度实施而增加的合规成本,提高厂商的生产成本和机动车的消费成本,从而抑制增长过快的私人机动车保有量,结合低碳规划理念下的公共交通体系建设,从而引导并激励低碳出行方式。

其次,可以考虑在机动车燃料生产领域尽快确立低碳燃料国家标准。与机动车制造产业内相对完善的竞争格局不同,汽车燃料生产领域具有明显的寡头垄断特征,"两桶油"占据了市场的最大份额。为保证标准的执行力,应当在中央政府层面制定强制性的针对生产者的低碳燃料国家标准,确立国家发展低碳燃料的明确预期,打破垄断对于技术创新的阻力。仅对燃料市场的"寡头"课以低碳燃料标准履行义务,也是出于降低监管成本、提高制度实施绩效的考虑,毕竟相对于数量众多的经销商和私人消费者,对于数量较少的生产者的履行情况进行检测和评估所产生的成本更容易估算和控制。

为了协调监管标准制度与市场竞争机制,在机动车温室气体标准制度和低碳燃料标准制度的实施中,均可参照 RPS 建立信用交易机制,确保标准制度的灵活履约,同时也能激励新的机动车减排技术的创新与应用、新能源汽车的发展和可替代燃料的推广。更为关键的是,标准制度应当确定一个较长的履行期和严格的问责机制,对于不能履行标准的义务主体,施加惩罚。

---

① 参见环境保护部、国家质量监督检验检疫总局:《轻型汽车污染物排放限值和测量方法》(第五阶段),GB18352.2-2013,第 39 页。

四、建筑低碳化法律保障制度

除工业和交通以外,城镇能源消耗和碳排放的另一重要领域就是建筑部门,包括公共建筑和居住建筑。作为社会消费的终端,前述能源和工业的相关产品有很大一部分流向公共建筑、居住建筑和其他功能性建筑而被消费,比如电力、水泥、钢铁、陶瓷、电器等。在建筑领域所实施的旨在促进低碳消费的制度性措施的完善和实施关系到能源和工业生产领域减排绩效的落实。因此,建筑一向被视为城市边界内温室气体减排最具减排潜力的领域。以纽约为例,其建筑能源消耗所导致的直接和间接温室气体排放占到该市碳排放总量的 75%,仅通过建筑的能源节约就可以产生近 2780 万吨二氧化碳当量减排量,是 2005 年排放水平的 43%。因此,在一份官方发布的研究报告中认为,纽约市 2050 年 80% 的减排目标中 62% 的部分需要通过建筑部门采取的减排措施来实现。[①] 我国各省市所确定的应对气候变化方案,也都将建筑领域的能源节约和能源效率提高作为重要的应对措施予以规定。[②] 从《中国应对气候变化国家方案》来看,建筑节能的制度建设的重点是修订已有的《建筑节能管理条例》、完善建筑节能标准、加快制定建筑物制冷和采暖温度控制标准等。[③] 这些都与建筑物的能效标准相关。以低碳城镇化的建设为归宿,建筑领域的减排路径的关键就是建立符合一定低碳约束条件的能效标准制度,并在建筑的改建和新建过程中对项目严格执行上述能效标准制度下的建设许可和竣工验收。

(一)建筑能效标准制度的国际经验

首先,建筑能效标准制度的适用范围一般均包括改建和新建。对于新建建筑适用建筑节能标准,可以基于新源控制原则从源头上减少城镇化过程中建筑领域的新增温室气体排放;而对于既有建筑的节能改造,则是实现当前城镇低碳发展目标的重要环节。国家立法层面一般均会对新建建筑和改建建筑的能耗标准予以规定。德国早在 2002 年的《建筑保温规范》中就对新建建筑

---

① See City of New York, New York City's Pathway to Deep Carbon Reductions, Mayor's Office of Long-Term Planning and Sustainability, New York, 2013.

② 文献出处部分修改为"可参见广西壮族自治区人民政府:《关于印发广西壮族自治区应对气候变化方案的通知》,桂政发〔2009〕74 号;以及,福建省发展和改革委员会:《关于印发福建省应对气候变化规划(2014—2020 年)的通知》,闽发改区域〔2014〕509 号。"

③ 国务院:《关于印发中国应对气候变化国家方案的通知》,国发〔2007〕17 号,第 34 页。

的采暖和热水设备的能量需求予以统一规定,随后的 2007 年《建筑节能规范》
中系统性地对以下内容予以规定:新建住宅建筑年度用于供暖、制冷降温、通
风以及专门用于热能传递的损失的能耗最大值,新建住宅建筑年度基本能源
需求和热能传输中总体表面的能源损失的计算规则,新建非住宅建筑用于供
暖、热水、通风、制冷降温和照明的年度基本能源需求限制,新建非住宅建筑热
能传递中的外围护结构热能损失的最高值。对于改造建筑,德国也有比较完
善的能耗标准制度,同样规定在《建筑节能法》和《建筑节能条例》中,主要适用
于那些低于或者高于平均供暖时间的建筑设施、室内低于 15℃ 的建筑、部分
供暖的建筑、要求安装总导热层玻璃的建筑、长时间无人居住的建筑、基于保
护人体健康而需要通风的建筑等[1]。联邦政府依法有权确立单独的既有建筑
及其设备装置的节能标准。德国的建筑节能标准总体上贯彻了欧盟有关建筑
能耗指令的相关规定。欧盟《建筑能效标准指令》(Directive 2010/31/EU)也
是以新建和有重大改建(Major Renovation)的建筑物为对象,具体规定了建
筑整体能效测量方法学框架,以及建筑物如下环节的最低能效标准:建筑或者
建设单元的新建,既有建筑或者单元重大改建,构成建筑围护结构对该围护结
构的能效构成重大影响的建筑结构的改装和替换,建筑技术系统的替换和升
级。[2] 该指令虽然提出主要减排责任国可以就新建和改建制定不同的最低能
效标准,但是标准义务的强制性是共同的。[3]

美国 1977 年就对新建筑结构的节能指标予以规定,并在 2007 年制定的
《能源独立与安全法》中就建筑物的节能要求予以规定。这些规定事实上提出
了建设高能效绿色建筑(High-performance Green Building)的制度规范。所
谓的"高能效绿色建筑",就是基于建筑生命周期(life-circle)的理念,通过"成
本—效益"技术和实践,来降低建筑物整个使用年限内能源、水资源和矿物资
源的消耗,提高室内环境质量,缓解建筑物生命周期内对于环境的负面影响,
增加环境友好产品的使用,提高建筑有关资源的回收和循环利用,整合建筑的

---

[1] 参见张海文:《德国既有建筑节能改造研究——经济学视角的分析》,吉林大学
2014 年博士学位论文。

[2] See EU, Directive 2010/31/EU of the European Parliament and of the Council of
19 May 2010 on the Energy Performance of Buildings, Article 1: Subject Matters. 对于什
么是重大改建,欧盟《建筑能效标准指令》主要基于如下条件:第一、成本标准,即与建筑外
围架构和建筑技术系统的改建所发生的成本高于建筑物总价值的 25%,但是该价值不包
括建筑物的土地价格;第二、程度标准,即改建导致建筑围护结构改变 25% 以上。成员国
可以自行选择适用任何一个标准。

[3] See EU, Directive 2010/31/EU of the European Parliament and of the Council of
19 May 2010 on the Energy Performance of Buildings, Article 4.

结构系统等等。① 建筑物的生命周期,包括建筑物(包括其结构、设备、系统等)全部使用年限的各个阶段,从工程立项到接下来的地址选择、设计、建筑、风景营造、管理、维护、改建、拆除、迁移以及回收利用等各个环节。② 因此,美国建筑能效的标准制度也应同样适用于建筑的新建和改建。据此,美国建筑协会在 2011 年制定并通过的《国际绿色建筑标准》(*International Green Construction Code* 2012)就适用于所有高度超过两层的新建及改建的商业建筑及民用建筑。

我国目前已经制定适用于公共建筑和民用建筑的节能条例,并确定要建立和完善建筑节能标准。最新的《绿色建筑行动方案》提出,要对城镇新建建筑严格落实强制性节能标准,并在 2015 年末使 20% 的城镇新建建筑达到"绿色建筑标准"③要求;要对北方采暖建筑完成节能建筑改造。④ 可见绿色建筑的实施是基于两个路径的:新建和改建。从出台的方案来看,"绿色建筑标准"将严格适用于新建城镇建筑,主要是政府投资的国家机关、学校、医院、博物馆、科技馆、体育馆等建筑,直辖市、计划单列市及省会城市的保障性住房,以及单体建筑面积超过 2 万平方米的机场、车站、宾馆、饭店、商场、写字楼等大型公共建筑,对于开发商建设的民用住宅等项目,则是引导其采用"绿色建筑标准"。而对于建筑的节能改造,并未明确改造所应实现的强制性能效标准。⑤ 在国家绿色建筑标准以外,城镇建筑所应执行的主要是行业性和地方性⑥的建筑节能设计标准,一般也都适用于公共建筑和民用建筑的新建、改建和扩建。⑦

从城市当局来看,在政策上是选择侧重于在新建环节还是在改建环节来强化节能措施的实施,往往取决于城市建筑的更新率。以纽约为例,其城市建

---

① See 42 USCA § 17061,also Pub. L. 110～140,Title IV,§ 401,Dec. 19,2007,121 Stat. 1596.

② See 42 USCA § 17061,(14).

③ 在 2015 年新的《绿色建筑评价标准》(GB/T50378-2014)实施之前,适用的是 2006 年的《绿色建筑评价标准》(GB/T50378-2006)。

④ 参见《国务院办公厅关于转发发展改革委、住房城乡建设部〈绿色建筑行动方案〉的通知》,国办发〔2013〕1 号。

⑤ 参见《国务院办公厅关于转发发展改革委、住房城乡建设部〈绿色建筑行动方案〉的通知》,国办发〔2013〕1 号。

⑥ 参见住房与城乡建设部:《夏热冬冷地区居住建筑节能设计标准》(公告第 523 号)、《严寒和寒冷地区居住建筑节能设计标准》(公告第 522 号);更早的有建设部:《夏热冬暖地区居住建筑节能设计标准》和《夏热冬冷地区居住建筑节能设计标准》。

⑦ 可参见《天津市居住建筑节能设计标准》、《青海省低层居住建筑节能设计标准》等。

筑的更新率每年只有 0.5%，因此，其理论上减排目标的达成将主要通过对现有建筑的节能改造，即将现有的化石燃料燃烧设施改造为可再生或者低碳能源，同时也要提高现有建筑电力设施和其他安装设施的能源效率水平，比如减排潜力较大的建筑外墙、结构安装、照明、辅助计量和终点控制系统、屋顶改造等。

　　其次，从能效标准的具体构成来看，除对整体建筑的能耗标准和节能标准设定标准外，还会对建筑的通风、采暖、照明、空调、围护结构热能损失等的能效标准进行具体规定。从建筑的生命周期来看，其碳排放主要来自三个环节：建造、使用和拆除。[①] 建造环节的碳排放包括：(1)建筑材料生产所产生的碳排放量，比如水泥、钢铁、塑料、玻璃、石材、木材和其他材料，对其低碳约束的关键在其生产环节，无法通过建筑领域的标准制度予以直接控制，但是，可以通过就近、低碳的原则选购低碳建筑材料的方式，间接减少建筑物建造的潜在碳排放量；(2)施工碳排放量，比如施工用电、施工用水和材料运输等环节导致的能源电力消耗和汽、柴油等燃料消耗导致的碳排放，对其低碳约束除电力生产中的标准制度(如前述排放标准和可再生能源配额标准)和施加于机动车的低碳标准(机动车温室气体排放标准制度和低碳燃料标准制度)以外，通过加强运营管理，也可以提高能效；(3)管理碳排放，比如建筑设计环节和建造管理环节中潜在的碳排放，对此环节的低碳约束主要是从规划角度和施工管理角度强调节能化设计和现场施工管理。运营管理和施工管理中可以实现的碳减排，由于会受到项目选址、施工人员技术水平等主客观因素的影响，很难量化。

　　建筑使用环节的碳排放主要的决定因素在于通风、空调、采暖、照明、炊事、家电、供热、供水、电梯、办公、绿化等相关的建筑结构和建筑物使用设备。这一环节的低碳约束的关键是降低建筑物的热能损失和能源消耗，可以通过改进建筑物围护结构热工性能，增强建筑的气密性，扩大 LED、暖通空调、智能中央控制系统等低耗能和智能设备的使用，推广太阳能、风能、地热能和生物质能等可再生能源在建筑物电力和采暖中的适用等手段来促进减排。建筑拆除中的碳排放主要来自其垃圾处理、拆除活动耗电和用水。

　　从以上环节看建筑使用环节的碳排放是建筑能效标准控制的关键。这也是主要减排责任国建筑能耗标准构成中特别对建筑物的围护结构、采暖、用电、供水、热力等进行规定的原因。比如德国 2007 年新的建筑节能法规，就要求某些建筑所有外露的暖气管道和热水管道必须进行外保温，减少传输过程

---

　　① 张占斌主编：《城镇化建设的生态文明研究》，河北人民出版社 2013 年版，第 203～204 页。

中的热量损失;无人居住的阁楼应当绝缘化改造等;① 美国建筑协会(American Institute of Architects)所制定的《国际绿色建筑标准》第六章也对建筑的围护结构、机械系统、供水和供热、供电和照明、特定设备、建筑物可再生能源利用等所需达到的最低能耗标准予以规定。② 《欧盟能效标准指令》也同样规定,成员国应当对建筑的围护结构以及构成围护结构且其替换会对建筑物的能效产生重大影响的建筑结构制定最低能效标准。③

我国有关建筑能耗标准的设定,也特别就建筑的围护结构、采暖、空调、照明等具体项目予以规定。根据《绿色建筑评价标准》,绿色建筑评价指标体系包括"节地与室外环境、节能与能源利用、节材与材料资源利用、室内环境质量、施工管理和运营管理"等 7 类指标构成。其中与低碳约束密切关联的"节能和能源利用"类指标具体涉及建筑物的如下项目:"建筑与围护结构","供暖、通风与空调","照明与电气","能量综合利用"。④

再次,主要减排责任国确立建筑物能效标准的基本立法均对"零能耗建筑"予以规定,以建立建筑减排的远景目标。如美国《能源独立与安全法》从法律上确立了"零能耗商业建筑行动"(Zero-net-energy Commercial Building Initiative)以推动建筑领域的低碳减排行动。根据相关规定,所谓零能耗商业建筑是指那些大幅度的降低能源消耗量,从而能够实现建筑物本身的能源自足,从而达到"碳中和"并在经济上可行的商业建筑。⑤ 《欧盟建筑能耗标准指令》也特别提出"准零能耗建筑"(Nearly Zero-energy Buildings),⑥ 并提出具体的行动计划:到 2020 年 12 月 31 日,所有的新建建筑应当为"准零能耗建筑"的标准;截止到 2018 年 12 月 31 日,所有公共机关占有和所有的建筑应当

---

① 参见张海文:《德国既有建筑节能改造研究——经济学视角的分析》,吉林大学 2014 年博士学位论文。

② See American Institute of Architects,International Green Construction Code 2012,available at http://www.iccsafe.org/cs/IGCC/Pages/default.aspx,last visit on March 25,2017. See also Vinnitskaya,Irina,International Green Construction Code Announced with Widespread Support,08 Apr 2012 Arch Daily,at http://www.archdaily.com/? p=222605,last visit on March 25,2017.

③ See EU,Directive 2010/31/EU of the European Parliament and of the Council of 19 May 2010 on the Energy Performance of Buildings,Article 4.

④ 参见住建部:《绿色建筑评价标准》(GB/T50378-2014)第 5 节:节能与能源利用。

⑤ 42 U.S.C.A. § 17082.

⑥ 所谓的"准零能耗建筑",指的是根据《欧盟建筑能耗标准指令》规定的计算方法而确定的具有极高能源效率水平的建筑。"准零能耗"或者非常低的能源消耗实现路径主要在于建筑物可再生能源的扩大利用,特别是社区或者附近分布式能源生产设备供应的可再生能源。

达到"准零能耗建筑"的标准。此外,欧盟要求其成员国制定国家计划来推动"准零能耗建筑"的增加,并就该国家计划的主要内容予以明确。比如,反映该成员国国家、地区和本地现状的"准零能耗建筑"的定义,每年应予实现的建筑单位能耗值(kWh/m2);截止到 2015 年的中期目标,支持"准零能耗建筑"行动的政策和金融支持等。

最后,建筑能耗标准确立和实现的"成本—效益分析"原则。对此要从两个层面予以理解:第一,能耗标准值的确定要合理,不能超出当前的技术水平,从而对义务承担着课以不切实际的履约成本。第二,建筑开发商或者运营管理者履行能效标准制度所采取的措施和手段,应当符合"成本—效益"的原则。简而言之,措施和手段所节约的能源消耗而实现的收益在建筑生命周期内应当大于实施措施和手段发生的成本。比如《欧盟建筑能效标注指令》就提出,标准所施加的义务要求应能在建筑的生命周期内实现投资与能源节约收益之间的成本平衡,各成员国在考虑本国气候差异的前提下所制定的最低能效标准也应符合成本平衡的原则,①欧盟委员会应当制定一个可供比较的方法框架来测算符合"最优成本性"(Cost-optimal Level)的最低能效标准。② 所谓符合"最优成本性"的最低能效标准值是指,在经济上可行的建筑物生命周期内,能够以最低的成本投入来达到该最低能效标准值。在确定或者计算实现该能效标准的最低成本时,应当考虑建筑物能源相关的投资成本、养护与运营成本、拆除成本等。美国《能源独立与安全法》也提出要通过使用符合"成本效益"原则技术和措施来促进绿色建筑的建成。该法所提及的成本效益性技术和措施的实施应能降低电力、化石能源、水资源和其他设施成本的消耗。地热泵的利用被明确界定为绿色建筑中可被利用的成本效益性措施。该法还专门提出要建立"成本效益性技术促进项目"来促进相应技术和措施在公共建筑物的利用。③ 出于"成本效益原则"考量,能效标准对于改建建筑的适用往往优先适用于那些与建筑物耗能最直接相关的结构。城市当局出于低碳约束进行建筑物的改建时,也会优先考虑那些更有潜力提高建筑物能耗水平的建筑结构,比如纽约市的绿色建筑行动,就曾对建筑物各个结构所具有的减排潜力进行测算。根据其测算,具有较大减排潜力的结构主要有建筑外墙(-11.1%)、结构安装、照明、辅助计量和终点控制系统(-15%),用于供暖、热水和烹饪的

---

① See EU，Directive 2010/31/EU of the European Parliament and of the Council of 19 May 2010 on the Energy Performance of Buildings，Article 4.1.

② See EU，Directive 2010/31/EU of the European Parliament and of the Council of 19 May 2010 on the Energy Performance of Buildings，whereas (14).

③ See 42 U.S.C.A. 17095，Cost-effective technology acceleration program.

能源消耗(-13.2%),屋顶改造(-4.7%)。

此外,任何标准制度的实施,一个重要的关键在于相关监测和统计制度的建立。与能源生产中监测对象相对单一不同,建筑能效标准制度的监测和统计对象比较分散。因此,为提高制度实施的绩效,城市当局往往对那些耗能量大、排放潜力高的大型建筑课以强制性的能源消耗评估和报告制度,以监测相关标准制度的实施。比如纽约市 2009 年制定的绿色建筑计划(The Greener, Greater Buildings Plan 2009)适用于纽约建筑面积超过 50000 平方英尺的最大型建筑,要求这些建筑评估它们的能源消费与水资源消费现状,并对这些数据进行公开审计。

(二)城镇建筑低碳化的制度完善建议

总的来说,各国(包括我国在内)出于在建筑领域减少能源和化石燃料消费的目的,大都通过立法确立了气候变化背景下与建筑物有关的能耗标准制度。除前述总结的制度基本内容之外,我们可以发现,欧盟和美国都是在国家层面上通过法律来确定建筑物能效标准制度的强制执行力:美国是通过能源领域的基本法案;欧盟是在超国家法的层面上通过"指令"要求其成员国制定建筑能效的最低标准,主要减排责任国应当将其转化为国内法上的义务。与之相比,我国虽然在《节约能源法》中对建筑节能的问题进行规定,[①]但是从内容上看,仍比较原则和抽象。结合前述各国制度经验以及我国当前绿色建筑行动和有关绿色建筑评价标准制度的现状,特提出如下我国城市建筑的低碳化法律保障制度完善建议:

第一,提升立法层级,在我国能源基本法律制度或者建筑基本法律制度中确立并完善城镇建筑的能耗标准制度。客观来说,自节能减排被确立为国家基本战略后,我国在 2008 年的《节约能源法》中已经就建筑的节能问题,比如建筑节能规划、建筑节能标准、公共建筑的采暖或者制冷的温度控制、节能改造、节能建筑材料和节能设备的利用、可再生能源适用等进行了相对具体的规定。这些规定仍然比较原则,基本延续了我国立法"宜粗不宜细"的原则,事实上将建筑能效标准或者节能标准的制定权全部委托于国务院建设主管机关。在 2008 年我国并未作出有关温室气体控制的国家承诺时,如此的立法体例并无不妥。随着气候变化问题的日益凸显,碳减排约束的刚性日显,从低碳发展的战略角度考虑,特别是在低碳城镇化这一背景下,应当加大相关的制度供给。因此,应当考虑通过修改《节约能源法》或者进一步推进"能源基本法"的制定工作,并将建筑领域,特别是城镇建筑,作为能源节约和能源高效利用的

---

① 参见《中华人民共和国节约能源法》第 34~40 条。

关键领域;确立"零能耗建筑"远期战略目标,与当前正在推进的绿色建筑行动相协调,共同促进建筑领域内的节能减排和应对气候变化。此外,考虑到气候变化环境和发展的双重问题属性,应当在法律上确立能源节约和能效标准制度的成本效益原则。

第二,进一步完善低碳约束下的绿色建筑标准制度和建筑能耗标准制度,并强化执法,创新实施方式,从立项、规划、设计、建设和验收各环节确保建筑物能耗标准和绿色建筑标准的实施。我国现行的《绿色建筑标准评价制度》是以"评分制"为准来确定一个建筑物是否符合绿色建筑标准,并根据其分值的高低界定绿色建制的"星级"的。在具体赋分时,又区分"得分项"和"控制性项目"。控制性项目一般是强制性国家标准或者地方标准,比如就"节能与能源利用"来说,控制项主要是指建筑节能设计标准的强制性条文、能耗应当独立分项计算、照明功率密度值不得高于国家《建筑照明设计标准》等。这种标准框架能够相对全面的考虑建筑物在设计、施工和运行阶段的能耗和其他项目,但是可以考虑从生命周期的理念出发,将建筑物拆除或者迁移的能耗纳入整体能源消耗的评价。绿色建筑评价标准中所提及的"建筑节能设计标准",包括《公共建筑节能设计标准》和《居住建筑节能设计标准》。这些标准制度虽然已经相对完善的对民用建筑的采暖、通风、空气调节和照明的总能耗设定节能目标,对各类建筑与能耗有关的结构和设备的采暖系统、空气调节系统、建筑热工设计、围护结构的热工性能(分地区确定围护结构传热系数限值和遮阳系数限值),但是标准制定并未基于生命周期的理念就建筑物生命周期内的整体能耗标准予以评估设定。

住建部 2012 年提出了《建筑能耗标准》(征求意见稿)比较详尽的分省市制订了针对主要建筑结构和系统的约束性指标和引导性指标,涉及的具体指标类别包括:建筑供暖能耗指标、建筑理论耗热量指标、建筑实际耗热量指标、过量供热量指标、过量供热率指标、热源供热量指标、管网热损失指标、管网热损失率指标、热源能耗率指标、供热输配能耗指标等。[1] 该《建筑能耗标准》就公共建筑和居住建筑规定了相应的包括建筑内空调、通风、照明、生活热水、电梯、办公设备等所使用的所有能耗在内的分区域(分建筑类别[2])从单位建筑

---

① 《建筑能耗标准》征求意见稿,不同省市的能耗指标设定并不相同,一般均结合气候特征对不同规模的设备设定相应的约束性指标值和引导性指标值,比如采暖的能耗指标就细分为城市大规模集中供暖建筑供暖能耗指标、城市中小规模集中供暖建筑供暖能耗指标、区域集中供暖建筑供暖能耗指标、分栋、分户供暖建筑供暖能耗指标等。

② 区域包括严寒及寒冷地区、夏热冬冷地区、夏热冬暖地区;建筑类别包括办公建筑、宾馆酒店、商场建筑。

面积年综合电耗指标(kWh/m²)。整体上来看,《建筑能耗标准》(征求意见稿)借鉴了欧洲国家以实际能耗为约束指标,同时采用各项技术标准指导建筑节能设计与建造的理念和做法,对建筑物运行中的能耗基于总量控制的角度制定了比较完善的指标体系,引导性指标的设定也考虑到建筑物的节能和减排潜力。虽然没有提出明确的以温室气体排放为测度的标准体系,但是能耗标准的设定也能起到控制建筑物温室气体排放的效能①。

但是,《建筑能耗标准》(征求意见稿)基于技术现状并没有从生命周期的角度考虑建筑物的整体能耗,同时居住建筑相关的指标也只适用于供家庭居住使用的住宅,并不及于别墅、宿舍、公寓。因此,应当加快我国《建筑能耗标准》的制定工作,建立公共建筑和居住建筑的具体能耗指标的国家标准,从而为地方结合本地气候特征制定低碳约束下的建筑物能耗标准确立基准值;同时着手开展对别墅、宿舍、公寓能源消耗数据的统计工作,尽快将建筑能耗标准适用于这些类型的居住建筑。在标准进一步修订的过程中,应当对"零能耗建筑"的具体能耗指标和各类技术性指标参数进行明确;并基于生命周期的理念,设定建筑物适用寿命内的整体能耗总量控制指标。

五、城镇废弃物管理低碳化

城镇废弃物是指城镇边界内居民生活、公益活动、生产经营、各类服务和商业过程中所产生的固态、液态和气态废弃物。根据不同的标准,城镇废弃物大致有如下分类方法:可回收垃圾、不可回收垃圾和有害垃圾;湿垃圾、干垃圾、有害垃圾和大件垃圾;产业垃圾和生活垃圾;有机垃圾和无机垃圾;固体垃圾、液体垃圾和混合垃圾;填埋型垃圾、焚烧型垃圾、堆肥型垃圾和热解型垃圾。废弃物作为温室气体排放源,主要是因为其处理过程中会产生大量的甲烷和二氧化碳:废弃物的堆肥、热解会导致其堆放场所排放甲烷;包含碳分子的废弃物(如塑料)的焚化和露天燃烧会排放大量的二氧化碳。② 当然,废弃物的处理还会产生温室气体之外的其他大气污染物,比如非甲烷挥发性有机

---

① 从建筑节能标准编制的发展历程来看,当前主要减排责任国建筑节能标准包括两类:一种是以实际能耗为指标,对建筑运行能耗进行约束;一种是以各类技术参数作为指标,指导建筑的节能设计与建造。前者起到控制能源消耗量的作用,并与"碳减排"直接联系,代表国家包括德国、法国;后者以美国为代表,起到的效果是推广普及节能技术、扩大市场,意在使建筑节能成为新的经济增长点。这两种路径并不对立,两者在具体的实施措施上有很多相同点。

② 参见《IPCC 指南 2006》,第五章。

化合物（NMVOCs）、氮氧化合物（NO_x）、一氧化碳（CO）以及氨气（NH_3）等。这反映了废弃物处理大气污染防控与温室气体减排的协同效应。因此，当前有关废弃物空气污染物排放的相关标准制度、废弃物处理设施或者场所的建设许可制度等，也可以起到控制城镇废弃物处理中温室气体排放的功能。

从宏观上来看，能够更为有效的实现废弃物处理中温室气体减排的制度措施，还是那些主要减排责任国普遍制定并实施的加速实现城镇废弃物减量化、资源化的法律政策体系。这些制度大都遵循废弃物治理的"3R 原则"——减量化（Reducing），再利用（Reusing）和再循环（Recycling），鼓励从源头到末端对垃圾进行综合性治理。我国虽然已经通过《循环经济法》确立了对于废物处理的减量化、再利用、资源化原则，但是在收集方式上仍大量的混合回收，处理也多是普遍的简单堆积、填埋、堆肥和焚烧等，加之资金、基础设施、管理体制、法律法规的不健全，[①]很难应对城镇化进程下城市垃圾大量增长的难题。

（一）废弃物处理的基本制度

从来源上来看，对于城镇范围的工业废弃物和建筑垃圾，由于其来源相对简单而且有比较完善的管理制度和途径实现废弃物的专业化处理[②]，在此不再赘述。以下主要针对城镇生活垃圾的处理，就相关措施予以简要介绍分析。

首先，废弃物减量化措施，主要是通过垃圾收集方式的革新来实现源头控制的。第一，收集主体上实现从政府向社会的扩散。比如美国是通过专门从事废弃物处理的公司承包运作的，搜集方式上主要体现为街头再循环垃圾箱、投放中心、回购中心对生活固体废弃物实现可回收物与不可回收物的分类收集。日本也是通过专门的垃圾公司以专用的垃圾车辆上门定期按资源类、可燃垃圾、不可燃垃圾、有毒垃圾和大型垃圾等分类标准实现固体生活垃圾的源

---

①　李晓勇、芦鹏：《基于低碳技术的城市废弃物资源化回收与利用研究》，载《湖南工业大学学报（社会科学版）》2013 年第 4 期。

②　根据《清洁生产法》有可能在生产经营过程中产生废弃物的企业本身有义务运用清洁生产工艺，从生产过程中减少废弃物的产生。由于废弃物产生的不可避免性，企业可采用生命周期分析法，在产品生产的整个过程中，注意废弃物的回收利用。可通过建立专门的废弃物回收部门或将废弃物的回收委托给外部专门回收废弃物的企业。对于建筑垃圾，城市当局根据《建筑法》和相关法规一般均对施工场地有文明施工的要求，促使施工企业在施工过程中必须保证施工现场的整洁有序，必须及时清运现场的建筑垃圾。因此，建筑业废弃物的回收不需要太多的额外成本，只是要求在清运现场废弃物时进行适当的分类。另外，分类整理好的建筑垃圾送往资源化企业是作为原材料投入的，施工企业能获得一定的经济收益。

头处理。巴西则是通过再生资源利用协会①和市政环卫部门对生活垃圾实现政府、社会和企业协作下的干垃圾和湿垃圾的分类收集。第二,普遍利用垃圾收费等价格机制影响废弃物的减量化,收费标准多以家庭为单位或者废弃物体积为标准。比如日本对于城市固体垃圾的处理收费就实行从量和定额两种方式。从量是根据垃圾的实际排放量收取,通过购买指定有偿垃圾袋的间接方式实施;定额则是以家庭或者家庭成员定额征收。

其次,废弃物的再利用和再循环措施,主要是在废弃物分类收集处理的基础上,通过焚烧、堆肥、高温分解、微生物处理等将垃圾转化为热、电或者其他形式的资源加以再利用;或者是在提高产品和服务利用效率的基础上,使废弃物资源化变成其他产业或产品的原料,实现资源的循环利用,最大限度地减少废弃物排放。从国际范围内来看,焚烧法是世界发达国家普遍采用的垃圾处理技术。比如,欧洲目前已广泛采用的新一代清洁垃圾焚烧设备可以将可燃垃圾转化为热能和电能;日本对于分类收集的可燃垃圾也一般通过垃圾焚烧厂进行焚烧,而后再进行填埋处理。垃圾的焚烧处理还可以采取内核燃烧方法来处理低热值、高水分的生活垃圾。此外,能够促进垃圾再利用或者再循环的措施和技术还包括塑料再生技术、废塑料气化处理、生活垃圾提取乙醇和气体技术、蒸氧垃圾砖技术、废弃物制造复合材料等。

需要注意的是,废物处理的减量化、再利用和再循环存在着一定的先后顺序。德国《循环经济与废物管理法》提出,废弃物处理的减量化、再利用和再循环,应当优先效力递减。

(二)废弃物管理制度的低碳化

废弃物处理的减量化、再利用和再循环等原则,说明城镇废弃物处理从某种程度上体现了循环经济与低碳经济协调发展的本质。通过制度化的措施实现城镇废弃物的减量和资源综合利用,在发展城镇循环经济的同时,也客观上促进了废弃物处理这一 IPCC 下温室气体源类别领域的"碳减排",通过努力

---

① 巴西再生资源利用协会,又称拾荒者合作社。早在 1992 年就由利乐、可口可乐、百事可乐等公司发起成立,致力于城市固体废弃物的综合治理。巴西的城市废弃物管理体系强调政府、企业和社会三方的积极参与合作。在这一体系中,当地政府提供免费场地,非政府组织赞助设备,企业提供废弃物分类培训。居民在垃圾产生后,先将其初步分为干垃圾和湿垃圾两类。市政环卫部门专门上门收集干垃圾后,无偿地把收到的废弃物送到合作社分拣。之后分拣后的垃圾将被卖给在合作社登记的提供不同回收服务的厂家。湿垃圾则运往填埋场进行填埋处理,或者运往焚烧厂进行焚烧。

甚至可以实现城镇废弃物处理的碳中和。①

首先,进一步完善并强化我国当前以《循环经济促进法》和《清洁生产促进法》为基本、以促进循环经济发展和城镇废弃物管理的相关国务院行政法规、部门规章、地方性法律、法规和政府规章为主体的城镇废弃物处理法律制度的执行,比如《关于促进生产过程协同资源化处理城市及产业废弃物工作的意见》(2014 年)、《国务院关于印发循环经济发展战略及近期行动计划的通知》(2013 年)、《国家发展改革委关于组织开展简环经济示范城市(县)创建工作的通知》(2013 年)、关于印发《循环经济发展专项资金管理暂行办法的通知》(2013 年)、《关于组织开展循环经济教育示范基地建设的通知》(2011 年)、国家发展改革委办公厅关于印发《循环经济发展规划编制指南》的通知(2011 年)、《国家环保总局关于推动循环经济发展的指导意见》、《废弃电器电子产品回收处理管理条例》、《再生资源回收管理办法》等,推进城镇工业废弃物和生活垃圾的减量化和综合利用②。《循环经济促进法》已经确立了生产、消费、流通过程中废弃物减量化、再利用、资源化的基本原则;《清洁生产促进法》也规定应当从源头不断采取改进设计、使用清洁的能源和原料、采用先进的工艺技术与设备、改善管理、综合利用等措施,从源头减少废弃物的产生,从而实现从末端治理向污染预防和全生产过程治理的转变。在制度设定上,《循环经济促进法》要求各级政府应当编制循环经济发展规划、确立并完善循环经济发展评价指标、循环经济统计制度;并就减量化、再利用和资源化的相关机制和技术

---

① 以纽约为例,作为特大城市,纽约市每年造成 1100 万吨的垃圾,相当于每天要处理 3000 辆大卡车废弃物。虽然固体垃圾近期有所减少,但是仍然能够占纽约市 5% 的总碳排放。固体垃圾处理可以提供将近 350 万吨二氧化碳当量的减排,甚至通过努力可以实现该部门的碳中和。这需要提高废品的回收利用率和减少垃圾制造;需要通过填埋分解大量的有机固体垃圾或者将其通过先进的设施转变成为能源。纽约市现在能够实现硬塑料的全部回收利用,可以成功处理所有来自居民建筑和公立学校的有机废物。目前,纽约市正在实施固体垃圾管理计划,将垃圾的运输方式从卡车转变为较低污染的铁路和驳船运输。

② 还包括地方政府贯彻以上全国性法律法规而制定的地方性相关法规和规章,如北京市、山西省、甘肃省、山东省、天津市等制定有促进循环经济、清洁生产的相关条例。可参见《山西省人大常委会关于加快发展循环经济的决定》、《北京市人民代表大会常务委员会关于发展循环经济建设节约型城市的决议》、《甘肃省循环经济促进条例》、《天津市清洁生产促进条例》等。有些省市和城市还专门制定针对废弃物处理的地方性法规和政府规章,比如天津市、大连市、青岛市、深圳市等;可参见《天津市生活废弃物管理规定》、《大连市城市废弃物管理办法》、《青岛市建筑废弃物资源化利用条例》、《深圳市建筑废弃物减排与利用条例》等。

进行比较完善的规定。①

在全国层面上,中央政府及其组成部门从建设生态文明的角度将循环经济发展纳入经济与社会发展基本战略,并积极通过循环经济示范城市、工业循环经济重大示范工程、国家循环经济教育示范基地建设等工作,推进循环经济发展,并提出以企业为主体,政府调控、市场引导、公众参与相结合,形成有利于促进循环经济发展的政策体系;通过明确煤炭工业、电力工业、钢铁工业、有色金属工业、石油化工工业、化学工业、建材工业、造纸工业等高碳排放行业循环型生产方式类型,确立固体废物综合利用率发展目标等,推进循环型工业体系的建立;②通过完善再生资源回收体系、推动再生资源利用产业化发展、发展再制造业、推进餐厨废弃物资源化利用等措施,促进生产过程协同资源化处理城市及产业废弃工作等手段,③应对我国因城镇化继续推进和能源资源刚性需求增长而直接导致的城镇废弃物量不断增加的问题。地方政府和城镇当局也通过制度化手段,对废弃物处理的具体手段予以规定,比如深圳市对于建筑物废弃物实施的要求所有政府投资工程均应当全面使用绿色再生建材产品、绿色再生建材产品标识制度、建筑废弃物"零排放"示范项目等;青岛市对于建筑垃圾当场分类收集的规定;天津市对于城市生活废弃物投放、运输、无害化处理的规定,鼓励国内外单位和个人对生活废弃物的收集、运输和处理进行投资经营,产生生活废弃物的单位和个人缴纳生活废弃物处理费等等。

这些促进废弃物减量化和资源化的全国性战略和地方措施,理论上已经能够规范和调整城镇化过程中日益增加的废弃物问题。因此,问题的关键是强化既有制度和措施的执行。废弃物管理制度执行强化主要在于三个层面:第一,通过财政、税收等激励个人和企业从事资源综合利用行业、再回收产业,激励对于废弃物处理基础设施的投资和运营;第二,完善有关废弃物排放的标准,比如能耗标准、污染物排放标准、水资源消耗指标、资源综合利用指标、清洁生产标准等,约束那些潜在的大规模排放或者产生废弃物的企业和单位;第三,强化对政府和政府职能部门发展循环经济和废弃物处理的考核,在循环经

---

① 诸如:鼓励、限制和淘汰的技术、工艺、设备、材料和产品名录的定期公布制度和列入淘汰名录的技术、工艺、设备、材料和产品的生产、进口和适用限制,要求工业企业采用先进或者适用的节水技术、工艺和设备,鼓励并强制电力、石油加工、化工、钢铁、有色金属和建材等企业在国家规定的范围和期限内适用清洁能源替代燃料油等等。

② 参见国务院:《关于印发循环经济发展战略及近期行动计划的通知》,国发〔2013〕5 号;国务院:《关于加快发展循环经济的若干意见》,国发〔2005〕22 号。

③ 参见国家发展和改革委员会、科技部、工业和信息化部、财政部、环境保护部、住房与城乡建设部、国家能源局:《关于促进生产过程协同资源化处理城市及产业废弃物工作的意见》,发改环资〔2014〕884 号。

济已经纳入地方经济与社会发展规划的前提下,应当根据国家确定的规划发展目标(比如城市生活垃圾资源化利用比例 2015 年应达到 30％),①对地方政府发展循环经济的实绩进行评估。为增加考核的透明度和独立性,考核指标和具体评估可以通过公开招投标的方式委托给独立社会第三方,并应当对考核结果予以公布,对不能完成指标的政府和政府部门问责。

其次,以碳中和作为远期目标,建立城镇废弃物处理的低碳约束指标。我国当前所推行的废弃物减量化、再利用和资源化相关制度和措施,并没有摆脱传统经济发展模式下对于化石燃料的依赖,因此相应制度的目标并未反映废弃物处理的碳减排约束。如果以低碳城镇化作为立足点,地方政府和城镇当局如果希望通过城镇废弃物管理这一领域内的减排来实现其低碳规划中所订立的预期发展目标,就需要完善本区域内适用于城镇工业垃圾和生活垃圾处理的低碳发展目标和计划。在《IPCC 指南》和其他核算方法有关废弃物管理温室气体排放量核算的支撑下,地方政府和城镇当局也有能力通过当前城镇废弃物管理过程中的数据搜集,测算本地区该领域内的具体排放清单,从而制定出对应的以温室气体减排为直接目的的相应措施。可行的路径是:第一,依托城镇相对先进的公共管理体制,就政府机关、企事业单位、集中的住宅小区、大型商业设施和建筑所产生的工业和生活垃圾,建立强制性生活垃圾分类搜集制度,为废弃物的再利用和资源化提供条件。第二,依托资源回收行业和再回收产业,如专门从事资源综合利用的个人拾荒者、废品回收站、再生资源企业和资源综合利用企业等,对可回收垃圾进行分类整理,进而实现回收利用和再生产;通过市政投资或者鼓励私人投资逐步完善垃圾处理基础设施,比如清洁的垃圾焚烧厂或者垃圾焚烧发电厂等,实现城镇垃圾的资源化处理。第三,对于资源综合利用企业和垃圾焚烧厂等废弃物处理设施,从废弃物生命周期的角度,对其碳排放周期进行综合评价,建立指导性或者强制性的废弃物再利用和处理的碳中和指标。

在建立碳中和指标时,政策制定者应当结合当前废弃物处理工艺水平,提出实现这一目标的可行性建议,并提供资金和技术支持。对于财政拨款的企业,可根据其指标的完成情况,决定拨款力度;对于私人投资或者通过合同管

---

① 根据《国务院关于印发循环经济发展战略及近期行动计划的通知》,循环经济发展的中长期目标是:循环型生产方式广泛推行,绿色消费模式普及推广,覆盖全社会的资源循环利用体系初步建立,资源产出率大幅提高,可持续发展能力显著增强。到"十二五"末的目标(近期目标)是:主要资源产出率比"十一五"末提高 15％,资源循环利用产业总产值达到 1.8 万亿元。从具体指标来看,与废弃物再利用和资源化相关的指标主要包括:矿产资源总回收率、工业固体废物综合利用率、工业固体废物综合利用量、城镇污水处理设施再生水利用率、城市成活垃圾资源化利用比例等。

理方式委托进行废弃物处理的企业,可以通过财政补贴或者税收优惠的方式,对其加以激励。当然,垃圾焚烧所产生的电力和热能也应当执行当前的强制性收购制度,如果地方政府承担一定的可再生能源配额义务,垃圾焚烧产生的电力如果符合生物质能发电技术,也可作为履行可再生能源配额义务的发电量。

六、低碳城镇化激励法律制度

前述适用于城镇能源、工业、交通、建筑和废弃物处理等主要源类别的温室气体排放标准制度、建设许可制度、关停并转机制、碳税制度、碳排放交易、可再生能源配额、低碳燃料标准制度、建筑能效标准制度、废弃物减量化等制度或者措施,其适用的主要对象大都是生产过程或者处理过程中会产生大量温室气体的企业或者设施,都可归为限制高碳排放行为的限制性法律制度。法律保障功能不仅仅体现在对于不适法行为的限制,同时也体现在对于适法行为的激励,即对于低碳排放行为和零碳排放行为的激励。法律上的激励归根为某种利益的赋予,可以是金钱给付也可以是义务或者责任履行的便利化。从当前主要减排责任国对于低碳经济发展和低碳城市建设的实践来看,激励形式主要有如下几种:税收优惠、财政资助、融资支持、产业扶持政策等。

(一)税收优惠

简而言之,税收优惠是指纳税义务的免除和减轻,理论上多做直接优惠和间接优惠的区分,实际税政征管中则存在着免、抵、退等多种形式。根据我国《税收征管法》,税收优惠的法定形式主要包括减税、免税和退税。[①] 涉及退税的,一般是特定类型企业(如福利企业、出口企业)特殊生产环节(出口销售)的流转税征收。减税和免税的形式主要有税基式减免、税率式减免和税额式减免三种形式。税基式减免主要通过减记应税收入或者加计费用扣除来实现,比如企业以《资源综合利用企业所得税优惠目录》规定的资源作为主要原材料,生产国家非限制和禁止并符合国家和行业相关标准的产品取得的收入,可以减按 90%计入收入总额;加计扣除的典型例子为固定资产的加速折旧。税率式减免是指通过规定零税率或者低税率来实现税收优惠,主要适用于那些国家鼓励的经营行业或者小规模纳税人,如小微企业所得税的减半征收、增值税中对于农业产品的较低税率规定;税额式减免是对应纳税额予以减免,比如企业购置并实际使用《环境保护专用设备企业所得税优惠目录》、《节能节水专

---

① 参见《中华人民共和国税收征收管理法》(2013),第 3 条。

用设备企业所得税优惠目录》和《安全生产专用设备企业所得税优惠目录》规定的环境保护、节能节水、安全生产等专用设备的,该专用设备的投资额的10%可以从企业当年的应纳所得税税额中抵免。

作为国家对于特定社会行为的"税式支出"①,税收优惠能够有效的传达国家对于该行为的支持并通过公共财政的示范引导社会资本投入。因此,确定低碳经济发展战略,并已制定长期低碳约束指标的主要减排责任国,基本均设定了相应的税收优惠政策,来激励可再生能源、新能源汽车、产业升级改造、绿色建筑、森林碳汇等低碳排放产业或者行动的发展。

客观来看,税收优惠在当前可以成为促进低碳经济发展较为稳定和可靠的资金来源。经济增长与碳排放的脱钩需要投入巨大的现实成本,比如:新能源技术、低碳产品、碳捕捉和捕获等的研发和推广,以适应气候变化为目的的基础设施规划和建设,救助因全球变暖而日益频繁和加剧的气候灾难而造成的财产和人员伤亡,预防和治疗人类健康因热浪、洪水、干旱导致的疾病和死亡,缓解水资源供应紧张,逆转生态系统破坏导致生物多样性丧失甚至物种大范围灭绝的趋势等等。②

从当前应对气候变化的政策供给来看,减缓和适应气候变化的成本支出来源途径可以概分为两类:私人投资和公共投入。低碳经济领域内的私人投资,既包括企业投入低碳经济生产中的来源自惯常路径经营所产生的自有利润(如盈余公积),也包括外部投资者或者战略投资者新设企业投资和对已设立的低碳领域企业的股权投资或者间接投资。私人投资者投资于低碳技术研

---

① 税式支出是指一国政府为了实现一定的社会经济目标,通过相关法律、法规的规定,对基准税制规定的纳税人法定纳税义务给予减免所放弃的税收收入。

② 对于气候变化对人类社会的负面影响,政府间气候变化委员会的历次评估报告已有相当详实的数据,指出人类活动所导致的全球变暖将导致陆地地区冷昼偏暖、热昼偏暖、暖期或者热浪增多、强降水事件大幅增加、易受干旱影响地区扩大、热带气旋活动增强、海平面增高,从而对全球或者区域范围内农业、林业、生态系统、水资源、人类健康、工业、人居环境和社会发展产生负面的影响。See IPCC, 2013: Summary for Policymakers. In: Climate Change 2013: The Physical Science Basis. Contribution of Working Group I to the Fifth Assessment Report of the Intergovernmental Panel on Climate Change. 此外,还可参见《IPCC 气候变化 2007:综合报告》、《IPCC 第四次评估报告第一、第二和第三工作组的报告》(核心撰写组、Pachauri, R.K 和 Reisinger, A.编辑)。气候变化对于中国经济社会的负面影响描述,可参见发改委:《中国应对气候变化国家方案》,第 4~5 页;《国家适应气候变化战略》第 3 页;《中华人民共和国气候变化第二次国家信息通报》,第 94~95 页;董锁成:《气候变化对中国沿海地区城市群的影响》,载《气候变化研究进展》第 6 卷第 4 期;《广东省应对气候变化的方案》,粤府〔2011〕5 号;《上海市节能和应对气候变化"十二五"规划》;等等。

发和低碳成品生产一定是要有利可图的,单纯靠道德要求或公司对可持续发展和环境友好形象的社会责任动机,并不能保证可靠、持续和成规模的低碳经济投入。因此,必须保证私人投资者对于低碳经济投入的预期收益的稳定性。这种预期稳定性主要来自国家应对气候变化的法律和政策的刚性,即国家顶层设计对温室气体减排的制度恪守,比如"应对气候变化法"的制定和实施。作为公共产品的供给,除建立并固化对低碳经济的制度预期之外,低碳经济法律制度有财富分配的效应,从而产生新的低碳经济投入。其中以碳排放交易机制下的收入分配而实现的低碳经济投入仍可归属为私人投资性质;而以生态税收制度(如碳税或者其他对排放行为征收的环境税种)或者其他税费机制所实现的财政收入而进行的低碳经济投入则是第二类性质的应对气候变化成本支出。

碳交易机制下的低碳经济投入资金规模并不稳定,因其受到碳价格的制约,且只有稳定和较高的碳价格才能形成有效的低碳经济激励。然而,欧盟碳交易市场、芝加哥气候交易所和中国试点碳交易市场的实践表明,碳价格会因以下因素出现剧烈波动,特别是急剧下跌:

第一,应对气候变化法的制度预期。比如,芝加哥气候交易所的价格就因为美国国会未能通过包含碳排放总量控制和交易的相关机制的能源法案而从2008年的每吨7.4美元迅速"归零"。[①] 我国各试点碳交易市场内近期碳价格的明显上升,也与国家碳交易市场为代表的应对气候变化法制发展的稳定性预期有关。[②]

第二,碳交易市场上配额的供求平衡关系。这一供求关系往往会因为过多的碳排放配额初始分配和经济下行下产能下滑所导致的对碳排放配额的需求不足而失衡,从而导致碳价格的异常波动。初始分配的碳排放配额过多会导致碳交易市场上的"商品"过量供给;超量的初始分配也会使得参与企业在履约期间持有较多的碳配额盈余,从而降低其通过碳交易市场购入配额以履行配额上缴义务的需求,同时也降低了碳市场的流动性。

超量的碳配额供给与总量目标设定的方式有关。根据气候变化政府间委员会(IPCC)所发布的指南,国家可以自上而下核定其领土边界内的碳排放总

① See Richard L. Sandor, Good Derivatives: a Story of Financial and Environmental Innovation, Wiley 2012, p. 403, p. 410 and p. 416.

② 可参见上海、北京、天津、重庆、湖北和广东等试点地区碳交易市场(ETS)行情指数,详见各试点碳交易市场官方网站:北京 ETS: http://www.bjets.com.cn/,上海 ETS: http://shanghai.tanjiaoyi.com/,天津 ETS: http://www.chinatcx.com.cn/tcxweb/index.jsp,重庆 ETS: http://www.cqets.com.cn/index.html,湖北 ETS: http://hubei.tanjiaoyi.com/,广东 ETS: http://www.cnemission.cn/。

210

量。国家也可以参考《IPCC指南》制定适用于其主权边界内各区域的碳排放核算指南以及适用于企业的行业性碳排放核算指南,从而核算区域或者企业边界内特定年度的碳排放总量。结合不同的碳减排情景所生成的减排系数,国家和地方政府可以根据基准年度的碳排放总量考虑减排系数进而设定一定履约期间内的各年度碳排放总量控制目标值(CAP)。相对于总量设定的自上而下方式,总量控制目标设定的"自下而上"方式,比如在归集的区域或企业的基准年度碳排放量或者历史排放数据基础上而生成的总量设定,更容易导致碳交易市场上配额的过量供给。譬如,欧盟碳交易市场在其第一个阶段(2005年—2007年)即采取由各国各自确定本国总量目标的方式来核发各国的配额。这成为其第二个阶段(2008年—2013年)巨大配额盈余的关键。虽然其在第二个阶段以欧盟范围内的统一总量目标和交易系统替代了各国碳交易系统分立的架构,这一配额供求关系的失衡并未得到根本性的扭转。据统计,截止到2012年底,欧盟碳交易市场上交易主体所持有的欧盟碳配额(EUA)盈余约为20亿吨CO_2。[①] 这一数字在其第三个阶段伊始增至21亿吨。[②] 相应的,EUA价格也出现严重下滑,从2008年的30欧/吨降至5欧/吨左右。

除经济不景气所导致的企业产能下降会影响碳交易市场上对碳配额的需求之外,碳交易机制覆盖的范围也会对碳配额的需求产生直接效应。从我国试点碳交易市场的交易数据来看,由于经济体量较大和覆盖的企业数量较多,2015年湖北省和广东省碳交易市场的碳配额交易量占全国总量的69.13%。[③] 相应的,其市场上的碳配额平均成交价格也处于相对高位。据统计,广东碳市场截至2016年9月份成交配额总量为22109310吨,合计金额为361195501.3元,平均碳价为16.33元/吨;湖北碳市场截至2015年12月31日共成交碳配额2495万吨,交易额为5.9191亿元,平均碳价为23.73元/吨。扩展碳交易机制覆盖企业范围以增强市场上对于配额的需求,也是欧盟碳市场第三个阶段以来(2013年—　　)应对其碳市场供求失衡的重要手段。[④]

与碳交易机制所实现的财富分配效应从而产生的低碳经济发展投入相

① See EC, The state of the European carbon market in 2012 (COM(2012) 652 final), p. 5, Figure 1: Carbon Price Evolution, p. 5.

② See EC, Report on the functioning of the European carbon market 2015 (COM (2015) 576 final), p. 19.

③ 参见广州绿石碳资产管理公司编制:《中国碳市场分析2015》,第4页。

④ See EC, Proposal for a Directive of the European Parliament and of the Council amending Directive 2003/87/EC so as to improve and extend the greenhouse gas emission allowance trading system of the Community, 2008/0013 (COD), p. 7.

比,以税收机制所归集或体现的低碳投入可能更为稳定和可靠,特别是考虑到我国统一的碳交易市场正处于起步阶段,碳价极易因总量设定上的自下而上、配额初始分配的免费为主、[①]经济增长速度的放缓等而处于低谷。并且,在环境税收体系正在重构和碳税立法尚处于学术争议的当前,以促进低碳发展或者碳减排为目的的税收优惠或激励政策设计将成为一段时间内较为稳定和可靠的低碳公共投入,以弥补当前低碳经济领域私人投资的不足。

从效应上来看,以免税减税、费用加计扣除、投资抵免所得税或加速折旧等方式体现的税收优惠和税收激励政策可以实现环境税收的双重红利效应。

第一,有助于二氧化碳等温室气体排放的控制,降低碳排放量。对低碳排放或零碳排放经济行为或产业的税收优惠和激励,比如对从事可再生能源利用和低碳产品的销售等企业的所得税减排政策,可以增强其产品和技术在市场上的竞争力水平,扩大其使用范围,形成对高碳排放技术和产品的替代,减少类似技术和产品在消费中的化石能源消耗,从而减少本应产生的温室气体排放量。第二,可以有效促进低碳经济发展,推动新能源产业和低碳经济产业部门的形成,使经济发展与碳排放脱钩,增加就业和社会福利,实现经济的持续增长。税收优惠和激励属于税式支出,是公共财政对于低碳技术研发和低碳产品应用推广的公共财政投入,相比较于私人投资具有稳定性和持续性,是对低碳经济比较可靠的投入。对低碳排放或零碳排放经济行为或产业的税收优惠和激励,能够强化国家应对气候变化政策的确定性,形成投资低碳经济有利可图的预期,激励社会资本进入低碳技术和产品的研发和推广领域。

然而,我国税收优惠和税收激励制度本身存在的问题降低了这一政策机制对于低碳经济发展促进的有效性。比如,我国新修订的《预算法》仍未明确的将税收优惠和税收激励等作为税式支出纳入预算支出的调整范围,使得其缺乏顶层设计的支撑,制度的确定性不足。

1. 主要减排责任国低碳税收优惠评述

总的来看,主要减排责任国低碳发展税收优惠政策可以归纳为如下几个特点:

第一,法定性,即税收优惠的设定同样遵循税收法原则,非经法律规定,不得确立减免税、投资抵免、费用扣除、加速折旧等直接或者间接税收优惠措施。以美国为例,其与低碳经济紧密相关的高新技术产业税收优惠政策的确立可以追溯至1981年的《经济复兴税法》,该法案是经过国会制定,里根总统签署方得以实施的;在可再生能源领域所实施的一揽子的税收优惠政策,其依据为

---

① 参见国家发改委办公厅:《关于做好全国碳排放交易市场启动重点工作的通知》,发改办气候[2016]57号。

《2005 年能源政策法》和《2005 年能源税收激励法》；2010 年所开始实施的一系列鼓励购买和使用节能生物质锅炉、暖气、通风设备、空调的减税措施，购买燃料电池用于住所的家庭所享受的个人所得税抵免，购买地热设施、光电装备、风能设备的税收抵免等，依据也是国会通过的《2009 美国经济复苏与再投资法》①。法国所实施的可持续发展净纳税额免税优惠、增值税 5.5％低税率优惠也均是通过国家元首批准生效的国家法律实施（Grenelle）。英国也是通过国会制定法律来明确对低碳经济相关产业和活动的税收激励等财政措施，即《英国气候变化法》（2008 年）和《英国能源法》（2008 年、2010 年和 2011年）。

　　与之相比，我国有关低碳经济的税收优惠措施主要是国家税务总局和财政部通过部门规章的形式得以确立的。涉及企业所得税的优惠措施，如所得税减免、研发费用加计扣除、加速折旧、投资抵免等措施，可以牵强地理解为经法律授权，由国务院通过行政法规得以确立，并经国家税务总局和（或）财政部以部门规章的形式予以执行；涉及农林产业的免税激励政策，由于是在《企业所得税法》中直接规定，可算是由法律直接确定的。然而，与低碳经济相关的高端服务业、低碳金融产业、资源综合利用性产品的销售、可再生资源产品的销售、新能源产品和服务的销售（如混合动力汽车）等方面的税收激励措施，由于涉及其他非依法律作为征收依据的增值税和营业税等税种的减免，相应的税收激励制度需经国务院的转授权立法方可确立。该转授权立法显然不符合《立法法》的规定。因而，我国低碳经济的大部分税收优惠措施都存在某种程度上合法性的问题。

　　第二，确定性②，即税收优惠必须明确规定所覆盖的课税对象、施惠条件、优惠幅度、实施期限、实施方式等具体内容，以使该优惠措施具有确定性和可操作性，从而得以落到实处。以前述的美国《2005 年能源政策法》为例来说明。该法的重要特点在于突出家庭在节能中的作用，为节能建筑和节能家电给予更多的税收优惠。在《2005 年能源政策法》第 1332 条特别规定了对节能家庭建设的税收优惠，规定了什么是符合要求的节能建筑以及不同建筑所享

　　① 　See American Recovery and Reinvestment Tax Act of 2009，Subtitle B—Energy Incentives.

　　② 　税收规则的确定性源于亚当·斯密所总结的税收四原则之一的税收确定原则。该原则认为，公民应缴纳的税收必须是明确规定的，不得随意变更。如纳税日期、纳税方法、缴纳数额等，都应当让所有纳税人及其他人了解清楚，否则纳税人不免要受征税机关的任意左右。这一原则是为了杜绝征税人的任意专断征税，加重税收负担以及恐吓、勒索等行为的。在亚当·斯密看来，税收的不确定对于国民利益的损害尤甚于税收不公平。参见亚当·斯密：《国富论》，谢祖钧、孟晋、盛之译，中南大学出版社 2003 年版，第 135 页。

受的具体税收抵免金额(分别为 2000 美元和 1000 美元,视其符合该条 C 节的具体条件),并对节能建筑的合格建造商、节能标准、检验证明(方法和形式)等予以具体的说明;①美国联邦税务局(Internal Revenue Service,IRS)对该类型的税收抵免申请制定了专门的申请表格。② 此外,该法明确了投资税额抵免的明确对象及具体比例。如对利用太阳能来实现建筑物的取暖或制冷和利用地热矿床来生产或供给能源的新型装置这两种投资行为,IRS 给予课税年度内的当年投资额 10% 的税额抵免。《2009 美国经济复苏与再投资法》所规定的相应税收抵免优惠,也有确定的实施期间。法国规定的可持续发展净纳税额减免优惠也规定,业主购买或者建设低能耗住宅所申请贷款的利息,可在连续 7 年内享受 40% 的纳税额减免优惠。

在这些国家,税收优惠作为税式支出,在出台具体的税收激励措施之前,均通过测算、计算税式支出的具体规模,评估政策执行的具体实施效果,以确定该激励措施是否能够取得预期效应,以此来决定是予以延期抑或是加大力度。仍以美国为例,在《2005 年能源税收政策法》实施之前,即已确立其年度减税目标为 145 亿美元,并预测因优惠政策刺激生产效率可增加 30 亿美元的额外税收收入,因此减收净额为 115 亿美元,并测定其具体减税额度分配为:可再生清洁能源为 32 亿美元;电力为 31 亿美元;煤炭为 29 亿美元;能源效率及节约为 27 亿美元;石油、天然气为 26 亿美元。

相比之下,我国最新出台的《预算法》事实上仍未明确把税收优惠纳入预算管理,我国税收激励政策在执行过程中普遍缺乏目标约束。③ 此外,因为制度创设的主体主要是以国务院为主导,以国税总局、财政部和海关总署为主要实施者的行政机关,其在立法过程中又秉持"宜粗不宜细"的理念,强调原则性

---

① See 26 U.S.C 179D, Energy Policy Act of 2005,Section 1332.

② 即表格 1040 或表 1040NR 以及附送表格 5695。

③ 最新《预算法》强调政府所有的收支均应纳入预算管理,但是,并未明确规定税式支出的预算管理机制。国务院出台的相关决定,也只是提出税收优惠不能突破国家财税制度,制定税收优惠政策,也提出要建立对税收优惠的备案审查、定期评估和退出机制,但是具体的评估方法和退出标准仍需进一步明确。参见国务院:《关于深化预算管理制度改革的决定》,国发〔2014〕45 号。该决定提出要"全面规范税收优惠政策",除专门的税收法律、法规和国务院规定外,各部门起草其他法律、法规、发展规划和区域政策都不得突破国家统一财税制度、规定税收优惠政策。未经国务院批准,各地区、各部门不能对企业规定财政优惠政策。各地区、各部门要对已经出台的税收优惠政策进行规范,违反法律法规和国务院规定的一律停止执行;没有法律法规障碍且具有推广价值的,尽快在全国范围内实施;有明确时限的到期停止执行,未明确时限的应设定优惠政策实施时限。建立税收优惠政策备案审查、定期评估和退出机制,加强考核问责,严惩各类违法违规行为。

与灵活性的结合,一并导致我国当前低碳经济税收激励制度的具体规则构成缺乏合理的确定性。以《关于中国清洁发展机制基金及清洁发展机制项目实施企业有关企业所得税政策问题的通知》(以下简称《通知》)为例,作为贯彻执行国务院应对气候变化相关行政法规的重要部门规章,其规则的制定应具体到该优惠政策得以实施的各个环节,诸如实施对象、优惠额度、期间、程序等内容。① 客观来讲,从该《通知》的具体内容来看,基本上能够说明该项政策所覆盖的实施对象,即清洁基金的收入和 CDM 项目的收入;确定了优惠额度——免征和减税比例(CDM 项目收入的 65% 或者 30%②);以及执行起始——自 2007 年 1 月 1 日(效力溯及既往)始。《通知》并没有规定该项政策的终止时间,换言之,该项政策没有确定的执行期间和具体的可评估的执行效果。主管机关可以随时对其进行调整或者宣布终止;纳税人也就难以对该项政策的实施形成稳定的预期,法律所应能提供的制度化预期也就无从谈起,而这正是法律所必须承担的社会功能。《通知》也没有规定具体的实施程序。这需要地方税务机关制定具体的程序和标准:申请人资格、受理机关、办理期限等。这种税收立法和执法体制虽然能使各地的税务机关结合本地实际情况,制定符合当地发展水平的具体执行措施,但是却会导致潜在的地方税制的冲突,破坏国家税制的统一。

2. 我国税收优惠制度存在的问题:立法和执法

从税收立法来看,税收法定原则在我国是否已经提升到宪法高度,存有争议。学者认为,仅以宪法中"公民有依照法律纳税的义务"的表述并不能就此认定税收法定原则在宪法层面已得以确立。《立法法》2014 年修订中有关税收法定原则的争论,也为我国宪法中的税收法定主义之争增加了新的内容,即通过《立法法》修正案中"税种的设立、税率的确定和税收征收管理等税收基本制度"只能由法律规定的表述是否能够充分的体现税收法定主义的内涵。即把"我国宪法中是否明确了税收法定主义",延伸为"《立法法》最新修正案中涉及税收法定原则的规定是否能够成立宪法意义上的税收法定原则"? 对于前

① 参见财政部、国税总局:《关于中国清洁发展机制基金及清洁发展机制项目实施企业有关企业所得税政策问题的通知》,财税〔2009〕30 号。

② 根据该通知,CDM 项目实施企业按照《清洁发展机制项目运行管理办法》(国家发展和改革委员会、科技部、外交部、财政部令第 37 号)的规定,将温室气体减排量的转让收入,按照以下比例上缴给国家的部分,准予在计算应纳税所得额时扣除:(1)氢氟碳化物(HFC)和全氟碳化物(PFC)类项目,为温室气体减排量转让收入的 65%;(2)氧化亚氮(N₂O)类项目,为温室气体减排量转让收入的 30%。参见财政部、国税总局:《关于中国清洁发展机制基金及清洁发展机制项目实施企业有关企业所得税政策问题的通知》,财税〔2009〕30 号。

者,基本观点可以概括为:肯定说和否定说。肯定说以刘剑文教授为代表。他从目的解释的角度提出,宪法的目的只有一个,即保护公民的基本权利,税收的开征也必须受制于公民的基本权利;结合《宪法》第13条有关保护公民的合法私有财产的规定,未经以代议制机构立法作为形式的公民的"同意",通过征税侵犯公民的私有财产权利就是违法的。因此,"《宪法》第56条既是对公民纳税义务的确认,也是对国家课税权的一种限制"。[①]

持否定说的学者以张守文教授为代表。张守文教授认为,各国宪法在确立税收法定主义时,大略都是从征税主体的征税权与纳税主体的纳税义务这两个方面加以规定的,尤其强调征税权的行使必须限定在法律规定的范围内,确定征纳双方的权利义务必须以法律规定的税法构成要素为依据,任何主体行使权利或履行义务均不得超越法律的规定,从而使当代通行的税收法定主义具有了宪法原则的位阶;税收法定主义在我国宪法上规定得并不明确。我国宪法既未对财税制度作专门规定,也未对税收立法权作专门的规定,仅是在公民的基本义务方面规定"公民有依照法律纳税的义务",如果就此认定这一规定揭示了税收法定主义的意旨,显然"略显牵强",因为该规定仅能说明公民的纳税义务要依照法律产生和履行,并未说明更重要的方面,即征税主体应依照法律的规定征税,因而该规定无法全面体现税收法定主义的精神。覃有土、王建平、李刚、王士如、陈亮等学者也持此见。[②] 除从文义解释的角度说明宪法的相应规定仅是对公民纳税义务的陈述之外,学者们还基于体系解释和历史解释的角度来论证宪法中所指的"法律"其外延并不仅限于权力机关通过的狭义法律而是广义的法律、法规和规章的角度,来否定宪法上税收法定主义的确立。

对于后者,即《立法法》最新修正案中涉及税收法定原则的规定是否能够成立宪法意义上的税收法定原则,笔者认为,即使《立法法》中作出了将税种的设立、税率的确定和税收征收管理作为绝对法律保留事项的表述,也不足以成立宪法意义上的税收法定主义。

原因在于:第一,《立法法》虽然是宪法法律体系的构成部分,但是其在国家法律体系中的位阶和功能仍不足以替代《宪法》。宪法中未能明确的税收法定主义,即使《立法法》将其列为法律保留事项,也不能将税收法定原则上升到

---

① 刘剑文、熊伟《税法基础理论》,北京大学出版社2004年版,第108~109页。

② 参见覃有土等:《论税收法定主义》,载《现代法学》2000年6月;王建平:《论税收法定主义》,载《税务研究》2005年第2期;李刚:《从法解释的角度看我国〈宪法〉第五十六条与税收法定主义——与刘剑文、熊伟二学者商榷》,载《税务研究》2006年第9期;王士如:《中国税收立法的宪政思考:从税收法定主义谈起》,载《政法论坛》2009年第1期;陈亮:《论税收立法中的税收法定主义——以房产税的开征为例》,载《东方法学》2012年第5期。

宪政的高度；而不能确立为宪政原则的税收法定主义则会留下国家税权扩张的隐患。只有在宪法层面明确税收的属性，才能够推导出国家税收受限的宪政基础。国家税权的伦理基础只有在宪法价值和宪法原则中得以体现，才能使税权的控制不致偏离法治主义轨道，也才能使道德上的确信转化为一种法的力量。

第二，退一步讲，即使如刘剑文教授所言，我国《宪法》确定了税收法定主义，[①]将税收立法权更为具体化和明确化的《立法法》也没有将税收法定原则落到税收立法活动的实际中，因为《立法法》虽然将税收基本制度列为法律保留事项，却又通过"空白授权"将税收立法权让渡于行政机关；新修订的《立法法》对于税收立法权限的全新规定，是否全面地体现了税收法定的理念，仍是一个存疑的问题。

《立法法》对于税收法定主义的集中体现在于其税收立法体制的具体设定。从《立法法》的最新条文来看，税收立法体制可以概括为两个方面：首先，税收立法权是我国国家立法机关的专属权力。2015 年修订的《立法法》保留了原来第 8 条对于法律保留事项的规定，并将"税种的设立、税率的确定和税收征收管理等税收基本制度"从原来的"税收"基本制度中独立出来，加以具体阐述。其次，税收法律可被授权立法。根据该法第 9 条的规定，全国人大及其常委会有权将除"犯罪和刑罚、对公民政治权利的剥夺和限制人身自由的强制措施和处罚、司法制度"等绝对法律保留事项之外的立法事宜授权国务院制定行政法规。比 2000 年原有法律进步的是，最新的修订强调了授权立法的时限，并且明确规定授权决定应当明确授权的目的、事项、范围、期限以及被授权机关实施授权决定应当遵循的原则。然而，关于授权立法权限期满经申请可继续授权的规定实质上削弱了该条的立法目的，即限制授权立法，保障人大的专属立法权。但是，无论如何，新的规定应能杜绝类似于 1984 年到 1985 年改革开放初期的"空白授权"的存在。[②]

---

① 刘剑文、熊伟《税法基础理论》，北京大学出版社 2004 年版，第 108～109 页。

② 全国人大系统授权国务院立法的决定，最早出现于 1983 年。这一年，第六届全国人大常委会第二次会议决定，授权国务院就安置老弱病残干部、工人退休、退职制定一些必要的修改和补充。其后一年，第六届全国人大常委会第七次会议上，又通过了《关于授权国务院改革工商税制发布有关税收条例草案试行的决定》，按照这个决定，国务院有权拟定税收条例，以草案的形式发布试行，"再根据试行的经验加以修改提请全国人大常委会审议"。1985 年则是《关于授权国务院在经济体制改革和对外开放方面可以制定暂行的规定或者条例的决定》。1984 年和 1985 年的两次授权均属于整体性授权，使得国务院据此制定了大量的行政法规，形成了以行政机关为主导的税收立法模式。上述两则授权文件属于空白授权。首先，其授权的范围过于宽泛。尤其是 1985 年的授权使国务院垄断了国家在经济方面的立法权，国务院可以"任意地制造法律"。其次，授权没有期限的限制。

此外,从立法的技术角度来看,最新《立法法》对于税收立法事项中法律保留事项的列举存在着疏漏,并不足以涵盖税收法定主义理论上的全部内涵。从学者对税收法定主义的阐释来看,其内涵主要在于三个层面:第一,课税要素法定。课税要素是税法构成要素中的实体法要素,是确定纳税人的纳税义务的必备要件。其一般应包括纳税主体、征税对象、计税依据、税率、税收优惠等。由于课税要素直接关系到纳税人的纳税义务是否成立以及义务的大小,与个人、企业乃至国家的利益攸关,因此它必须由法律加以规定,从而形成税收法定主义中的课税要素法定原则。第二,课税要素明确,即有关创设税收权利义务的规范在内容、宗旨、范围方面必须足够确定,从而使纳税义务人可以预测其税收负担。换言之,也就是说承载税收规则的成文法语言应当明确,避免模糊性和不确定性的法律语言,比如应当尽可能的穷尽列举,避免过多的使用"等等"、"在必要时"、"认为不适当"、"基于正当的理由"、"按照合理的方法核定或调整"等不确定语言或者概念。不确定的概念应当能够通过文义解释、目的解释、历史解释等法律解释方法明确其含义,避免留下不合理的空白,成为公权力恣意滥用的自由裁量空间。第三,税收征管法定原则,或者说税收程序法定原则,即,税收法律关系中的实体权利义务得以实现所依据的程序性要素须经法律规定,且征纳主体各方均须依法定程序行事。税收法定主义的程序法定原则具体包括以下三个方面:(1)税种及税收要素均须经法定程序以法律形式予以确定;(2)非经法定程序并以法律形式,不得对已为法定之税种及税收要素作出任何变更;(3)在税收活动中,征税主体及纳税主体均须依法定程序行事。以上三个部分内容相辅相成,缺一不可,共同构成了程序法定原则的完整内容。①

新《立法法》列举了的法律保留事项涉及"税种的设立、税率的确定和税收征收管理等"②,这一表述并未穷尽列举所有的课税要素,使得其不能够整体现作为税收法定主义基石之一的课税要素法定主义,也留下了不确定性。"等"代表了哪些课税事项,很难通过文义解释予以明确。首先,将税种与税率并列某种程度上体现了立法者对税收征管实践认知上的匮乏。在实际的征管

---

① 参见覃有土等:《论税收法定主义》,载《现代法学》2000 年 6 月;张守文:《论税收法定主义》,载《法学研究》第 18 卷第 6 期;王士如:《中国税收立法的宪政思考:从税收法定主义谈起》,载《政法论坛》2009 年第 1 期。

② 《立法法》草案二审稿最初列举的事项包括"税种、纳税人、征税对象、计税依据、税率和税收征收管理"。原国税总局局长谢旭人认为:"税收制度本身已包括税种名称、纳税人等内容,不需要逐个要素制定法律。"谢旭人委员建议将上述内容修改为"税收和税收征管的基本制度",对一些非基本的单项征管制度,可由国务院或者税务主管部门制定行政法规或部门规章。

业务中,一般认为税种概括了税收实体性的课税要素,包括了纳税人、征税对象、计税依据、税率。对于纳税人而言,当期产生纳税义务时,税务机关均要依据其业务收入类型对其进行税种核定。完整的税种核定应当以企业生产的货物或者提供的劳务类型,确定其应纳税种、明确其税目和计税依据、厘定其税率、限定其征纳期限。《立法法》将税种与税率并列,在逻辑上存在缺陷。如果其是并列概念,可能会导致如下后果:即使《立法法》的相关规定得以实施,全国人大基于专属立法权确定了某一税种及其税率,国务院通过实施条例也有权界定该税种的征税对象和计税依据。税负的最终水平,并不仅仅决定于税率,而是同样决定于征税对象和计税依据所代表的税基。仅仅限定税率,并不能保证企业最终税负是决定于法律的,而不是行政法规、规章等非代议机关法律渊源。这会使税收法定主义成为一纸空文。

客观来看,我国有关低碳经济的税收优惠措施主要是国家税务总局和财政部通过部门规章的形式得以确立。涉及企业所得税的优惠措施,如所得税减免、研发费用加计扣除、加速折旧、投资抵免等措施,可以牵强地理解为经法律授权,由国务院通过行政法规得以确立,并经国家税务总局和(或)财政部以部门规章的形式予以执行;[①]涉及农林产业的免税激励政策,由于是在《企业所得税法》中直接规定,可算是由法律直接确定的。然而,与低碳经济相关的高端服务业、低碳金融产业、资源综合利用性产品的销售、可再生资源产品的销售、新能源产品和服务的销售(如混合动力汽车)等方面的税收激励措施,由于涉及其他非依法律作为征收依据的增值税和营业税等税种的减免,相应的税收激励制度需经国务院的转授权立法方可确立。该转授权立法显然不符合《立法法》的规定。因而,我国低碳经济的大部分税收优惠措施都存在合法性的问题。

简而言之,相对于英美等西方国家,我国在低碳经济税收激励法律制度的构建方面,立法层次较低,缺少必要的法律刚性。这与我国经济长期处于转轨期有直接关系。但是,随着社会主义法律体系的完善,在经济、金融等领域保持如此多的授权及转授权立法是否符合法治国家的基本要求,值得思考;面对低碳经济发展的迫切需求,缺乏相应的基本法律制度,也值得商榷。此外,宪法上的税收法定原则事实上是对政府征税权的限制,而法律上的税收法定原则很难在制度层面对政府的征税权予以合理的限制。因此,相对于西方国家而言,我国的税收体制就缺乏相对的稳定性,税收规则也就缺乏必要的确定性,缺乏可预见性和可操作性,税收裁量权在执法过程中的专断就成为必然和

---

① 　如财政部、国税总局:《关于中国清洁发展机制基金及清洁发展机制项目实施企业有关企业所得税政策问题的通知》,财税〔2009〕30号。

常态。

从税收执法来看，所有的税收优惠只有落到实处，才能起到应有的作用。就政策执行而言，税收优惠的落实受到很多因素的制约，比如，税收优惠政策的宣传力度①、配套行政程序的高效运作②、地方对中央税收政策的贯彻与否、税收裁量权等。作为执行主体，地方政府和地方税务机关是否能够严格依法治税，是政策得以执行的最为关键的因素。以地方对中央税收政策的贯彻来讲，地方产业结构差异和经济发展程度差异可能会使该政府在发展低碳经济上采取不同的态度和做法，而这些态度和做法所衍生的地方税收优惠政策会影响到整体税制的统一和公平，也扭曲了税收政策的具体执行。此外，地方政府的利益偏好又会影响到当地税务机关在具体政策执行时的执行偏好，而这些偏好又必须基于税收裁量权方得以获得合法形式。因此，地方政府往往会鼓励当地税务机关在具体税收执法中以地方政府的本土化利益为税收裁量权的偏好，从而导致具体税收执法过程中税收裁量权的行使会偏离税收激励制度在设定之初的立法本意，导致税收执法对行政合法性原则的违背。恰恰由于我国税收规则确定性程度不够，加之税收裁量基准的缺位，税收机关往往拥有极大甚至专断性的税收裁量权。受到地方政府的左右，税收执法行为又会背离行政合理性原则，造成税收激励制度出现实施结果上的效率损失。

我国低碳经济的发展仍处于起步阶段，中央在政策制定上仍赋予地方较大的自主权力，期望通过地方的试点工作总结有益的制度经验，比如"碳排放权交易试点"、低碳省市、低碳园区、低碳产品认证等工作的推行。这在一方面可能有利于因地制宜地来制定合理政策，但另一方面却可能会对税制的统一性造成损害，违背税收公平原则，加剧地区间发展的不平衡。比如，西部大开

① 税收优惠政策的宣传力度会影响到纳税人是否了解这一税收优惠政策的存在，关系到政策的公开问题，依申请的公开和主动公开所造成的信息获知程度是明显不同的。同时，税务机关是否采取了具体可行的宣传措施来使辖区内纳税人了解税收优惠政策也会影响到具体政策的执行，原因在于：首先，纳税人对于新政策的了解存在被动性的特征，不会去主动了解新的税收优惠政策的有无。其次，如果税务机关没有主动地公示相关的税收政策，有的纳税人会对税务机关有不愿执行该政策的误解。此外，当某个税收优惠政策没有规定相应的具体行政审批程序来贯彻执行时，税务机关也往往不愿去对该政策做具体的宣传，导致其行政审批事务的增加。

② 以软件企业所享受的增值税即征即退政策为例，纳税人获得该税收优惠的前提是由政府科技主管部门先行认定成为软件企业，如果该主管部门怠于行使该行政权力，或者没有能够有效地行使该权利，就会导致有些符合条件的纳税人不能享受到该具体税收优惠。从事合同能源管理的企业也可以认定为高新技术产业，享受相关税收优惠，同样也需要主管部门的前期认定。

发的税收优惠虽然在客观上降低了税负,但是并没有改变东、西部经济的巨大差异。表面的原因似乎是因为出口退税政策和涉外税收优惠政策的影响;但是,笔者认为,除东、西部存在产业结构、区位差异和资源禀赋等固有条件的差异之外,地方税收优惠政策的差异,比如地方政府的"返税"政策等,也是一个重要的原因。企业都是逐利的。税收激励制度会给企业带来税负的直接降低和利润的增加。中央层面的税收激励措施,由于其对全国范围内不同地区的不同企业是一体适用的,对企业的利益影响也是统一的、非歧视的,因此对不同地区的企业具有相同的激励效应。与之相反,而地方税收优惠政策所使用的是在本地注册的企业,其适用上具有选择性和歧视性,对区内企业和区外企业的利益影响是不同的。企业有利益驱动去享受国家统一的税收激励之外的地方税收优惠政策;当不能兼而享之时,企业会权衡哪一种对其更为有利,或者通过注册多个关联企业,转移利润到由于地方税收优惠政策的存在,而使其利益最大化的区域。

"返税"的比例因地方税收分成的比例不同而各异。一般而言,地方税收分成比例较高的区县会规定较高的"返税"比例。"返税"这一现象多出现于经济发展较快的东部地区的区县级开发区,中西部较少出现。以"返税"为代表的地方税收优惠政策是县级之间展开外部招商引资竞争的主要手段之一,而县之间的地区竞争制度则被视为中国经济发展奇迹的重要原因。

然而,以"返税"为特点的地方税收优惠政策普遍存在①,这将会导致地区之间在招商引资上的"向底竞争"(Race to the Bottom)②,政府在招商引资上的"向底竞争",将导致对区内企业与区外企业的区别对待,对区内企业由于税收优惠所导致的财政减损,政府将会通过对其他企业加大税收执法力度,或者通过其他非税收途径获得本应获得的财政收益;不同地区间政府所开展的"向底竞争"最终将演化为经济禀赋和经济积累之间的比拼,经济发展程度好的地区能够提供更为优惠的条件来吸引投资,而经济发展水平较差的地区则会失去公平税收激励制度下本应获得的投资机会,进一步加大地区发展的不平衡。地区发展的不平衡将会影响低碳经济发展的整体均衡状态。因此,有必要对地方以"返税"等形式存在的地方税收优惠政策进行评估,对损害统一、公平税

---

①　北京市京郊各县的经济开发区事实上也存在返税的政策激励,形式上往往以政府专项奖励的形式,但其计算依据是以企业的税收实绩,事实上也是"返税"的地方税收优惠政策,如北京怀柔高新区的政府专项奖励资金,上海各区的开发区也普遍制订有"返税"政策,只是比例不同。这取决于区县和省级部门在财政收入上的分成比例。

②　"向底竞争"本意是指当一个社会的市场竞争过于残酷,而企业的责任感又非常淡漠的情况下,经济活动中便出现一种低成本竞争的倾向。在低成本竞争中,当企业在其他经济资源要素的成本上无法再压低的时候,便只能在最有弹性的劳动工资上进行压缩。

制的不合法①的地方税收优惠措施进行清理。

税收裁量基准的缺失也使得税收优惠政策的执行存在一定的问题。作为行政权,税收裁量权的行使本应遵循依法行政和合理行政的原则。笔者认为,有两个原因导致当前税收裁量权过大:第一,税收立法没有严格遵守税收法定原则,导致对税务机关权力边界的限制不确定,税收执法趋于专断。授权立法使得税务机关事实上集立法权与行政执法权于一身。正如孟德斯鸠所说,当立法权和行政权集中在同一个人或同一个机关之手时,自由便不复存在了。涉税争议行政复议前置的程序要求,又使得征税机关承担了重要的司法裁断职能。这一行政司法化的表现使得税务机关集"司法者"与"行政执法者"角色于一身,税收执法中的专断是为必然。第二,税收规则的确定性不够,征管规则以及征管措施之间存在冲突。以近些年国家税务总局所主张的"税收分析、纳税评估、税源监控、税务稽查"四位一体的征管机制来看,虽然能够很大程度地促进征管理念的改变,但是新的纳税评估方式与传统的征管措施之间还是会存在冲突的。纳税评估在实施过程中容易演化成为税务机关与大小企业之间的利益博弈:当企业经济实力较强时,就具有与税务机关较强的博弈能力,能够通过纳税评估获得有利于自己的实施条件,而小企业则缺乏与税务机关的博弈能力,不得不在税务机关的压力下补交一定的税款,以避免税务机关采取更强的征管措施,如纳税稽查。

低碳经济税收激励措施的实质就在于通过税式支出降低相关企业的整体税负,从而激励相关低碳产业的发展。税收裁量权过大所导致的不确定性会影响政策执行的绩效,即企业税负的实质性降低。从国际上来看,低碳经济发展需要国家自上而下的引导,政府的公信力是推动低碳经济平稳有序发展的基础保证。企业作为市场经营主体,在经营过程中与税务机关所形成的征纳关系是企业与政府之间所形成的多种权利义务关系中最具常态性的。税务裁量权的不确定性将会影响征纳关系的良性互动,继而使得作为市场主体的企业对政府的公信力产生质疑。

为纠正不当行使税务裁量权的错误,除需要完善立法,提高税收规则的确定性之外,还需要完善并制定税收裁量基准。税务机关应规范和控制税务行政裁量权的形式,根据税务执法工作实际,按照"合法合理、公平公正、过罚相

---

① 从法理上讲,既然法律并没有规定政府不能基于地方财政设定标准迥异的本地化税收优惠措施,政府当有一定的自治权限去处理该等事宜,这属于政府经济管理职能的应有之义。但是,笔者认为,在民商事法律中所普遍认可的"法不禁止为自由"的原则,不能适用于政府的职权行为,政府的职权行为应严格限定在法律规定的界限内。行政行为应遵循"法无明文规定不得行"的原则。这是行政合法性原则的直接体现。

当"的原则,结合本地区经济、社会发展状况及税收执法范围等情况,通过制定具体标准,细化若干裁量格次,对法律、法规中相对宽泛的税务行政裁量权按照一定标准加以细化和量化。目前我国的税收行政裁量基准的主要标准制定主体是省、市级以下主管税务机关,标准不一,应通过法律、法规确定省级税务机关为行政裁量基准的制定机关,综合考虑当地的经济、社会、文化等客观状况的地区差异性、税收优惠事项的性质、情节和社会影响、税务管理人员的综合素质等法定裁量和酌定裁量因素,合理确定裁量格次,避免用词的模糊性,相对缩小税务行政裁量的运作界限。

3. 我国现行低碳税收优惠及其完善

尽管我国在税收优惠的法律制度设定上存在着税收法定和税收确定的缺失,当前已经制定和实施的税收优惠政策也能起到一定的对于低碳排放行为的激励效果。这些税收优惠政策主要涉及增值税、车辆购置税和企业所得税等的减免税。第一,增值税方面。[①] 免税政策:销售再生水、以废旧轮胎为原料的胶粉、翻新轮胎、生产原料中废渣掺兑比例超过30%的建材产品、污水处理劳务。增值税全额退税(即征即退)优惠:工业废气为原料生产的高纯度二氧化碳产品、垃圾焚烧产生的电力或者热力、煤炭开采中伴生的油母页岩为原料生产的页岩油、废旧沥青混凝土生产的再生沥青混凝土、采用旋窑法生产的水泥或者外购水泥熟料采用研磨工艺生产的水泥(水泥生产原料中掺兑废渣比例不低于30%)等自产货物的销售。此外,对于以火电厂即各类生产过程中燃烧化石燃料的企业排放的烟气、高硫天然气进行脱硫而生产的石膏、硫酸、硫酸铵和硫磺等副产品,以及以废弃酒精和酿酒帝国水为原料生产的蒸汽、活性炭、乳酸、沼气、乳酸钙等货物,以煤矸石、煤泥、石煤、油母页岩等为燃料生产的热力和电力,以风力生产的电力和部分新型墙体材料产品,实施增值税即征即退50%应纳增值税优惠;对于自产综合利用生物柴油实施先征后退政策。[②] 第二,车船税和车辆购置税,主要是对于新能源汽车车辆购置税的免征,免征范围由工业和信息化部、国家税务总局通过发布《免征车辆购置税的新能源汽车车型目录》予以确定。第三,企业所得税。主要包括:低碳排放的特定产业内企业的低税率优惠(比如国务院批准的高新技术产业开发区内的高新技术产业企业,可减按15%缴纳企业所得税)和税收减免(如新办资源综合利用企业、三废利用企业)、

---

① 参见《中华人民共和国增值税暂行条例》;财政部、国家税务总局:《中华人民共和国增值税暂行条例实施细则》。

② 参见国家税务总局:《关于资源综合利用及其他产品增值税政策的通知》,财税〔2008〕156号。

特定类型收入的企业所得税免征优惠(比如科研单位和大专院校所提供的与低碳减排相关的技术成果转让、培训、咨询、服务、承包等技术性服务收入;资源综合利用所得免税;国家重点扶持的具有环保作用的基础设施经营所得的所得税减免;环保、节能节水项目所得自获利年度起三免三减半的税收减免优惠)等。

从上述税收优惠来看,可见我国目前并没有名义上直接以促进低碳发展为目的的税收优惠政策。这与我国环境税制的不完善有直接的关系。此外,我国企业所得税所规定的一些以行业性税收优惠这一区域性税收优惠政策,在实践中往往会被一些高耗能、高碳排放的行业所利用,对节能减排和应对气候变化起到了负面的影响。结合前述其他国家法定和确定的税收激励制度设定和我国当前的税收优惠现状,我国可以从以下几个方面完善低碳税收优惠制度:

首先,遵循税收法定原则①和税收确定原则,推进税收优惠政策的修改和编纂。税收优惠政策是对基本税制的例外,按照税收法定的原则,应通过法律来确定;而且,为保证税收优惠法律制度的正当性和规范性,也应当遵循税收法定原则,推进税收优惠政策的修改和编纂。第一,税收法定原则是世界各国税收立法的通行原则。我国的《立法法》已经明确税收立法属于法律相对保留事项,原税收立法中的"空白授权"②实际上违反了该宪法性法律。基于授权立法而形成的基本税制和税收优惠存在合法性的问题。随着税收民主法治建设的发展,禁止税收授权立法存在、将税收立法事项规定为绝对保留事项将是历史的必然。第二,改变"宜粗不宜细"的立法观念,提升立法技术,加强调研与论证,切实提高税收优惠政策的可行性。每一项税收优惠政策的制定应确保法律语言的精炼、简洁和准确,避免造成执行过程中理解上的歧义,尽量减少文件刚一出台就出现各地税务机关对同一政策理解执行不一的情况,以明确的权力限定和权利边界对税务行政裁量权的行使,避免其滥用。

---

① 按照新一轮财税体制改革的要求,中央集中管理中央税、共享税的立法权、税种开征停征权、税目税率调整权、减免税权等,以维护国家的整体利益。对于一般地方税税种,在中央统一立法的基础上,赋予省级人民政府税目税率调整权、减免税权,并允许省级人民政府制定实施细则或具体实施办法。这些表述实际上强调了中央税、共享税的中央立法权,对于一般地方税税种,地方政府的立法权也应经中央授权后方可行使。目的在于重申税制的统一立法权应属于中央政府,并不是对税收法定原则的违背,而是对我国法律层面上税收法定原则的确认。

② 李刚:《论税收调控法与税法基本原则的关系》,载《厦门大学学报(哲学社会科学版)》2008 年第 3 期。

　　国家税务总局应在现有的授权立法体系下,对现有的与低碳经济发展有关的税收优惠政策进行修改和编纂,形成系统性的专门性规章和政策指南,增加税收优惠政策的透明性、稳定性和可操作性;国务院应对地方政府非法定的税收优惠政策进行调查,并予以叫停。这些地方政府的"土政策"虽然在一定程度上促进了区域经济竞争,但是却造成了区内企业和区外企业的歧视性待遇,从长远来看,弊大于利。

　　其次,以新一轮的财税体制改革为契机,在完成营业税改征增值税的转变后,应抓紧制定《增值税法》,对低碳经济产业加以专章规定,对低碳经济产品进行明确,制定较低优惠税率;此外,进一步完善预算编制和执行监督制度,强化预算支出约束和预算执行审计,健全预算公开机制,增强预算透明度。把税收优惠纳入预算管理;制定《税式支出目录》或《税式支出法》,并对低碳经济的税收支出给予特别关注,以加强税收激励制度的法制化。

　　通过制定《税式支出法》以及《税式支出目录》,加强税收优惠政策的绩效预期调控和具体落实监督。税收激励制度的实施绩效还受到征管成本、征管机关信息化程度等因素的影响。新一轮的财税体制改革的一个重要目的是推动"结构性减税",通过扩大增值税的征收范围,消弭营业税征收中所存在的重复征税问题;合理调整消费税范围和税率结构,充分发挥消费税促进节能减排和引导理性消费的作用;完善企业所得税制度,鼓励科技创新;全面改革资源税,促进资源节约和环境保护;开征环境保护税,促进环境友好型社会建设。这些改革目标与低碳经济发展有直接的相关性。因此,应加强对低碳经济相关行业的调查研究,确定可纳入"增值税扩围改革"的低碳经济行业范围,给予其低税率的税收优惠,实现低碳经济发展与财税体制改革进程的同步发展,最终目的是持续推动我国经济的可持续发展。

　　总之,笔者认为,应通过对税收立法权的重新审视与反思,形成以宪法中"税收法定主义"下基本税收制度为根本立足点的,以全国人大及其常委会通过的税收基本法律为制度主体的,以国务院税收行政法规、省级地方性税收法规和中央层面税务主管部门的税收规章等非"创设性"的贯彻执行税收基本法律的制度规范为规则支撑的三层税收法律体系。同时,应考虑将税收优惠等税式支出明确作为国家预算支出的内容纳入《预算法》的调控范围或者制定专门性的"税式支出条例",规范税收激励制度的实施,通过国务院或者国务院授权省级政府据以制定《税式支出目录》合理调控全国和地方税收优惠政策的实施。参见图如下。

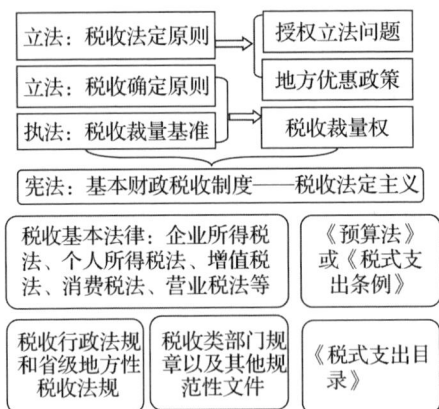

图 3.7　税收激励制度的法治化路径

(二)其他激励机制:财政资助、融资支持和产业政策

1. 财政资助

从支出形式上来看,以政府财政资金促进本国境内低碳经济发展的公共财政支出措施主要表现为三类基本形式:政府预算拨款、财政补贴和政府采购。

政府预算拨款,是指将应对气候变化或者低碳经济发展作为政府预算内的一个科目,将其纳入政府年度财政收支计划内。政府预算是经过法定程序予以编制的,具有强制执行力。从拨款投向看,与低碳发展的预算内拨款主要为环境科技研究、新能源汽车、可再生能源开发、能源节约等,比如加拿大和德国。[①]

财政补贴与政府预算拨款相比,往往着眼于微观经济领域,比如在消费环节中对于具体家庭可再生能源的利用或者节能产品的采购提供补贴,以抵销安装低碳设备或者使用低碳能源或者其他产品所造成的家庭成本增加,以激励在终端消费环节的低碳技术和产品应用。比如日本从 1994 年开始实施的太阳能发电设备补贴政策以及从 2009 年开始实施的针对企业和个人购买清洁柴油机动车的补助金政策;英国从 2008 年开始实施的对于可再生能源的专项补贴政策以及英国能源与气候变化部近期正在推行的"可再生能源电力强

[①]　加拿大在 2008 年为新科技发展战略而向环境科技领域拨款 6600 万加元支持制定工业废气排放法规,计划拨款 2.5 亿加元以促进环保型汽车的研发,拨款 3 亿加元支持核能发展,拨款 2.3 亿加元鼓励生物能源技术开发以及水电、清洁煤和风能等零碳排放能源技术利用;德国在 2008 年和 2010 年分别拨款 3.25 亿欧元和 4 亿欧元,资助可再生能源和节能技术的研发。

制收购补助计划"和"可再生能源供暖补贴计划"。①

政府采购是政府部门、政府机构或者其他政府控制的单位和企业,为了实现政府职能和公共利益,利用财政资金购进货物、服务和工程的行为。政府采购不是以盈利为目的的,而是通过公共资金的支出实现特定的宏观调控目标,比如通过将体现环境保护、资源节约和低碳发展理念的节能产品、设备、绿色建筑等纳入政府采购的优先选择或者强制性选择,就可以起到支持、引导相关低碳产业发展,培育市场需求的目的。政府采购对于市场需求的维持可以拉升相关产品的价格,也能起间接补贴相关产品生产者的目的。由于政府采购不同于一般的市场交易行为,主要减排责任国一般均制定专门的《政府采购法》予以规定。根据美国《政府采购法》的规定,联邦政府采购的耗能产品必须是经能源之星认证或者能源管理办公室指定的节能产品;涉及用能产品的服务采购,比如公共建筑的设计、建造、改建和维修,也必须购入节能产品。韩国政府所执行的绿色增长战略也通过政府采购的"绿色化"加以推进,比如要求政府部门在采购办公用品时必须选用高能效产品,公车使用也必须优先考虑小排量汽车、混合动力车和新能源汽车。

虽然当前我国财政预算的科目中并未设置气候变化或者低碳发展专户来划拨应对或者适应气候变化的专项资金,但是中央政府和地方政府层面都设有节能减排等专项资金,用以支持诸如环境保护、②可再生能源推广、节能项目建设、主要污染物减排、天然林资源保护、循环经济发展、产业结构升级(整顿关闭小煤矿等)、巩固退耕还林、推进国家机关办公建筑和大型公共建筑节能改建、交通运输节能减排、民航业节能减排、战略新兴产业发展、矿产资源节约和综合利用等直接影响温室气体排放的社会行动;对节能汽车、节能家电产品的销售也以财政资金予以补贴;在政府采购上,也制定了采购节能产品的相关政策③,并通过定期调增节能产品政府采购清单对该制度予以推进,但是立法层次较低。

可从以下几个方面对我国财政资金支持低碳城镇化的制度予以完善:首先,在中央和地方政府的预算中设立"气候变化"专户,管理应对和适应气候变

---

① 可再生能源电力强制收购补助计划针对的是规模小于5百万瓦的小型太阳能发电设备家庭用户,补贴金额为每年返还900英镑,补贴年限为10～25年;可再生能源供暖补贴规定,自2011年4月份起,每户采用可再生能源供暖的家庭平均能获得1000英镑的补贴。

② 参见《环境保护部关于加强中央环境保护专项资金项目监管工作的通知》。

③ 参见《国务院办公厅关于建立政府强制采购节能产品制度的通知》,国办发〔2007〕51号;财政部、国家发展改革委员会发布的《节能产品政府采购实施意见》,财库〔2004〕185号。

化的公共支出,比如低碳城市试点工作的推进、低碳城镇规划、城镇温室气体核算、城镇边界内温室气体排放检测、区域碳排放交易市场构建等。预算内设立专门科目能够保障初期的低碳发展行动有稳定的资金来源。其次,通过修改《政府采购法》或者尽快制定《政府采购法实施条例》①,确立政府绿色采购或者低碳采购制度,要求政府优先采购通过节能认证和低碳认证的产品和服务。最后,在延续当前对于节能产品进行财政补贴政策的基础上,结合当前正在推进的低碳产品认证管理制度,制定相关的补贴政策。

2. 融资支持:"碳金融"

所谓融资支持,是指在前述的政府资金支出之外,基于对某个领域或者经营行为的盈利预期或者出于推动低碳发展的非盈利性目的,银行、基金或者其他金融机构,对该领域或者从事特定经营行为的企业所提供的融资支持。对于低碳发展的融资支持即为低碳金融,当前更被普遍接受的概念为"碳金融"。"碳金融"可以泛指那些为控制温室气体排放而提供的融资行为或者融资产品。

从学界对于"碳金融"概念的界定来看,当前地方政府和城镇当局低碳发展可以利用的"碳金融"机制主要涉及如下:

第一,配额交易以及基于碳排放配额的金融衍生品交易。比如,政府通过分配碳排放配额所获得的发展资金,或者持有碳排放配额的企业或者项目可以通过在国际配额交易市场(主要是《京都议定书》下的清洁履约机制和联合履约机制)或者国内的碳排放交易市场上出售其所持有的核证减排量或者配额,来获得资金;由于配额的产生是以企业或是项目所实现的温室气体减排量计算的,配额交易实现的收入就是减排所应得的激励。此外,还可以利用碳排放配额金融衍生品来对冲风险。碳排放配额金融衍生品,即在强制性减排义务和碳排放交易市场机制下,为对冲或者平滑碳排放配额的价格波动所带来的风险,而发行的碳期货等信用交易产品,比如芝加哥气候交易所在 2007 年开展的核证减排量(CER)期货合同贸易、欧盟二氧化碳排放指标期货合约贸易,以及芝加哥气候期货交易组织所交易的八种排放权商品等。

第二,银行、保险和基金等提供的低碳或者绿色信贷、碳金融理财产品、低碳投资和其他低碳金融服务产品。这些金融产品从其本质来看,是传统金融工具在低碳经济发展模式下的创新,目的是向低碳产业或者减排行动提供直接或者间接融资。在绿色或者低碳信贷上比较成功的范例有荷兰银行集团和

---

① 2014 年 12 月 31 日,国务院审议通过了《中华人民共和国政府采购法实施条例(草案)》,对《政府采购法》予以细化,要求强化政府采购的政策职能,要求突出节能环保、扶持不发达地区和少数民族地区、促进小微企业发展等取向。

兴业银行。荷兰银行集团一直倡导赤道原则,在银行业务上不断推出低碳贷款等环境金融业务;能够实现减排和改善环境的公司或者项目,只要能够证明其使用了新的减排技术或者环境友好型技术,就可以基于其绿色投资规章申请绿色贷款。兴业银行作为国内金融行业开展低碳贷款的先行者,早在2005年即提出了能效贷款业务,并与国际金融公司合作向低碳、节约型公司优先投放贷款,目前已经形成了节能减排融资和排放权金融两个产品系列。排放权金融产品主要是以碳排放交易为对象的金融中介服务,包括清洁发展机制项目开发咨询、购碳代理、碳资产质押授信等。

第三,低碳技术开发和产品应用的一个重要投资资金来源为"碳基金"。虽然根据资金来源,碳基金可以区分为国家碳基金、企业碳基金、银行碳基金和碳汇投资基金,但是其运行机制大致相同:向减排项目或者发展中国家的清洁发展机制项目提供投资或者技术,取得项目的核证减排量(CERs)或者配额,在国际或者本国碳排放市场进行交易,履行减排义务并取得投资收益。"碳基金"的运作和管理存在多种模式:(1)政府设立并管理,如奥地利创立的奥地利地区信贷公共咨询公司。(2)由国际组织和政府合作创立,主要是世界银行和主要减排责任国政府合作创立的碳基金,如世界银行原型碳基金、世界银行社区发展碳基金、世界银行生物碳基金、世界银行荷兰欧洲碳基金、世界银行意大利碳基金、世界银行西班牙碳基金等等。(3)政府出资以企业形式运行的主权碳基金,如英国碳基金,其资金来源即为英国政府征收的碳税(气候变化税),资金主要投资于低碳技术研究与开发、技术商业化应用等。(4)政府和企业共同出资建立、运营,如德国复兴银行碳基金和日本碳基金。我国2007年成立的中国绿色碳基金也为此例,其主要用于造林减排行动。

从现状来看,我国"碳金融"机制存在如下主要问题:第一,未能建立统一的碳排放交易市场,对国际碳交易价格缺乏话语权。虽然作为碳减排潜力较大的发展中国家,我国拥有最大的碳排放资源和核证减排量,但是由于国际碳排放交易的买方市场性质以及所处的资金链和价值链的末端位置,企业和项目对于交易价格并没有定价权,从而影响了相应的收益。由于缺乏统一的碳排放交易市场,拥有减排额的企业在分散的交易格局下,很难达成碳排放权交易价格的一致,进而影响在配额交易中的谈判地位。第二,"碳金融"发展的环境不成熟,相应的制度建设仍比较滞后。虽然通过地方试点,已经有区域内的强制性碳排放交易,但是在全国范围内并未确立企业的强制性减排义务,也没有建立长效的减排激励。"碳金融"的相关法律制度仍不尽完善,虽然国务院和发改委已出台多项政策确立碳排放交易的基本机制,但是立法层次较低,且多以综合性政策为主,缺乏与"碳金融"直接相关的制度供给,比如明确政策性银行机构和商业银行机构在低碳经济发展中的职责和地位。第三,碳金融运行机制不健全。这主要源自于我国金融机构的系统性问题,比如金融资源配置中的"城市化偏好"以及信贷资金对于大型企业的青睐、过分依赖银行间接融资导致金融支持低碳经济的手段比较单一、政策性金融和民间碳金融发展的滞后、绿色信贷措施的可操作性不强等。①

因此,从促进低碳城镇化建设的角度出发,可以从以下方面发展并强化碳金融市场及其制度。第一,在当前通过地方碳排放交易试点经验的基础上,加快全国性市场的建构,建立统一、多层次的碳排放交易市场平台。《中共中央关于全面深化改革若干重大问题的决定》已经提出,要发展环保市场,推行节能量、碳排放权、排污权、水权交易制度,建立吸引社会资本投入生态环境保护的市场化机制,推行环境污染第三方治理。从立法上来看,应加快我国气候变化基本法的立法进程,并明确总量控制与碳排放交易作为温室气体减排重要机制的地位。第二,建立国家"碳基金",用以支持低碳技术研发和产品的加速商业化。可以借鉴英国设立"碳基金"的模式,通过国家财政资金设立主权性"碳基金";或者以国家政策性银行为运行主体,引入商业银行资本,成立专门的碳基金。第三,落实并完善中国人民银行的《绿色信贷指引》,引导并鼓励商业银行和其他金融机构开发绿色信贷产品,提供低碳金融服务。

3. 产业扶持政策:低碳投资的激励与监管

产业扶持是指国家给予宏观调控职能制定有利于低碳发展的产业政策,比如将高碳排放的行业列入限制或者禁止性产业指导目录、将战略新兴产业、新能源汽车纳入鼓励性产业指导目录等。

从目前来看,我国对于低碳产业的激励和规制存在如下问题:第一,气候变化的基本法律框架尚未形成,直接规制温室气体排放的规则仍以国家发展战略规划和各级政府文件等非正式法律文件形式的政策性法律文件为主,难以满足产业投资者对于产业规制法律制度稳定性、确定性和可预见性的制度需要。迄今为止,我国并没有直接规制温室气体排放的基本法律。与气候变化有关的相应规则散布于规范环境与资源开发的现行法律中,如《清洁生产促进法》、《大气污染防治法》、《森林法》、《草原法》、《循环经济法》、《节约能源法》、《可再生资源法》等等。第二,低碳产业投资管理体制中缺乏明确的气候政策考量,并未确立直接规范低碳产业投资的正式法律法规,导致地方政府缺乏激励和规制低碳投资的政策干预工具,也影响到政府公共管理的绩效。好

---

① 李阳:《低碳经济框架下碳金融体系运行的机制设计与制度安排》,吉林大学 2013 年博士学位论文。

的公共管理是创造优秀投资环境的关键因素。① 就低碳国际投资而言,好的政府公共管理供给包括负责任、可预见、明确性、透明度、公平待遇、法治和没有腐败。这可以从两个方面理解:首先,存在一个能够提供可预见性、明确规则和公平对待国内外低碳投资的投资管理法律制度体系;其次,政府贯彻实施投资管理的监管行为能够依法行政。这归根到底是要有一个完善的吸纳气候变化政策的投资管理法律制度体系,对政府监管低碳产业投资和规制气候变化问题的权力边界清晰界定。

对于低碳相关产业的激励和规制归根到底就是对相关领域内国内外投资所设立企业的监管问题。毋庸置疑,在投资管理和企业法律制度上,政府不应过多的干涉企业主体的自治。但是鉴于企业经营行为或者生产过程中的气候变化等外部性问题,政府基于公共利益可以对其设立、运行和解散清算施加一定的引导或者管制性措施。

首先,在企业设立,即产业投资的准入阶段,可以参照《低碳产品认证管理暂行办法》,以《外商投资指导产业目录》和《产业结构调整指导目录》为基础,由中央政府或者地方政府发布"低碳产业投资指南"或者"低碳产业指导目录",以明确低碳投资,为前述税收优惠、财政补贴、碳金融支持和其他政府可以提供的合法性激励措施,比如土地利用、规划许可、用水用电等,提供便利化。从长远来看,也可以仿照日本制定《低碳投资促进法》②或者在有关低碳经济发展的基本法律文件中确立促进低碳投资的基本法律制度。对低碳投资的界定是对其所设立企业生产经营活动中碳排放或者碳减排潜力的一个"识别"。这关系到对于该投资所设立企业持续性监管所持的一个基本立场:如果该企业投向领域属于碳减排潜力大的高碳排放领域,比如资源性行业、制造业等,那么就需要通过环境影响评估或者后评估程序、环境监测等对其进行持续性监管,规制其生产经营过程,使其引入低碳生产技术和工序;如果该企业设立领域属于提供低碳产品和低碳技术的高新技术领域或者高新服务产业,对该企业经营的监管则在于是否需要向其提供激励措施。在实施碳排放权交易

---

① See UNCTAD, Investment Policy Framework for Sustainable Development, pp. 11-12, http://unctad. org/en/PublicationsLibrary/diaepcb2012d5 _ en. pdf, last visit on March 25, 2017.

② 日本《低碳经济促进法》是从 2010 年 8 月 16 日生效的。该法开宗明义即明确了 76 类低碳物品,并设立了研发、制造低碳产品的金融支持机制(长期、低息贷款)和促进低碳产品生产的融资租赁保险制度两大具体机制。76 类低碳物品涉及新能源领域、节能机械设计、节能产品生产等,极为明确。

的低碳省（城）市，企业设立阶段的认定与评估还将是进行配额分配的关键环节；①如果未来我国实施碳税，评估和认定程序也是对相关企业进行税种核定的基础。

其次，在企业的运行阶段，应根据温室气体核算和报告制度强化企业碳排放信息和数据的统计和搜集，并据此实施相应的激励与规制措施，对能够履行碳排放责任的企业进行激励，比如：优先申报国家支持低碳发展、节能减排、可再生能源发展、循环经济发展等领域的有关资金，优先享受财政低碳发展、节能减排、循环经济发展等有关专项资金扶持等；对于不能履行相关责任的企业及时整改，或者采取其他的行政管制性措施。只要在华企业能够履行我国法律规定的责任，那么在落实制度规定的激励和规制措施时，就必须坚持国民待遇的原则，不对低碳国际投资进行歧视性待遇，也不给予超国民待遇。

最后，在企业解散和清算环节，通过温室气体排放累积效应评估制度与责任制度建设，对企业经营过程中的温室气体排放总量进行统计、核算，评估其是否履行了应当承担的减排责任。初期可以对重点企业，由政府主管机关委托第三方就企业经营过程中的碳排放累计效应进行"审计"；对存在碳排放行为的其他规模以下的"控排企业"或者自愿参加碳排放权交易的企业，由企业进行自查，政府委托的第三方机构进行抽查的方式，评估碳排放累计效应；当条件成熟时，比如政府气候变化政策实施积累了足够的经验，可以考虑建立针对"控排企业"的强制性温室气体排放累计效应评估制度。通过累积效应评估，清算企业碳排放权配额或者应纳碳税金额，并就其可能存在的负面效应设定相应的责任追究机制，比如以其支付的碳排放权配额资金为基础设定信托资金对可能造成的负面影响进行补偿，或者由国家以碳税征收而形成的财政资金设立公共信托基金，补偿碳排放企业造成的环境伤害。

总的来说，旨在限制能源、工业、建筑、交通和废弃物等领域温室气体排放的相关法律制度，如前述的关停并转机制、排放标准制度、建设许可制度、可再生能源配额制度、碳税制度、碳排放交易、能效标准制度、低碳燃料标准制度以及强制性分类处理措施等，与激励低碳排放的税收优惠、财政补贴、碳金融、产业政策并不是对立的。低碳城镇化建设往往需要二者的协调。推进低碳城镇化的责任主体在选择实施何种制度来实现区域内的温室气体减排从而实现所规划的低碳发展目标时，应当认识到限制性法律制度的完善是激励性制度效益最大化的前提，激励性机制也为限制性法律制度所规定的减排义务履行提

---

① 参见《广东省碳排放权管理和交易办法》第 10 条，载广东省人民政府官网：http://www. fzb. gd. gov. cn/publicfiles/business/htmlfiles/gdsfzb/lfyjzj/201307/9846. html,2014 年 9 月 5 日。

供了利益驱动。比如,对于税收优惠而言,完善的碳税法律制度下高碳排放企业所承担的高税负支出,能够更为凸显低碳排放企业所享受税收优惠的优越性,强化其激励效应;高碳排放企业为履行排放标准义务、强制性可再生能源配额义务等支出的履约成本,在信用交易机制或者灵活履约机制下,会转化成为低碳排放企业的收益。

第四章　低碳城镇评估法律保障制度

　　低碳城镇建设的基本流程是一个"规划、执行、检查、处理"的循环过程；评估是不可或缺的一个环节。这一过程可以切分为三个步骤：第一，调研和识别，即根据温室气体排放清单对区域内低碳发展现状进行调研，从而识别城镇低碳发展的关键领域；第二，评估，即结合一定的低碳指标体系对城镇进行检测和评估，形成城镇低碳评估报告；第三，行动计划，即结合关键领域和评估报告，制订下一步行动计划。在这三个步骤下，低碳城镇化就成为一个持续改善的循环过程。无论是调研、评估，抑或是行动计划的制定和实施，评价城镇低碳发展现状和未来绩效的准则的核心就是低碳城市指标体系。完善的指标体系，能够为决策者和政策执行者以及其他利益相关者提供一套科学的理论、评估方法和考核标准，来反映城市的低碳发展现状、发现自身问题、借鉴成功经验，实现城市发展的低碳化转型。

　　评估也是确定低碳发展责任的必经程序。从法律规则构建的过程来看，规划法律保障制度在于确定法律调控所需实现的目标；建设法律保障制度在于完善法律调控功能实现的具体规范体系；评估制度则在于通过量化或者其他手段将抽象的法律调控目标的完成程度具体化，确定相关低碳发展义务的责任主体在规范体系下碳减排义务的履行与否，未履行或者履行不足即应承担相应的责任。

　　从评估这一行为本身来看，可以从四个方面来认识：主体、对象、方法和结果（责任）。那些因潜在的高碳排放行为而需要承担减排责任的企事业单位作为指标体系衡量的评估对象时，其评估主体通常是承担低碳发展职责的地方政府和城镇当局。但是，在我国行政管理的基本体制下，地方政府和城镇当局本身也会成为低碳指标评估的对象：国家低碳发展的整体目标的落实是通过将其分解到省级地方政府的对应目标责任加以实现的，省级地方政府的低碳发展目标责任又是将其分解到下一级政府（城镇当局）并进而转化为企事业单位的具体减排责任而实现的。与温室气体核算和报告的"中央—地方—企业"三级体制相同，我国低碳城镇化的目标责任体制也同样存在着"中央—地方—企业"的分层格局。

中央政府在推进城镇化过程中的低碳发展责任,主要是以自我评估为主,表现为向人民代表大会所作的政府工作报告和发改委每年公布的《中国应对气候变化的政策与行动》。[①] 中央政府对于省级地方政府低碳发展目标责任的评估,当前主要依据的是《"十二五"控制温室气体排放工作方案重点工作部门分工》[②]和《单位国内生产总值二氧化碳排放降低目标责任考核评估办法》,[③]形式上以自评、主管机关审核(发改委)和社会公告监督为主,责任形式上主要是限期整改和针对负有渎职责任个人的行政监察措施。省级地方政府对于承担低碳城镇化实质建设工作的省以下地方政府的评估以及该等级别政府对于自身低碳建设水平的自评,并没有强制性的规定必须采取《单位国内生产总值二氧化碳排放降低目标责任考核评估办法》的相应评估指标。基于地方立法权限,地方政府和城市当局有权在国家指标基准值基础上,制定符合本地区现状的指标体系,即评估方法。

一、评估方法:低碳城镇指标体系

从主要减排责任国的现状来看,低碳城镇建设大都停留在实践示范阶段。由于城市系统涉及资源、能源、生态、政治、经济、文化、管理、环境、生态、规划、工程等诸多环境、社会和经济领域,当下的低碳城市并未发展出一套趋同的方法模式,在评价标准上也未形成系统性、普适性的可应用于国家和城镇尺度上的成果。即便如此,国际社会在低碳城市、可持续发展、绿色城市、人居生态等方面形成的评价体系,比如联合国人居署城市指数、联合国可持续发展指标体系、全球城市指数、欧洲绿色城市指数、英国可持续发展指数等,也可以为我国低碳城市指标体系的构建提供有益的制度借鉴。在此基础上,中国社会科学院城市发展与环境研究所和中国城市科学研究会,结合当前我国低碳城市建设的经验,也分别提出了"中国低碳城市评价指标体系"和"中国低碳生态城市指标体系",为我国低碳城镇化提供综合性评价工具。

(一)国外低碳城市相关指标体系评述

从指标体系所评价的领域来看,包含城市区域内二氧化碳排放量评价的

---

① 参见国家发展改革委员会:《中国应对气候变化的政策与行动》(2009 年、2010 年、2011 年、2012 年、2013 年、2014 年)。

② 参见国务院:《国务院办公厅关于印发"十二五"控制温室气体排放工作方案重点工作部门分工的通知》国办函〔2012〕68 号。

③ 参见国家发展改革委员会:《单位国内生产总值二氧化碳排放降低目标责任考核评估办法》,发改气候〔2014〕1828 号。

主要有《联合国可持续发展指标框架 2007 版》、《全球城市指数》、《欧洲绿色城市指数》和《英国可持续发展指数》。

联合国可持续发展指标体系的发展是对《21 世纪议程》的回应，[①]最早开始于 1995 年的《可持续发展指标工作计划》，目的在于为国家决策制定者提供一个可接受的评价和衡量可持续发展水平的指标体系。该指标体系主要从"社会、经济、环境和制度"四个方面着手建立，采纳的是"驱动力—状态—相应"模型。联合国的指标体现了"详细而精确、可测量性、可获取性、可靠性和有时间约束"等标准，反映了国际社会对于可持续发展的基本共识。从 2007 年版的内容来看，已经将"气候"纳入其主要指标体系，反映在"气候变化"、"臭氧层消耗"和"空气质量"等专题，其中构成气候变化的具体指标设定包括两项内容，分别是"温室气体排放"和"各部门二氧化碳排放量"。"各部门二氧化碳排放量"为核心指标。其他与温室气体排放有关联的核心指标项还有：人口增长率、年能源消耗量（人均、总量和能源类型）、能源使用强度。可再生能源比例也被纳入该指标体系，衡量国家可持续发展水平。[②]

《全球城市指数》是世界银行组织确立的城市绩效评估指标体系，其目的在于为城市之间和第三方对于城市发展水平的评估提供可比性规范指标体系，主要通过世界银行与地方城市合作的方式开展。这一指标体系仍在不断完善。从其当前的指标设定来看，也基本上采纳了联合国可持续指标体系的基本结构：大类、专题和指标项。与温室气体控制相关性较高的大类包括：能源、固体废弃物、交通、城市规划、环境等；相应指标项主要涉及：人均用电量、可再生能源在初次能源消费中的比例、每户家庭平均能源使用量（区分能源类型）、能源消耗总量、不同废弃物处理方法的类型比（填埋、焚烧、堆放、回收）、每 10 万人交通系统长度、人均公共交通乘用次数、交通模式（自行车等非机动车出行与私家车等机动车出行比）、每 10 万人口绿地面积以及人均温室气体

---

① 参见联合国可持续发展《21 世纪议程》，中文文本载于 http://www.un.org/chinese/events/wssd/agenda21.htm。该议程共 20 章，78 个方案领域，20 万余字。大体可分为可持续发展战略、社会可持续发展、经济可持续发展、资源的合理利用与环境保护四个部分。它是一份关于政府、政府间组织和非政府组织所应采取行动的广泛计划，旨在实现朝着可持续发展的转变。该议程是一份没有法律拘束力的国际文件，是对全球范围内可持续发展目标和战略的一种宣示或者希望。

② See UNDECA, Indicators of Sustainable Development: Guidelines and Methodologies, Third edition, United Nations publication, New York 2007, available at https://sustainabledevelopment.un.org/content/documents/guidelines.pdf, lose visiton 24/2017.

排放量。①

与前述联合国和世界银行等国际组织作为开发主体不同,"欧洲绿色城市指数"则是西门子公司委托"欧洲经济学人智库"开发的指标体系,目的在于用量化手段测量欧洲 30 多个城市的环境保护绩效。该指标体系涵盖二氧化碳排放、能源、建筑、交通、水、空气、土地利用和环境保护等基本分类领域,设有 30 多项具体指标,其中与城市温室气体排放相关的具体指标包括如下定量和定性两类:第一,定量指标,包括二氧化碳排放量、二氧化碳强度(碳排放强度)、能源消耗(平均)、能源强度、可再生能源消耗量(占总能耗比)、居住建筑能源消耗(单位面积)、非机动车出行比例、非机动车交通网络尺度(自行车道和公共交通网络的总长度与城市面积的比值)、城市垃圾回收率等;第二,定性指标,包括二氧化碳减排战略(减排的远景战略定性评估)、清洁能源高效政策(政策定性评估)、节能建筑标准(建筑节能标准的定性评估)、节能建筑倡议(建筑节能推进工作的效果定性评估)、绿色交通推广(清洁交通方式推广效果的定性评估)、废弃物减量和政策(城市垃圾减量化政策的定性评估)、绿色土地利用政策(城市扩张和绿地建设的定性评估)等。对于定量指标的取值,是根据政策所确定的基准(一般表现为相关领域内的欧盟标准或者战略目标值,比如可再生能源比例、建筑能耗标准、废弃物标准等)赋值(赋值区间为"0—10"),再结合该具体指标所在基本分类中的权重加以确定;对于定性指标的取值,则由开发者经济学人的分析员根据其定性评估结果打分(计分区间为"0—10"),再乘以其在分类中的权重比值计算最后评分。②

从前述指标设定来看,"欧洲绿色城市指标"对于城市低碳发展的关注显然要比联合国的可持续发展指标和全球城市指数更为明显。这也反映了欧洲在低碳发展和低碳转型上的优势地位。这一优势还体现在国家所设定的可持续发展指标体系对于气候变化的考量上,比如英国在 2007 年更新的可持续发展指标体系。该指标体系共有 68 项指标,分属于可持续的生产和消费、气候变化与能源、自然资源和环境保护、可持续发展的社区与世界平等四大类。气

---

① See Bhada, et. al., The Global City Indicators Program: A More Credible Voice for Cities. World Bank, Washington, DC. https://openknowledge.worldbank.org/handle/10986/10244 License: CC BY 3.0 Unported. See also Hoornweg, et. al., City Indicators: Now to Nanjing, World Bank, https://openknowledge.worldbank.org/handle/10986/6892 lose visiton Match 24th, 2017.

② See Economist Intelligence Unit, European Green City Index Assessing the environmental impact of Europe's major cities, sponsored by Siemens, available at http://www.siemens.com/entry/cc/features/greencityindex_international/all/en/pdf/report_en.pdf, last visiton Match 24, 2017.

候变化与能源主要涉及的指标包括二氧化碳排放、可再生能源利用、能源供给等具体指标。评估的实质内容与欧洲绿色城市指标体系基本相同。此外，美国耶鲁大学和哥伦比亚大学也有"环境可持续性指标 ESI"，[①]可以用来对不同国家的环境状况进行系统化、定量化的比较；2006 年还以 ESI 为基础合作发布了"环境绩效指数 EPI"，通过对不同国家环境良好性、空气质量、水资源、生物多样性、生产性自然资源和可持续能源等 6 大类别 16 项指标的测量，评估国家环境的可持续发展能力。其中生态系统活力类别中设立了"气候变化"指标大类，具体包括温室气体人均排放量、电力碳排放强度和工业碳强度等指标。

可见，当前国际范围内有关城市低碳发展指标的设定上有如下几个特点：第一，开发主体的多元化，不仅仅包括联合国、世界银行等国际间政府或者非政府组织，还包括跨国公司、政府和科研机构。这反映出，国际社会对于气候变化问题的共同关注，也体现了低碳发展和温室气体减排问题的国际化本质。第二，低碳问题和可持续发展问题的共生性，即有关气候变化的评估指标并不是孤立存在的，而是综合在可持续发展理念下的综合指标体系中，通过有关碳排放量、碳排放强度等直接性指标和人口、能源消耗、废弃物回收率、建筑能耗、可再生能源利用率、绿色交通等间接指标等予以体现。第三，低碳相关指标对于经济社会统计和温室气体核算和报告制度的依赖性。从前述有关气候变化的直接指标来看，主要是通过碳排放量（人均或者总值）和碳排放强度（比如能源电力领域或者工业领域）来评估城市的低碳发展水平的。相应数值获得的前提是厘清城市区域内的人口、经济社会总量、碳排放总量、能源消费量、工业产值等基本数据。

以上特点同样也反映在我国当前关于低碳城市指标体系中。所不同的是，可能得益于制度建立的后发优势，我国的相应指标体系在基本类别设定和指标设定上，能够更为直接地反映并评估城镇低碳发展和温室气体排放水平。

（二）我国低碳城市指标体系

我国低碳城市指标体系比较成熟的有社科院城市发展与环境研究所编制的《中国低碳城市评级指标体系》和中国城市科学研究会编制《中国低碳生态城市指标体系》。

1. 中国低碳城市评级指标体系

《中国低碳城市评级指标体系》（以下简称《低碳城市体系》）是中国与瑞士气候合作项目"中国低碳城市项目"的研究成果，借鉴的是欧洲能源奖和瑞士

---

① Hsu, A. et al. (2016). 2016 Environmental Performance Index. New Haven, CT: Yale University. Available: www.epi.yale.edu.

能源城市项目的成功经验;评价方法学的理论基础来自管理学的"计划—执行、检查—行动"(Plan,Do,Check,Action)理念,并由指标清单、低碳城市评估报告和城市行动计划等三个相辅相成的部分构成。

首先,指标清单分为主要指标体系和支持指标体系两个评价工具,是整个指标体系的核心。主要指标体系的指标设定在于直接评价城镇边界内经济与社会构成与发展的低碳化程度,包括 5 个维度和 15 个指标[1](参见下表 4.1)。

表 4.1　低碳城市主要指标体系

一级指标	二级指标	说明	评估标准
经济低碳	碳生产力	碳生产力是碳排放强度的倒数,表征的是低碳竞争力,即单位碳排放所产生的国民经济收入值,单位"万元 GDP/吨 CO_2"。	定量指标,根据城市"十一五"期间碳排放强度的下降率与国家同一数值的比较得出,如果达到国家下降率的 80%,那么赋值 60%;如果达到 100%,那么赋值 80%;如果达到 120%,那么赋值 100%。
	能源强度	节能减排目标的体现,一般均分解到地方。能源强度表征的是城市经济的能源效率水平。该指标还可称之为单位产值能耗,单位为"吨标准煤/万元"。	定量指标,根据城市"十一五"期间能源强度的下降率与国家同一数值的比较得出,赋值规则同上。
	脱钩指数[2]	旨在反映经济发展与温室气体排放的关联关系,脱钩指数表征的是不同经济发展阶段的碳排放特征。	定性指标,区分为强脱钩、衰退脱钩、衰退连接、弱负脱钩、强负脱钩、扩张负脱钩、扩张连接、弱脱钩等 8 种情形

[1]　参见中国社会科学院城市发展与环境研究所:《重构中国低碳城市评价指标体系:方法学报告与应用指南》,社会科学文献出版社 2013 年版,第 12 页、第 28~42 页。

[2]　脱钩是指用少于以往的资源消耗而产生多于以往的经济财富,强调的是经济发展水平与化石燃料消耗的依赖性脱离。脱钩指标主要反映的是经济增长(驱动力)和环境污染或者温室气体排放(压力)在同一时期的增长弹性变化。脱钩指数的一个理论来源是环境库兹涅茨曲线假说。根据该假说,当一个国家经济发展水平较低的时候,环境污染的程度较轻,但是随着人均收入的增加,环境污染由低趋高,环境恶化程度随经济的增长而加剧;当经济发展达到一定水平后,也就是说,到达某个临界点或称"拐点"以后,随着人均收入的进一步增加,环境污染又由高趋低,其环境污染的程度逐渐减缓,环境质量逐渐得到改善,这种现象被称为环境库兹涅茨曲线。在这一理论基础上,有学者提出了关于二氧化碳排放的库兹涅茨曲线假说,提出二氧化碳排放同样也存在一个拐点,即当温室气体排放达到峰值后,就可以实现经济发展与温室排放的脱钩。

续表

一级指标	二级指标	说明	评估标准
能源低碳	非化石能源一次性能源消费占比	《能源发展"十二五"规划》和《可再生能源发展"十二五"规划》规定了非化石能源消费比重和电力装机比重目标。虽然这一目标约束的是全国,但是对于城市依然具有指导性。该指标所指的可再生能源消费只计算入网的消费量。	定量指标,比例＝可再生能源消费量/一次性能源消费量。赋值同样参照城市"十一五"期间结束当年(2010年)水平与全国水平的比较,如果高于全国,赋值100%;如果低于全国水平,那么若期间变化率低于全国变化率的60%,则赋值40%;若达到国家变化率的80%,则赋值60%;若达到国家水平变化率的100%,则赋值80%;若达到120%,则赋值100%。
	人均可再生非商品能源使用量	目的在于评估城市边界内对于太阳能热水器、小沼气、地热、光伏等非商品化可再生能源在居民生活供热或者供电方面的利用水平。非商品能源一般指未入网的可再生能源。	由于数据的可获取性较差,应当鼓励在城镇区域层面加强可再生能源数据的统计和核算。指标赋值规则与上相同。
	碳能源强度	指单位能源消费的碳排放系数,反映的是能源结构的低碳化程度,等于"一次能源碳排放量/能源消费量",单位:吨CO_2/吨标准煤,基础数据来源:国家或者地区能源平衡表。	定量指标。赋值规则与"非化石能源一次性能源消费占比"相同。
设施低碳	公共建筑①单位面积碳排放	指公共建筑平均每平方米的二氧化碳排放量,单位:"吨CO_2/平方米",测算统计年度内建筑物能源消耗导致的温室气体排放量,旨在提高政府机构等公共建筑的节能效率。	定量指标。计算方法为"公共建筑碳排放总量/公共建筑的建筑面积",数据来源:《民用建筑能耗和节能信息统计报表制度》下表9。指标的赋值基于评估年度碳排放变化率。

---

① 公共建筑包括城镇区域内的办公楼、宾馆、饭店、学校、超市、医院等,不包括工业建筑;能源消耗的类别包括采暖、通风、空调、照明、电梯、炊事和家用电器消耗;建筑面积指建筑外墙外围线测定的各层平面面积之和,具体标准参照《建筑面积计算规则标准》(GB/T 50353-2005)。

续表

一级指标	二级指标	说明	评估标准
设施低碳	居住建筑单位面积碳排放	旨在表征居民建筑的能源消费效率和居民消费行为的碳排放水平。	定量指标。计算方法、赋值标准同前。
	绿色出行分担率	指的是每万人拥有公交车数量，评估的是城镇居民出行方式中选择公共交通和慢行交通的出行量；表征公共交通出行状况和交通基础设施状况。	定量指标。以与全国平均水平的比值作为赋值基准，高于全国水平，赋值100%；低于全国水平，以其比值赋分。
环境低碳	空气污染指　数①（API）低于100的天数比重	基于协同控制原则，通过对城市环境质量状况的评估和约束推进低碳城市发展。	定量指标。在API标准下，蓝天天数比重小于80%，赋值为0；蓝天天数比重大于80%小于90%，赋值为80%；蓝天天数比重大于90%，赋值为100%。
	居民日人均生活用水量	表征城市生活的资源消耗水平，原因在于资源消费与能源消费的紧密关联性，以及基于此关联性而与碳排放的正相关性。	定量指标。城镇居民人均生活用水量如低于全国平均的80%，赋值为100%；如为全国水平的120%，赋值为60%；如为全国水平的200%，赋值为0。
	森林覆盖率	即城镇区域内森林或者绿色植被占土地面积的百分比；表征城市的碳税水平和适应气候变化的能力。	定量标准。根据国家森林城市标准赋值，南方城市森林覆盖率为35%，北方城市为25%；达到标准的，赋值100%，达不到的酌情递减。
社会低碳	城乡居民收入比	表征城乡居民能源消费的差距，计算方法为城镇居民人均可支配收入除以农村居民人均纯收入。	定量标准。根据与全国平均水平对比赋值：小于全国水平的20%，赋值为100%；小于全国水平的50%大于20%的，赋值为80%；大于全国水平50%的，赋值50%。

---

① 环保部2012年已开始实施《环境空气质量标准》(GB 3095-2012)，空气污染指数已经被空气质量指标(AQI)替代。

续表

一级指标	二级指标	说明	评估标准
社会低碳	人均碳排放①	即城镇边界内统计年度人口平均碳排放量,单位:吨 CO_2/人;人口数以常住人口为准反映城镇人均碳排放水平,是检验城市低碳发展水平的重要指标。	定量标准。根据城市经济发展水平分为两组:人均 GDP 高于全国水平的城市和低于全国水平的城市,并采取不同评估赋值标准。对于高收入水平城市,若人均水平达到全国水平的100%,则赋值50%;若达到全国的80%,则赋值80%;若不高于50%,则赋值100%。对于低收入城市,若其人均水平达到全国平均水平的120%,则赋值50%;若达到100%,则赋值80%;若不高于80%,则赋值100%。
	城市低碳化管理体制	表征低碳管理水平和政策力度	定量和定性结合指标。以相关管理机构或者组织的建立与否分别赋值,加总评估。若成立低碳发展领导小组,则赋值20%;若行政首长(市长或者市委书记)参加,则赋值10%;若成立低碳办公室,则赋值30%;若建立能源管理机构,则赋值10%;若低碳办公室职责和权限界定清晰,则赋值30%。

　　从前表来看,《低碳城市指标》的设定基本符合了科学性和系统性、整体性和层次性、可比性和可操作性的原则。依据该主要指标体系,评估主体可以得出一个反映城镇低碳发展现状和努力程度的评估结果。② 而城镇当局应当基于该评估结果采取怎样的行动,则需要对照支持性指标,进行深度评估。
　　支持性指标体系是对城市进行深度评估、指导低碳行动和最佳实践并制定具体行动方法的重要手段。该指标体系涉及城市管理、绿色经济、绿色建筑

---

　　① 我国在社会发展规划、"十二五"温室气体控制目标以及其他相关文件中并未设定人均碳排放的目标。
　　② 可参见山东德州市、云南昆明市和河北保定市应用该指标评估其城市低碳发展现状的结果,以及中国社会科学院城市发展与环境研究所:《重构中国低碳城市评价指标体系:方法学报告与应用指南》,社会科学文献出版社 2013 年 7 月,《德州市低碳发展现状和努力程度评估报告》,第 118~119 页、《昆明市低碳发展现状和努力程度评估报告》,第 155~156 页、《保定市低碳发展现状和努力程度评估报告》,第 186 页。

和低碳交通等四个领域,覆盖城市规划、低碳规划与政策实施、低碳市政设施管理、低碳工业、低碳服务业、低碳农业、绿色建筑规划、绿色建筑管理、低碳交通战略与规划、交通管理等 10 个基本类别的 52 项具体指标。从构成来看,支持性指标体系的具体指标以定性评估为主,重点在于对城市具体低碳发展行动和实施方法的评估分析。支持性指标主要应用于城镇当局内部的自我评估,评估关注的焦点在于相关职能机关于低碳因素的管理体系职责是否完备。自我评估以"行动检查表"的方式进行。原则上每一指标均应制作相应的"行动检查表",并对行动依其重要性区分控制项、一般项和优选项。对于定性指标,比如低碳发展战略制定、低碳和绿色发展激励措施、淘汰落后产能、绿色采购情况等,可以简单以是或者否进行判断,以简化操作难度和判别标准;对于定量指标,比如城镇居民燃气普及率、垃圾无害化处理率、工业固体废弃物综合利用率、公共服务中新能源汽车比重、规模以上工业企业节能监察达标率、供水能源消耗量、污水处理能源消耗量等等,则需要准备数据清单具体描述。当然,考虑到城镇所受的地域限制或者发展水平等因素,不能采取特定的具体行动或者数据不可获取,行动检查表可以设定不可行选项,以增加评估的灵活性。

其次,《低碳城市指标》的产出是"城市低碳发展水平综合评估报告"和"城市低碳行动计划"。评估报告,是综合前述主要指标和支持性指标评估结果进行分析而得出的,反映被评估城市低碳建设水平和成果,并描述其低碳发展前景和管理策略的报告。一般包括如下内容:对低碳城市建设水平和努力程度的描述;城市管理、绿色经济、绿色建筑、低碳交通等领域开展的低碳行动现状;城市低碳转型的背景、实践和经验;城市低碳转型所面临的问题和挑战;预期行动和政策建议。

总的来看,《低碳城市指标》是直接以城镇低碳和绿色发展水平为评估内容而确立和完善的指标体系。具体指标所对应的领域其实就是城镇边界内主要的温室气体排放源,如市政基础设施的供电、供热等能源相关部门、工业、建筑、交通、供水等资源耗能部门、污水处理、废弃物管理等。此外,该指标体系通过主要指标来评估结果、通过支持性指标来生成改善结果的途径和方向,从而在评估过程中体现了目标与手段的统一;为城市进行低碳发展的自我评估和自我改进提供了指导,强化了低碳发展自下而上的自治性驱动。更为重要的是,该指标体系的应用可以结合城市自身的地域特征、经济发展水平和特征、资源禀赋等特点,确定清晰的低碳发展目标和针对性的低碳行动,从而实现最终的节能和碳排放控制目标。

2. 中国低碳生态城市指标体系

中国城市科学研究会主编的《中国低碳生态城市指标体系》(以下简称《低碳生态城市指标》)与前述的《低碳城市指标》相比,评估涉及的领域更为宏观,考虑的是城市生态环境的整体改善。造成这一区别最主要的原因在于,《低碳生态城市指标》所希望评估并改进的并不仅仅局限于城市边界内温室气体排放的控制或者是绿色经济部门的发展,而是从整体生态平衡的角度,希望在城镇边界内实现生态环境综合平衡的全新城市发展模式。从其最初的概念界定来看,低碳生态城市表象上仍体现为以低能耗、低污染和低排放为标志的节能环保型城市,但其内在追求的却是要颠覆工业文明以来城市发展模式从而实现一种人与自然和谐共生的高效、和谐、健康、可持续发展的人类聚居空间。简而言之,仅从发展阶段上看,以降低城镇边界内温室气体排放为主要目的的低碳城市仅仅是生态城市实现过程中的初级阶段。①

《低碳生态城市指标》最终所确定的指标内容主要包括资源节约、环境友好、经济持续、社会和谐等四大类 30 项指标。② 这 30 项指标又根据其功能被区分为核心指标、扩展性指标和引导性指标三个类型。所谓核心指标表征的是低碳生态城市的基础约束性指标;扩展性指标则是在约束性指标的基础上,具有一定预期性并全面反映低碳生态城市综合特征的指标类型;引领性指标则是从国家中长期发展战略的角度出发,具有全球化视野,体现指标前瞻性、战略性和引导性的指标类型。③

表 4.2　低碳生态城市指标概览

类型	名称	说明	大类归属
约束性指标	再生水利用率	再生水与污水处理总量比,2015 年北方缺水城市应到 20%～25%;南方沿海缺水城市应达到 10%～15%。	资源节约
	单位 GDP 能耗	即能源强度,经测算 2015 年应达到 0.87 吨标准煤/万元;2020 年达到 0.77。	资源节约
	人均建设用地面积	城区内每人拥有的建设用地面积,2015 年小于 85m²,2020 年小于 80 m²。	资源节约
	绿色建筑比例	新建绿色建筑比例 100%;既有建筑 2015 年达到 15%,2020 年达到 20%。	资源节约

① 仇保兴:《兼顾理想与现实——中国低碳生态城市指标体系构建与实践示范初探》,中国建筑工业出版社 2012 年版,第 8～18 页。

② 仇保兴:《兼顾理想与现实——中国低碳生态城市指标体系构建与实践示范初探》,中国建筑工业出版社 2012 年版,第 156～157 页,第 159～231 页。

③ 仇保兴:《兼顾理想与现实——中国低碳生态城市指标体系构建与实践示范初探》,中国建筑工业出版社 2012 年版,第 155 页。

续表

类型	名称	说明	大类归属
约束性指标	空气质量优良天数	2015 年大于 280 天;2020 年 320 天。	环境友好
	集中式饮用水水源地水质达标率	2015 年和 2020 年均应达到 100%。	环境友好
	公园绿地 500 米服务半径覆盖率	反映的是城市绿地分布的合理程度和居民使用的便捷程度,2015 年大于 80%,2020 年大于 90%。	环境友好
	生物多样性	以本地物种指数和综合物种指数来测定;2015 年综合物种指数应大于 0.5,本地物种指数大于 0.7;2020 年综合物种指数大于 0.7,本地物种指数大于 0.85。	环境友好
	城镇登记失业率	表征整体经济状况;2015 年不应高于 4.21%。	经济持续
	住房价格收入比	指住房市场中间价与家庭年收入比,2015 年应小于 10,2020 年应小于 6。	社会和谐
	绿色交通出行分担率	2015 年应大于 65%,2020 年达到 80%。	社会和谐
	社会保障覆盖率	2015 年应大于 90%,2020 年达到 100%。	社会和谐
扩展性指标	工业用水重复利用率	工业生产中重复利用水量与总用水量比,2015 年应大于 90%;2020 年大于 95%。	资源节约
	城市水环境功能区水质达标率	2015 年和 2020 年均应达到 100%。	环境友好
	工业固体废弃物综合利用率	2015 年应大于 90%,2020 年大于 95%。	环境友好
	环境噪声达标区覆盖率	应达到 95% 以上。	环境友好
	第三产业增加值占 GDP 的比重	2015 年应达到 47%,2020 年应到达 51%。	经济持续
	研发支出占 GDP 的比重	2015 年应不低于 2.2%,2020 年不低于 2.5%。	经济持续
	恩格尔系数	表征收入水平,2015 年应下降至 0.33,2020 年应低至 0.30。	经济持续
	保障性住房覆盖率	2015 年应达到 20%,2020 年应达到 30%。	社会和谐
	基尼系数	表征居民收入差异,应控制在 0.33~0.40 之间。	社会和谐
	人均社会公共服务设施用地面积	2015 年应大于 5.5 平方米,2020 年大于 6 平方米。	社会和谐

续表

类型	名称	说明	大类归属
扩展性指标	平均通勤时间	表征城镇规划的合理性,2015 年应不多于 35 分钟,2020 年应不多于 30 分钟。	社会和谐
	城市防灾水平	城市建设满足设防等级要求,城市生命线系统完好率 100%,人均固定避难场所面积大于 3 平方米。	社会和谐
	社会治安满意度	2015 年大于 85%,2020 年大于 90%。	社会和谐
引领性指标	非化石能源一次能源消费占比	计算方法与指标解释与《低碳城市指标》相同;2015 年应达到 15%;2020 年应达到 20%。	资源节约
	单位 GDP 二氧化碳排放量	即碳排放强度,与《低碳城市指标》中碳生产力互为倒数,表征经济发展与温室气体排放的关联性和国家的低碳竞争力;经测算"十二五"期间应达到 2.1 吨 CO_2/万元;2020 年达到 1.67 吨 CO_2/万元。	资源节约
	PM2.5 日均达标天数	2015 年应达到 292 天;2020 年大于 310 天。	环境友好
	生活垃圾资源化利用率	无害化处理应达到 100%;资源回收利用率 2015 年达到 50%,2020 年达到 80%。	环境友好
	城乡收入比	2015 年应不高于 2.54,2020 年应不高于 2.41。	社会和谐

从前述指标来看,与《低碳城市指标》相比,《低碳生态城市指标》所关注或者所希望通过指标设定而引领的城市发展图景,除实现城镇边界内温室气体减排而覆盖能源消耗、水资源耗用与回收利用、绿色建筑、绿色交通、城市垃圾回收利用、城市绿地(森林碳汇)等领域外,还更为关注城镇总体的经济发展状况、收入水平和分配差异、产业结构、治安状况、社会保障水平等软环境的建设。造成这一差异的原因,除低碳生态城市的内涵本身要比低碳城市更为宏观之外,还在于《低碳生态城市指标》在编制过程中对于公众意见、本国国情、中国行政体系和统计制度的考虑。① 此外,与《低碳城市指标》所体现的自查和自我改进不同,《低碳生态城市指标》在指标赋值上所依据的主要是不同领域"十二五"所应达到的战略发展目标、国家相关标准、国务院及其部委规章等

———————

① 在指标搜集、筛选和最终确定的过程中,采取了问卷调查、专题讨论等形式,经历了 3 轮基于网络的问卷调查。具体情况可参见仇保兴:《兼顾理想与现实——中国低碳生态城市指标体系构建与实践示范初探》,中国建筑工业出版社 2012 年版,第 142~155 页。

规范性文件，①强调的是负责进行"低碳生态城市"评比的上级机关利用该指标来衡量其行政管辖内的对象城市是否具备或者达到"低碳生态城市"的标准，具有行政主导的他评性。

(三)完善评估指标的建议

综上可见，在城镇建设低碳发展水平的评估方法上，已经基本形成了相对成熟的量化指标项目。这些指标项以国家或者城镇边界内经济社会整体或者单一部门的碳排放水平为测度对象，以控制能源部门、工业生产、建筑、交通、废弃物管理等主要源类别领域的温室气体排放或者能源消耗为直接目的，能够客观、全面的反映评估对象在低碳建设上所处的当前水平。从前述对联合国可持续发展指数、全球城市指数、欧洲绿色城市指标体系、英国可持续发展指数、中国低碳城市指标和低碳生态城市指标的介绍和评述来看，趋同度较高的指标项主要是以下几项：碳排放强度(单位 GDP 碳排放量)、能源强度(单位 GDP 能耗)、可再生能源占一次能源消费比重、绿色交通出行率、建筑平均能源消耗(绿色建筑比例或者建筑平均碳排放量)、城市固体废弃物回收利用率、森林覆盖率。

这些指标项目呼应了城镇主要的温室气体排放源，并已经被纳入国家考核地方政府温室气体减排目标责任的指标范围。发改委最新公布的《单位国内生产总值二氧化碳排放降低目标责任考核评估办法》中列举的省级人民政府单位地区生产总值二氧化碳排放降低目标考核评估指标考核的核心就是碳排放强度年度降低率和碳排放强度年度降低值；②《关于加强应对气候变化统计工作的意见》中为实现 2015 年单位国内生产总值二氧化碳排放比 2010 年下降 17％的目标而制定的"控制温室气体排放类指标"所涵盖的 7 小类 17 项指标中，最为关键的约束性指标也就是"单位国内生产总值二氧化碳排放降低率"(碳排放强度)、单位 GDP 能源消耗降低率、单位建筑面积能耗降低率、非

---

① 比如《"十二五"规划纲要》、建设部和科技部编制的《城市污水再生利用技术政策》、发改委和水利部等编制的《水利发展"十一五"规划》、国土资源部《全国土地利用总体规划纲要(2006—2020)》、国务院《"十二五"节能减排纲要》、环保部《国家环境保护标准"十二五"规划》、《地表水环境质量标准》(GB 3838-2202)、《"十一五"城市环境综合整治定量考核指标实施细则》、《全国城市环境综合整治定量考核指标实施细则》、《国家生态园林城市标准》、《生活垃圾填埋污染控制标准》(GB 16889-2008)等等。

② 参见国家发展改革委员会关于印发《单位国内生产总值二氧化碳排放降低目标责任考核评估办法》的通知，发改气候〔2014〕1828 号。

化石能源占一次能源消费比重、森林覆盖率等。①

对于城镇当局而言,如果其发展战略仅仅考虑低碳化,上述指标项应能满足评估测度之需要。但是,在可持续发展的理念下,任何国家的城镇建设都不可能仅仅局限于单一目标,而是系统考虑城镇系统的生态特征,确立综合的发展战略。从城市发展历史的角度来看,当前基于可持续发展和生态理念所提出的城镇发展战略,都是对工业革命以来传统城市发展模式的反思。这种反思一个根本的驱动就在于城市经济社会发展对于传统的不可持续的化石能源依赖性的剥离。立足于此,可以认为当下所倡导的生态、园林、森林、绿色、循环、宜居等城镇发展理念,都会直接或者间接的以实现脱碳发展为目的。换言之,"生态、园林、森林、绿色、循环、宜居"的城市都应该是低碳的。也就是说,上述评估城镇边界内低碳发展水平的指标性具有高度的普遍适用性。

由此,我国低碳城镇化评估制度的完善或可基于以下路径:

第一,根据《关于加强应对气候变化统计工作的意见》中有关温室气体排放基础统计指标的规定,以碳排放强度(单位 GDP 碳排放量)、能源强度(单位 GDP 能耗)、可再生能源占一次能源消费比重、绿色交通出行率、建筑平均能源消耗(绿色建筑比例或者建筑平均碳排放量)、城市固体废弃物回收利用率、森林覆盖率等这些直接衡量低碳建设水平的定量指标为主干,结合《低碳城市指标》和《低碳生态城市指标》中其他评估环境友好性和经济绿色和可持续性的支持性指标体系为辅助支撑,建立完善的指标评价体系。

第二,指标评价体系应结合定性和定量分析,以《低碳生态城市指标》为参考依据,衡量城镇"十二五"期间温室气体减排水平(主要是能源强度和碳排放

---

① 参见发改委:《关于加强应对气候变化统计工作的意见》。控制温室气体排放指标主要包括综合、温室气体排放、调整产业结构、节约能源与提高能效、发展非化石能源、增加森林碳汇、控制工业、农业等部门温室气体排放 7 小类共 16 项指标。综合指标为单位国内生产总值二氧化碳排放降低率。温室气体排放指标包括:温室气体排放总量、分领域温室气体排放量(能源活动、工业生产过程、农业、土地利用变化和林业、废弃物处理等 5 个领域温室气体排放量)等 2 项。调整产业结构指标包括:第三产业增加值占 GDP 的比重、战略性新兴产业增加值占 GDP 的比重等 2 项。节约能源与提高能效指标包括:单位 GDP 能源消耗降低率、规模以上单位工业增加值能耗降低率、单位建筑面积能耗降低率等 3 项。发展非化石能源指标为非化石能源占一次能源消费比重。增加森林碳汇指标包括:森林覆盖率、森林蓄积量、新增森林面积等 3 项。控制工业、农业等部门温室气体排放指标包括:水泥原料配料中废物替代比、废钢入炉比、测土配方施肥面积、沼气年产气量等 4 项。

强度)是否已经达到国家基准值;参考《低碳城市指标》,对每一指标项通过"行动检查表",并综合评估结果生成"城镇低碳发展水平综合评估报告"和"城镇低碳行动计划":报告的功能在于对城镇低碳发展规划的完成情况进行说明,行动计划则是针对报告中反映的薄弱环节制定相应的减排计划,进一步推进低碳发展规划或者形成新一轮的低碳发展规划。

第三,指标设定应基于低碳发展长期规划和目标,制定分阶段应当达到的指标值。在这一点上可以参考《低碳生态城市指标》的做法,以 5 年为基准设定阶段指标值,以履行《国民经济和社会发展第十二个五年规划纲要》和《"十二五"控制温室气体排放工作方案》中关于温室气体减排的有关责任,能够与城镇的五年发展规划相协调。阶段性指标值的实现,可以年度"城镇低碳发展水平综合评估报告"作为推进机制。

总之,有职责推动区域范围内低碳城市建设的地方政府和城镇当局,无论最终选取何种指标体系作为评估其管辖区域内低碳发展水平的方法,均应首先保证指标项的评估值等于或者高于当前国家关于"十二五"温室气体控制目标的基准值,并在此基础上维持一定期间内的稳定性,以保证被评估对象——主要是那些在前述限制性制度下应当承担减排责任的企事业单位,有确定并且稳定的制度预期来调整自己的行为。

二、评估结果:责任机制

基于指标体系对于承担低碳发展公共职责的政府的评估,其结果以及基于该结果而确定的责任,广义上属于对政府绩效的考核;对于承担减排义务的企事业单位的评估,实质上是确认企业碳排放行为是否违反了其在限制性法律制度下所应承担的相关义务(排放限值标准义务、配额标准义务等)的确认,基于该评估结果的责任就构成高碳排放行为责任制度体系的具体内容。

(一)政府责任:绩效考核制度的低碳化

政府绩效考核机制需要低碳化,即在已有的关于节能的责任考核之外引入温室气体减排或者碳排放强度降低的责任考核机制,或者以发展低碳经济统领传统的节能责任考核机制。第一,积极应对气候变化已经成为我国的重大战略,经济发展方式正在实现向低碳发展的转型,经济基础决定上层建筑,政府作为低碳发展的主要责任者,应当在其管理绩效考核中体现这一变化。在资源约束日益趋紧、环境污染逐渐加剧的现实状况下,传统的以经济增长为单一目标的政府绩效考核机制,使得非完全理性的地方政府倾向于选择增加资源投入、扩大经济规模、大量消耗资源、污染环境、压低劳动报酬等粗放式、不可持续、非低碳发展方式作为地方政府执政的主要路径。这种路径与我国当前所确定的低碳经济发展战略的理念、内在要求和价值追求并不契合。①传统的以经济增长为中心的考核机制,往往只强调数字政绩、以 GDP 论英雄,将核心放在经济总量的增长上,只关注项目的投资额和经济产出量的"大",而不考虑项目耗费资源的"高"、排放污染的"多"、社会影响的"害";而在低碳发展模式下,强调的则是经济发展的质量、成本效益型、环境友好程度、资源节约水平、社会和谐发展,关注的是经济发展与节能减排的平衡,绩效考核的指标突出的是污染物和温室气体减排量的减少、技术创新、环境保护、社会效益等,是经济发展的绿色化和低碳化。

第二,政府管理方式对经济发展方式具有反向刺激效应。在现实的经济社会发展中,国家和地区的经济发展方式往往要受到资源条件、宏观经济战略和政府治理方式的影响,比如可持续发展方式的源起避不开资源环境的约束,市场经济和计划经济的区分本质上还来自政府对于经济宏观调控职能的历史差异。政府对于经济的宏观调控行为及其绩效对经济发展方式及其效益具有直接的影响。作为测评政府公共管理行为绩效的重要手段,政府绩效评估制度自然也会成为推动政府管辖区域内经济发展范式转型的内在动力之一。而且,在中国官员选拔制度下,绩效评估的结果对其升迁会产生直接的影响,涉及其薪酬待遇和政治前途,因此,在组织压力型管理体制下的政府官员就会倾向于选择最能体现其政绩的经济发展方式。

政府绩效考核机制低碳化的路径:第一,改变传统的以经济增长量为核心的政府绩效考核机制,弱化 GDP 相关指标在考核评估中的权重比例,建立绿色、低碳、生态的政府绩效考核理念,将节能减排的发展目标纳入政府考核的内容中,参考前述有关低碳城市发展的指标体系,优化以节能、减排、低碳、绿色、生态为核心的政府绩效评估指标体系。第二,建立长效、公开的政府低碳经济发展评估考核制度,通过年度评估、专项督查等考核机制,对地方政府和城镇当局低碳发展职责的履行情况,依据上述指标体系进行考核,并通过奖惩机制、行政首长问责、考核结果的社会公开等方式强化应对气候变化、推动低碳发展的工作责任制度,比如节能减排、环境保护等财政专项资金的优先拨付等。第三,探索社会参与政府绩效评估,强化社会对于政府执政的监督,增加政府绩效评估的公信力,比如第三方环境评估机构参与政府环境治理绩效的评估、第三方低碳发展研究机构参与低碳城市的规划编制、指标设定和低碳建

---

① 徐厌平、唐玲:《低碳经济发展视域下地方政府绩效评估体系重塑研究》,载《湘潭大学学报(哲学社会科学版)》第 38 卷第 1 期。

设水平的评估等。

从现状来看,国家发改委正在组织开展"十二五"单位国内生产总值二氧化碳排放降低目标责任考核评估,说明发展低碳经济已经成为地方政府和城镇当局绩效考核的必要构成部分。从其考核所依据的《"十二五"单位国内生产总值二氧化碳排放降低目标责任考核评估指标及评分细则》,主要涉及碳排放强度、产业结构调整、节能和能效提高、能源结构调整、森林碳汇增加、低碳试点示范建设、行业发展目标分解(碳排放强度目标是否植入本地区经济发展规则)、温室气体排放核算和清单编制、低碳产品认证和推广、资金支持和制度创新等诸多方面。基本涵盖了前述有关指标体系的相关内容。问题是,在当前的责任体系下,如果不能完成相关的指标任务,对于地方政府和城镇当局是否会有实质性的负面评价,是否存在绩效不足的责任追究机制。从现状来看,地方政府领导应不会因为绩效考核落后或者未完成而承担领导责任。可行的方式应当是及时公布考核的结果,向社会公布地方履行减排责任中存在的不足,一方面,通过社会公众的监督形成新的督促机制;另一方面,可以起到一定的教育功能,使得公众知晓温室气体减排在国家政治经济生活中的重要性,从而形成进行低碳生活的习惯。

(二)企业责任:法律责任的低碳化

企业对其排放污染物等外部性行为应当承担相应的环境法律责任。在传统的环境法框架下,这些环境法律责任也同样表现为民事责任、行政责任和刑事责任三种类型。民事责任主要指的是企业的生产活动因环境污染和破坏生态而导致损害所应承担的侵权法下的环境侵权责任。行政责任则主要表现为,针对企业违法排放污染物、超过污染物排放标准和重点污染物排放总量控制指标排放污染物、未依法提交建设项目环境影响评价文件或未经批准擅自开工建设、重点排污单位不公开或者未如实公开环境信息等违法行为,而课以的罚款、限制生产、停产整治、责令停业、关闭等行政处罚措施。刑事责任则是指以上违法行为的社会危害程度构成犯罪的情形,主要是《刑法》第六章第六节下破坏环境保护的相关罪名,比如污染环境罪、滥发林木罪、盗伐林木罪等。

企业的高碳排放行为具有环境侵权责任和环境刑事责任的不可证成性,行政责任则存在可低碳化的可行性。侵权责任和刑事责任在构成要件上具有共通性,不外乎行为、损害和因果关系,所不同在于其社会危害性的程度问题。对于高碳排放行为而言,企业的环境侵权责任和环境刑事责任不可证成性在于因果关系的难以确定。从关于因果关系的一般理解上来讲,温室气体排放所导致的损害虽然在科学上具有确定性,但是这种确定性是建立在整体分析的基础之上,不能成为具体排放行为和具体损害之间的连接纽带。我们很难确定的说上海华能发电厂的二氧化碳排放导致了海平面上升,并进而使得海水倒灌破坏了该地区的地下水水质,因此,上海市民可以因此要求电厂赔偿由此产生的饮用水成本上涨导致的金钱损失;同样,我们也很难肯定的说,美国东部燃煤电厂排放的二氧化碳导致了加利福尼亚的海啸,因此,该州居民可以要求赔偿损失。

从温室气体排放到气候变化再到其负面影响之间,存在着太多的介入因素和不确定环节,因果链条过于漫长而模糊。从关于因果关系的法律解释上来讲,首先,企业的温室气体排放作为正常生产经营活动的产出,很难成立侵权法上的故意或者重大过失。其次,即便是人类社会发展到摆脱化石能源的社会阶段,企业生产经营中的温室气体排放被视为一种过失,责任也因为行为和损害后果之间过多的介入因素而无法建立施害主体和受损对象之间的合理对应关系而无法成立[①]。因果关系的不确定性和受损对象的任意性也解释了为什么应对气候变化工作是以政府主导的,因为只有政府才是不确定和任意的受损人群或者法律主体的当然受托人,也只有因为保护不特定人因为气候变化而遭受的损失,政府才获得了通过法律规制企业高碳排放行为而保护社会公共利益的正当性。

行政责任的确立往往不以因果关系为必要条件,从而为企业因其高碳排放行为而承担相应责任提供了可能。虽然在理论上对于行政责任的成立,往往同样也表述为三要件:行为、损害和因果关系,但是在具体的法律中往往对需要承担行政责任的行为进行具体的描述,并规定企业或者生产经营者只要从事该行为,就应该被确认为违法而应承担行政责任,比如超标排放污染物、未按规定履行环评或者建设许可程序、未按规定披露相关环境信息等。随着低碳城镇化的推进,我国应对气候变化法律制度的完善,企业在生产经营活动中除须遵守规制传统污染物的排放标准等规定以外,也将履行温室气体排放标准制度、可再生能源配额标准制度、低碳燃料标准制度、绿色建筑标准制度以及碳排放交易制度下有关浓度限值、总量控制、信息报送和披露的相关义务。企业对这些义务的违反,也将承担罚款、限期改正、停业整顿等相应的行政责任。

---

① 这种对应关系的不确定性也解释了为什么即便是在确定温室排放气体为"碳污染"的美国,相应的诉讼中也很难出现赔偿损害的诉讼请求,即便是原告是基于普通法系下的公害(Public Nuisance)提起诉讼,也仅仅是要求法院为火电企业设置排放上限和逐年减排限额。See American Elec. Power Co., Inc. v. Connecticut, 406 F.Supp.2d 265 (S.D. N.Y. 2005); 582 F.3d 309 (2nd Cir. 2009); 131 S.Ct. 2527 (2011).

　　当然,行政责任建立的可能性和合法性依赖于我国应对气候变化立法的推进。只有新的"应对气候法"确立了主管机关对企业不履行减排责任的行政权力,行政机关对于企业温室气体排放的行为进行行政检查和处罚才有法律的依据。可见,无论是从建立对于减排的强制性制度预期的角度,抑或是完善有关减排责任体系的角度,推进应对气候变化的立法都是必要的。

第五章　结论和建议

　　综上可见,低碳城镇化是应对气候变化这一重大国家战略背景下的系统性社会变迁过程,因而也需要系统性的制度保障:纵向的贯穿于规划、建设和评估阶段和横向的覆盖城镇能源、工业、交通、建筑、废弃物管理等子系统的各项前述具体制度和措施。以上贯穿于低碳城镇化的各项法律控制制度,可概括出以下几个特征:

　　第一,实施目标的阶段性和渐进性。与传统的民法、侵权法、公司法下的相关具体法律制度不同,保障低碳城镇化实现的诸项法律制度,无论是那些直接以温室气体减排为目的的"关停并转"机制、排放标准制度、可再生能源配额标准制度、碳交易制度等,还是不以减排为直接对象的规划、评估和激励措施,均会明确规定该机制在特定履行期间所应实现的明确目标,比如"十二五"期间应淘汰的落后产能具体数量、2020 年应达到的单位电力温室气体排放值、2030 年可再生能源的一次性消费占比、碳交易制度每五年所应实现的具体减排量等。这主要取决于国家应对气候变化或者低碳发展战略的长期性。阶段性法律控制目标的设定,是把不确定、抽象、宏观的长期性社会变迁过程及其最终目标,解构成为明确、具体、渐进的阶段性可量化预期,体现的是法律调控在目的上的确定性。较长履行期间的规定,也为义务主体履约形式的灵活性提供了空间,除行政命令色彩最为浓厚的"关停并转"机制和建设许可制度之外,涉及标准控制和总量控制的相关制度,往往均会规定配额或者信用的储存(banking)机制、较高质量的认证减排量抵销(如中国核证自愿减排量)等,增加企业履行标准义务或者配额义务的灵活性。

　　第二,管制方式的多元化。低碳城镇的建设环节被论及的各项法律机制,既包括了传统"命令与控制"路径下的"关停并转"机制、排放标准制度、配额标准制度、能效标准制度、低碳燃料标准制度、建设前许可制度等等,来通过法律或者政府强制性规章自上而下地确定监管对象应当达到的标准或者满足的条件并通过外在国家强制力驱动企业去履行法律制度下所应承担的减排责任;也包括了"成本—效益"方式下的碳交易制度和标准信用交易机制等,将碳排放创设成为稀缺的经济资源并通过创设碳排放权或者含碳标准信用的交易机制来实现该资源的最优分配并形成高碳排放与低碳排放企业之间围绕配额或者信用的博弈或者竞争。这些成本效益机制能够以低成本实现减排的零碳排放或者低碳排放企业获得更多的资源,倒逼高碳排放企业进行减排技术革新,否则就必须从市场上购入配额或者信用,导致企业经济收益的降低,从而形成了企业创新并实施减排技术或者措施的内在驱动力。低碳城镇化法律保障制度当然也包括了结合市场机制和经济管制手段的碳税法律制度,通过对碳排放定价的机制将企业的碳排放外部性内部化。

学界和立法者对于上述不同的温室气体减排制度安排,存在着诸多的讨论和争议。当前的共识或者主流意见认为,碳交易制度可能更有效率,其主要的理由往往是基于碳交易制度的模板制度——排污权交易制度的成功,特别是美国 CAA 下二氧化硫排污权交易制度的有效性。如果仅以此来断定碳交易制度必然比碳税和标准制度等更为有效,颇有以偏概全的疑虑,因为即便是被认为最为成功的欧盟碳交易制度也存在碳价格过低无法发挥其调控效能的时期。作为解决企业碳排放外部性问题的创新机制,以碳交易为代表的非政府干涉解决方案所具有的有效性,并不必然否定"命令—控制"方式和碳税为代表的政府干预手段的有效性,甚至其制度效益的实现可能还需要政府干预所体现的"命令—控制"机制或者国家强制性制度作为前提。

首先,作为碳交易等非政府干预手段有效性重要前提的"产权清晰"需要国家通过法律予以确立,作为核心环节的碳排放配额等交易产品的稀缺性需要政府以合理的初始配额分配和管理手段予以保障。作为所有制形式的法律体现,无论产权的内涵指称的是哪一种要素,所有权、占有权、支配权、使用权、收益权抑或是处置权,都需要体现国家意志性的法律规则予以规定和以国家强制力作为基础的行政执法机制作为保障。

对于碳排放交易制度而言,产权清晰的含义指两个方面:(1)应当明确强制性碳排放交易的产业范围和具体的企业范围,即应设定十分明确的规则或者标准,为受到影响的企业提供明确的决策指引,以界定自身是否应当参与碳排放交易。(2)纳入机制的阈值标准应当合理,不应过于严格,超出当前的技术实现可能性和成本合理性;也不应过于宽松,导致交易资源稀缺性的丧失,从而使得机制本身的调控绩效被弱化。以上两点都需要明确、强制性的法律规则作为基础。而这些法律规则往往需要通过命令与控制的方式,以立法机关的强制性制度输出来建立。以"命令—控制"方式体现的标准制度,某种程度上体现了碳排放权或者标准信用的稀缺性,界定了其权利边界。

其次,以排放权交易为代表的非政府干预措施和以标准制度为代表的政府干预手段,所要解决的问题具有同源性,都是为了解决"大气"这一公共产品的滥用而导致的外部性问题,都可以视为解决公共产品滥用所导致"公地悲剧"①的以产权为基础的方法,区别在于在何种程度上承认或确立对于那些未成立所属关系的稳定大气资源的可强制执行的权利和义务②。采取何种产权方法来解决环境污染或者气候变化等外部性问题,取决于某个特定的时间和地点起支配作用的经济、制度、技术以及生态状况,在交易成本不可能为零且政府监管无处不在的次优现实世界中,可能并不存在一个普适性的、绝对最优的产权体制。③ 每一个方法都有去优势和缺陷,在不同的生态、制度、技术和文化条件下,这些优势和缺陷可能会最小化或者最优化。立法者不应脱离各种环境保护制度运作的制度和技术背景,孤立的探讨不同制度安排之间的比较效率问题。学者的研究和经验证据也表明,在多元化的产权体制或者多元化制度工具存在的社会里,生态保护很可能会更加有效。因此,对于立法者和监管者而言,更为合理的选择可能是,在制度上保留对于不同机制的选择可能。

第三,规则与技术的交融性。对这一特征可以从以下三个方面来理解。

---

① 公地悲剧理论是英国学者哈丁 1965 年提出来的。哈丁在《公地的悲剧》中设置了这样一个场景:一群牧民一同在一块公共草场放牧。一个牧民想多养一只羊增加个人收益,虽然他明知草场上羊的数量已经太多了,再增加羊的数目,将使草场的质量下降。牧民将如何取舍?如果每人都从自己私利出发,肯定会选择多养羊获取收益,因为草场退化的代价由大家负担。每一位牧民都如此思考时,"公地悲剧"就上演了——草场持续退化,直至无法养羊,最终导致所有牧民破产。"公地"这一具有比喻意义的语言,指向的是一项拥有很多所有者的财产或者资源,比如国有资产、海洋、大气、矿产资源等。他们中的每一个都有使用权,但没有权利阻止其他人使用,而每一个人都倾向于过度使用,从而造成资源的枯竭。过度砍伐的森林、过度捕捞的渔业资源及污染严重的河流和空气,都是"公地悲剧"的典型例子。之所以叫悲剧,是因为每个当事人都知道资源将由于过度使用而枯竭,但每个人对阻止事态的继续恶化都感到无能为力。而且都抱着"及时捞一把"的心态加剧事态的恶化。公共物品因产权难以界定而被竞争性地过度使用或侵占是必然的结果。

② 国外学者曾把国家可以运用的解决"公地悲剧"引起的环境问题的监管方法总结为如下 12 个类型:标准 或者技术规范、履行标准或者排放限制、环境或者伤害标准、产品禁令或者使用限制、市场配额(排污权交易)、环境合同、污染税或者排污费、补贴、责任押金机制、环境保险责任、规划或者环境危害分析要求、信息披露;See Percival et. al., Environmental Regulations: Law, Sciences, and Policy, Little Browm Co., 1996, pp. 154-158. 丹尼尔·H.科尔认为,上述监管制度或多或少的都可以视为基于产权的方法或者机制。See Daniel H. Cole, Pollution and Property: Comparing Ownership Institutions for Environmental Protection, Cambridge press 2002, p. 14.

③ See Daniel H. Cole, Pollution and Property: Comparing Ownership Institutions for Environmental Protection, Cambridge press 2002, p. 3.

首先,科学技术的发展,特别是气象学和气候变化科学所观测到的数据以及基于这些数据而形成的对未来气候趋势的预测,①使得人类对于气候变化的成因及其灾难性后果的认识加深,从而在社会意识形态中产生了应对并适应气候变化的必要,低碳城镇化才成为当前社会发展的必然选择,从而衍生出在低碳城镇化这一社会变迁过程中供给完善法律保障制度的需求。其次,低碳城镇化的长远战略性目标的设定或者实现是基于减排技术理论上在战略规划期间可实现,最大减排潜力,即科学技术的预期发展以及由此带来的人类认知理性的提高,是相关法律远期或者最终调控目标的理性基础。从温室气体减排的绩效上来看,城镇化过程的每个环节都会存在一个理想状态,即通过法律制度来保障减排技术最大潜力的发挥,从而实现能源生产、工业过程、交通、建筑和废弃物管理中的"零碳排放"或者"碳中和"。这一结果是建立在各个领域理论上所能利用的所有技术最大减排潜力实现的基础之上的,比如区域范围内可再生能源的最大限度开发利用、碳捕获与储存技术和设施的完全安装和实施、所有可用于建筑的节能减排技术的应用、废弃物处理全部焚烧发电等等,不考虑技术实施在现实条件下所可能产生的远远高于其收益的成本因素。然而,囿于气候变化科学的不确定性,不考虑技术本身"成本—效益"性的法律规则显然只能停留在应然层面,实际的法律规则设定大都是基于当前可行且成本合理的最佳现有技术或者最佳减排机制而设定的。在法律的现实王国,立法者不会考虑不确定的未来,只会考虑现实的得失;执法者也不可能超脱现实经济社会状况来实施法律。最后,具体的减排目标、排放标准、配额标准、控排总量的确定则要考虑当前减排技术的可行性,或者说当前可行的最佳现有减排技术所能实现的减排水平决定了法律对于温室气体排放的实际管制程度;所以,EPA 在确定机动车、火电厂的温室气体排放标准时,要对现有最佳减排机制进行"成本效益分析";在审核主要固定排放源的建设前许可时,会要求申请者就其所采取的最佳现有技术进行可行性分析。同理,我国未来所要制定

---

① 比如 IPCC 第 5 次报告所采用的典型浓度路径(RCPs)的排放情景分析。RCPs 是指世界气候研究计划(WCRP)中耦合模式比较计划第五阶段(CMIP5)框架下的一套新的情景。RCPs 包括了低排放(RCP2.6)、中低排放(RCP4.5)、中排放(RCP6.0)和高排放(RCP8.5)4 种情景,每个情景都提供了一种受社会经济条件和环境、气候影响等的排放路径,并给出了 2100 年相应的辐射强迫值,采用这一模式和情景,首次给出了 2℃升温目标下的全球累积排放量。在这种新排放情景下,CMIP5 模拟结果表明,全球地表平均温度将继续上升。相对于 1986 年—2005 年而言,2016 年—2035 年期间全球平均地表温度可能升高 0.3~0.7℃,2081 年—2100 年可能上升 0.3~4.8℃,且冰冻圈将继续"变暖"。参见秦大河:《气候变化科学与人类可持续发展》,载《地理科学进展》2014 年第 7 期,第 878~879 页。

的适用于主要行业温室气体排放标准、绿色建筑的建筑能效标准、可再生能源配额标准、碳交易的总量控制和配额额度、碳税税率、废弃物管理的资源回收率等,也是要基于可行的、成本合理的最佳现有技术而予以确定;2020前以后所预期实现的碳排放强度下降目标以及相关的指标、标准设定,所要考虑的是当时可行且成本合理的最佳减排机制。

第四,法律责任的去私法性,即在低碳城镇化的过程中承担减排义务的法律主体,其义务的履行不能或者不完全履行所产生的法律责任主要是以公法上的行政责任为主,很难成立私法上的违约责任或者侵权责任。换言之,虽然现有的科学事实能够证明温室气体排放对于公共健康和利益的损害后果,但是,因全球变暖导致的极端气候或者其他负面影响而受有损害的城镇居民、企业或者团体,在当前的法律体系下很难通过私法上的救济途径,比如我国侵权法下环境侵权制度、美国普通法上的公害等,来获得某种利益上的补偿。这一现状来自两个方面的不确定性:(1)损害行为与损害后果之间的不确定性,现有的科学事实虽然能够证明温室气体排放与全球变暖之间存在着确定的因果关系,但是温室气体排放与极端气候之间的因果链条是基于温室气体排放总量和全球生态整体损害之间的关联性而建立的,具体的排放行为与具体损害之间很难证成法律上因果关系的确定性。(2)损害行为者与利益受损者之间的不确定性,且不确定性已经超出了环境公益诉讼或者集体诉讼可以容纳的限度。在传统的环境公益诉讼中,因废水、废气、固体粉尘而受有损害的利益相关者,基本上能够从区域范围内界定其群体范围;而温室气体排放的损害效应更具有跨地域性,甚至超越国界,很难在一国主权的管辖范围内明确的界定因气候变化而受损的具体群体边界。能够代表完全不能确定的利益受损者主张权利的机构,在现代法律或者国家政治体制下,只能是作为公共利益受托人的政府。基于监管的公共利益理论,政府可以且应当矫正市场失灵引起的外部性问题。矫正在法律责任上的体现就是承担强制减排义务的法律主体在未能履行其责任时的罚款、关停、整顿等,或者是基于污染者付费原则而衍生的碳税和购入排放配额的金钱给付。关键的问题是,如何保证损害者的责任能够完全补偿不确定的受损者。最基本的途径就是,在确认排放者责任的立法中,强化规则设定的"成本—效益"分析和公众参与:"成本—效益"分析能够量化的体现规则设定的合理性,公众参与则强化了立法的正当性。

结合前述各项法律制度及其特征,本书就我国低碳城镇化法律保障制度的进一步完善,提出如下建议:

第一,加快立法进程,完善气候变化法律制度体系。首先,法律规则形式上的法制化,即应尽快制定应对气候变化的基本法律制度,并在该基本法中确立建设低碳城镇的法律地位,将其作为发展低碳经济,实现节能减排的重要机制。此处的法律应从狭义上加以理解,并不是指所有具有国家强制性的规范性文件,而仅指由全国人大及其常委会通过的冠以"法"名称的国家法律。其次,法律规则内容上的确定化,即基本法律制度应当抛却以往的"宜粗不宜细"的立法理念,制定系统的、确定的、权责明确的法律规则,尽量减少宣示性、宣传性、教育性、政治性的文字表达;涉及治理主体的职权分配,应当避免使用"有关机关"的模糊处理;并应缩减授权立法的空间,即便是因为立法条件不成熟,也应明确指出被授权立法的相关部门和授权立法的期限。①

此外,基本法律制定并生效之前的制度构建,比如通过较低层次的行政法规、规章、地方性法规等形式出台的排放标准制度、碳交易制度、建设许可制度、建筑能效标准、"关停并转"制度,也应通过提高公众参与和加强信息披露等机制强化规则制定的正当性,避免被执法者制定执法依据所导致的道德风险。② 气候变化立法,目的在于从根本制度上确定应对气候变化和低碳城镇化的国家战略地位,通过法律制度固化低碳城镇化这一社会变迁过程。确定性的法律规则,则能够清晰地确定低碳城镇建设过程中政府权力的职责和边界,避免过于原则性的法律规则和不当的授权立法所导致的行政执法的任意和武断。③ 通过国家法律对应对气候变化法律机制的确认,比如碳交易制度,也有利于该等机制获得合法性支撑,从而形成稳固的社会预期。相关法律的完善也能够为温室气体减排责任体系的建立和完善提供法治基础。

第二,法律价值上的"效益"与"公平"兼顾。传统的城镇化过多的强调经

---

① 最新修订的《立法法》已经明确了授权立法的期限问题:授权决定应当明确授权的目的、事项、范围、期限以及被授权机关实施授权决定应当遵循的原则等。授权的期限不得超过五年,但是授权决定另有规定的除外。被授权机关应当在授权期限届满的六个月以前,向授权机关报告授权决定实施的情况,并提出是否需要制定有关法律的意见;需要继续授权的,可以提出相关意见,由全国人民代表大会及其常务委员会决定。参见《中华人民共和国立法法》第10条。

② 比如石化行业主导燃油的低碳排放标准,煤炭产业主导煤炭的排放标准,电力企业参与甚至主导新能源电力的配额标准,房产企业影响建筑能效标准。

③ "宜粗不宜细"的立法理念和大量授权立法的存在是我国立法上特定历史时期的产物,是为了尽快建立完备的社会主义市场经济法律制度。《立法法》的规定,"基本经济制度以及财政、税收、海关、金融和外贸"等相对保留事项,经全国人大及其常委会明确授权,国务院可以作出规定;该授权不得将此立法权力转授予其他机关,在法律上收紧了授权立法的空间。但是,我国基本法律文件过于原则化的表述,实施上为行政机关预留过多的行政裁量权。加上我国专业性较强的立法,比如环境、金融等,其法律草案的拟定、修改往往都是由相关的行政机关主导的。行政权力侵扰立法,事实上已经成为我国当前立法和法制建设的痼疾,即所谓的"部门利益法律化"。这恰恰印证的孟德斯鸠的论断:当立法权和行政权集中在同一个人或同一个机关之手时,自由便不复存在了。

济发展,秉持的"效率优先,兼顾公平"的理念,法律规则的价值导向也因而往往忽视公平,尤其是代际公平。低碳城镇化下的经济社会发展,是内涵式的,强调的是发展质量,是通过对城镇区域内集中的资本、人口、资源、信息、知识等要素的有效利用和有效分配,在降低温室气体排放和能源消耗的同时,实现区域内整体福利的提高。因此,其法律保障制度应以效率和公平并重。

效率的意义在于:首先,低碳城镇化应能促进经济的快速、稳定增加,而不是导致经济的停滞;其次,低碳城镇建设发展能够有效的实现既定的节能减排目标。低碳城镇化的法律保障制度构建,归根到底是要通过法律或者经济手段将温室气体排放的负外部性问题内部化,是把减排的"命令—控制"或"成本—效益"措施予以规范化、固定化、制度化,从而形成规范的制度预期,引导和控制政府机关、社会团体、市场主体、自然人和其他社会主体等参与低碳城镇创建。而参与低碳城镇建设的各方主体在制度指引和控制下的行为,最终所要实现的就是经济发展、社会公共福利的提高、经营效益的增加以及个体幸福的提升。

公平则体现在结果的公平和机会上的公平。前者意味着,低碳城镇化所增加的社会福利分配应当保证公平的结果,不能选择性歧视某一企业、某一群体或者某一个人,并强调对弱势群体的利益保护;机会上的公平,则指低碳城镇化所带来的经济发展机遇应在平等条件下对所有人开放,并应保证人们参与制定规则的机会。低碳城镇化的制度构建,还应包含具有明显"时空二维性"的环境公平①这一价值考量,考虑"代际公平"以保障后代人对赖以生存发展的稳定大气生态系统这一环境稀缺资源有相同的选择和获益机会。

第三,立法和执法上的"立新"和"依旧"并存,即在推进低碳城镇化过程中,既要制定新的以碳排放行为规制对象的气候变化基本法,以及前述贯穿于

① 环境公平具有两个方面的含义:第一层含义是指所有人都应有享受安全健康环境而不遭受不利环境伤害的权利;第二层含义是指环境破坏的责任应与环境保护的义务相对称。学者普遍认为,较之于传统意义上的公平观,环境公平是一种更为特殊的价值观。因为尽管环境公平仍然是以人为价值主体而并不是以环境为价值主体的,但是较之于其他公平价值理念,其指涉的对象却更为宽广和深远。众所周知,包括人类本身在内的大自然,具有空间上的无限广博性,而对于繁衍中的人类而言,大自然又具有时间上的无限延续性。因此,如果以公平为"原点"来设置价值坐标,我们可以清晰地理出横纵两条价值直线,而之所以称其为是"直线"而不是线段,是因为,以此价值观为原点而延伸开的作为表示空间符号的"横线"以及作为表示时间符号的"纵线"都可以无限地延伸。所以,环境公平价值观必然具有时间与空间这两个维度,而以"时空二维"展开下的环境公平价值体系也就必须充分考虑并充分包容时空的广博性与深远性。参见姜素红、杨凡:《环境公平涵义探析》,载《湖南社会科学》2011年第6期。

规划、建设和评估等低碳城镇建设周期且适用于能源、工业、建筑、交通和废弃物管理各城镇部门的温室气体核算和报告制度、低碳城镇规划法律制度、温室气体排放标准制度(固定设施和机动车)、可再生能源配额制度、碳税制度、"关停并转"机制、温室气体排放设施建设前或者运营许可制度、碳交易制度、低碳燃料标准制度、建筑能效标准制度等;也要依靠当前已经相对完善的控制二氧化硫等传统空气污染物的大气污染防治法律制度体系,依靠正在逐渐强化的治理大气等环境污染的环境监管和执法制度体系,在实现同源的大气污染物控制的同时,达到同样的节能减排效果,实现温室气体的减排。

前述美国 EPA 制定的针对火电厂和机动车的温室气体排放标准、建设前或者运营许可制度等监管规章,就是将温室气体视为一种大气污染物——"碳污染",而通过既有的非常完备的《清洁空气法》予以控制。美国气候变化法的这一演进,源自司法机关对于成文的解释造法功能,是具有判例法传统的普通法系国家法律制度变迁的重要特征。缺乏判例法传统的中国,显然不可能循此例推动中国气候变化法的完善。然而,美国环保局依据《清洁空气法》而推行的监管行动,其所鼓励采取的减排措施与我国应对气候变化战略中所提到的减排路径并没有实质性的差别,比如通过机动车燃油经济性的提高、清洁燃料的推广、提高能源效率、增加可再生能源在国家能源生产和消费中占比、推广碳捕获与储存技术等等。

在我国当前气候变化基本法暂时缺失的现状下,借修改《大气污染防治法》的契机,将温室气体纳入防控范围或者不明确排除相关制度对于温室气体的适用,保留通过大气污染防治法律制度体系控制温室气体排放的制度选择,建立多元化应对气候变化的制度基础。目前的《大气污染防治法》(征求意见稿)提出了协同控制温室气体与细颗粒物、可吸入颗粒物、二氧化硫、氮氧化物等大气污染物的基本原则。这一协同控制原则在某种程度上认可了《大气污染防治法》对于温室气体的可适用性。诸如总量控制制度、许可证制度、环境空气质量标准制度、开发利用规划的环境影响评价制度、建设项目环境影响评价制度、重点排污单位的污染物排放监控制度、高排放危险产品管理制度,以及应用于燃煤、工业、机动车船等污染源的相应防治制度,也可以应用于温室气体防控。对于电力、钢铁、水泥、化工、电解铝、镁冶炼、平板玻璃、水泥、陶瓷、民航等主要固定温室气体排放源和机动车辆等移动排放源,我国可以依托现有的基于《环境保护法》和《大气污染防治法》而建立的大气污染物防控的完善强制性标准制度体系,结合当前已经逐步开展的温室气体核算制度,在测定基准温室气体排放量的同时,结合当前可用最优减排技术和预期目标,设定符合我国当前经济发展水平的温室气体排放限值;依托《环境影响评价法》,在城镇规划、重大基础设施建设、固定工业设施建设等规划项目和建设项目的环境影响评价中纳入潜在温室气体排放所可能导致的能源、环境、经济效益分析，结合许可证管理制度，建立温室气体排放的源头控制机制。

第四，立法和执法上的政府主导和公众参与并重。我国迄今为止的低碳立法和政策制定，体现出的是政府主导下的强制性制度变迁。低碳城镇范围确定、碳交易等试点制度的制定和实施、能源结构的调整、高碳产业的转型升级、绿色建筑的推进等等，均是政府制定战略目标和计划，并设定相应的制度性机制予以实现。这与我国经济社会变革自上而下的传统相符。但是，为了保证低碳城镇化过程中各方利益的平衡，特别是最易受气候变化影响的弱势群体以及不可能在当前的法律制定和实施中表达意见的未来代际人群的预期利益，考虑到前述提及的相关制度在法律责任上的去私法性，我们必须强调低碳城镇化法律制度构建过程中的公众参与。

首先，应当从程序上确保公众在立法中的参与，在《立法法》之外制定专门的"行政立法程序法"，对不同层级的行政性法规和规章的立法程序进行统一，强化立法的信息披露机制，保障公众参与权。我国的《立法法》对法律的立法程序已经做了比较完备的规定，基本能够保证公众对于立法的参与；之后出台的行政法规、规章制定程序也专门规定，要在行政法规和规章的制定过程中广泛听取有关机关、组织和公民的意见。但是，由于其相关规定过于原则，并未设定相应的具体程序，比如征求意见期的长短；因而，在现实的操作中，往往很难保障公众的广泛和深层次参与。

其次，在执法和司法等法律实施环节强化公众参与机制。基于协同控制原则，可以通过强化公众对大气污染防治的参与机制，来强化公众参与温室气体减排的机制。(1)强化公益诉讼机制，在合理范围内扩大公益诉讼的主体资格范围，考虑在拟修订的《大气污染防治法》中将大气污染的环境公益诉讼案件的诉讼主体资格扩展到任何依法设立的环境公益团体，加强大气污染防治中的公众参与力度，有效遏制当前严峻的空气污染现状，抑霾降碳。(2)允许公众就行政机关在大气污染物防治的不作为，提起行政诉讼。我国环境公益诉讼仍只限于民事诉讼的范畴，对于不作为的行政机关，当事方依法仅有权向上级政府或者监察机关举报，通过行政机关内部的领导和监督机制纠正行政机关本身违反法律职责的行为。对于公民是否有权就环境执法机关的不作为提起行政诉讼，并没有明确的规定。这种以行政处分来替代行政责任的制度设定并不能提供充分的救济并建立完善的责任机制。可考虑在《大气污染防治法》中明确，对于主管机关怠于行使该法下职责的行为，有权提起公益诉讼的主体可以依法向人民法院提起行政诉讼，追究行政机关不作为的行政责任。

参考文献

1. 著作类

[1]张剑波著:《低碳经济法律制度研究》,中国政法大学出版社 2013 年版。

[2]朱家贤主编:《环境金融法学》,北京师范大学出版社 2013 年版。

[3]郭冬梅著:《应对气候变化法律制度研究》,西南政法大学出版社 2010 年版。

[4]朱伯玉、张福德等著:《低碳经济的政策法律规制》,科学出版社 2013 年版。

[5]黄小喜著:《国际碳交易法律制度研究》,知识产权出版社 2013 年版。

[6]〔瑞士〕沃尔特·梅耶、常纪文主编:《中瑞气候变化法律论坛论文选编》,中国环境科学出版社 2010 年版。

[7]吕江著:《气候变化与能源转型:一种法律的语境范式》,法律出版社 2013 年版。

[8]胡炜著:《法哲学视角下的碳排放交易制度》,人民出版社 2013 年版。

[9]付子堂著:《法律功能论》,中国政法大学出版社 1999 年版。

[10]〔美〕弗里德曼著:《法律制度从社会科学角度观察》,李琼英等译,中国政法大学出版社 2004 年版。

[11]王彬辉、王树义著:《论环境法的逻辑嬗变:从义务本位到权利本位》,科学出版社 2006 年 1 版。

[12]〔美〕罗纳德·哈里·科斯著:《企业、市场与法律》,盛洪等译,格致出版社、上海三联书店、上海人民出版社 2009 年版。

[13]蔡博峰著:《城市温室气体清单核心问题研究》,化学工业出版社 2014 年版。

[14]齐晔主编:《中国低碳发展报告 2013:政策执行和制度创新》,社会科学文献出版社 2013 年版。

[15]齐晔主编:《中国低碳发展报告 2014:政策执行和制度创新》,社会科学文献出版社 2014 年版。

[16]中国社会科学院城市发展与环境研究所著:《重构中国低碳城市评价

指标体系：方法学研究与应用指南》，社会科学文献出版社 2013 年版。

[17]张占斌等主编：《城镇化建设的生态文明研究》，河北人民出版社 2013 年版。

[18][德]沃尔夫冈·贝林格著：《气候的文明史：从冰川时代到全球变暖》，史军译，社会科学文献出版社 2012 年版。

[19]住房与城乡建设部课题组：《十二五中国城镇化发展战略研究报告》，中国建筑工业出版社 2011 年版。

[20]王伟光、郑国光主编：《应对气候变化报告(2012)：气候融资与低碳发展》，社会科学出版社 2012 年版。

[21]王伟光、郑国光主编：《应对气候变化报告(2013)：聚焦低碳城镇化》，社会科学出版社 2013 年版。

[22]仇保兴主编：《兼顾理想与现实——中国低碳生态城市指标体系构建与示范初探》，中国建筑工业出版社 2012 年版。

[23]杨保军等著：《TOD 在中国：面向低碳城市的土地使用和交通规划设计指南》，中国建筑工业出版社 2014 年版。

[24]〔美〕刘易斯·芒福德著：《城市发展史——起源、演变和前景》，宋俊岭、倪文彦译，中国建筑工业出版社 2005 年版。

[25]曾文革等著：《应对全球气候变化能力建设法制保障研究》，重庆大学出版社 2012 年版。

[26]顾朝林主编：《气候变化与低碳城市规划》，东南大学出版社 2013 年版。

[27]费孝通著：《中国城镇化道路》，内蒙古人民出版社 2010 年版。

[28]葛全胜等编著：《中国碳排放的历史与现状》，气象出版社 2011 年版。

[29]国家认证认可监督管理委员会认证认可技术研究所编著：《碳排放和碳配额认证认可实施策略》，中国质检出版社和中国标准出版社 2014 年版。

[30]中国清洁发展机制基金管理中心和大连商品交易所著：《碳配额管理与交易》，经济科学出版社 2010 年 1 版。

[31]郑爽等著：《全国七省市碳交易试点调查与研究》，中国经济出版社 2014 年版。

[32]〔美〕约翰·康芒斯著：《制度经济学》，赵睿译，华夏出版社，2009 年第一版。

[33]〔美〕道格拉斯·C.诺思：《制度、制度变迁与经济绩效》，杭行译，格致出版社、上海三联书店、上海人民出版社 2008 年版。

[34]薛进军、赵忠秀编著：《中国低碳经济发展报告》(2012 版)，对外经济贸易大学出版社 2011 版。

[35]周宏春著：《低碳经济学：低碳经济理论与发展路径》，机械工业出版

社 2012 年版。

[36]薛进军著:《低碳经济学》,社会科学文献出版社 2011 年版。

[37]娄伟、李萌著:《低碳经济规划:理论·方法·模型》,社会科学文献出版社 2011 年版。

[38]钱斌华著:《助推低碳经济的碳税政策研究》,立信会计出版社 2012 年版。

[39]乔国厚等著:《中国低碳经济发展模式与政策体系研究》,中国地质大学出版社 2012 年版。

[40]樊纲等著:《走向低碳发展:中国与世界(中国经济学家的建议)》,中国经济出版社 2010 年 1 版。

[41]杨志等编著:《中国低碳经济年度发展报告 2011》,石油工业出版社 2011 年版。

[42]厉以宁主编:《中国道路与新城镇化》,商务印书馆 2012 年版。

[43]杨志等编著:《中国低碳经济年度发展报告 2012》,石油工业出版社 2012 年版。

[44]杨志等著:《生态资本与低碳经济》,中国财政经济出版社 2011 年版。

[45]刘思华著:《生态文明与绿色低碳经济发展总论》,中国财政经济出版社 2011 年版。

[46]陈银娥等著:《绿色经济的制度创新》,中国财政经济出版社 2011 年版。

[47]吴力波著:《中国经济低碳化的政策体系与产业路径研究》,复旦大学出版社 2010 年版。

[48]曹建华著:《上海低碳经济:技术路径设计》,上海财经大学出版社 2012 年版。

[49]叶祖达著:《低碳绿色建筑:从政策到经济成本效益分析》,中国建筑工业出版社 2013 年版。

[50]刘卫东等著:《我国低碳经济发展框架与科学基础:实现 2020 年单位 GDP 碳排放降低 40%～45% 的路径研究》,商务印书馆 2010 年版。

[51]国家发展和改革委员会能源研究所课题组编著:《中国 2050 年低碳发展之路:能源需求暨碳排放情景分析》,科学出版社 2009 年版。

[52]郭濂著:《低碳经济与环境金融:理论与实践》,中国金融出版社 2011 年版。

[53]诸大建等著:《上海建设低碳经济型城市的研究》,同济大学出版社 2010 年版。

[54]世界自然基金会上海低碳发展路线图课题组:《2050 上海低碳发展路线图报告》,科学出版社 2011 年版。

［55］陈新平著：《21世纪低碳经济研究系列丛书：气候金融》，立信会计出版社2012年版。

［56］陈新平著：《低碳财税政策》，立信会计出版社2012年版。

［57］宋晓华著：《中国绿色低碳经济区域布局研究》，煤炭工业出版社2011年版。

［58］穆献中：《中国低碳经济与产业化发展》，石油工业出版社2011年版。

［59］李峰、吕业清著：《经济转型与低碳经济崛起》，国家行政学院出版社，2011版。

［60］陈晓春著：《低碳经济与公共政策研究》，湖南大学出版社2011年版。

［61］王毅刚著：《碳排放交易制度的中国道路》，经济管理出版社2011年版。

［62］汪艳著：《低碳经济范式下新型城市化三大动力研究》，中国科学技术大学出版社2014年版。

［63］Augusto de la Torre et al., *Low-carbon Development：Latin American Responses to Climate Change*, World Bank Publications (2009).

［64］Andrew Scott, Eran Ben-Joseph, ReNew Town, *Adaptive Urbanism and the Low Carbon Community*, Routledge (2011).

［65］Adrian Smith, *Toward Zero Carbon：The Chicago Central Area DeCarbonization Plan*, Images (2011).

［66］Andreas Kopp, *Turning the Right Corner：Ensuring Development through a Low-Carbon Transport Sector*, World Bank Publications (2013).

［67］Baruch Givoni, *Climate Considerations in Building and Urban Design*, Wiley (1998).

［68］Catherine Tumber, Small, Gritty, and Green, *The Promise of America's Smaller Industrial Cities in a Low-Carbon World*, MIT Press (2011).

［69］Daniel G. Brown, Derek T. Robinson, Nancy H. F. French, Bradley C. Reed, *Land Use and the Carbon Cycle：Advances in Integrated Science, Management and Policy*, Cambridge University Press 2013.

［70］Daniel H. Cole, Pollution & Property, *Comparing Ownership Institutions for Environmental Protection*, Cambridge University Press 2002.

［71］Eric A. Posner et al., *Climate Change Justice*, Princeton University Press (2010)

［72］Frederic P. Miller et al., *Low-carbon Economy*, VDM Publishing House (2009).

[73]Harriet A. Bulkeley, *Cities and Climate Change*, Routledge Press (2013).

[74]Paul Harris, *What's Wrong with Climate Politics and How to Fix It*, Polity Press 2013.

[75] Richard K. Lester, David M. Hart, *Un-locking Energy Innovation*: *How America Can Build a Low-Cost, Low-Carbon Energy System*, MIT Press (2011).

[76] Roberts Thomas et al., *Low-Carbon Energy Controversies*, Routledge (2013)

[77]Roger Guesnerie et al., *The Design of Climate Policy*, MIT Press (2009)

[78] Rifkin, Jeremy Palgrave Macmillan, *The Third Industrial Revolution*: *How Lateral Power is Transforming Energy, the Economy, and the World*, Palgrave Macmillan (2011).

[79] Nicholas H. Stern, *Stern Review*: *The Economics of Climate Change*, Cambridge University Press 2007.

[80] Thomas Sterner, *Fuel Taxes and the Poor*: *The Distributional Effects of Gasoline Taxation and Their Implications for Climate Policy*, RFF Press (2011).

[81]Will Oulton, *Investment Opportunities for a Low Carbon World*, GMB Publishing Limited (2009).

2. 期刊论文 & 研究报告

[82]常纪文:《〈中华人民共和国气候变化应对法〉有关公众参与条文的建议稿》,载《法学杂志》2015 年第 2 期。

[83]吕忠梅:《论生态文明建设的综合决策法律机制》,载《中国法学》2014 年第 3 期。

[84]王灿发:《论生态文明建设法律保障体系的构建》,载《中国法学》2014 年第 3 期。

[85]王树义:《论生态文明建设以及环境司法改革》,载《中国法学》2014 年第 3 期。

[86]常纪文:《修改〈大气污染防治法〉加强雾霾联防联控》,载《中国法律评论》2014 年第 4 期。

[87]姚莹:《〈大气污染防治法〉规制温室气体排放的进路探析》,载《环境保护》2014 年第 18 期。

[88]常纪文:《环境标准的法律属性和作用机制》,载《环境保护》2010年第9期。

[89]文正邦、曹明德:《生态文明建设的法哲学思考——生态法治构建刍议》,载《东方法学》2013年第6期。

[90]吕忠梅:《中国生态法治建设的路线图》,载《中国社会科学》2013年第5期。

[91]王衡:《论气候变化语境下的国际服务贸易法适用问题:以一般例外规则为视角》,载《现代法学》2013年第2期。

[92]林旭霞:《林业碳汇权利客体研究》,载《中国法学》2013年第2期。

[93]赖力、徐建荣、顾芗、曹明德:《地方应对气候变化立法现状和关键问题初探》,载《江苏大学学报(社会科学版)》2013年第5期。

[94]马波:《论环境法上的生态安全观》,载《法学评论》2013年第3期。

[95]江必新:《生态法治元论》,载《现代法学》2013年第3期。

[96]焦艳鹏:《生态文明视野下生态法益的刑事法律保护》,载《法学评论》2013年第3期。

[97]曹明德:《对修改我国环境保护法的再思考》,载《政法论坛》2012年第6期。

[98]曹明德、崔金星:《欧盟、德国温室气体监测统计报告制度立法经验及政策建议》》,载《武汉理工大学学报(社会科学版)》,2012年第2期。

[99]曹明德、崔金星:《我国碳交易法律促导机制研究》,载《江淮论坛》2012年第2期。

[100]王慧、曹明德:《气候变化的应对:排污权交易抑或碳税》,载《法学论坛》2011年第1期。

[101]曹明德、李玉梅:《德国温室气体排放许可证交易法律制度研究》,载《法学论坛》2010年第4期。

[102]曹明德:《哥本哈根协定:全球应对气候变化的新起点——兼论中国在未来气候变化国际法制定中的策略》,载《政治与法律》2010年第3期。

[103]曹明德:《气候变化的法律应对》,载《政法论坛》2009年第4期。

[104]常纪文:《温室气体排放税费的若干法律问题(上)》,载《环境教育》2009年第11期。

[105]常纪文:《温室气体排放税费的若干法律问题(下)》,载《环境教育》2009年第12期。

[106]常纪文:《三十年中国环境法治的理论与实践》,载《中国地质大学学报社会科学版》2009年第5期。

[107]陈红彦:《碳税制度与国家战略利益》,载《法学研究》2012年第2

期。

[108]姚莹:《德班平台气候谈判中我国面临的减排挑战》,载《法学》2014年第 9 期。

[109]郭冬梅:《〈气候变化框架公约〉履行的环境法解释与方案选择》,载《现代法学》2012 年第 2 期。

[110]郭冬梅:《气候变化法律应对实证分析——从国际公约到国内法的转化》,载《西南政法大学学报》2012 年第 3 期。

[111]郭冬梅:《东南亚国家气候变化法律应对之研究》,载《太平洋学报》,2011 年第 5 期。

[112]郭冬梅:《印度低碳经济对策及对中国的启示》,载《东南亚纵横》2010 年第 4 期。

[113]郭冬梅:《欧盟减排承诺责任的执行及对我国的启示》,载《河北法学》2011 年第 1 期。

[114]郭冬梅:《应对气候变化法律惩罚性措施运用趋势比较分析》,载《河北法学》2013 年第 2 期。

[115]卓德保、吴玉海、潘植强:《碳减排视角下上海低碳城市发展路径研究》,载《城市发展研究》2014 年第 11 期。

[116]欧阳澍:《低碳发展法律关系体系的构成及特点:环境利益为研究视角的分析》,载《湘潭大学学报(哲学社会科学版)》2011 年第 3 期。

[117]邢维、田晓刚、鞠美庭、邵超峰、任希珍、李倩:《天津低碳城市建设之路怎么走》,载《环境保护》2011 年第 10 期。

[118]单飞跃、范锐敏:《公益法律本质论》,载《江淮论坛》2012 年第 6 期。

[119]巩固:《环境法律观检讨》,载《法学研究》2011 年第 6 期。

[120]齐树洁:《环境公益诉讼原告资格的扩张》,载《法学论坛》2007 年第 3 期。

[121]时军:《环境规划法律制度在生态城市建设中的作用》,载《山西省政法干部管理学院学报》2006 年 12 月。

[122]蔡文灿:《环境金融法初论》,载《西部法学评论》2012 年第 1 期。

[123]白洋:《山东省开展低碳经济的法律环境分析及实施路径研》,载《山东农业大学学报(社会科学版)》2012 年第 3 期。

[124]马强:《我国低碳经济发展模式的相关经济法问题研究》,载《时代金融》2012 年第 24 期。

[125]晋海:《低碳城市建设与《大气污染防治法》的修订》,载《江淮论坛》2012 年第 4 期。

[126]聂志平、游娟丽:《鄱阳湖生态经济区低碳经济立法的构想》,载《江

西农业大学学报(社会科学版)》2012年第2期。

[127]何鹰:《低碳经济法制保障体系的建立与相关法制完善》,《华南师范大学学报(社会科学版)》,2012年第3期。

[128]马强:《浅析低碳经济及相关经济法问题》,载《法制与经济》2012年第6期。

[129]李丽红:《生态城市碳金融地方性立法的先行先试》,载《天津法学》2012年第2期。

[130]李玉萍:《论我国城市低碳交通发展的法律促进机制》,载《法制与社会》2011年第31期。

[131]申进忠:《低碳城市的制度创新:以天津民用建筑能效交易为核心》,载《法学杂志》2011第1期。

[132]莫神星:《论应对气候变化背景下能源开发利用与环境保护相结合原则》,载《政法论丛》2011年第5期。

[133]张璐:《低碳经济进程中的环境法重塑》,载《法学杂志》2011年第9期。

[134]李岑:《国际背景下我国碳排放权交易的发展》,载《中共杭州市委党校学报》2011年第4期。

[135]邹钧:《金融危机后中国应对技术贸易壁垒的法律对策——兼论"低碳技术贸易壁垒》,载《行政与法》2010年11期。

[136]张梓太:《关于我国碳税立法的几点思考》,载《法学杂志》2010年第2期。

[137]张梓太:《气候变化背景下我国低碳城市立法初论》,载《鄱阳湖学刊》2010年第4期。

[138]简资修:《科斯经济学的法学意义》,载《中外法学》2012年第1期。

[139]谢石营、李郇:《低碳城市发展行动框架研究》,载《城市发展研究》2011年第6期。

[140]秦波、邵然:《碳城市与空间结构优化:理念、实证和实践》,载《国际城市规划》2011年第3期。

[141]于亚滨、刘伟:《寒地低碳城市发展策略探讨——以哈尔滨市为例》,载《规划师》2011年第6期。

[142]瞿理铜:《长株潭低碳城市群发展模式研究》,载《湖南行政学院学报》2011年第3期。

[143]张兵:《西方发达国家低碳城市建设的经验与借鉴》,载《辽宁大学学报(哲学社会科学版)》2011年第3期。

[144]尹惠斌:《长株潭低碳城市群建设的碳金融支持框架设计》,载《湘潭大学学报(哲学社会科学版)》2011年第4期。

[145]张长龙:《略论低碳城市建设的长效机制》,载《经济问题探索》2011年第7期。

[146]查志强:《基于碳排放视角的区域效率及其影响因素分析——低碳城市的一个测度》,载《南京社会科学》2011年第8期。

[147]毛超、李世蓉、刘杨:《向"低碳城市"转型框架体系与途径》,载《重庆大学学报(社会科学版)》2011年第4期。

[148]郝寿义、倪方树:《试论低碳城市》,载《城市发展研究》2011年第8期。

[149]马建平:《发展低碳金融促进低碳城市建设》,载《城市发展研究》2011年第9期。

[150]陈桂生:《低碳城市的公共治理系统及其路径》,在《云南社会科学》2011年第5期。

[151]谭志雄、陈德敏:《中国低碳城市发展模式与行动策略》,载《中国人口.资源与环境》,2011年第9期。

[152]高艳华:《低碳经济与低碳城市建设》,载《黑龙江社会科学》2011年第5期。

[153]丁国锋、毕金平:《英国低碳经济法律制度及其对我国的启示》,载《学术界》2012年第2期。

[154]蔡守秋:《从环境权到国家环境保护义务和环境公益诉讼》,载《现代法学》,2013年第6期。

[155]蔡守秋:《论修改〈环境保护法的几个问题〉》,载《政法论丛》2013年第4期。

[156]蔡守秋:《论我国法律体系生态化的正当性》,载《法学论坛》2013年第2期。

[157]蔡守秋:《论中国的节能减排制度》,载《江苏大学学报(社会科学版)》,2012年第3期。

[158]蔡守秋:《中国环境法40年回顾》,载《世界环境》2012年第3期。

[159]蔡守秋:《论当代环境资源法中的经济手段》,载《法学评论》2001年第6期,。

[160]彭本利:《我国排污权交易地方立法之实证分析及其完善》,载《法学评论》2013年第1期。

[161]谢雯:《可交易的空气污染权——以美国清洁空气法为中心》,载《河北法学》2010年第7期。

[162]蔡岚:《空气污染治理中的政府间关系:以美国加利福尼亚州为例》,载《中国行政管理》2013年第10期。

[163]丰霏:《论法律制度激励功能的分析模式》,载《北方法学》2010年第

4 期。

[164]赵震江、付子堂:《论法律功能与依法治国》,载《法学》,1997 年第 1 期。

[165]朱谦:《论环境权的法律属性》,载《中国法学》2001 年第 3 期。

[166]吕忠梅:《再论公民环境权》,载《法学研究》2000 年第 6 期。

[167]吕忠梅、刘超:《环境权的法律论证——从阿列克西法律论证理论对环境权基本属性的考察》,载《法学评论》2008 年第 2 期。

[168]于杨曜:《论我国发展低碳经济法律体系的基本构想》,载《学海》2011 年第 4 期。

[169]李广宇、牛保忠:《论我国推行低碳经济的法律规制》,载《广东社会科学》2011 年第 3 期。

[170]杨兴、胡苑:《马萨诸塞州诉美国联邦环保局案的述评》,载《时代法学》,2013 年第 6 期。

[171]车飞等:《美国环境空气质量标准制修订历程研究》,载《环境工程技术学报》2013 年第 3 期。

[172]胡晓红:《欧盟航空碳排放交易制度及其启示》,载《法商研究》2011 年第 5 期。

[173]张璐:《气候资源国家所有之辩》,载《法学》2012 年第 7 期。

[174]王清军、蔡守秋:《生态补偿机制的法律研究》,载《南京社会科学》2006 年第 7 期。

[175]史玉成:《生态补偿制度建设与立法供给:以生态利益保护与衡平为视角》,载《法学评论》2013 年第 4 期。

[176]仇保兴:《从绿色建筑到低碳生态城》,载《城市发展研究》2009 年第 7 期。

[177]杨国瑞:《低碳城市发展路径与制度创新》,载《城市问题》2010 年第 7 期。

[178]朱春玉:《生态城市规划的法律制度基础》,载《齐鲁学刊》2006 年第 2 期。

[179]何德旭、史晓琳:《中国碳金融服务体系构想》,载《湖北经济学院学报》2012 年 5 月。

[180]蓝虹:《开发性金融助推我国碳金融发展的机理分析》,载《上海金融》2012 年第 5 期。

[181]时军:《城乡规划法对城市环境保护的促进作用》,载《中国海洋大学学报哲学社会科学版》2008 年第 2 期。

[182] Rosen-Zvi I. You are Too Soft: What Can Corporate Social Responsibility Do for Climate Change[J]. Minn.j.l.sci. & Tech, 2011.

[183]Kysar D A. What Climate Change Can Do About Tort Law[J]. Social Science Electronic Publishing, 2011, 41.

[184] Cole D H, Grossman P Z. When is Command-and-Control Efficient? Institutions, Technology, and the Comparative Efficiency of Alternative Regulatory Regimes for Environmental Protection[J]. Social Science Electronic Publishing, 1999, 1999(5):887-938.

[185]Kiefer M J. Toward a Net-Zero Carbon Planet: A Policy Proposal [J]. U.colo.l.rev, 2009.

[186]Badrinarayana D. The Kyoto Protocol's Emissions Trading Scheme: Realistic or Unjust Solution for Potential Developing Nation Signatories? [J]. Social Science Electronic Publishing, 2012.

[187]Farber D A. The Case for Climate Compensation: Justice for Climate Change Victims in a Complex World[J]. Utah Law Review, 2008, 2008.

[188]Stern N. The Economics of Climate Change[J]. American Economic Review, 2008, 98(98):1-37.

[189]Jarvis R. Sinking Nations and Climate Change Adaptation Strategies [J]. Seattle J.soc.just, 2011(1).

[190]Gremellion T M. Setting the Foundation: Climate Change Adaptation at the Local Level[J]. Environmental Law, 2011, 41.

[191]Wyman K M. Responses to climate migration[J]. Harvard Environmental Law Review Helr, 2013, 37(1):167-216.

[192]Carlson J C. Reflections on a Problem of Climate Justice: Climate Change and the Rights of States in a Minimalist International Legal Order [J]. Social Science Electronic Publishing, 2009.

[193]Crawford C. Our Bandit Future? Cities, Shantytowns and Climate Change Governance[J]. Ssrn Electronic Journal, 2009.

[194]Outka U, Feiock R C. Local Promise for Climate Mitigation: An Empirical Assessment[J]. William & Mary Environmental Law & Policy Review, 2012.

[195]Jay M. Zitter. Liability of Corporations for Climate Change and Weather Conditions[J]. 46 A.L.R.6th 345 (Originally published in 2009).

[196]Badrinarayana D. International Law in a Time of Climate Change, Sovereignty Loss, and Economic Unity [J]. Proceedingsof the Annual Meeting, 2010, 104:256-259.

[197]Hardin G. The Tragedy of the Commons[J]. Science, 1968, 162

(5364):1243-8.

[198]Eichenberg M B. Greenhouse Gas Regulation and Border Tax Adjustments: The Carrot and the Stick[J]. Golden Gate U.envtl.l.j, 2010.

[199]Long A. Global Climate Governance to Enhance Biodiversity & Well-Being: Integrating Non-State Networks and Public International Law in Tropical Forests[J]. Social Science Electronic Publishing, 2010, 41.

[200]Schroeder H, Bulkeley H. Global Cities and the Governance of Climate Change: What is the Role of Law in Cities? [J]. Archiv Fu." r Geschwulstforschung, 2009, 36(2):1030-40.

[201]Wieland P. From Kyoto to Quito: Reassessing oil moratorium as an effective climate change policy from a property-based approach[J]. Ky.j. equine Agric. & Nat.resources L, 2011.

[202]Reitze A W. Federal Control of Air Emissions from New Heavy-Duty Road Vehicles[J]. Ssrn Electronic Journal, 2014.

[203]Weil G. Costs, Contributions, and Climate Change: How Important are Universally Binding Emissions Commitments[J]. 23 Geo. Int'l Envtl. L. Rev. 319.

[204]Steven Ferrey. Corporate Responsibility and Carbon-Based Life Forms[J]. Social Science Electronic Publishing, 2008.

[205]Freeman J, Guzman A. Climate Change and U.S. Interests[J]. Columbia Law Review, 2009, 109(6):1531-1601.

[206]Glicksman R L, Levy R E. Climate Change Adaptation: A Collective Action Perspective on Federalism Considerations[J]. Environmental Law, 2010, 40.

[207]Cole D H. Clearing the Air: Four Propositions about Property Rights and Environmental Protection[J]. Duke Envtl.l. & Poly F, 1999, 10 (1):167.

[208]Mccubbin P R. China and Climate Change: Domestic Environmental Needs, Differentiated International Responsibilities, and Rule of Law Weaknesses[M]// Environmental & Energy Law & Policy Journal. 2008.

[209]Margalioth Y. Analysis of the US Case in Climate Change Negotiations [J]. Study of Earth Tides, 2013, 4678(1):65-84.

[210]Buente, D T, Sorenson Q M, Northouse C G. A Response to What Climate Change Can Do About Tort Law[J]. Environmental Law Reporter News & Analysis, 2012.

[211]Dodman D. Blaming cities for climate change? An analysis of urban greenhouse gas emissions inventories [J]. Environment and Urbanization, 2009, 21(1):185-201.

[212]Farber D A. Climate Justice[J]. Social Science Electronic Publishing, 2011, 46(2):381-386.

[213]Masur J S, Posner E A. Climate Regulation and the Limits of Cost-Benefit Analysis[J]. Social Science Electronic Publishing, 2010, 99 (6):137-146(10).

[214]Sinden A. Allocating the Costs of the Climate Crisis: Efficiency Versus Justice[J]. Social Science Electronic Publishing, 2010, 85(2):293-353.

[215]Margalioth Y. Tax Policy Analysis of Climate Change[J]. Tax L. rev, 2010.

[216]Markell D L, J. B. Ruhl. An Empirical Assessment of Climate Change in the Courts: A New Jurisprudence or Business as Usual? [J]. Ssrn Electronic Journal, 2011, 64.

[217]Vranes E. Climate Change and the WTO: EU Emission Trading and the WTO Disciplines on Trade in Goods, Services and Investment Protection[J]. Journal of World Trade, 2009, 43(4):707-735.

[218]Anatole Boute, Combating Climate Change through Investment Arbitration

[219]Fordham International Law Journal[J]. 35 Fordham Int'l L. J. 2011-2012, 613.

[220]Streich M E. Green Energy and Green Economy Act, 2009: A "Fit"-Ing Policy for North America? [J]. Houston Journal of International Law, 2011, 33.

[221]Metcalf G, Weisbach D. The Design of a Carbon Tax[M]// Harvard Environmental Law Review. 2009:499-556.

[222]Kendall K. Carbon Taxes and the WTO: A Carbon Charge Without Trade Concerns? [J]. Keith A Kendall, 2012.

[223]Aviyonah R S, Uhlmann D M. Combating Global Climate Change: Why a Carbon Tax is a Better Response to Global Warming than Cap and Trade[J]. 28 Stan. Envtl. L. J. 3 2009.

[224]Banzhaf H S. REGULATORY IMPACT ANALYSES OF ENVIRONMENTAL JUSTICE EFFECTS[J]. Journal of Land Use &

Environmental Law, 2010, 27(1):1-30.

[225] Neil Peretz. Carbon Leakage Under the European Union Emissions Trading Scheme: Is It a Major Policy Concern? [J]. 23 Tul. Envtl. L.J. 57 2009.

[226] Liang T K. From Kyoto to Post-2012: The Implications of Engaging China for Environmental Norms and Justice[J]. University of Baltimore Journal of Environmental Law, 2009, 17(1):33-63.

[227] Sindico F. The EU and Carbon Leakage: How to Reconcile Border Adjustments with the WTO? [J]. Social Science Electronic Publishing, 2008, 17.

[228] Elliott J, Foster I, Kortum S S, et al. Unilateral Carbon Taxes, Border Adjustments and Carbon Leakage [J]. Social Science Electronic Publishing, 2013, 14(1).

[229] Farber D A. Carbon Leakage Versus Policy Diffusion: The Perils and Promise of Subglobal Climate Action[J]. 13 Chi. J. Int'l L. 359 (2012—2013)

[230] Mann R F. How to Love the One You're With: Changing Tax Policy to Fit Cap-and-Trade[J]. 2 San Diego J. Climate & Energy L. 145 2010.

[231] Posner, Eric A.. and Cass R. Sunstein. Justice and Climate Change. Discussion Paper 2008-04, Cambridge, Mass.: Harvard Project on International Climate Agreements, September 2008.

[232] Mcallister L K. Adaptive Mitigation in the Electric Power Sector [J]. B.Y.U. L. Rev. 2011, 2115.

[233] Osofsky H M, Wiseman H J. Dynamic Energy Federalism[J]. 72 Md. L. Rev. 773 (2013).

[234] Delapaz A. LEED LOCALLY: HOW LOCAL GOVERNMENTS CAN EFFECTIVELY MANDATE GREEN BUILDING STANDARDS[J]. U.ill.l.rev, 2013, 53(3):1211-1250.

[235] Martínez-Zarzoso I, Maruotti A. The impact of urbanization on CO 2, emissions: Evidence from developing countries ☆ [J]. Ecological Economics, 2011, 70(7):1344-1353.

[236] Fletcher S R. Environmental Laws: Summaries of Major Statutes Administered by the Environmental Protection Agency[J]. Congressional Research Service Reports, 2012.

[237]Bulkeley H，Schroeder H，Janda K，et al. Cities and Climate Change：The role of institutions，governance and urban planning［J］. Change，2009. Report prepared for the World Bank Urban Symposium on Climate Change.

[238]Satterthwaite，D.，2007. Climate Change & Urbanization：effects and implications for urban governance. International Institute for Environment and Development（IIED）28，43-44. doi：10.1016/j.gerinurse. 2006.11.009

3. 博士学位论文

[239]张剑波:《低碳经济法律制度研究》,重庆大学 2012 年博士学位论文。

[240]王宇松:《碳关税法律制度研究》,安徽大学 2012 年博士学位论文。

[241]王淼:《WTO 规则对低碳经济的约束与激励》,吉林大学 2012 年博士学位论文。

[242]黄文旭:《国际法视野下的碳关税问题研究》,华东政法大学 2012 年博士学位论文。

[243]徐保风:《气候变化伦理 —— 从利益冲突走向气候公正》,湖南师范大学 2014 年博士学位论文。

[244]刘洋:《全球气候变化对长三角河口海岸地区社会经济影响研究》,华东师范大学 2014 年博士学位论文。

[245]李国志:《基于技术进步的中国低碳经济研究》,南京航空航天大学 2011 年博士学位论文。

[246]莎娜:《企业环境战略决策及其绩效评价研究》,中国海洋大学 2012 年博士学位论文。

[247]袁小量:《制造企业低碳竞争力演化研究》,哈尔滨工程大学 2012 年博士学位论文。

[248]王文哲:《低碳经济范式下的环境保护评价指标体系研究》,中南大学 2011 年博士学位论文。

[249]刘蓓华:《低碳经济系统自组织创新模式研究》,中南大学 2012 年博士学位论文。

[250]安江:《低碳经济对中国出口贸易发展的影响研究》,辽宁大学 2012 年博士学位论文。

[251]黄世坤:《中国低碳经济区域推进机制研究》,西南财经大学 2012 年博士学位论文。

[252]沙之杰:《低碳经济背景下的中国节能减排发展研究》,西南财经大

学 2011 年博士学位论文。

[253]郑晶:《低碳经济视野下的农地利用研究》,福建师范大学 2010 年博士学位论文。

[254]苏礼华:《论中国低碳经济发展战略中的政府角色定位》,财政部财政科学研究所 2011 年博士学位论文。

[255]纪明:《低碳经济背景下的碳博弈问题研究》,吉林大学 2011 年博士学位论文。

[256]王淼:《WTO 规则对低碳经济的约束与激励》,吉林大学 2011 年博士学位论文。

[257]李荣生:《低碳经济下我国制造业企业核心竞争力研究》,哈尔滨工程大学 2011 年博士学位论文。

[258]刘朝:《我国低碳经济发展的 Quadri-Carbon 模型构建与情景模拟研究》,天津大学 2011 年博士学位论文。

[259]卢晓彤:《中国低碳产业发展路径研究》,华中科技大学 2011 年博士学位论文。

[260]鞠秋云:《基于低碳经济视角的企业环境成本会计核算研究》,东北财经大学 2011 年博士学位论文。

[261]周慧:《面向产业低碳发展的金融服务系统及传导机制研究》,天津大学 2011 年博士学位论文。

[262]纪方:《基于 RQT 的低碳环境下企业组织结构对其竞争力影响》,天津大学 2012 年博士学位论文。

[263]李涛:《节能减排管制下中国低碳经济转型问题研究》,重庆大学 2011 年博士学位论文。

[264]姜仁良:《低碳经济视阈下天津城市生态环境治理路径研究》,中国地质大学(北京)2012 年博士学位论文。

[265]王可强:《基于低碳经济的产业结构优化研究》,吉林大学 2012 年博士学位论文。

[266]王晓琳:《盘江集团煤炭矿区低碳经济模式研究》,中国矿业大学 2012 年博士学位论文。

[267]范英英:《基于碳排放总量控制的低碳经济发展优化模型研究》,华北电力大学 2012 年博士学位论文。

[268]袁迎菊:《煤炭产业链低碳演化机理及路径优化研究》,中国矿业大学 2012 年博士学位论文。

[269]宋晓华:《基于低碳经济的发电行业节能减排路径研究》,华北电力大学 2012 年博士学位论文。

[270]蔡萌:《低碳旅游的理论与实践》,华东师范大学 2012 年博士学位论文。

[271]暴琪:《长三角经济现代化战略研究》,华东师范大学 2012 年博士学位论文。

[272]石红莲:《低碳经济时代中美气候与能源合作研究》,武汉大学 2010 年博士学位论文。

[273]张伯松:《中国风电产业融资问题研究》,中国地质大学(北京)2011 年博士学位论文。

[274]孙起生:《基于低碳经济的县域产业结构优化研究》,北京交通大学 2010 年博士学位论文。

[275]迟本坤:《低碳经济视角下新能源 CDM 项目的国际合作问题研究》,吉林大学 2011 年博士学位论文。

[276]程秀梅:《中国农业支持政策体系构建研究》,吉林大学 2011 年博士学位论文。

[277]易经纬:《广东电力低碳转型研究:路径、政策和价值》,中国科学技术大学 2011 年博士学位论文。

[278]薛睿:《中国低碳经济发展的政策研究》,中共中央党校 2011 年博士学位论文。

[279]倪外:《基于低碳经济的区域发展模式研究》,华东师范大学 2011 年博士学位论文。

[280]郭正权:《基于 CGE 模型的我国低碳经济发展政策模拟分析》,中国矿业大学(北京)2011 年博士学位论文。

[281]欧阳澍:《基于低碳发展的我国环境制度架构研究》,中南大学 2011 年博士学位论文。

[282]谭娟:《政府环境规制对低碳经济发展的影响及其实证研究》,湖南大学 2012 年博士学位论文。

[283]谭飞燕:《低碳经济背景下中国对外直接投资模式转型研究》,湖南大学 2011 年博士学位论文。

[284]姜仁良:《低碳经济视阈下天津城市生态环境治理路径研究》,中国地质大学(北京)2012 年博士学位论文。

[285]赵春淦:《中国特色城镇化道路研究》,西南财经大学 2003 年博士学位论文。

[286]刘永红:《我国城镇化中的制度变迁研究》,华中农业大学 2002 年博士学位论文。

[287]高环:《城镇化建设中产业发展问题研究》,东北林业大学 2004 年博士学位论文。

[288]宣迅:《城乡统筹论》,西南财经大学 2005 年博士学位论文。

[289]孔凡文:《中国城镇化发展速度与质量问题研究》,中国农业科学院 2006 年博士学位论文。

[290]刘国新:《中国特色城镇化制度变迁与制度创新研究》,东北师范大学 2009 年博士学位论文。

[291]余达锦:《基于生态文明的鄱阳湖生态经济区新型城镇化发展研究》,南昌大学 2010 年博士学位论文。

[292]卢祖丹:《我国社会经济发展及制度变迁对碳排放的影响研究》,中国科学技术大学 2011 年博士学位论文。

[293]王本兵:《我国城镇化发展的制度创新研究》,中国海洋大学 2011 年博士学位论文。

[294]王富平:《低碳城镇发展及其规划路径研究 —— 以獐子岛镇为例》,清华大学 2010 年年博士学位论文。

4. 国家(含政府间国际组织)法律法规及其他出版物

[295]《中国应对气候变化国家方案》(2007 年发布)。

[296]《国家应对气候变化规划(2014—2020 年)》。

[297]《国家适应气候变化战略》(2013 年发布)。

[298]《国家新型城镇化规划(2014—2020 年)》。

[299]《国家环境保护"十二五"规划》,国发〔2011〕42 号。

[300]《能源发展"十二五"规划》,国发〔2013〕2 号。

[301]《节能与新能源汽车发展规划(2012—2020)》,国发〔2012〕22 号.

[302]中国国家发展和改革委员会:《应对气候变化的政策与行动》(2009、2010、2011 年、2012 年、2013 年、2014 年度报告)。

[303]国家发展和改革委员会、财政部:关于印发《中国清洁发展机制基金有偿使用管理办法》的通知,发改气候〔2012〕3406 号。

[304]国务院:《关于印发"十二五"控制温室气体排放工作方案的通知》,国发〔2011〕41 号。

[305]国家发展和改革委员会:《关于开展低碳省区和低碳城市试点工作的通知》,发改气候〔2010〕1587 号。

[306]国家发改委、国家统计局:《关于加强应对气候变化统计工作的意见》,发改气候〔2013〕937 号。

[307]国家财政部、住房与城乡建设部:《关于加快推动我国绿色建筑发展的实施意见》,财建〔2012〕167 号。

[308]国家发展和改革委员会办公厅:《关于印发首批 10 个行业企业温室

气体排放核算方法与报告指南(试行)的通知》,发改办气候〔2013〕2526号。

[309]国家发展和改革委员会:《关于组织开展重点企(事)业单位温室气体排放报告工作的通知》,发改气候〔2014〕63号。

[310]国家发展和改革委员会、国家认监委:《低碳产品认证管理暂行办法》,发改气候〔2013〕279号。

[311]国家发展和改革委员会:《温室气体自愿减排交易管理暂行办法》,发改气候〔2012〕1668号。

[312]《中华人民共和国气候变化第二次国家信息通报》,中国经济出版社2013年版。

[313]《中华人民共和国环境空气质量标准》(GB3095-2012)。

[314]《行政法规制定程序条例》,国务院令第321号,2001年。

[315]《中华人民共和国环境保护法》(2014年修订)。

[316]《中华人民共和国环境影响评价法》。

[317]《规划环境影响评价条例》,国务院令第559号,2009年。

[318]《国家环境保护总局建设项目环境影响评价文件审批程序规定》,国家环境保护总局令第29号,2006年。

[319]《建设项目环境保护管理条例》,国务院令第253号,1998年。

[320]国家环保部:《建设项目环境影响评价分类管理名录》,环境保护部令第2号,2008年

[321]《环境保护法规制定程序办法》,国家环境保护总局令第25号,2005。

[322]《中华人民共和国大气污染防治法》(2000年修订)

[323]《中华人民共和国节约能源法》(2007年修订)

[324]国务院:《"十二五"节能减排综合性工作方案》,国发(2011)26号。

[325]财政部、发展改革委:《循环经济发展专项资金管理暂行办法》,财建〔2012〕616号。

[326]国务院:《公用机构节能条例》,国务院令第531号,2008年。

[327]国务院:《民用建筑节能条例》,国务院令第530号,2008年。

[328]国家发展和改革委员会:《清洁发展机制项目运行管理办法》(2011年修订)。

[329]《中华人民共和国清洁生产促进法》(2012年修正)。

[330]《中华人民共和国循环经济促进法》。

[331]国资委:《中央企业节能减排监督管理暂行办法》,国务院国有资产监督管理委员会令第23号。

[332]国务院:《中华人民共和国资源税暂行条例》,国务院令第605号,

2011 年。

[333]财政部:《中华人民共和国资源税暂行条例实施细则》,财政部令第66 号。

[334]国象环保保护总局:《关于划分离得染燃料的规定》,环发〔2001〕37 号。

[335]国家发改委:《产业结构调整指导目录(2011 年本)》(2013 年修正),国家发展和改革委员会令第15 号。

[336]国家发改委:《可再生能源中长期发展规划》。

[337]国务院办公厅:《金融支持经济结构调整和转型升级的指导意见》,国办发〔2013〕67 号。

[338]国务院办公厅:《国家环境保护"十二五"规划重点工作部门分工方案》,国办函〔2012〕147 号。

[339]国务院:《关于城市优先发展公共交通的意见》,国发〔2012〕64 号。

[340]国家发改委:《天然气利用政策》,国家发展和改革委员会令第21 号。

[341]住房城乡建设部:《"十二五"绿色建筑和绿色生态城区发展规划的通知》建科〔2013〕53 号。

[342]交通运输部:《加快推进绿色循环低碳交通运输发展指导意见》,交政法发〔2013〕323 号。

[343]《中美气候变化联合声明》(2014)。

[344]《联合国气候变化框架公约》京都议定书.

[345]IPCC,2007:气候变化 2007:综合报告。政府间气候变化专门委员会第四次评估报告第一、第二和第三工作组的报告[核心撰写组、Pachauri, R. K 和 Reisinger, A.(编辑)]。

[346] United Nations, United Nations Framework Convention on Climate Change.

[347] United Nations Framework Convention on Climate Change (Organization), Kyoto Protocol to the United Nations Framework Convention on Climate Change.

[348] United Nations Framework Convention on Climate Change (Organization), Doha amendment to the Kyoto Protocol.

[349]U.S. The Clean Air Act.

[350]U.S. EPA, Endangerment and Cause or Contribute Findings for Greenhouse Gases under Section 202(a) of the Clean Air Act, 74 FR 66496-01.

[351] U. S. EPA, Requirements for Preparation, Adoption, and Submittal of Implementation Plans; Approval and Promulgation of Implementation Plans, 45 FR 52676-01.

[352]U.S.EPA，Reconsideration of Interpretation of Regulations That Determine Pollutants Covered by Clean Air Act Permitting Programs，75 FR 17004-01.

[353] U. S. EPA，Prevention of Significant Deterioration and Title V Greenhouse Gas Tailoring Rule，75 FR 31514-01.

[354] U. S. EPA，Standards of Performance for Greenhouse Gas Emissions from New Stationary Sources：Electric Utility Generating Units (Proposed Rule)，79 FR. 1429.

[355]U. S. EPA，Carbon Pollution Emission Guidelines for Existing Stationary Sources：Electric Utility Generating Units (Proposed Rule)，79 FR 34829.

[356] U.S. ERA，Mandatory Reporting of Greenhouse Gases，74 FR 56260-01.

[357]U.S.Low Carbon Economy Act of 2007 (110th Congress，2007-2009).

[358]U.S.EPA，Analysis of the Low Carbon Economy Act of 2007 (S. 1766 in 110th Congress，January 15，2008).

[359]U.S.EPA，Commission Guidance Regarding Disclosure Related to Climate Change，75 FR 6290-01.

[360]European Communities，2006.REGULATION (EC) No 1907/2006 OF THE EUROPEAN PARLIAMENT AND OF THE COUNCIL. Official Journal of the European Communities L 269，1-515 .

[361] European Parliament，Council of the European Union，2009. Regulation (EC) no. 443/2009. Official Journal of the European Union 140，1-15.

[362]Council of the European Union，2009. Directive 2009/28/EC of the European Parliament and of the Council. Official Journal of the European Union 16-63.

[363]Council of the European Union，2009. Directive 2009/29/EC of the European Parliament and of the Council. Official Journal of the European Union L 140/63.

[364]Council of the European Union，2009. Directive 2009/30/EC of the European Parliament and of the Council. Official Journal of the European Union L 140/88.

[365]Council of the European Union，2009. Directive 2009/30/EC of the European Parliament and of the Council. Official Journal of the European

Union L 140/114.

[366]U.S. Califonia,The California Global Warming Solutions Act of 2006.

[367]California Air Resources Board (ARB),Climate Change Scoping Plan 2014.

[368]Australia, Carbon Credits (Carbon Farming Initiative) Act 2011.

[369]Australia, National Greenhouse and Energy Reporting Act 200.

[370] Australia Department of Environment and Energy (2013), Emissions Reduction Fund Green Paper.

[371]Germany,German Renewable Energy Act.

[372]UK, Climate Change Act 2008.

[373]UK Papers, House Of Commons. Our Energy Future: Creating a Low Carbon Economy. (2003).

[374]UK Department of Energy & Climate Change, National Policy Statement for Renewable Energy Infrastructure (EN-3).

[375] IPCC, 2014: Summary for policymakers. In: Climate Change 2014: Impacts, Adaptation, and Vulnerability. Part A: Global and Sectoral Aspects. Contribution of Working Group II to the Fifth Assessment Report of the Intergovernmental Panel on Climate Change [Field, C. B., V. R. Barros, et. al.]. Cambridge University Press, Cambridge, United Kingdom and New York, NY, USA, pp. 1-32.

[376] Madzarevicsujster, Sanja. Croatia: A Strategy for Smart, Sustainable and Inclusive Growth. World Bank Other Operational Studies (2013).

[377] Sloan, Barbara. Progress report on the Europe 2020 strategy. Annual growth survey 2012 annex 1. COM (2011) 815 final Annex 1, 23 November 2011. (2011)..

[378]Europe 2020: UK National Reform Programme 2011.

[379]Germany National Reform Programme 2011.

[380]Baeumler A, Ijjaszvasquez E, Mehndiratta S, et al. Sustainable low-carbon city development in China. [M]// Sustainable low-carbon city development in China /. World Bank, 2012:371-374..

[381]Allan C. A guidebook to the green economy, issue 1: green economy, green growth, and low-carbon development - history, definitions and a guide to recent publications [J]. 2012., Division for Sustainable

Development，UNDESA

[382]Group，World Bank. Independent Evaluation，and W. Bank. The challenge of low-carbon development. World Bank，2010.

[383]European Network of Environmental Law Organizations，Legal Responses to Climate Change in EU Member States Legal Analysis Collection：Climate Change 2008.

后　记

　　气候变化对于法学研究者而言是一个新兴并不断变化发展的问题领域。再次回归惠园攻读博士学位并选择这样一个议题作为自己的研究方向,更主要是作为一个观察者来发现法律在应对气候变化这一宏大命题中的具体功能。本书即是在这样的一个视角下所形成的。气候变化作为危及人类社会整体利益的系统性问题,亟待全球治理的国际法之治。全书更多是从一个具体的角度考察城镇低碳化发展中可供选择的政策机制,侧重于制度的横向比较。这也使得文中观点明显缺乏批判性和规则的建构性创新。

　　批判性和建构性创新的匮乏,让我一直踟蹰于是否应当将自己对于气候变化政策领域的浅薄陋见付梓成书。幸好有恩师丁丁教授的不断督促,我才得以克服懒惰和敝帚自珍的心态,将其交付出版社。本书的写作,很多资料和文献是我在参与丁丁教授所主持的与低碳经济和气候变化法律保障制度建设相关的教育部人文社科基金项目以及国家社科基金重点项目的过程中所搜集的。其间,得益于国家留学基金委的资助使我能够以访问学者的身份对美国佩斯大学国际环境法研究中心,因而也能够更为具体的对美国气候变化政策的演变进程予以考察,并与佩斯大学法学院教授 Richard Ottinger 就本书的主要体例进行讨论。在美国一年的访学期间,芝加哥大学法学院"法和经济学中心"短期的学习也丰富了本书研究的视角,使得笔者对碳交易和碳税等广泛意义上的产权经济政策有了更为深入的了解。作为本书基础的博士学位论文,开题和答辩中也有幸受到林灿铃教授、刘敬东教授、王军教授、鲍禄教授、伏军教授、马其家教授等的批评和指正。我还应感谢厦门大学出版社的编辑邓臻老师,是他的努力使我疏漏百出的文字成为可读的文章。在此,一并真诚致谢;当然,文责由我自负。

　　本书写作时国际背景和制度背景都已发生巨大变化,比如 2015 年《巴黎气候协定》的签署、美国大选后特朗普政府在气候变化政策上的退缩、英国脱欧对于欧盟气候变化应对整体行动的影响等等。对于这些更新的国际事件及其对国际气候变化政策发展所潜在的影响,囿于时间,文中并不能一一予以回应,也只能留待来日对气候全球治理更进一步的研究中予以体现。因学识的不足所导致的文中纰漏,恰是鞭策著者前进的动力。谨志之!